纳税申报数据
案头分析实务与案例

姜 敏 著

中国税务出版社

图书在版编目（CIP）数据

纳税申报数据案头分析实务与案例／姜敏著.
--北京：中国税务出版社，2018.7（2019.5重印）
ISBN 978-7-5678-0718-1

Ⅰ.①纳…　Ⅱ.①姜…　Ⅲ.①纳税-税收管理-中国
Ⅳ.①F812.423

中国版本图书馆 CIP 数据核字（2018）第 155100 号

书　　名：纳税申报数据案头分析实务与案例
作　　者：姜　敏　著
责任编辑：王静波　张　敏
责任校对：于　玲
技术设计：刘冬珂
出版发行：中国税务出版社
北京市丰台区广安路 9 号国投财富广场 1 号楼 11 层
邮政编码：100055
http：//www.taxation.cn
E-mail：swcb@taxation.cn
发行中心电话：（010）83362083/86/89
传真：（010）83362046/47/48/49
经　　销：各地新华书店
印　　刷：北京天宇星印刷厂
规　　格：787 毫米×1092 毫米　1/16
印　　张：21.75
字　　数：420000 字
版　　次：2018 年 7 月第 1 版　2019 年 5 月第 3 次印刷
书　　号：ISBN 978-7-5678-0718-1
定　　价：58.00 元

前　言

2005 年以来国家税务总局围绕税收征管工作先后开展纳税评估、税收风险管理、金税三期工程上线，以及实施增值税发票新系统、修订各税种纳税申报表等一系列工作。通过这些工作，税务部门一方面采集了更多、更全、更有效的税收征收数据；另一方面对海量税收数据分析、利用也不断深入。但是，作为一名自 2005 年始从事纳税评估案头分析培训教学的教师，笔者在教学过程中发现，时至今日税收风险应对环节的税务人员针对疑点做进一步分析的能力，与该项工作的要求还有很大差距。秉承税务培训教师的职业素养和梦想、怀着一颗回馈广大税务干部的心，笔者将 14 年来讲授纳税评估教学中所学、所思、所获、所感，倾注于笔端、凝结于纸张，呈现于读者面前，希望为税收征管工作尽绵薄之力。

《纳税申报数据案头分析实务与案例》一书立足提升案头分析能力，借助大量的真实的案例，从案头分析的思路、方法、可获取数据信息、数据间勾稽等到具体税种、具体事项的案头分析技巧，一一进行了详细论述。具体来说本书有以下几个特点：

1. 构建纳税申报数据案头分析思路体系。首先，针对如何系统全面进行案头分析，本书提出对纳税申报数据要从税收政策风险、行业会计核算及会计科目特点、行业特点、行业征管难点等方面进行审视，运用报表数据和发票数据交叉比对，多角度、多维度综合分析，并通过案例实务分析，充分运用并验证纳税申报数据案头分析思路体系相关内容，帮助税务人员更好的理解和掌握数据案头分析思路和方法。

2. 明确各报表间的填报事项和数据的勾稽关系。近年来税收各项工作快速推进，税务机关的数据信息极大丰富，但不是每位税务人员都了解税务机关持有的数据资源，对各报表间数据的勾稽关系更是了解甚少。因此，本书首先对税务机关持有的全部数据类型和内容进行了梳理；其次，分别以各税种纳税申报表为对象，明确该报表中部分填报事项与其他申报表、报表的填报事项之间的勾稽关系，帮助税务人员看懂报表、迅速发现表中明显错误或异常数据和疑点。

3. 事项分析与税种分析两方入手，突出问题导向。营改增后，增值税申报数据与企业所得税申报数据一体性更加突出。按照税务总局征管工作要开展各税种综合分析的要求，本书打破增值税、企业所得税（含部分土地增值税）的税种界限，按照销售额及收入总额、进项税额及所得税扣除项目两个事项分别阐述如何实现增值税、企业所得税的案头分析。对于相对独立的税种，如土地增值税、财产行为税、个人所得税等，则独立成章，阐述案头分析方法。为提升读者的学习效率，本书采用问答形式，阐述内容并举例引证，适于不同需求的税务人员快速查询和针对性学习。

4. 以案例分析贯穿全书，提升学习实效性。本书选用 11 个案例分布在不同章节中，用于帮助读者理解掌握案头分析相关方法。在最后一章，甄选其中 4 个主要案例，进行全面、整体的分析阐述，进一步加深读者对于纳税申报数据案头分析的整体把握。本书基于编者多年教学实践，结合税务干部纳税评估和风险管理的经验编写而成，虽然内容经过各地税务评估分析人员、检查人员的检验，具有较强的实践性和操作性；但是，由于纳税申报数据案头分析是税收业务工作中“技术含金量”很高的工作之一，加之写作时间、本人业务水平和经历有限，书中难免存在错漏，敬请读者批评指正。

姜　敏

2018 年 6 月

目 录

第一篇 分析准备

第二篇　主要税种

第三篇 其他税种

第四篇 综合分析

第四篇 综合分析

第一篇　分析准备

什么是纳税申报数据案头分析？正式分析前需要做哪些准备？应收集哪些数据？面对庞大数据，从何处着手？顺着怎样的思路？如何得出结论？以上问题都能从本篇中找到答案。本篇包括一、二两章，**第一章**纳税申报数据案头分析综述，阐述对纳税申报数据进行案头分析的方法和思路；**第二章**案头分析所需数据及应用，梳理了税务机关的数据资源以及各税种纳税申报表、财务报表以及发票数据等之间存在的勾稽关系。

第一章　纳税申报数据案头分析综述

1. 什么是纳税申报数据案头分析?

纳税申报数据案头分析是市级及以下税务机关和税务工作人员针对省级及以上税务机关在税收风险分析中推送的高风险纳税人及风险点，利用纳税人生产经营数据、行业相关知识、行业会计核算特点、行业税收政策风险点等进行更深入、更全面的分析和审核，以排除疑点或确认问题，为后续评估约谈和核查指明方向、提供内容。纳税申报数据案头分析是对税收大数据的分析和应用，是税收风险管理工作中一项重要的工作，是纳税评估的案头审核（评估检查），是税务稽查的查前分析（案头检查）。

2. 纳税申报数据案头分析与税收风险管理是什么关系?

税收风险管理主要包括风险任务管理和风险应对管理。

风险任务管理主要由数据情报管理、风险分析识别、风险等级排序、应对任务管理四项工作构成。一般由国家税务总局和省级税务机关相关部门组织实施。

数据情报管理，由省级税务机关专门的数据处理部门和人员组织实施，包括数据规划管理、数据采集、数据存储、数据加工和数据分析等工作。

风险分析识别，一般由省级税务机关专门的税收风险分析部门针对收入规划核算部门、征管科技部门、货物劳务税部门、所得税部门、出口退税部门、财产行为税部门、大企业税收管理部门、国际税收管理部门以及稽查局等根据各自业务管理需求建立并提交的模型、指标、事项和案例及情报比对结果、说明，进行归集整合，建立包括风险分析模型、风险特征指标、特定风险事项和风险分析案例等在内的综合风险分析识别库，并利用其对纳税人申报数据进行扫描、识别和确认风险事项。

风险等级排序，由省级税务机关专门的税收风险分析部门根据风险分析识别结果，按照一定的规则，对各风险事项进行风险估值计算并汇总，从高到低进行等级排序，包括以企业、集团企业、特定事项为对象的风险等级排序。

应对任务管理，由省级税务机关专设的税收风险分析部门结合税务总局推送的风险应对任务和本级形成的风险应对任务，按照分类分级应对的要求，拟定全省应对任务清册（具体分为风险提示提醒、纳税评估、税务审计、反避税调查、税务稽查等不同形式的任务应对方式），报相关部门和人员审批并推送至所管辖部门。

风险应对管理主要包括税收风险提示提醒、纳税评估、税务稽查、反避税调查和税务审计等。一般由市级和区县级税务机关相关部门组织实施。

税收风险提示提醒，主要适用于纳税人申报缴纳存在税收风险但风险分值较小、风险较低，暂不需要进一步进行检查的情况。由纳税服务人员通过网络、短信、信函等方式告知纳税人存在的异常风险，并提示纳税人自我修正。

纳税评估，主要适用于纳税人申报缴纳存在不缴、少缴疑点且风险分值较大、风险较高但不属于主观故意偷（逃）、骗或其他无须立案查处等情形。由市、区县税务机关风险应对部门和相关人员按照案头审核、约谈举证、实地核查、评估处理等程序和方法对风险识别中发现的疑点进行排查、核实。其中，案头审核主要就是对纳税申报数据的案头分析。

税务稽查，主要适用于风险识别过程中发现纳税人存在主观故意的偷（逃）、骗或其他需立案查处等情形。由稽查部门按照查前分析（案头检查）、下发检查通知书、入户检查、审理、执行等法定程序对其实施检查以核实疑点。其中，查前分析（案头检查）主要就是对纳税申报数据的案头分析。

上述主要业务流程及事项详见图1－1。

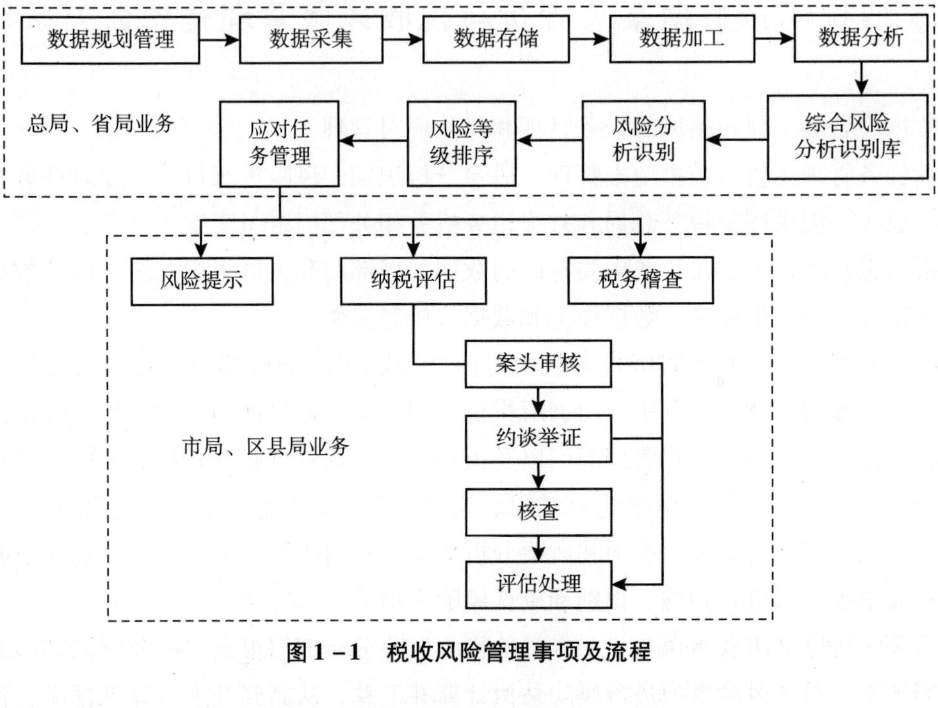

图1－1　税收风险管理事项及流程

综上所述，纳税申报数据案头分析是纳税评估的案头审核（评估检查），是税务稽查的查前分析（案头检查），是面见纳税人之前的一项重要工作。

3. 纳税评估和税务稽查两者的纳税申报数据案头分析有何区别？

纳税评估和税务稽查的差异使得纳税申报数据案头分析在两项工作中也存在不同。

纳税评估和税务稽查同为税收风险应对的方式，两者的区别在于纳税评估主要应对非主观故意造成不申报、少申报纳税的纳税人；税务稽查应对偷（逃）、骗或其他需要立案查处的主观故意造成不申报、少申报纳税的纳税人。

纳税评估作为税收风险应对之一，在税收征管实践中有着非常重要的作用。纳税评估无论是作为兼有管理和服务双层作用的内部管理办法，还是在未来作为执法方式，相对于税务稽查来讲都是更为温和、更为高效、应用范围更广的一种监管手段。纳税评估的工作重心是案头审核，是围绕风险识别中发现的风险点进行的案头审核，是在税务机关进行的以纳税申报数据案头分析为主的工作方式。税务稽查的工作重心是实地检查，是基于但不局限于风险识别中发现的风险点的全面的实地检查，是以内查外调为主的检查方式，纳税申报数据案头分析只是为实地检查提供更为清晰、准确的线索和方向。更为重要的是，纳税评估人员对风险纳税人的风险点结合其申报资料和实际掌握的信息数据进行更为深入的审核、分析后，对于未能排除或确认的疑点，会通过约谈举证环节给纳税人提供一次自我解释、自证清白的机会。税务稽查的询问环节，则是对已经取得证据进行确认的过程，以便后续定性使用。因此，在税收征管实践中纳税评估正在成为一种主要的征管手段。

4. 纳税申报数据案头分析在纳税评估工作中有何意义？

纳税评估分为案头审核、约谈举证、实地核查和评估处理四个环节。其中案头审核是最为重要的环节，案头审核的结论成为后续三个环节的工作内容，是后续三个环节的前提和基础。因此，评估分析人员案头审核的能力和水平直接影响纳税评估的成效。

在案头审核环节，评估分析人员针对风险识别中的风险点，利用征管数据、第三方数据和日常管理中掌握的纳税人生产经营信息，结合行业特点、纳税人生产经营情况、行业税收政策和行业会计核算等内容，运用表表比对、表实比对、指标分析、行业模型分析等方法，对纳税人申报当中的风险点进行全面、综合的分析。做好案头审核工作，不但要具备评估分析所需的各种知识和技能，还要具有丰富的评估分析经验。这是一项高技能的工作，也是目前税务机关比较薄弱的环节。因此，加强对案头分析的学习、提升案头审核能力是税务机关当前最为重要的一项工作。

5. 纳税申报数据案头分析可使用的方法有哪些，使用时需注意哪些事项?

（1）表表比对法

表表比对是指申报表表内、表间逻辑关系比对。

其中，申报表表内比对是按照税务总局制定的申报表填写规则结合税收政策以及纳税人基本信息，对纳税人税种纳税申报表进行案头的初步审核比对，以确定进一步评估分析的方向和重点。

表间逻辑关系比对是根据不同税种之间的关联性和勾稽关系，进行税种之间申报数据的关联性分析；根据税种与财务报表之间的关联性和勾稽关系，将纳税人申报数据与财务会计报表数据进行比较分析。

使用该方法时需要注意，申报资料是否齐全，除了电子申报表之外是否附送纸质资料；主附表之间以及附表之间数据是否一致，尤其是申报系统未设置自动勾稽关系的项目；申报表中未填报项目是否应该填报；申报表中是否填报大额负数；财务报表报送是否全面，各期间数据是否一致；是否获取全部税种的纳税申报表（国地税合并前对方管辖税种的纳税申报表）并用于勾稽比对。

（2）票表比对法

票表比对是指各类发票、凭证、备案资料等信息与申报表进行比对。目前主要是发票与增值税纳税申报表的比对，具体包括：

①纳税人当期申报免税销售额、即征即退销售额的，应当比对其增值税优惠备案信息，按规定不需要办理备案手续的除外。

②当期开具发票（不包含不征税发票）的金额、税额合计数应小于或者等于当期申报的销售额、税额合计数。

③当期已认证或确认的进项增值税专用发票上注明的金额、税额合计数应大于或者等于申报表中本期申报抵扣的增值税专用发票的进项金额、税额合计数。

④经稽核比对相符的海关进口增值税专用缴款书上注明的税额合计数应大于或者等于申报表中本期申报抵扣的海关进口增值税专用缴款书的税额。

⑤取得的代扣代缴税收缴款凭证上注明的增值税税额合计数应大于或者等于申报表中本期申报抵扣的代扣代缴税收缴款凭证的税额。

⑥取得的《出口货物转内销证明》上注明的进项税额合计数应大于或者等于申报表中本期申报抵扣的外贸企业进项税额抵扣证明的税额。

⑦按照政策规定，依据相关凭证注明的金额计算抵扣进项税额的，计算得出的进项税额应大于或者等于申报表中本期申报抵扣的相应凭证税额。

⑧红字增值税专用发票信息表中注明的应作转出的进项税额应等于申报表中进项税额转出中的红字专用发票信息表注明的进项税额。

⑨申报表中进项税额转出金额不应小于零。

使用该方法时需要注意，发票系统中数据众多，注意按照要求选取相应口径的发票数据。

（3）指标预警法

通过各项指标与相关数据的测算，设置相应的预警值，将纳税人的申报数据与预警值相比较，从而发现纳税人申报纳税存在的疑点。

使用该方法时需要注意，一是指标对该行业的适用性和针对性，指标形式是否单一、易被操纵；指标是否太宽泛，缺少针对性；指标是否“各自为战”，疑点指向不清。二是预警值测算的科学性，参与预警值测算的样本是否科学；预警值是否根据经济形势变化，进行调整变动；纳税人所属行业鉴定是否准确。

（4）纵向比较法

将纳税人申报数据与该纳税人历史同期相关数据进行比较，从而发现纳税人申报纳税存在的疑点。

使用该方法时需要注意，纳税人生产经营情况是否发生变化以及这种变化对申报纳税数据的影响。如经营范围调整、产品结构调整、存货的计价方法调整、固定资产的折旧方法调整，甚至是法定代表人的变更都会对申报数据产生影响，在纵向比较时要充分考虑，剔除影响因素后再进行比较。

（5）横向比较法

将纳税人申报数据与同行业其他纳税人的同期相关数据或类似行业其他纳税人的同期相关数据进行比较，从而发现纳税人申报纳税存在的疑点。

使用该方法时需要注意，纳税人间是否具有可比性，包括企业规模、客户群体、资产构成、市场地位，甚至是地理位置都需要考虑是否相似。若不完全具有可比性，应剔除影响因素后再进行比较。

（6）表实比较法

利用税务人员日常管理中所掌握的情况和积累的经验，将纳税人申报数据与其生产经营实际情况相对照，分析其合理性，以确定纳税人申报纳税中是否存在异常及原因。

使用该方法时需要注意，此种方法必须建立在税务人员对纳税人情况非常了解的基础上才有实效。税务人员对纳税人实际经营情况的掌握，主要是通过日常管理获取，也可以通过互联网信息的搜索获取。

（7）控制比较法

通过纳税人生产经营工艺、流程，主要产品能耗、物耗等生产要素的当期数据、历史平均数据、同行业平均数据以及其他相关经济指标，推测纳税人实际生产能力以及缴纳税款的规模，并与纳税人申报数据进行比较，从而发现纳税人申报纳税存在的疑点。

使用该方法时需要注意，一是由生产数量推测销售数量时，期初、期末库存数据至关重要，账面库存数量是否真实、是否可盘点查证，直接影响推算出来的税款规模；二是单价因素的影响也非常大，要考虑单价误差对推算出来的税款规模影响的合理区间。

6. 案头分析思路是什么？

案头分析思路，一是结合税收政策风险点分析；二是结合行业会计核算、会计科目特点分析；三是结合行业特点分析；四是结合行业征管难点分析；五是综合运用报表数据和发票数据交叉比对分析；六是围绕疑点多角度、多侧面进行综合分析。

7. 如何结合税收政策风险点进行案头分析？

每一项税收政策均会对纳税人生产经营产生有利的或者不利的影响。面对每项税收政策，尤其是新出台的税收政策，纳税人首先考虑的是如何应对，才能使自己获得更多的税收利益。如对其有利的税收优惠政策，纳税人会想方设法享受这些优惠政策，甚至伪造、编造文件、虚构业务。因此，在进行案头分析时，要紧紧抓住税收优惠政策潜在的风险点，结合纳税人申报的数据进行真实性分析。对其不利的税收政策，如业务招待费政策，只允许扣除业务招待费的60%，并且不得超过销售收入的0.5%。也就是说，只要发生业务招待费就要调增应纳税所得额，至少缴纳10%的企业所得税，这一政策对纳税人来讲非常不利。应对这一政策，纳税人最有可能采用的办法就是将已经发生的业务招待费不再计入“业务招待费”科目，而是将其转为其他费用进行列支，比如将业务招待费中的吃、喝等招待费用支出转为会议费或者租赁费进行全额扣除，既不用调增应纳税所得额还可以抵扣进项税额，企业所得税和增值税都可以少缴；将业务招待费中的礼品支出转为业务宣传费，利用业务宣传费与业务招待费之间差别很小且难以核查的特点以及业务宣传费限额扣除比例大、可结转以后年度等有利之处，将其税前全额扣除。因此，在案头分析中要抓住该政策潜在的风险点，一是审核会议费、租赁费支出情况及其真实性；二是审核广告费和业务宣传费的支出情况及其真实性。

8. 如何结合行业会计核算、会计科目特点进行案头分析？

不同行业的生产经营方式不同，使得不同行业在会计核算过程中能够使用的会计科目也有所区别。因此，在案头审核中要结合行业会计核算的特点和纳税人会计核算使用的科目，分析纳税申报的准确性和存在的纳税风险点。例如，对于按照订单进行生产的工业企业来讲，会计核算中使用“预收账款”科目属于正常情况，但是对于非订单生产的企业，会计核算中使用“预收账款”科目则很异常，需要进一步约谈、核查。又如超市、大型商场、教育培训机构等为消费者提供服务的企业，存在销售预付卡或一次性收取学费等情况，会计核算中使用“预收账款”科目且有发生额属于正常情况，但使用“应收账款”科目且有发生额则属于异常情况，存在将收入挂在“应收账款”科目、隐瞒收入等风险。

每个会计科目的使用有其特定范围、业务和规律，如“在建工程”科目，从发生之日起，该科目余额一直增加，到某一时点该科目余额归为零，同时“固定资产”科目借方发生额会等额增加。如果在案头审核资产负债表时，发现“在建工程”项目的期末余额在一个纳税年度内没有发生变化，一是纳税人的在建工程处于停工状态；二是在建工程已经完工，达到了预计可使用状态，但尚未办理竣工决算。如果经核实属于第二种情况，则存在固定资产未按规定计提折旧、摊销的风险和房产税未依法计征的风险。再如资产负债表上的“盈余公积”科目，只有在企业对未分配利润进行了分配，其期末余额才可发生变化。否则，“盈余公积”科目期末余额增加可能存在纳税人将账外的收入计入该科目、少缴增值税和企业所得税的风险。

9. 如何结合行业特点进行案头分析？

不同行业其生产经营是不同的，在案头分析时要结合行业生产经营特点分析其存在的潜在的纳税风险。如建筑行业的生产具有流动性，一般的工业产品都是在固定的工厂、车间内进行生产，而建筑产品的生产则是在不同地区，或同一地区的不同现场，或同一现场的不同单位工程，或同一单位工程的不同部位组织工人、机械进行生产。因此，建筑产品的生产是在地区之间、现场之间和单位工程不同部位之间流动。这也造成人员、设备、管理机构的移动频繁。源于这种生产的流动性，建筑业纳税人一般在正常收取工程款外，还会向建设单位收取临时设施费、迁移搬运费、机械使用费等价外费用。收取这些建造费用，有时单独开具发票，有时开具收款凭证，有时合并在工程价款中一并开票。因此，在案头分析中，要重点审核这部分价外费用是否及时、足额申报缴纳增值税和企业所得税。

10. 如何结合行业征管难点进行案头分析？

不同行业的生产经营情况不同，税收征收管理的难度也不同。如采矿行业，征管的最大难题是矿石的库存量如何准确计量。纳税人利用这一征管难点进行偷（逃）税的风险相较于其他容易盘点、核查存货的行业更大、更多。又如，农产品加工行业，征管的最大难题是难以确认收购交易的真实性。纳税人利用这一征管难点，虚开农产品收购发票进行偷（逃）税的风险相较于其他没有农产品收购业务的行业更大、更多。再如商业零售业，征管的最大难题是难以查实不开发票销售商品的收入总量。纳税人利用这一征管难点，采取不开票、不申报收入方式进行偷（逃）税的风险相较于其他销售货物必开票的行业更大、更多。

11. 如何综合运用报表数据和发票数据交叉比对进行案头分析？

纳税人申报的各个报表以及开具或取得的发票间存在着内在的勾稽关系。因此，在案头分析中围绕某一事项要综合运用多个申报表数据和发票信息进行交叉比对分析。

如纳税人购进一项不动产，在以下报表中体现该项业务：一是资产负债表中“固定资产原价”期末余额增加，“货币资金”期末余额减少或者“应付账款”期末余额增加；二是增值税纳税申报表附列资料（二）中“本期用于购建不动产的扣税凭证”项要填报金额和税额；三是企业所得税的《A10005080 资产折旧、摊销情况及纳税调整明细表》中“房屋、建筑物”的账载金额和折旧额都会增加；四是房产税纳税申报表、从价计征房产税税源明细表体现出该不动产相关的税源信息；五是城镇土地使用税纳税申报表、城镇土地使用税税源明细表上也会体现出该不动产相关的税源信息；六是增值税发票电子底账管理系统中可查询到纳税人购进该不动产取得的发票信息。因此，利用上述这些报表之间的内在勾稽关系以及发票信息进行交叉集合比对，即可对进项税额、折旧额、房产税、土地使用税申报真实性进行全面、深入的分析。

12. 如何围绕疑点多角度、多侧面进行综合分析？

对某一疑点在进行分析时，如果仅采用单一指标进行分析并得出结论，难免不够全面、不够准确。若以某疑点为核心，将与其相关的事项及指标组合构建为指标体系，利用该体系的每个指标运行的结果进行综合分析，得出的结论必然更准确、更具说服力。如针对不计、少计收入的疑点进行案头分析，可以从收入变动，收入与成本配比，收入与固定资产配比，收入与工资配比，收入与水、电、气等能耗配比，收入的资金流和收入的货物流等方面进行综合分析，汇总各指标分析结果，得出最终结论。

第二章　案头分析所需数据及应用

1. 可用于案头分析的数据有哪些?

从2005年提出并实施纳税评估，国家税务总局围绕案头分析这一纳税评估核心工作，在数据采集方面进行了很多卓有成效的工作。经过若干年的努力，税务机关不再处于“巧妇难为无米之炊”状态，而是真正步入了税收大数据时代。目前税务机关案头分析可用数据包括：增值税纳税申报数据，消费税纳税申报数据，资源税纳税申报数据，城市维护建设税、教育费附加及地方教育附加税（费）纳税申报数据，企业所得税纳税申报数据，个人所得税纳税申报数据，土地增值税纳税申报数据，城镇土地使用税纳税申报数据，房产税纳税申报数据，契税纳税申报数据，印花税纳税申报数据，车船税纳税申报数据，财务报表数据，发票的开具和取得数据，货物和服务的出口业务申报数据，税务登记基础信息，备案信息，特殊事项的专项报送信息及数据等征管数据以及第三方信息、互联网信息等外部数据。

2. 税务登记基础信息有哪些，案头分析时如何应用?

（1）税务登记基础信息

自2014年7月国务院发布《关于促进市场公平竞争维护市场正常秩序的若干意见》后，各地先后实现了“三证合一”“一照一码”，不再单独办理税务登记。但是税务登记表相关信息仍需在纳税人办理涉税事项时采集并存储在金税工程三期系统。

税务登记基础信息包括纳税人名称、登记注册类型、开业（设立）日期、生产经营期限、注册地址、生产经营地址、核算方式、从业人数（其中外籍人数）、单位性质、网站网址、适用会计制度、经营范围、法定代表人（负责人）、财务负责人、办税人、税务代理人名称、注册资本或投资总额、投资方信息（包括投资方名称、投资方经济性质、投资比例、证件种类、证件号码、国籍或地址）、投资结构（自然人投资比例、外资投资比例、国有投资比例）、分支机构信息（分支机构名称、注册地址、纳税人识别号）、总机构信息（总机构名称、纳税人识别号、注册地址、经营范围、法定代表人姓名、邮政编码）、代扣代缴和代收代缴税款业务情况（代扣代缴和代收代缴税款业务内容、税种）。参见税务登记表（适用单位纳税人）。

（2）税务登记基础信息在案头分析中的应用

登记注册类型：用于分析纳税人偷（逃）、漏税主观意愿，一般说国有企业偷（逃）、漏税意愿小，私营企业偷（逃）、漏税意愿大；内资企业避税的风险小，外资企业和外商投资企业避税风险大；股份有限公司的偷（逃）、漏税风险小于有限责任公司。

开业（设立）日期：表明纳税人所处企业生命周期并用于分析纳税人生产经营情况。

注册地址、生产经营地址：可用于分析企业的经济实力和经营状况，如纳税人原注册地址位于偏僻地区或地段现变更到繁华地区或地段，表明纳税人生产经营状况良好。也可由于查证是否存在"一址多照"情况，为判定企业的纳税风险类型及程度提供参考。注册地址、生产经营地址，还直接与纳税人是否享受企业所得税优惠政策有关，与城镇土地使用税的税率和税额有关。

从业人数（其中外籍人数）：反映企业规模及发展状况，可用于分析企业是否存在少计、不计收入的风险以及个人所得税是否存在违法扣缴的风险。

适用会计制度：表明资产负债表和利润表的编制依据。用于分析企业所得税纳税风险。审核企业所得税纳税申报表、资产负债表、利润表的项目时需要了解纳税人会计核算是执行会计准则还是会计制度，两者在会计科目设置和部分业务会计处理方面存在差异，直接影响案头分析结果。

法定代表人（负责人）、财务负责人、办税人：一是用于查询、确认该纳税人是否存在关联企业；二是通过法定代表人的年龄、是否为外地人等个人信息，分析该纳税人的纳税风险等级；三是通过法定代表人（负责人）、财务负责人、办税人员的个人信用积分、从业经历、性格特征等，分析该纳税人的纳税风险等级。

注册资本或投资总额：反映企业规模及发展状况，通过其变动，分析企业是否存在少计、不计收入，少缴增值税、企业所得税的风险；是否存在少缴印花税的风险。

投资方信息、投资结构：反映纳税人的关联企业，可用于分析关联交易、企业的发展变化以及是否存在个人所得税扣缴风险。

分支机构信息、总机构信息：反映企业组织机构及规模，可用于分析企业的发展情况以及视同销售业务未依法纳税、预缴税款未按规定计算和扣除等风险。

3. 备案信息有哪些？案头分析时如何应用？

纳税人备案时提交的各种资料，是快速了解该纳税人某一事项详细信息的渠道，在案头分析时，尤其是对特殊事项审核非常有帮助。因此，需要了解税务机关具有的备案信息。本书选择部分事项的相关备案信息列示如下：

（1）增值税一般纳税人登记信息

增值税一般纳税人登记信息包括法定代表人（负责人、业主）、财务负责人、办税人员、税务登记日期、生产经营地址、注册地址、纳税人类别、主营业务类别、一般纳税人资格生效之日。参见增值税一般纳税人登记表。

（2）一般纳税人转为小规模纳税人登记信息

一般纳税人转为小规模纳税人登记信息包括法定代表人（负责人、业主）、原登记为一般纳税人的生效时间、是否为出口企业、年应税销售额（累计应税销售额）、转为小规模纳税人生效时间。参见一般纳税人转为小规模纳税人登记表。

（3）财务会计制度及核算软件备案信息

财务会计制度及核算软件备案信息包括财务、会计制度；低值易耗品摊销方法；折旧方法；成本核算方法；会计核算软件；会计报表；财务会计核算软件、使用说明书复印件。参见财务会计制度及核算软件备案报告书。

（4）纳税人存款账户账号信息

纳税人存款账户账号信息包括银行开户登记证号、发证日期；开户银行信息（账号性质、开户银行名称、开户时间、变更时间、注销时间）。参见纳税人存款账户账号报告表。此外，还有银行开户许可证或账户、账号开立证明。

（5）部分增值税税收优惠备案信息

依据2017年12月29日发布的《国家税务总局关于公布失效废止的税务部门规章和税收规范性文件目录的决定》（国家税务总局令第42号）规定，《税收减免管理办法》全文废止，增值税优惠不再实行备案管理。目前尚未出台具体办理办法，预计备案信息将不再报送税务机关，作为留存备查信息进行管理。2018年前，税务机关持有下列备案信息：

①税务资格备案表。

②下列优惠项目的相关资料：

安置残疾人就业增值税即征即退资格备案资料：经民政部门或残疾人联合会出具的书面审核认定意见书；与残疾人签订的劳动合同或服务协议（副本）；为残疾人缴纳社会保险费缴费记录；向残疾人通过银行等金融机构实际支付工资凭证。

软件企业增值税即征即退资格备案资料：省级软件产业主管部门认可的软件检测机构出具的检测证明材料；软件产业主管部门颁发的《软件产品登记证书》或著作权行政管理部门颁发的《计算机软件著作权登记证书》。

资源综合利用增值税即征即退资格备案资料：不属于国家发展改革委《产业结构调整指导目录》中的禁止类、限制类项目的证明材料；不属于环境保护部《环境保护综合名录》中的“高污染、高环境风险”产品或者重污染工艺的证明材料；《危险废物经营许可证》（非必报资料）。

黄金交易期货增值税即征即退资格备案资料：黄金期货交易资格证明材料。

飞机维修劳务增值税即征即退资格备案资料：从事飞机维修劳务的相关资质材料。

大型水电企业增值税即征即退资格备案资料：单站发电机组额定装机容量总和的情况材料。

光伏发电增值税即征即退资格备案资料：自产的利用太阳能生产的电力产品的相关材料。

风力发电增值税即征即退资格备案资料：自产的利用风力生产的电力产品的相关材料。

新型墙体材料增值税即征即退资格备案资料：自产的属于《享受增值税即征即退政策的新型墙体材料目录》范围的新型墙体材料的相关材料。

动漫产业增值税即征即退资格备案资料：自主开发生产的动漫软件的相关材料。

生产销售铂金增值税即征即退资格备案资料：国内生产企业自产自销铂金的证明材料。

管道运输服务增值税即征即退资格备案资料：管道运输服务业务合同。

2015 年 12 月 31 日前，注册在洋山保税港区和东疆保税港区内的试点纳税人，国内货物运输服务、仓储服务和装卸搬运服务增值税即征即退资格备案资料：国内货物运输服务、仓储服务和装卸搬运服务的合同。

有形动产融资租赁服务增值税即征即退资格备案资料：有形动产融资租赁服务业务合同；中国人民银行、银监会、商务部及授权部门批准经营融资租赁业务证明。

（6）部分企业所得税税收优惠备案资料

依据《国家税务总局关于发布修订后的〈企业所得税优惠政策事项办理办法〉的公告》（国家税务总局公告 2018 年第 23 号）规定，自 2018 年起，除享受集成电路生产企业、集成电路设计企业、软件企业、国家规划布局内的重点软件企业和集成电路设计企业等优惠事项的企业，应当在完成年度汇算清缴后，按照《企业所得税优惠事项管理目录（2017 年版）》“后续管理要求”项目中列示的清单向税务机关提交资料外，其他所得税优惠事项不需报送资料，按照《企业所得税优惠事项管理目录（2017 年版）》“主要留存备查资料”项目中列示的清单归集、整理资料，留存备查。

①软件和集成电路企业备案资料：纳税人在完成年度汇算清缴后，汇算清缴期结束前向税务机关提交与享受优惠政策相关的资料，详见表 2－1 享受企业所得税优惠政策的软件和集成电路企业提交资料明细表。

表 2－1　　享受企业所得税优惠政策的软件和集成电路企业提交资料明细表

企业类型	提交资料
集成电路生产企业	在汇算清缴期结束前向税务机关提交以下资料： 1. 在发展改革或工业和信息化部门立项的备案文件（应注明总投资额、工艺线宽标准）复印件以及企业取得的其他相关资质证书复印件等； 2. 企业职工人数、学历结构、研究开发人员情况及其占企业职工总数的比例说明，以及汇算清缴年度最后一个月社会保险缴纳证明等相关证明材料； 3. 加工集成电路产品主要列表及国家知识产权局（或国外知识产权相关主管机构）出具的企业自主开发或拥有的一至两份代表性知识产权（如专利、布图设计登记、软件著作权等）的证明材料； 4. 经具有资质的中介机构鉴证的企业财务会计报告（包括会计报表、会计报表附注和财务情况说明书）以及集成电路制造销售（营业）收入、研究开发费用、境内研究开发费用等情况说明； 5. 与主要客户签订的一至两份代表性销售合同复印件； 6. 保证产品质量的相关证明材料（如质量管理认证证书复印件等）

续表

企业类型	提交资料
集成电路设计企业	在汇算清缴期结束前向税务机关提交以下资料： 1. 企业职工人数、学历结构、研究开发人员情况及其占企业职工总数的比例说明，以及汇算清缴年度最后一个月社会保险缴纳证明等相关证明材料； 2. 企业开发销售的主要集成电路产品列表，以及国家知识产权局（或国外知识产权相关主管机构）出具的企业自主开发或拥有的一至两份代表性知识产权（如专利、布图设计登记、软件著作权等）的证明材料； 3. 经具有资质的中介机构鉴证的企业财务会计报告（包括会计报表、会计报表附注和财务情况说明书）以及集成电路设计销售（营业）收入、集成电路自主设计销售（营业）收入、研究开发费用、境内研究开发费用等情况表； 4. 第三方检测机构提供的集成电路产品测试报告或用户报告，以及与主要客户签订的一至两份代表性销售合同复印件； 5. 企业开发环境等相关证明材料
软件企业	在汇算清缴期结束前向税务机关提交以下资料： 1. 企业开发销售的主要软件产品列表或技术服务列表； 2. 主营业务为软件产品开发的企业，提供至少 1 个主要产品的软件著作权或专利权等自主知识产权的有效证明文件，以及第三方检测机构提供的软件产品测试报告；主营业务仅为技术服务的企业提供核心技术说明； 3. 企业职工人数、学历结构、研究开发人员及其占企业职工总数的比例说明，以及汇算清缴年度最后一个月社会保险缴纳证明等相关证明材料； 4. 经具有资质的中介机构鉴证的企业财务会计报告（包括会计报表、会计报表附注和财务情况说明书）以及软件产品开发销售（营业）收入、软件产品自主开发销售（营业）收入、研究开发费用、境内研究开发费用等情况说明； 5. 与主要客户签订的一至两份代表性的软件产品销售合同或技术服务合同复印件； 6. 企业开发环境相关证明材料
国家规划布局内重点软件企业	在汇算清缴期结束前向税务机关提交以下资料： 1. 企业开发销售的主要软件产品列表或技术服务列表； 2. 主营业务为软件产品开发的企业，提供至少 1 个主要产品的软件著作权或专利权等自主知识产权的有效证明文件，以及第三方检测机构提供的软件产品测试报告；主营业务仅为技术服务的企业提供核心技术说明； 3. 企业职工人数、学历结构、研究开发人员及其占企业职工总数的比例说明，以及汇算清缴年度最后一个月社会保险缴纳证明等相关证明材料； 4. 经具有资质的中介机构鉴证的企业财务会计报告（包括会计报表、会计报表附注和财务情况说明书）以及软件产品开发销售（营业）收入、软件产品自主开发销售（营业）收入、研究开发费用、境内研究开发费用等情况说明； 5. 与主要客户签订的一至两份代表性的软件产品销售合同或技术服务合同复印件； 6. 企业开发环境相关证明材料； 7. 符合《财政部　国家税务总局　工业和信息化部关于软件和集成电路产业企业所得税优惠政策有关问题的通知》（财税〔2016〕49 号）第六条规定的第二类条件的，应提供在国家规定的重点软件领域内销售（营业）情况说明； 8. 符合财税〔2016〕49 号文件第六条规定的第三类条件的，应提供商务主管部门核发的软件出口合同登记证书，以及有效出口合同和结汇证明等材料

续表

企业类型	提交资料
国家规划布局内重点集成电路设计企业	在汇算清缴期结束前向税务机关提交以下资料： 1. 企业职工人数、学历结构、研究开发人员情况及其占企业职工总数的比例说明，以及汇算清缴年度最后一个月社会保险缴纳证明等相关证明材料； 2. 企业开发销售的主要集成电路产品列表，以及国家知识产权局（或国外知识产权相关主管机构）出具的企业自主开发或拥有的一至两份代表性知识产权（如专利、布图设计登记、软件著作权等）的证明材料； 3. 经具有资质的中介机构鉴证的企业财务会计报告（包括会计报表、会计报表附注和财务情况说明书）以及集成电路设计销售（营业）收入、集成电路自主设计销售（营业）收入、研究开发费用、境内研究开发费用等情况表； 4. 第三方检测机构提供的集成电路产品测试报告或用户报告，以及与主要客户签订的一至两份代表性销售合同复印件； 5. 企业开发环境等相关证明材料； 6. 符合财税〔2016〕49 号文件第五条规定的第二类条件的，应提供在国家规定的重点集成电路设计领域内销售（营业）情况说明

②固定资产加速折旧备案资料：企业所得税优惠事项备案表；固定资产加速折旧（扣除）预缴情况统计表。(2018 年及以后，不再提交)

③创业投资企业投资抵扣应纳税所得额备案资料：经备案管理部门核实后出具的年检合格通知书（副本）；关于创业投资企业投资运作情况的说明；中小高新技术企业投资合同或章程的复印件、实际所投资金验资报告等相关材料；中小高新技术企业基本情况［包括企业职工人数、年销售（营业）额、资产总额等］说明；高新技术企业证书（复印件）；有限合伙制创业投资企业法人合伙人应纳税所得额分配情况明细表；法人合伙人应纳税所得额抵扣情况明细表；企业所得税优惠事项备案表。(2018 年及以后，不再提交)

④研发费用加计扣除备案资料：研发项目文件；研发项目可加计扣除研发费用情况归集表；“研发支出”汇总表；企业所得税优惠事项备案表。(2018 年及以后，不再提交)

（7）出口退税备案资料

①集团公司具有免抵退税资格成员企业备案资料：集团公司成员企业备案表（企业海关代码、所在地、法定代表人、在集团公司中的地位、集团公司总部持股比例）、集团公司总部及控股生产企业的营业执照副本复印件、集团公司总部及控股生产企业的《出口退（免）税备案表》（或《出口退（免）税资格认定表》）复印件、集团公司总部及控股生产企业的章程复印件。

②出口退（免）税资格备案资料：出口退（免）税备案表［纳税人英文名称、纳税人类型、对外贸易经营者备案登记表编号、是否提供零税率应税服务、企业法定代表人（个体工商户负责人）相关信息、退税开户银行相关信息、享受增值税优惠政策情况、主管外汇管理局］；《对外贸易经营者备案登记表》或《中华人民共和国外商投资企业批准

证书》复印件；中华人民共和国海关报关单位注册登记证书复印件以及其他要求的资料。

（8）非居民企业股权转让适用特殊性税务处理的备案

非居民企业股权转让适用特殊性税务处理备案信息：被转让企业信息、受让方信息、转让方信息、转让方持有的股份占被转让企业全部股份的比例、受让方股权支付金额占交易支付总额的比例、股权转让交易支付总额（其中：股权支付金额）、股权转让合同或协议生效时间、被转让企业工商登记变更日期。参见非居民企业股权转让适用特殊性税务处理备案表。

股权转让业务总体情况说明，应包括股权转让的商业目的、证明股权转让符合特殊性税务处理条件、股权转让前后的公司股权架构图等资料。

股权转让业务合同或协议（外文文本的同时附送中文译本）。

工商等相关部门核准企业股权变更事项证明资料。

截至股权转让时，被转让企业历年的未分配利润资料。

4. 特殊事项的专项报送信息有哪些，案头分析时如何应用？

纳税人发生非常规、特殊事项时要按规定提交各种资料，在案头分析时，对特殊事项审核要了解这一事项的详细信息，可借助其提交的资料。因此，需要了解税务机关具有的特殊事项的专项申报数据。具体数据如下：

（1）外出经营相关材料

依据《国家税务总局关于创新跨区域涉税事项报验管理制度的通知》（税总发〔2017〕103号），自2017年10月30日起，纳税人跨省（自治区、直辖市和计划单列市）临时从事生产经营活动的，不再开具《外出经营活动税收管理证明》，改为向机构所在地的国税机关填报《跨区域涉税事项报告表》。

①2017年10月30日前，外出经营活动税收管理采集以下数据：

外出经营活动情况说明；

外出经营合同（从事建筑安装纳税人提供）；

外出经营活动税收管理证明（税务登记地，外出经营地，应税劳务的劳务地点、合同金额，货物名称的数量、销售地点、货物总值、合同总金额）；

外出经营活动情况申报表（外出经营活动税收管理证明号码，证明有效期，实际经营期间，经营地点，货物存放地点，应税劳务的营业额、缴纳税款、使用发票名称、发票份数、发票号码，货物的名称、销售数量、销售额、缴纳税款、使用发票名称、发票份数、发票号码）。

②2017年10月30日后，跨区域涉税事项报验管理采集以下数据：

跨区域涉税事项报告表：跨区域经营地址、经营方式、企业所得税缴纳情况（国税或地税或无企业所得税)、合同情况(合同名称、合同编号、合同金额、合同有效期限、合同相对方名称、合同相对方纳税人识别号或统一社会信用代码)、延长有效期情况(跨区域涉税事项报验管理编号、最新有效期)。

经营地涉税事项反馈表:跨区域涉税事项报验管理编号、实际经营期间、货物存放地点、合同情况[合同包含的项目名称、预缴税款征收率、已预缴税款金额、实际合同执行金额、开具发票金额(含自开和代开)、应补预缴税款金额]。

(2)个人将股权转让给其他个人或法人,自行纳税申报个人所得税报送资料

除了《个人所得税自行纳税申报表(A表)》《个人所得税基础信息表》(B表)外,还包括以下资料:股权转让合同(协议)复印件、股权转让双方身份证明复印件、具有法定资质的中介机构出具的净资产或土地房产等资产价值评估报告(需要进行资产评估的)、计税依据明细偏低但有正当理由的证明材料复印件、主管税务机关要求报送的其他资料。

(3)取得限售股转让所得已预扣预缴个人所得税款的纳税人,自行纳税申报个人所得税报送资料

除了《限售股转让所得个人所得税清算申报表》《个人所得税基础信息表》(B表)外,还包括以下资料:加盖开户证券机构印章的交易明细记录;相关完整真实的财产原值凭证复印件;缴纳税款凭证或《税务代保管资金专用收据》复印件;个人有效身份证件复印件。

(4)发生非货币性资产投资行为并取得被投资企业股权的纳税人,申请分期缴纳个人所得税报送资料

《非货币性资产投资分期缴纳个人所得税备案表》:投资人信息、被投资单位信息、投资情况(投资类型、取得股权时间、取得的现金补价、持股比例、非货币性资产名称、产权证或注册登记证号码、坐落地、评估后的公允价值、非货币性资产原值、合理税费);

纳税人身份证明复印件;

投资协议复印件;

非货币性资产评估价格证明材料复印件;

能够证明非货币性资产原值及合理税费的相关资料。

(5)增值税在纳税申报时除了增值税纳税申报表还需提供的资料

从国外进口货物的纳税人:《海关进口增值税专用缴款书》复印件、《海关稽核结果通知书》。

购进农产品的纳税人:购进农产品取得的普通发票复印件。

部分行业试行农产品增值税进项税额核定扣除办法的一般纳税人:农产品核定扣除增值税进项税额计算表(汇总表)》原件、《投入产出法核定农产品增值税进项税额计算表》原件、《成本法核定农产品增值税进项税额计算表》(适用于发生成品油零售业务的纳税

人)、《购进农产品直接销售核定农产品增值税进项税额计算表》原件、《购进农产品用于生产经营且不构成货物实体核定农产品增值税进项税额计算表》。

增值税一般纳税人提供应税服务，在确定应税服务销售额时，按照有关规定可以从取得的全部价款和价外费用中扣除价款的，所提供的扣除价款的合法凭证。

从事成品油销售业务的一般纳税人：《成品油购销存情况明细表》、加油 IC 卡、《成品油购销存数量明细表》（适用于从事成品油零售业务的加油站）。

从事机动车生产的一般纳税人：《机动车辆生产企业销售明细表》及电子信息、《机动车辆销售统一发票清单》及电子信息、《机动车辆生产企业销售情况统计表》。

从事机动车销售的纳税人：《机动车辆经销企业销售明细表》及电子信息、《机动车辆销售统一发票清单》及电子信息。

各类汇总纳税纳税人：分支机构增值税汇总纳税信息传递单。

（6）消费税纳税人在纳税申报时除了消费税纳税申报表还需提供的资料

将外购应税消费品用于连续生产应税消费品的纳税人：外购应税消费品增值税专用发票抵扣联复印件。

将委托加工收回应税消费品连续生产应税消费品的纳税人：《代扣代收税款凭证》复印件。

将进口应税消费品连续生产应税消费品的纳税人：《海关进口消费税专用缴款书》复印件。

享受石脑油、燃料油退（免）税政策的生产企业：《生产企业销售含税石脑油、燃料油完税情况明细表》。

享受石脑油、燃料油退（免）税政策的使用企业：《使用企业外购石脑油、燃料油凭证明细表》《石脑油、燃料油生产、外购、耗用、库存月度统计表》《乙烯、芳烃生产装置投入产出流量计统计表》《使用企业外购石脑油、燃料油凭证明细表》中“外购含税油品”项“消费税税款缴纳凭证号码”所对应的消费税税款缴纳凭证复印件、当期外购石脑油、燃料油取得认证相符的普通版及汉字防伪版（非 DDZG）增值税专用发票复印件、进口货物报关单、海关进口消费税专用缴款书、自动进口许可证等材料复印件。

白酒生产企业：《已核定最低计税价格白酒清单》。

从事烟类应税消费品生产的纳税人：各牌号规格卷烟消费税计税价格、《卷烟生产企业年度销售明细表》。

（7）企业所得税在纳税申报时除了企业所得税年度纳税申报表还需提供的资料

涉及关联方业务往来的纳税人：《中华人民共和国企业年度关联业务往来报告表》及附表。

存在税前资产损失扣除情况的纳税人：适用清单申报的资产损失，企业可按会计核算科目进行归类、汇总，将汇总清单报送税务机关；适用专项申报的资产损失，逐项（或逐笔）报送申请报告，同时附送会计核算资料及其他相关的纳税资料。[依据《国家税务总局关于企业所得税资产损失资料留存备查有关事项的公告》（国家税务总局公告2018年第15号）规定，2017年度及以后年度企业所得税汇算清缴，企业向税务机关申报扣除资产损失，仅需填报企业所得税年度纳税申报表《资产损失税前扣除及纳税调整明细表》，不再报送资产损失相关资料。相关资料由企业留存备查。]

涉及政策性搬迁的纳税人：应自搬迁开始年度至次年5月31日前向税务机关提供政府搬迁文件或公告复印件、搬迁重置总体规划复印件、拆迁补偿协议复印件、资产处置计划和其他与搬迁相关事项复印件。企业搬迁完成当年应同时报送《中华人民共和国企业政策性搬迁清算损益表》及相关材料。

房地产开发经营企业：房地产开发产品实际毛利额与预计毛利额之间差异调整情况的报告；依据计税成本对象确定原则确定的已完工开发产品成本对象，确定原则、依据，共同成本分配原则、方法，以及开发项目基本情况、开发计划等专项报告。

申请享受中小企业信用担保机构有关准备金企业所得税税前扣除政策的纳税人：融资性担保机构监管部门颁发的经营许可证复印件，具有资质的中介机构鉴证的年度会计报表和担保业务情况（包括担保业务明细和风险准备金提取等）复印件，财政、税务部门要求提供的其他材料。

提取巨灾风险准备金税前扣除的保险公司：巨灾风险准备金提取、使用情况的说明和报表。

跨省、自治区、直辖市和计划单列市设立的，实行汇总纳税办法的居民企业的总机构：《中华人民共和国企业所得税汇总纳税分支机构所得税分配表（2015年版）》、各分支机构的年度财务报表、各分支机构参与企业年度纳税调整情况的说明。

跨省、自治区、直辖市和计划单列市设立的，实行汇总纳税办法的居民企业的分支机构：《中华人民共和国企业所得税汇总纳税分支机构所得税分配表（2015年版）》加盖总机构主管税务机关业务专用章的复印件、分支机构参与企业年度纳税调整情况的说明。

跨省、自治区、直辖市和计划单列市经营的建筑企业总机构：总机构所直接管理的跨地区经营项目部就地预缴税款的完税证明复印件。

以非货币性资产对外投资确认的非货币性资产转让所得，适用分期均匀计入相应年度的应纳税所得额按规定计算缴纳企业所得税的企业：《非货币性资产投资递延纳税调整明细表》。

发生适用特殊性税务处理重组业务，在该重组业务完成当年，重组各方：《企业重组所得税特殊性税务处理报告表》、《国家税务总局关于企业重组业务企业所得税征收管理若干问题的公告》（国家税务总局公告2015年第48号）附件2表单所列申报资料。

（8）房产税纳税人在纳税申报时除了房产税纳税申报表还需提供的资料

下列复印件：房屋产权证、土地使用权证或购房合同、发票等，证明房地产权属的材料、房屋租赁合同。

（9）城镇土地使用税纳税人在纳税申报时除了申报表还需提供的资料

下列复印件：提供土地使用权证或购房合同、发票等，证明土地使用权属的材料。

（10）土地增值税纳税人在纳税申报时除了申报表还需提供的资料

①非从事房地产开发的纳税人申报土地增值税所提交的复印件：房屋及建筑物产权、土地使用权证书；土地转让、房产买卖合同；房地产评估报告及其他与转让房地产有关的资料。

②房地产开发项目土地增值税清算申报所提交的材料：

房地产开发项目清算说明，包括房地产开发项目立项、用地、开发、销售、关联方交易、融资、税款缴纳等基本情况及主管税务机关需要了解的其他情况。

项目竣工决算报表、取得土地使用权所支付的地价款凭证、国有土地使用权出让合同、银行贷款利息结算通知单、项目工程合同结算单、商品房购销合同统计表、销售明细表、预售许可证等与转让房地产的收入、成本和费用有关的证明资料。

需要相应项目记账凭证的，所提供的记账凭证复印件。

委托税务中介机构审核鉴证的清算项目，报送中介机构出具的《土地增值税清算税款鉴证报告》。

商品房购销合同统计表、销售明细表、与转让房地产的收入和费用有关的证明材料。

（11）契税纳税人在纳税申报时除了申报表还需提供的资料

交易双方身份证明复印件（《组织机构代码证书》或者税务登记证或者其他有效机构证明）；土地、房屋权属转移合同复印件。

（12）其他重大事项报告资料

有出包、出租事项的纳税人：承包（承租）协议合同复印件。

发生合并、分立事项的纳税人：《纳税人合并（分立）情况报告书》；合并、分立的批准文件或企业决议。

欠缴税款 5 万元以上的且处置其不动产或者大额资产纳税人：《欠税人处置不动产或者大额资产报告表》；处置不动产或大额资产清单。

5. 增值税纳税申报表可以为案头分析提供哪些数据，这些数据与其他申报数据存在何种勾稽关系？

从 2012 年营改增试点开始，增值税纳税申报表经过若干次修订，采集数据更加全面、具体，与其他税种纳税申报表之间的勾稽关系越来越紧密，这对案头分析非常有利。以增值税纳税申报表（一般纳税人适用）为例，目前通过增值税纳税申报表采集的数据详见表 2－2。

表 2－2　　增值税纳税申报表采集数据一览表

报表	报表构成	主要采集数据
增值税纳税申报表（一般纳税人适用）	增值税纳税申报表（一般纳税人适用）	1. 内销应税销售额：按适用税率计算销售额、按简易办法计算销售额； 2. 税额：销项税额、进项税额、进项税额转出、应纳税额、期末（上期）留抵税额、欠缴税额； 3. 税收优惠情况：即征即退项目销售额、即征即退实际退税额、免税销售额、应纳税额减征额； 4. 出口销售情况：免抵退办法出口销售额、免抵退应退税额； 5. 纳税检查查补情况：纳税检查调整的销售额、按适用税率计算的纳税检查应补缴税额、按简易计税办法计算的纳税检查应补缴税额、本期入库查补税额、期末未缴查补税额
	增值税纳税申报表附列资料（一）（本期销售情况明细）	1. 发票口径下的销售额及销项税额构成：开具增值税专用发票销售额及销项税额、开具其他发票销售额及销项税额、未开具发票销售额及销项税额、纳税检查调整销售额及销项税额； 2. 差额计税的销售额：服务不动产和无形资产扣除项目金额； 3. 一般计税方法下销售额构成：17%、11%税率货物及加工修理修配劳务销售额；17%、11%、6%税率服务、不动产和无形资产销售额依据《国家税务总局关于调整增值税纳税申报有关事项的公告》（国家税务总局公告 2018 年第 17 号），自 2018 年 6 月 1 日起，申报表中 17%、11%税率，分别修订为 16%、10%）； 4. 简易计税方法下销售额构成：5%、3%征收率的货物及加工修理修配劳务销售额；5%、3%征收率的服务不动产和无形资产销售额；按预征率缴税的销售额； 5. 免抵退税销售额构成：货物及加工修理修配劳务销售额，服务、不动产和无形资产销售额； 6. 免税销售额构成：货物及加工修理修配劳务销售额，服务、不动产和无形资产销售额
	增值税纳税申报表附列资料（二）（本期进项税额明细）	1. 当期申报抵扣进项税额构成：取得增值税专用发票注明的进项税额、取得海关进口增值税专用缴款书注明的进项税额、取得农产品收购发票或者销售发票计算的进项税额、代扣代缴的进项税额、购建不动产的进项税额； 2. 进项税额转出：用于免税项目、集体福利和个人消费、简易计税方法征税项目的进项税额，发生非正常损失的进项税额，出口适用免抵退税办法不得抵扣的进项税额，纳税检查查补的进项税额，购货折让，退回转出的进项税额； 3. 待抵扣进项税额：本期认证相符但按税法规定暂不予抵扣或不允许抵扣的增值税专用发票注明的进项税额、已取得但期末仍未申报抵扣的海关进口增值税专用缴款书注明的进项税额、已取得但未申报抵扣的农产品收购发票和农产品销售普通发票计算的进项税额、从小规模纳税人处购进农产品取得增值税专用发票计算的进项税额
	增值税纳税申报表附列资料（三）（服务、不动产和无形资产扣除项目明细）	1. 本期服务、不动产和无形资产价税合计额； 2. 本期取得的按税法规定准予扣除的服务、不动产和无形资产扣除项目金额和实际扣除的金额
	增值税纳税申报表附列资料（四）（税额抵减情况表）	增值税税控系统专用设备费用和技术维护费按规定抵减增值税应纳税额、分支机构预征缴纳税款抵减总机构应纳增值税税额、销售建筑服务预征缴纳税款抵减应纳增值税税额、销售不动产预征缴纳税款抵减应纳增值税税额、出租不动产预征缴纳税款抵减应纳增值税税额

续表

报表	报表构成	主要采集数据
增值税纳税申报表（一般纳税人适用）	增值税纳税申报表附列资料（五）（不动产分期抵扣计算表）	本期不动产进项税额增加额、符合税法规定可以在本期抵扣的不动产进项税额、本期应转入的待抵扣不动产进项税额
	固定资产（不含不动产）进项税额抵扣情况表	从国内购进取得增值税专用发票的固定资产、从境外购进取得海关进口增值税专用缴款书的固定资产。 该表自 2018 年 2 月 1 日停止使用，不再通过报表采集上述数据
	本期抵扣进项税额结构明细表	1. 购进或接受下列行为：有形动产租赁、运输服务、电信服务、建筑安装服务、不动产租赁服务、土地使用权、金融保险服务、生活服务、无形资产、购建并一次性抵扣进项税额的不动产、通行费； 2. 不包括购建不动产分 2 期抵扣数据信息； 3. 自 2018 年 2 月 1 日停止使用，不再通过报表采集上述数据
	增值税减免税申报明细表	1. 符合《减免性质及分类表》所列的减税项目名称及抵减税额； 2. 符合《减免性质及分类表》所列的免税项目名称及免税销售额、免税销售额对应的进项税额； 3. 出口免征增值税的销售额
	增值税预缴税款表	需要预缴增值税的建筑服务、销售不动产、出租不动产三个项目的项目编号、项目名称、项目地址和销售额、预征税额

增值税纳税申报数据与其他申报数据之间的勾稽关系如下：

（1）增值税与消费税申报数据

①一般情况下专门生产且销售酒、卷烟、小汽车、涂料、电池、高档化妆品、其他贵重首饰和珠宝玉石、鞭炮烟火、摩托车、高尔夫球及球具、高档手表、游艇、木制一次性筷子、实木地板的企业，其增值税纳税申报表销售额等于消费税纳税申报表销售额；若将上述应税消费品自产自用，则同期增值税纳税申报表销售额小于消费税纳税申报表销售额。若生产产品中除了上述应税消费品以外还有非应税消费品，则增值税纳税申报表的销售额大于同期消费税纳税申报表的销售额。兼营非应税消费品的情况下应税消费品的销售额可从增值税发票电子底账管理系统中提取、汇总计算并与同期消费税申报表的销售额比对是否一致。

②一般情况下生产且销售成品油的企业，从其增值税发票电子底账管理系统中提取、汇总计算的“数量”之和等于成品油消费税纳税申报表上的“销售数量”之和；若将成品油自产自用，其增值税发票电子底账管理系统中提取计算的“数量”之和小于成品油消费税纳税申报表上的“销售数量”之和。

③一般情况下专门批发销售卷烟的企业，其增值税纳税申报表销售额等于卷烟批发环节消费税纳税申报表中销售额（包括发生卷烟自用情况）。

④零售超豪华小汽车的企业，从其增值税发票电子底账管理系统中提取、汇总计算的

超豪华小汽车的增值税销售额与同期消费税纳税申报表的销售额应一致。

⑤生产应税消费品的企业发生以应税消费品换取生产资料和消费资料、投资入股、偿债等情形，增值税的销售额可小于消费税的销售额，此时数据无法从各自纳税申报表中获取，只能从报表填报数据中分析获取该信息并通过核查进行核实。

（2）增值税与资源税申报数据

①一般情况下专门生产且销售《资源税税目税率幅度表》所列应税矿产品（不包括粘土、砂石原矿）的企业，其增值税纳税申报表上的销售额等于资源税纳税申报表上的销售额；若发生以自采原矿加工精矿产品、金锭、金精矿、粗金，在上述产品销售时其增值税纳税申报表上的销售额等于资源税纳税申报表上的销售额。若企业除了应税矿产品外还销售其他产品，则增值税纳税申报表上的销售额大于同期资源税纳税申报表上的销售额，上述应税矿产品的销售额可从增值税发票电子底账管理系统中提取、计算并与同期资源税纳税申报表的销售额比对是否一致。

②发生以应税矿产品投资、分配、抵债、赠与、以物易物等情形，增值税销售额等于资源税销售额。

③一般情况下专门生产且销售粘土、砂石原矿的企业，从其增值税发票电子底账管理系统中提取、汇总计算的“数量”之和等于资源税纳税申报表（二）上的“销售量”合计。

（3）增值税与企业所得税申报数据

①增值税的全年销售额与企业所得税的营业收入存在勾稽关系。全面营改增后，一般情况下（不包括以代销方式销售货物的业务；销售货物、劳务、应税行为先开发票的业务；增值税差额征税的业务），因增值税规定的视同销售范围大于企业所得税规定的视同销售范围，所以12月份的增值税纳税申报表“一般项目”和“即征即退项目”项下“本年累计”的第1行、第5行、第7行、第8行的销售额合计数应大于或等于中华人民共和国企业所得税年度纳税申报表（A类）第1行“营业收入”的填报数据。

②视同销售的勾稽关系。增值税纳税申报表附列资料（二）中本期进项税额转出额的“用于集体福利和个人消费”项填报的税额除以税率后的数额应等于或小于（当用于职工奖励或福利视同销售还包括自产货物时）《A105010视同销售和房地产开发企业特定业务纳税调整明细表》的“用于职工奖励或福利视同销售成本”项填报数额。因增值税纳税申报表附列资料（二）只有本月数据，没有年度累计数据，因此在进行上述逻辑关系比对时，需分月汇总增值税纳税申报表附列资料（二）进项税额转出额的“用于集体福利和个人消费”合计数，按税率重算后再与《A105010视同销售和房地产开发企业特定业务纳税调整明细表》的“用于职工奖励或福利视同销售成本”项填报数额进行比对。

③非正常损失的勾稽关系。增值税纳税申报表附列资料（二）中本期进项税额转出额的“非正常损失”项与《A105090资产损失税前扣除及纳税调整明细表》的“非货币资产损失”项存在勾稽关系，当“非货币资产损失”项填报数据时要审核增值税纳税申报

表附列资料（二）中本期进项税额转出额的“非正常损失”项是否填报过数据。当“非正常损失”项未填报数据时，一是购进非货币资产时未取得增值税专用发票，此时未进行进项税额转出没有纳税风险；二是购进非货币资产时取得增值税专用发票，未按规定进行进项税额转出存在多抵进项税额的风险。在金额比对方面需要注意，“非正常损失”项填报的是税额，“非货币资产损失”项填报的是成本，不可直接针对数额进行比对，需要结合具体资产类别，分析、推算再比对。因增值税纳税申报表附列资料（二）只有本月数据，没有年度累计数据，因此在进行上述逻辑关系比对时，需分月汇总增值税纳税申报表附列资料（二）进项税额转出额的“非正常损失”合计数，再与《A105090资产损失税前扣除及纳税调整明细表》的“非货币资产损失”项比对。

④购进不动产的勾稽关系。增值税纳税申报表附列资料（二）中“本期用于购建不动产的扣税凭证”项填报金额应等于或小于（当购进房屋、建筑物未取得增值税专用发票时）《A105080资产折旧、摊销及纳税调整明细表》的“房屋、建筑物”的“资产原值”项较上一年度增加的金额。因增值税纳税申报表附列资料（二）只有本月数据，没有年度累计数据，因此在进行上述逻辑关系比对时，需分月汇总增值税纳税申报表附列资料（二）“本期用于购建不动产的扣税凭证”项的合计数，再与年度所得税申报相关栏次进行比对。

（4）增值税与契税、土地使用税申报数据

①增值税纳税申报表附列资料（一）中“11%税率的服务、不动产和无形资产”项（自2018年6月1日起，改为“10%税率的服务、不动产和无形资产”）填报了数据且资产负债表中与“固定资产”原值相关的报表项目或与“无形资产”原值相关的报表项目的期末余额异常大额减少。此时，增值税纳税申报表与城镇土地使用税纳税申报表产生勾稽关系，城镇土地使用税申报金额、税额将合理减少。

②增值税纳税申报表附列资料（二）中“购建不动产的进项税额”项与契税纳税申报表、城镇土地使用税税源明细表存在勾稽关系。当企业购进不动产时，产生契税和城镇土地使用税的纳税义务，需在契税纳税申报表、城镇土地使用税税源明细表填报该不动产的信息并申报缴纳税款；当企业在原有土地上建造不动产时，不产生契税和城镇土地税的纳税义务，不需要填报契税纳税申报表、城镇土地使用税税源明细表。

③在2016年5月至2017年12月期间，本期抵扣进项税额结构明细表“受让土地使用权的进项”与城镇土地使用税税源明细表存在勾稽关系。当“受让土地使用权的进项”栏填报数据时，需在城镇土地使用税税源明细表填报该不动产的信息并申报缴纳税款。

（5）增值税与房产税申报数据

①增值税纳税申报表附列资料（四）“出租不动产预征缴纳税款”与房产税纳税申报表、从租计征房产税税源明细表存在勾稽关系。

②增值税纳税申报表附列资料（二）中“购建不动产的进项税额”项填报数据且资产负债表中“在建工程”项目没有发生额或期末余额未发生变化，此时增值税纳税申报表与房产税纳税申报表、从价计征房产税税源明细表产生勾稽关系。

（6）增值税与土地增值税申报数据

①非房地产企业销售营改增前购置的不动产，增值税纳税申报表附列资料（一）“5%征收率的服务、不动产和无形资产”项填报数据且资产负债表中与“固定资产”原值相关的报表项目的期末余额异常大额减少，此时，增值税纳税申报表与土地增值税纳税申报表产生勾稽关系。表明纳税人销售了不动产，在缴纳增值税的同时，还需缴纳土地增值税。

②非房地产企业销售营改增前购置的土地，增值税纳税申报表附列资料（一）“5%征收率的服务、不动产和无形资产”项填报数据且资产负债表中与“无形资产”原值相关的报表项目的期末余额异常大额减少，此时，增值税纳税申报表与土地增值税纳税申报表产生勾稽关系。表明企业销售了土地使用权，在缴纳增值税的同时，还需缴纳土地增值税。

③房地产企业的增值税预缴税款表“销售不动产”项的“销售额”与土地增值税纳税申报表（一）（从事房地产开发的纳税人预征适用）“应税收入”存在如下勾稽关系：一般计税项目，增值税预缴税款表的“销售额”×（1+11%）-“预征税额”=土地增值税纳税申报表（一）的“应税收入”；简易计税项目，增值税预缴税款表的“销售额”×（1+5%）-“预征税额”=土地增值税纳税申报表（一）的“应税收入”。

④2016年5月至2017年12月本期抵扣进项税额结构明细表的“受让土地使用权的进项”的金额应与该项目的土地增值税纳税申报表（二）（从事房地产开发的纳税人清算适用）中的“取得土地使用权所支付的金额”金额合计数相等。

（7）增值税与印花税申报数据

对于核定征收的印花税，计税依据是纳税人的实际生产经营收入，再依据税务机关确定的系数计算印花税税额，纳税义务发生时间是订立应税凭证时。增值税纳税义务发生时间不是以合同订立为标准，不同销售结算方式确认纳税义务发生时间的标准也不同，更为复杂。因此，从一个申报期来讲，增值税与印花税的勾稽关系不明显。但印花税纳税申报（报告）表填报数据仍可以作为案头分析增值税申报风险的重要参考依据。

（8）增值税申报数据与增值税抵扣凭证数据

增值税抵扣凭证数据来源包括从增值税发票电子底账管理系统中提取的数据、纳税人报送的清单数据、金税工程三期征收数据以及各省税务机关开发的以增值税发票电子底账管理系统数据为数据源的统计分析软件等。

当期已认证或勾选确认的增值税专用发票（以下简称专用发票）上注明的金额、税额合计数应等于或者大于（当从小规模纳税人购进农产品取得代开增值税专用发票或者按照税法规定发生不允许抵扣的情形时）增值税纳税申报表附列资料（二）“本期认证相符且本期申报抵扣进项”项的金额、税额。

经稽核比对相符的海关进口增值税专用缴款书上注明的税额合计数应等于或者大于（当按照税法规定发生不允许抵扣的情形时）增值税纳税申报表附列资料（二）中本期申报抵扣的“海关进口增值税专用缴款书”项的税额。

取得代扣代缴税收缴款凭证上注明的增值税税额合计数应等于或者大于（当按照税法

规定发生不允许抵扣的情形时）增值税纳税申报表附列资料（二）中本期申报抵扣的“代扣代缴税收缴款凭证”项的税额。

取得《出口货物转内销证明》上注明的进项税额合计数应等于或者大于（当按照税法规定发生不允许抵扣的情形时）增值税纳税申报表附列资料（二）中本期申报抵扣的“外贸企业进项税额抵扣证明”项的税额。

按照增值税政策规定，依据相关凭证注明的金额计算抵扣进项税额的，计算得出的进项税额应等于或者大于（当按照税法规定发生不允许抵扣的情形时）增值税纳税申报表附列资料（二）中本期申报抵扣的相应凭证税额。

6. 企业所得税纳税申报表可以为案头分析提供的数据以及与其他申报数据存在何种勾稽关系？

从2008年《企业所得税法》出台开始，企业所得税年度纳税申报表经过2014年、2015年和2017年三次修订，采集数据更加全面、具体，与其他税种申报表之间的勾稽关系越来越紧密，这对案头分析非常有利。以查账征收企业适用的2017版企业所得税年度纳税申报表为例，目前通过该表采集的数据详见表2－3。

表2－3　　企业所得税申报表采集数据一览表

	表单	主要采集数据
企业所得税年度纳税申报表（查账征收）	《A000000 企业基础信息表》	所属行业、从业人数、资产总额、汇总纳税情况、从事股权投资情况、适用的会计准则或会计制度、重组及递延纳税情况、企业主要股东及分红情况（2014版采集信息不包括重组及递延纳税情况，但包括会计核算软件、固定资产折旧方法、存货成本计价方法、坏账损失核算方法、所得税计算方法）
	《A100000 中华人民共和国企业所得税年度纳税申报表（A类）》	（1）会计利润表上相关生产经营数据； （2）税会差异总体情况：纳税调整增加额、纳税调整减少额； （3）境外投资经营情况：境外所得、境外应税所得抵减境内亏损、境外所得应纳所得税额； （4）税收优惠情况：免税、减计收入及加计扣除，所得减免，抵扣应纳税所得额，减免所得税额，抵免所得税额
	《A101010 一般企业收入明细表》	（1）主营业务收入种类及构成：商品、劳务、非货币性资产交换收入、建造合同收入、让渡资产使用权收入； （2）其他业务收入种类及构成：销售材料收入、出租固定资产收入、出租无形资产收入、出租包装物和商品收入； （3）营业外收入种类及构成：非流动资产处置利得、非货币性资产交换利得、债务重组利得、政府补助利得、盘盈利得、捐赠利得、罚没利得、确实无法偿付的应付款项

续表

	表单	主要采集数据
企业所得税年度纳税申报表（查账征收）	《A101020 金融企业收入明细表》	(1) 营业收入种类及构成：银行业务收入、证券业务收入、已赚保费、其他金融业务收入； (2) 营业外收入种类及构成：非流动资产处置利得、非货币性资产交换利得、债务重组利得、政府补助利得、盘盈利得、捐赠利得
	《A102010 一般企业成本支出明细表》	(1) 主营业务成本种类及构成：商品、劳务、非货币性资产交换成本、建造合同成本、让渡资产使用权成本； (2) 其他业务成本种类及构成：销售材料成本、出租固定资产成本、出租无形资产成本、出租包装物和商品成本； (3) 营业外支出种类及构成：非流动资产处置损失、非货币性资产交换损失、债务重组损失、非常损失、捐赠支出、赞助支出、罚没支出、坏账损失、无法收回的债券股权投资损失
	《A102020 金融企业支出明细表》	(1) 营业支出种类及构成：银行业务支出、保险业务支出、证券业务支出、其他金融业务支出； (2) 营业外支出种类及构成：非流动资产处置损失、非货币性资产交换损失、债务重组损失、捐赠支出、非常损失
	《A103000 事业单位、民间非营利组织收入、支出明细表》	(1) 事业单位各种收入、民间非营利组织各种收入； (2) 事业单位各种支出、民间非营利组织各种支出
	《A104000 期间费用明细表》	职工薪酬、劳务费、咨询顾问费、业务招待费、广告费和业务宣传费、佣金和手续费、资产折旧摊销费、财产损耗盘亏及毁损损失、办公费、董事会费、租赁费、诉讼费、差旅费、保险费、运输仓储费、修理费、包装费、技术转让费、研究费用、各项税费、利息收支、现金折扣、党组织工作经费
	《A105000 纳税调整项目明细表》	收入类调整项目 9 项、扣除类调整项目 17 项、资产类调整项目 4 项、特殊事项调整项目 6 项、特别纳税调整应税所得
	《A105010 视同销售和房地产开发企业特定业务纳税调整明细表》	(1) 视同销售（营业）收入、成本的情形：非货币性资产交换、用于市场推广或销售、用于交际应酬、用于职工奖励或福利、用于股息分配、用于对外捐赠、用于对外投资、提供劳务； (2) 房地产开发企业特定业务纳税调整：房地产企业销售未完工开发产品特定业务计算的纳税调整额、销售的未完工产品转完工产品特定业务计算的纳税调整额
	《A105020 未按权责发生制确认收入纳税调整明细表》	跨期收取的租金、利息、特许权使用费收入； 分期确认收入； 政府补助递延收入； 其他未按权责发生制确认收入
	《A105030 投资收益纳税调整明细表》	以下业务的持有收益和处置收益：交易性金融资产、可供出售金融资产、持有至到期投资、衍生工具、交易性金融负债、长期股权投资、短期投资、长期债券投资

续表

	表单	主要采集数据
企业所得税年度纳税申报表（查账征收）	《A105040 专项用途财政性资金纳税调整明细表》	本年度以及向前推五年内财政性资金、符合不征税收入条件的财政性资金的收入、支出情况
	《A105050 职工薪酬纳税调整明细表》	工资薪金支出（含股权激励）、职工福利费支出、职工教育经费支出、各类基本社会保障性缴款、住房公积金、补充养老保险、补充医疗保险
	《A105060 广告费和业务宣传费跨年度纳税调整明细表》	不允许扣除的广告费和业务宣传费支出、符合条件的广告费和业务宣传费支出
	《A105070 捐赠支出纳税调整明细表》	非公益性捐赠、全额扣除的公益性捐赠、限额扣除的公益性捐赠以及递延 3 年扣除的情况
	《A105080 资产折旧、摊销及纳税调整明细表》	（1）下列资产原值和折旧额：房屋、建筑物，飞机、火车、轮船、机器、机械和其他生产设备，与生产经营活动有关的器具、工具、家具等，飞机、火车、轮船以外的运输工具，电子设备； （2）享受固定资产加速折旧及一次性扣除政策的资产加速折旧额大于一般折旧额的部分； （3）生产性生物：资产原值，本年折旧、摊销额； （4）无形资产：资产原值，本年折旧、摊销额； （5）长期待摊费用：资产原值，本年折旧、摊销额
	原《A105081 固定资产加速折旧、扣除明细表》	2017 年度汇算清缴该附表停止使用，相关内容并入《A105080 资产折旧、摊销及纳税调整明细表》
	《A105090 资产损失税前扣除及纳税调整明细表》	（1）以下清单申报资产损失的账载金额、资产处置收入和赔偿收入：正常经营管理活动中，按照公允价格销售、转让、变卖非货币资产的损失；存货发生的正常损耗；固定资产达到或超过使用年限而正常报废清理的损失；生产性生物资产达到或超过使用年限而正常死亡发生的资产损失；按照市场公平交易原则，通过各种交易场所、市场等买卖债券、股票、期货、基金以及金融衍生产品等发生的损失；分支机构上报的资产损失； （2）以下专项申报资产损失的账载金额、资产处置收入和赔偿收入：货币资产损失；非货币资产损失；投资损失
	原《A105091 资产损失（专项申报）税前扣除及纳税调整明细表》	2017 年度汇算清缴该附表停止使用，相关内容并入《A105090 资产损失税前扣除及纳税调整明细表》
	《A105100 企业重组及递延纳税事项纳税调整明细表》	以下业务的一般性税务处理或特殊性税务处理账载金额、税收金额和纳税调整金额：债务重组，股权收购，资产收购，企业合并，企业分立，非货币性资产对外投资，技术入股，股权划转、资产划转

续表

	表单	主要采集数据
企业所得税年度纳税申报表（查账征收）	《A105110 政策性搬迁纳税调整明细表》	搬迁收入、搬迁支出、搬迁所得或损失、计入本年应纳税所得额的搬迁所得或损失、计入当期损益的搬迁收益或损失、以前年度搬迁损失当期扣除金额
	《A105120 特殊行业准备金纳税调整明细表》	保险公司、证券行业、期货行业、金融企业、中小企业融资（信用）担保机构、小额贷款公司等行业计提的准备金
	《A106000 企业所得税弥补亏损明细表》	本年度依次向前推 5 年各年可弥补亏损所得、以前年度亏损已弥补额、本年度实际弥补的以前年度亏损额
	《A107010 免税、减计收入及加计扣除优惠明细表》	免税收入 13 项，减计收入 4 项，加计扣除 5 项
	《A107011 符合条件的居民企业之间的股息、红利等权益性投资收益优惠明细表》	被投资企业名称及被投资企业统一社会信用代码（纳税人识别号）、投资性质、投资成本、投资比例、被投资企业利润分配时间及金额、被投资企业清算确认金额、撤回或减少投资确认金额
	原《A107012 综合利用资源生产产品取得的收入优惠明细表》	2017 年度汇算清缴该附表停止使用
	原《A107013 金融、保险等机构取得的涉农利息、保费收入优惠明细表》	2017 年度汇算清缴该附表停止使用
	《A107012 研发费用加计扣除优惠明细表》	（1）研发项目基本信息：企业类型、科技型中小企业登记编号、本年可享受研发费用加计扣除项目数量； （2）以下项目研发活动费用明细数据：自主研发、合作研发、集中研发；委托研发；本年形成无形资产摊销额；以前年度形成无形资产本年摊销额；允许扣除的研发费用抵减特殊收入后的金额；本年研发费用加计扣除总额；销售研发活动直接形成产品（包括组成部分）对应材料部分结转以后年度扣减金额
	《A107020 所得减免优惠明细表》	以下项目的项目名称、优惠事项名称、优惠方式、项目收入、项目成本、相关税费、应分摊期间费用、纳税调整额、项目所得额、减免所得额：农、林、牧、渔业项目；国家重点扶持的公共基础设施项目；符合条件的环境保护、节能节水项目；符合条件的技术转让项目；实施清洁机制发展项目；符合条件的节能服务公司实施合同能源管理项目
	《A107030 抵扣应纳税所得额明细表》	（1）创业投资企业直接投资按投资额一定比例抵扣应纳税所得额的情况：本年新增的符合条件的股权投资额、本年新增的可抵扣的股权投资额、本年可用于抵扣的应纳税所得额、本年实际抵扣应纳税所得额； （2）通过有限合伙制创业投资企业投资按一定比例抵扣分得的应纳税所得额的情况：本年从有限合伙创投企业应分得的应纳税所得额、本年新增的可抵扣投资额、本年可抵扣投资额、本年实际抵扣应分得的应纳税所得额

续表

	表单	主要采集数据
企业所得税年度纳税申报表（查账征收）	《A107040 减免所得税优惠明细表》	以下主要项目的减免金额： （1）符合条件的小型微利企业减免企业所得税金额； （2）国家需要重点扶持的高新技术企业减按 15% 的税率征收企业所得税金额； （3）动漫企业自主开发、生产动漫产品定期减免企业所得税金额； （4）集成电路生产企业减免企业所得税金额； （5）软件企业减免企业所得税金额； （6）支持和促进重点群体创业就业企业限额减征企业所得税金额； （7）扶持自主就业退役士兵创业就业企业限额减征企业所得税金额； （8）设在西部地区的鼓励类产业企业减按 15% 的税率征收企业所得税金额等共计 31 项
	《A107041 高新技术企业优惠情况及明细表》	（1）基本信息：高新技术企业证书编号、高新技术企业证书取得时间、对企业主要产品（服务）发挥核心支持作用的技术所属范围、国家重点支持的高新技术领域； （2）关键指标情况：收入指标、人员指标、研发费用指标
	《A107042 软件、集成电路企业优惠情况及明细表》	企业类型及减免方式、关键指标情况
	《A107050 税额抵免优惠明细表》	本年抵免前应纳税额、本年允许抵免的专用设备投资额、本年可抵免税额、以前年度已抵免额、本年实际抵免的各年度税额
	《A108000 境外所得税收抵免明细表》	境外税前所得、境外所得纳税调整后所得、弥补境外以前年度亏损、境外应纳税所得额、抵减境内亏损、境外所得应纳税额、境外所得可抵免税额、境外所得抵免限额、本年可抵免境外所得税额、本年可抵免以前年度未抵免境外所得税额等
	《A108010 境外所得纳税调整后所得明细表》	（1）境外税后所得：分支机构营业利润所得，股息、红利等权益性投资所得，利息所得，租金所得，特许权使用费所得，财产转让所得； （2）境外所得可抵免的所得税额：直接缴纳的所得税额、间接负担的所得税额、享受税收饶让抵免税额
	《A108020 境外分支机构弥补亏损明细表》	各个国家（地区）非实际亏损额的弥补、结转以后年度弥补的实际亏损额
	《A108030 跨年度结转抵免境外所得税明细表》	各个国家（地区）前五年境外所得已缴所得税未抵免余额，本年实际抵免以前年度未抵免的境外已缴所得税额，结转以后年度抵免的境外所得已缴所得税额
	《A109000 跨地区经营汇总纳税企业年度分摊企业所得税明细表》	用于分摊的本年实际应纳所得税额、总机构直接管理建筑项目部已预分所得税额、总机构已分摊所得税额、分支机构已分摊所得税额
	《A109010 企业所得税汇总纳税分支机构所得税分配表》	分支机构统一社会信用代码（纳税人识别号）、分支机构名称、各分支机构的营业收入、职工薪酬、资产总额

企业所得税纳税申报数据与其他申报数据之间的勾稽关系如下：

（1）企业所得税与增值税申报数据

①企业所得税的营业收入与增值税的全年销售额存在勾稽关系。全面营改增后，一般情况下（不包括以代销方式销售货物的业务；销售货物、劳务、应税行为先开发票的业务；增值税差额征税的业务），因企业所得税规定的视同销售范围小于增值税规定的视同销售范围，所以中华人民共和国企业所得税年度纳税申报表（A类）第1行“营业收入”填报数据应小于等于12月份的增值税纳税申报表“一般项目”和“即征即退项目”项下“本年累计”的第1行、第5行、第7行、第8行的销售额合计数。

②视同销售的勾稽关系。《A105010视同销售和房地产开发企业特定业务纳税调整明细表》的“用于职工奖励或福利视同销售成本”项填报数额应等于或大于（当用于职工奖励或福利视同销售还包括自产货物时）增值税纳税申报表附列资料（二）中本期进项税额转出额的“用于集体福利和个人消费”项填报的税额除以税率后的数额。因增值税纳税申报表附列资料（二）只有本月数据，没有年度累计数据，因此在进行上述逻辑关系比对时，需分月汇总增值税纳税申报表附列资料（二）进项税额转出额的“用于集体福利和个人消费”合计数，按税率重算后再与《A105010视同销售和房地产开发企业特定业务纳税调整明细表》的“用于职工奖励或福利视同销售成本”项填报数额进行比对。

③非正常损失的勾稽关系。《A105090资产损失税前扣除及纳税调整明细表》的“非货币资产损失”项与增值税纳税申报表附列资料（二）中本期进项税额转出额的“非正常损失”项存在勾稽关系。当“非货币资产损失”项填报数据时要审核增值税纳税申报表附列资料（二）中本期进项税额转出额的“非正常损失”项是否填报过数据。当“非正常损失”项未填报数据时，一是购进非货币资产时未取得增值税专用发票，没有纳税风险。此时“非货币资产损失”项填报数据为含税金额；二是购进非货币资产时取得增值税专用发票，未按规定进行进项税额转出，存在多抵进项税额、少扣除损失的风险。此时“非货币资产损失”项填报数据应为不含税金额。在金额比对方面需要注意，“非正常损失”项填报的是税额，“非货币资产损失”项填报的是成本，不可直接针对数额进行比对，需要结合具体资产类别，分析、推算再进行比对。因增值税纳税申报表附列资料（二）只有本月数据，没有年度累计数据，因此在进行上述逻辑关系比对时，需分月汇总增值税纳税申报表附列资料（二）进项税额转出额的“非正常损失”合计数，再与《A105090资产损失税前扣除及纳税调整明细表》的“非货币资产损失”项比对。

④购进不动产的勾稽关系。《A105080资产折旧、摊销及纳税调整明细表》的“房屋、建筑物”的“资产原值”项较上一年度增加的金额等于或大于（当购进房屋、建筑物未取得增值税专用发票时）增值税纳税申报表附列资料（二）中“本期用于购建不动产的扣税凭证”项填报金额。因增值税纳税申报表附列资料（二）只有本月数据，没有年度累计数据，因此在进行上述逻辑关系比对时，需分月汇总增值税纳税申报表附列资料（二）“本期用于购建不动产的扣税凭证”项的合计数，再与年度所得税申报相关栏次进行比对。

（2）企业所得税与消费税、资源税、契税、土地使用税、房产税、土地增值税、印花税、城市维护建设税和教育费附加等申报数据

《A100000 中华人民共和国企业所得税年度纳税申报表（A 类)》“税金及附加”栏“金额”等于消费税、资源税、契税、土地使用税、房产税、土地增值税、印花税、城市维护建设税和教育费附加等增值税、企业所得税外其他税费纳税申报表填报的年度税额之和。

《A105080 资产折旧、摊销及纳税调整明细表》中“房屋、建筑物”的“资产账载金额”填报数据应与房产税纳税申报表“房产原值”栏的合计数一致。

《A105080 资产折旧、摊销及纳税调整明细表》中“房屋、建筑物”的“资产账载金额”与上年度相比较的新增金额应与契税纳税申报表的“成交价格”项存在勾稽关系。

《A105080 资产折旧、摊销及纳税调整明细表》中“房屋、建筑物”的“资产账载金额”与上年度相比较的减少金额应与土地增值税纳税申报表（三）（非从事房地产开发的纳税人适用）的“购房发票金额”项填报数据存在勾稽关系。

《A105080 资产折旧、摊销及纳税调整明细表》中“土地使用权”的“资产账载金额”栏与企业每块土地的城镇土地使用税税源明细表的“地价”“其中取得土地使用权支付金额”“其中土地开发成本”项的合计数存在勾稽关系。

《A105080 资产折旧、摊销及纳税调整明细表》中“土地使用权”的“资产账载金额”与上年度相比较的减少金额应与土地增值税纳税申报表（三）（非从事房地产开发的纳税人适用）的“取得土地使用权所支付的金额”项填报数据存在勾稽关系。

房地产企业《A105010 视同销售和房地产开发企业特定业务纳税调整明细表》中“销售未完工产品的收入”的“税收金额”栏与土地增值税纳税申报表（一）（从事房地产开发的纳税人预征适用）的“应税收入”金额合计数存在勾稽关系。

（3）企业所得税与个人所得税申报数据

①《A105050 职工薪酬纳税调整明细表》中“工资薪金支出”的“实际发生额”等于扣缴个人所得税报告表中“所得项目”填报为工资薪金的所在行的“收入额”数据之和。2014 年版和 2015 年版《A105050 职工薪酬纳税调整明细表》中“工资薪金支出”没有“实际发生额”这一项，若企业计提工资全部发放，没有欠发工资，则《A105050 职工薪酬纳税调整明细表》中“工资薪金支出”的“账载金额”等于扣缴个人所得税报告表中“所得项目”填报为工资薪金的所在行的“收入额”数据之和。

②《A105050 职工薪酬纳税调整明细表》中“住房公积金”的“实际发生额”等于扣缴个人所得税报告表中“税前扣除项目”列中的“住房公积金”填报数据之和。

7. 消费税纳税申报表可以为案头分析提供的数据以及与其他申报数据存在何种勾稽关系？

随着消费税征税范围的调整和扩大，消费税纳税申报表日益完善，采集数据更加全

面、具体，与其他税种申报表之间的勾稽关系越来越紧密，这对案头分析非常有利。目前通过消费税纳税申报表采集的数据详见表2－4。

表2－4　消费税申报表采集数据一览表

	表单	主要采集数据
消费税纳税申报表	酒类应税消费品消费税纳税申报表	粮食白酒、薯类白酒、啤酒、黄酒、其他酒的销售数量、销售额、应纳税额、本期准予抵减税额、本期减（免）税额
	已核定最低计税价格白酒清单	已核定最低计税价格白酒的品名、规格、出厂价格、核定消费税最低计税价格
	烟类应税消费品消费税纳税申报表	卷烟、雪茄烟、烟丝的销售数量、销售额、应纳税额、本期准予扣除税额、本期减（免）税额
	卷烟批发环节消费税纳税申报表	批发环节卷烟的销售数量、销售额、应纳税额、本期预缴税额
	卷烟批发企业月份销售明细清单	批发环节卷烟条包装商品条码、卷烟牌号规格、卷烟类别、卷烟类型、销售价格、销售数量、销售额
	卷烟生产企业年度销售明细表	生产环节卷烟条包装商品条码、卷烟牌号规格、产量、销量、销售价格、调拨价格、消费税计税价格、销售额
	小汽车消费税纳税申报表	乘用车、中轻型商用客车的销售数量、应纳税额、本期准予抵减税额、本期减（免）税额
	成品油消费税纳税申报表	汽油、柴油、石脑油、溶剂油、润滑油、燃料油、航空煤油的销售数量、应纳税额、本期准予抵减税额、本期减（免）税额
	电池消费税纳税申报表	电池（不含铅蓄电池）的销售数量、销售额、应纳税额、本期准予抵减税额、本期减（免）税额
	涂料消费税纳税申报表	涂料的销售数量、销售额、应纳税额、本期准予抵减税额、本期减（免）税额
	其他应税消费品消费税纳税申报表	其他应税消费品的销售数量、销售额、应纳税额、本期准予抵减税额、本期减（免）税额

消费税纳税申报数据与其他申报数据之间的勾稽关系如下：

（1）消费税与增值税申报数据

①一般情况下专门生产且销售酒、卷烟、小汽车、涂料、电池、高档化妆品、其他贵重首饰和珠宝玉石、鞭炮烟火、摩托车、高尔夫球及球具、高档手表、游艇、木制一次性筷子、实木地板的企业，其消费税纳税申报表上的销售额等于增值税纳税申报表上的销售额；若将上述应税消费品自产自用，则同期消费税纳税申报表上的销售额大于增值税纳税申报表上的销售额。若生产产品中除了上述应税消费品以外还有非应税消费品，则消费税纳税申报表上的销售额小于同期增值税纳税申报表上的销售额，上述应税消费品的销售额

可从增值税发票电子底账管理系统中提取、汇总计算并与消费税纳税申报表的销售额比对是否一致。

②一般情况下生产且销售成品油的企业，成品油消费税纳税申报表上的“销售数量”之和等于从该企业增值税发票电子底账管理系统中提取并汇总计算的成品油“数量”之和；若将成品油自产自用，其增值税发票电子底账管理系统中提取计算的“数量”之和小于成品油消费税纳税申报表上的“销售数量”之和。

③一般情况下专门批发销售卷烟的企业，其卷烟批发环节消费税纳税申报表中的销售额（包括发生卷烟自用情况）等于增值税纳税申报表上的销售额。

④零售超豪华小汽车的企业，消费税纳税申报表上的销售额与从其增值税发票电子底账管理系统中提取并汇总计算的超豪华小汽车的增值税销售额应一致。

⑤企业发生以应税消费品换取生产资料和消费资料、投资入股、偿债等情形，消费税的销售额可大于增值税的销售额，此时数据无法从各自申报表中获取，只能从报表填报分析获取该信息并通过核查进行核实。

（2）消费税与企业所得税申报数据

如果生产应税消费品的企业仅生产销售应税消费品（不包括成品油），年度内累计12个月的消费税纳税申报表上的销售额合计数应等于《A101010 一般企业收入明细表》中“销售商品收入”项填报金额。

如果生产应税消费品的企业不仅生产销售应税消费品，还生产非应税消费品，年度内累计12个月的消费税纳税申报表上的销售额合计数应小于《A101010 一般企业收入明细表》中“销售商品收入”项填报金额。

8. 资源税纳税申报表可以为案头分析提供的数据以及与其他申报数据存在何种勾稽关系？

自2016年7月1日起，资源税从价计征改革及水资源税改革试点实施，资源税纳税申报表重新修订。修订后的纳税申报表与其他税种纳税申报表之间建立了勾稽关系，这对案头分析非常有利。目前通过资源税纳税申报表采集的数据详见表2－5。

表2－5　　资源税申报表采集数据一览表

	表单	主要采集数据
资源税纳税申报表	资源税纳税申报表（一）（按从价定率办法计算应纳税额的纳税人适用）	征收品目、征收子目、销售量、销售额、折算率、适用税率或实际征收率、本期应纳税额、减征比例、本期减免税额、减免性质代码、本期已缴税额、本期应补（退）税额

续表

	表单	主要采集数据
资源税纳税申报表	资源税纳税申报表（二）（按从量定额办法计算应纳税额的纳税人适用）	征收品目、征收子目、计税单位、销售量、单位税额、本期应纳税额、本期减免销量、本期减免税额、减免性质代码、本期已缴税额、本期应补（退）税额

（1）资源税与增值税申报数据

①一般情况下，专门生产且销售《资源税税目税率幅度表》所列应税矿产品（不包括粘土、砂石原矿）的企业，其资源税纳税申报表上的销售额等于增值税纳税申报表上的销售额；若发生以自采原矿加工精矿产品、金锭、金精矿、粗金，在上述产品销售时其资源税纳税申报表上的销售额等于增值税纳税申报表上的销售额。若企业除了应税矿产品外还销售其他产品，则资源税纳税申报表上的销售额小于同期增值税纳税申报表上的销售额，资源税纳税申报表上的销售额可与增值税发票电子底账管理系统中提取并汇总计算的上述应税矿产品的销售额比对分析。

②发生以应税产品投资、分配、抵债、赠与、以物易物等情形，资源税的销售额等于增值税的销售额。

③一般情况下生产且销售粘土、砂石原矿的企业，资源税纳税申报表（二）上的“销售量”合计数应等于或大于（当销售粘土、砂石原矿未开具发票时）从其增值税发票电子底账管理系统中提取并汇总计算的粘土、砂石原矿“数量”之和。

（2）资源税与企业所得税申报数据

如果专门生产应税矿产品（不包括粘土、砂石原矿）的企业销售应税矿产品（不包括粘土、砂石原矿），年度内12个月的资源税纳税申报表上累计的销售额合计数应等于《A101010一般企业收入明细表》中“销售商品收入”项填报金额。

如果生产应税矿产品（不包括粘土、砂石原矿）的企业不仅生产销售应税矿产品（不包括粘土、砂石原矿）还生产其他货物，年度内12个月的资源税纳税申报表上累计的销售额合计数应小于《A101010一般企业收入明细表》中“销售商品收入”项填报金额。

9. 土地增值税纳税申报表可以为案头分析提供的数据以及与其他申报数据存在何种勾稽关系？

2015年和2016年国家税务总局连续两年对土地增值税纳税申报表进行修订，由原来3张表增加到8张表，针对不同使用对象和情形进行了区分，采集数据更加全面、具体，与其他税种纳税申报表之间的勾稽关系越来越紧密，这对案头分析非常有利。目前通过土地增值税纳税申报表采集的数据详见表2－6。

表 2－6　　　　　　土地增值税申报表采集数据一览表

	表单	主要采集数据
土地增值税纳税申报表	土地增值税项目登记表（从事房地产开发的纳税人适用）	项目名称、项目地址、经济性质、开户银行、银行账号、土地使用权受让（行政划拨）合同号、受让（行政划拨）时间、建设项目起讫时间、总预算成本、单位预算成本、项目详细坐落地点、开发土地总面积、开发建筑总面积、房地产转让合同名称、转让土地面积、转让建筑面积、转让合同签订日期
	土地增值税纳税申报表（一）（从事房地产开发的纳税人预征适用）	以下项目转让的收入、预征率、应纳税额、税款：普通住宅、非普通住宅、其他类型房地产
	土地增值税纳税申报表（二）（从事房地产开发的纳税人清算适用）	1. 项目名称、项目编号、项目地址、开户银行、总可售面积、自用和出租面积、已售面积（普通住宅已售面积、非普通住宅已售面积、其他类型房地产已售面积）； 2. 转让普通住宅、非普通住宅、其他类型房地产：收入总额（货币收入、实物收入及其他收入、视同销售收入）、取得土地使用权所支付的金额、土地征用及拆迁补偿费、前期工程费、建筑安装工程费、基础设施费、公共配套设施费、开发间接费用、房地产开发费用（含利息支出）、转让房地产有关的税金、财政部规定的其他扣除项目、代收费用、增值额等
	土地增值税纳税申报表（三）（非从事房地产开发的纳税人适用）	1. 项目名称、项目地址、转让房地产收入总额； 2. 提供评估价格：取得土地使用权所支付的金额、旧房及建筑物的评估价格、旧房及建筑物的重置成本价、成新度折扣率、评估费用； 3. 提供购房发票：购房发票金额、发票加计扣除金额、房产实际持有年数、购房契税； 4. 与转让房地产有关的税金：城市维护建设税、印花税、教育费附加； 5. 增值额、增值额与扣除项目金额之比、适用税率等
	土地增值税纳税申报表（四）（从事房地产开发的纳税人清算后尾盘销售适用）	转让普通住宅、非普通住宅、其他类型的房地产：项目名称、项目编号、项目地址、转让房地产收入总额（货币收入、实物收入及其他收入、视同销售收入）、扣除项目金额、增值额
	清算后尾盘销售土地增值税扣除项目明细表	项目总可售面积、清算时已售面积、清算后剩余可售面积、本次清算后尾盘销售的销售面积、单位成本费用
	土地增值税纳税申报表（五）（从事房地产开发的纳税人清算方式为核定征收适用）	1. 项目名称、项目编号、项目地址； 2. 转让普通住宅、非普通住宅、其他类型房地产：收入总额（货币收入、实物收入及其他收入、视同销售收入）、取得土地使用权所支付的金额、土地征用及拆迁补偿费、前期工程费、建筑安装工程费、基础设施费、公共配套设施费、开发间接费用、房地产开发费用（含利息支出）、转让房地产有关的税金、财政部规定的其他扣除项目、代收费用、增值额

续表

<table>
<tr><th></th><th>表单</th><th>主要采集数据</th></tr>
<tr><td rowspan="2">土地增值税纳税申报表</td><td>土地增值税纳税申报表（六）（纳税人整体转让在建工程适用）</td><td>1. 项目名称、项目编号、项目地址；
2. 转让在建工程：收入总额（货币收入、实物收入及其他收入、视同销售收入）、取得土地使用权所支付的金额、土地征用及拆迁补偿费、前期工程费、建筑安装工程费、基础设施费、公共配套设施费、开发间接费用、房地产开发费用（含利息支出）、转让房地产有关的税金、财政部规定的其他扣除项目、代收费用、增值额</td></tr>
<tr><td>土地增值税纳税申报表（七）（非从事房地产开发的纳税人核定征收适用）</td><td>1. 项目名称、项目地址、转让房地产收入总额；
2. 提供评估价格：取得土地使用权所支付的金额、旧房及建筑物的评估价格、旧房及建筑物的重置成本价、成新度折扣率、评估费用；
3. 提供购房发票：购房发票金额、发票加计扣除金额、房产实际持有年数、购房契税；
4. 与转让房地产有关的税金：城市维护建设税、印花税、教育费附加；
5. 增值额、增值额与扣除项目金额之比、适用税率等</td></tr>
</table>

土地增值税纳税申报数据与其他申报数据之间的勾稽关系如下：

（1）土地增值税与增值税申报数据

①非房地产企业的增值税纳税申报表附列资料（一）“5%征收率的服务、不动产和无形资产”项填报数据且资产负债表中与“固定资产”原值相关的报表项目期末余额异常大额减少，此时，增值税与土地增值税纳税申报表产生勾稽关系。表明企业销售了不动产，在缴纳增值税的同时，还需缴纳土地增值税。

②非房地产企业的增值税纳税申报表附列资料（一）“5%征收率的服务、不动产和无形资产”项填报数据且资产负债表中与“无形资产”原值相关的项目期末余额异常大额减少，此时，增值税与土地增值税纳税申报表产生勾稽关系。表明企业销售了土地使用权，在缴纳增值税的同时，还需缴纳土地增值税。

③房地产企业的增值税预缴税款表“销售不动产”项的“销售额”与土地增值税纳税申报表（一）（从事房地产开发的纳税人预征适用）“应税收入”存在如下勾稽关系：一般计税项目，增值税预缴税款表的“销售额”$\times(1+11\%)-$“预征税额”$=$土地增值税纳税申报表（一）的“应税收入”；简易计税项目，增值税预缴税款表的“销售额”$\times(1+5\%)-$“预征税额”$=$土地增值税纳税申报表（一）的“应税收入”。

④2016年5月1日之后，若房地产开发企业从二级市场购进土地，则该开发项目的土地增值税纳税申报表（二）（从事房地产开发的纳税人清算适用）中的“取得土地使用权所支付的金额”填报数额应等于增值税发票电子底账管理系统中提取的该纳税人购进土地使用权发票上注明的金额。若房地产开发企业以“招拍挂”方式取得土地，则不存在上述勾稽关系。

（2）土地增值税与企业所得税申报数据

①《A105080 资产折旧、摊销及纳税调整明细表》中“房屋、建筑物”的“资产账载金额”与上年度相比较的减少金额应与土地增值税纳税申报表（三）（非从事房地产开发的纳税人适用）的“购房发票金额”项填报金额存在勾稽关系。

②《A105080 资产折旧、摊销及纳税调整明细表》中“土地使用权”的“资产账载金额”与上年度相比较的减少金额应与土地增值税纳税申报表（三）（非从事房地产开发的纳税人适用）的“取得土地使用权所支付的金额”项填报数据存在勾稽关系。

③房地产企业土地增值税纳税申报表（一）（从事房地产开发的纳税人预征适用）的“应税收入”金额合计数与《A105010 视同销售和房地产开发企业特定业务纳税调整明细表》的“销售未完工产品的收入”的“税收金额”项存在勾稽关系。

（3）土地增值税与房产税申报数据

土地增值税纳税申报表（三）（非从事房地产开发的纳税人适用）的“购房发票金额”填报数据应等于房产税纳税申报表的“从价计征房产税”部分“房产原值”的减少金额。

（4）土地增值税与印花税申报数据

土地增值税纳税申报表（三）（非从事房地产开发的纳税人适用）的“转让房地产收入总额”项填报数据应等于或小于（当同时存在其他产权转移情况时，如商标专用权、专利权、专有技术使用权等）印花税纳税申报表中“产权转移书据”的“计税金额或件数”项填报数据。

10. 房产税纳税申报表可以为案头分析提供的数据以及与其他申报数据存在何种勾稽关系？

2015 年国家税务总局对房产税纳税申报表进行修订，新增了《房产税减免税明细申报表》和《房产税纳税申报表（汇总版）》（适用申报房产数量大于 10 个的纳税人）两张附表。采集数据更加全面、具体，与其他税种纳税申报表之间的勾稽关系越来越紧密，这对案头分析非常有利。目前通过房产税纳税申报表采集的数据详见表 2 – 7。

表 2 – 7　　房产税申报表采集数据一览表

	表单	主要采集数据
房产税纳税申报表	房产税纳税申报表	1. 从价计征房产税：房产原值、出租房产原值、所属期起、所属期止、本期应纳税额、本期减免税额； 2. 从租计征房产税：本期申报租金收入、本期应纳税额、本期减免税额
	房产税纳税申报表（汇总版）	1. 从价计征房产税：房产原值、出租房产原值、所属期起、所属期止、本期应纳税额、本期减免税额； 2. 从租计征房产税：本期申报租金收入、本期应纳税额、本期减免税额

续表

	表单	主要采集数据
房产税纳税申报表	房产税减免税明细申报表	1. 从价计征房产税减免信息：房产编号、所属期起、所属期止、减免税房产原值、计税比例、税率、减免性质代码、减免项目名称、本期减免税额； 2. 从租计征房产税减免信息：房产编号、本期减免税租金收入、税率、减免性质代码、减免项目名称、本期减免税额
	从价计征房产税税源明细表	1. 房产名称、房屋坐落地址、纳税人类型（产权所有人、经营管理人、承典人、房屋代管人、房屋使用人、融资租赁承租人）、房产用途（工业、商业及办公、住房、其他）； 2. 建筑面积、出租房产面积、房产原值、出租房产原值、减免项目名称、经核准的困难减免起止时间、减免税房产原值、月减免税金额
	从租计征房产税税源明细表	1. 房产名称、房屋坐落地址、房产用途（工业、商业及办公、住房、其他）； 2. 承租方纳税识别号、承租方名称、出租面积、合同租金总收入、合同约定租赁期起止时间、申报租金收入、申报租金所属租赁期起止时间、减免项目名称、减免税租金收入、减免税额

房产税纳税申报数据与其他申报数据之间的勾稽关系如下：

（1）房产税与增值税申报数据

①房产税纳税申报表、从租计征房产税税源明细表与增值税纳税申报表附列资料（四）“出租不动产预征缴纳税款”项存在勾稽关系。

②增值税纳税申报表附列资料（二）中“购建不动产的进项税额”项填报数据且资产负债表中“在建工程”没有发生额或余额未发生变化，此时房产税纳税申报表、从价计征房产税税源明细表与增值税纳税申报表产生勾稽关系。

（2）房产税与企业所得税申报数据

房产税纳税申报表“房产原值”项的合计数应与《A105080资产折旧、摊销及纳税调整明细表》中“房屋、建筑物”的“资产账载金额”项填报数据一致。

（3）房产税与土地增值税申报数据

房产税纳税申报表的“从价计征房产税”部分“房产原值”的减少金额应等于土地增值税纳税申报表（三）（非从事房地产开发的纳税人适用）的“购房发票金额”项填报数据。

（4）房产税与城镇土地使用税申报数据

从价计征房产税税源明细表的“房屋坐落地址”项填报内容与城镇土地使用税税源明细表“土地坐落地址”项填报内容应一致。

从租计征房产税税源明细表的“房屋坐落地址”项填报内容与城镇土地使用税税源明细表“土地坐落地址”项填报内容应一致。

（5）房产税与印花税申报数据

房产税纳税申报表的“从价计征房产税”部分“房产原值”的增加金额等于或小于（当同时存在房屋以外的其他产权转让时）印花税纳税申报表的“产权转移书据”的“计税金额或件数”项填报数据。

从租计征房产税税源明细表“合同租金总收入”项填报数据等于或小于（当存在货物或固定资产租赁时）印花税纳税申报表的“财产租赁合同”的“计税金额或件数”项填报数据。

（6）房产税与契税申报数据

新增加的从价计征房产税税源明细表的“房屋坐落地址”项填报内容与新增加的契税纳税申报表的“土地房屋坐落地址”项填报内容应一致；同时“房产原值”项填报数据应等于契税纳税申报表的“成交价格”项填报数据。

11. 城镇土地使用税纳税申报表可以为案头分析提供的数据以及与其他申报数据存在何种勾稽关系？

2015 年国家税务总局对城镇土地使用税纳税申报表进行修订，新增了《城镇土地使用税纳税申报表（汇总版）》（申报土地数量大于 10 个的纳税人适用）和《城镇土地使用税减免税明细申报表》两张附表。采集数据更加全面、具体，与其他税种申报表之间的勾稽关系越来越紧密，这对案头分析非常有利。目前通过城镇土地使用税纳税申报表采集的数据详见表 2－8。

表 2－8　　城镇土地使用税申报表采集数据一览表

	表单	主要采集数据
城镇土地使用税纳税申报表	城镇土地使用税纳税申报表	宗地的地号、土地等级、税额标准、土地总面积、所属期起止、本期应纳税额、本期减免税额
	城镇土地使用税纳税申报表（汇总版）	土地等级、税额标准、土地总面积、所属期起止、本期应纳税额、本期减免税额
	城镇土地使用税减免税明细申报表	土地编号、所属期起止、减免项目名称、减免税面积、土地等级、税额标准、本期减免税额
	城镇土地使用税税源明细表	土地编号、地号、纳税人类型（土地使用权人、集体土地使用人、无偿使用人、代管人、实际使用人）、土地使用权人名称、土地使用权证号、土地性质（国有、集体）、土地取得方式（划拨、出让、转让、租赁、其他）、土地用途（工业、商业、居住、综合、房地产开发企业的开发用地、其他）、土地取得时间、占用土地面积、土地等级、地价、取得土地使用权支付金额、减免项目名称、经核准的困难减免起止时间、减免税土地面积、月减免税金额

城镇土地使用税申报数据与其他申报数据之间的勾稽关系如下：

（1）土地使用税与增值税申报数据

①增值税纳税申报表附列资料（一）中“11%税率的服务、不动产和无形资产”项填报了数据（2018年6月1日后，该项修订为“10%税率的服务、不动产和无形资产”）且资产负债表中与固定资产原值相关的报表或与无形资产原值相关的报表项目期末余额异常大额减少，此时，增值税与城镇土地使用税纳税申报表产生勾稽关系。

②城镇土地使用税税源明细表与增值税纳税申报表附列资料（二）中“购建不动产的进项税额”项存在勾稽关系。当企业购进不动产时，产生城镇土地使用税的纳税义务，需在城镇土地使用税税源明细表填报该不动产的信息并申报缴纳税款；当企业在原有土地上建造不动产时，不产生城镇土地使用税的纳税义务，不需要填报城镇土地使用税税源明细表。

③在2016年5月至2017年12月期间，本期抵扣进项税额结构明细表“受让土地使用权的进项”与城镇土地使用税税源明细表存在勾稽关系。当“受让土地使用权的进项”填报数据时，需在城镇土地使用税税源明细表填报该不动产的信息并申报缴纳税款。

（2）土地使用税与企业所得税申报数据

《A105080资产折旧、摊销及纳税调整明细表》中“土地使用权”的“资产账载金额”项与企业每块土地的城镇土地使用税税源明细表中“地价”“其中取得土地使用权支付金额”“其中土地开发成本”等项的合计数存在勾稽关系。

（3）城镇土地使用税与房产税申报数据

城镇土地使用税税源明细表“土地坐落地址”项填报内容与从价计征房产税税源明细表的“房屋坐落地址”项填报内容存在勾稽关系。

城镇土地使用税税源明细表“土地坐落地址”项填报内容与从租计征房产税税源明细表的“房屋坐落地址”项填报内容存在勾稽关系。

（4）城镇土地使用税与印花税申报数据

城镇土地使用税纳税申报表中新增“土地编号”时，该土地的城镇土地使用税税源明细表的“其中取得土地使用权支付金额”项填报数额等于或小于（当同时存在土地以外的其他产权转让时）印花税纳税申报表中“产权转移书据”的“计税金额或件数”项填报数额。

12. 契税纳税申报表可以为案头分析提供的数据以及与其他申报数据存在何种勾稽关系？

2015年国家税务总局对契税申报表进行修订，对于个人之间的二手房权属转移，纳税人可通过填报二手房交易综合申报表进行契税纳税申报，不需再填报契税纳税申报表。目前通过契税纳税申报表采集的数据详见表2－9。

表 2－9　　契税申报表采集数据一览表

	表单	主要采集数据
契税纳税申报表	契税纳税申报表	1. 承受方信息：名称、性质（单位、个人）； 2. 转让方信息：名称、性质（单位、个人）； 3. 土地房屋权属转移信息：合同签订日期、土地房屋坐落地址、权属转移对象、权属转移方式、用途、权属转移面积、成交价格、成交单价； 4. 税款征收信息：评估价格、计税价格、计征税额、减免性质代码、减免税额、应纳税额

契税申报数据与其他申报数据之间的勾稽关系如下：

（1）契税与增值税申报数据

增值税纳税申报表附列资料（二）中“购建不动产的进项税额”项与契税纳税申报表存在勾稽关系。当企业购进不动产时，产生缴纳契税义务，需在契税纳税申报表填报该不动产的信息并申报缴纳税款；当企业在原有土地上建造不动产时，不产生契税纳税义务，不需要填报契税纳税申报表。

（2）契税与企业所得税申报数据

《A105080 资产折旧、摊销及纳税调整明细表》中“房屋、建筑物”的“资产账载金额”项填报数据与上年度相比较，新增金额应与契税纳税申报表的“成交价格”项填报数据存在勾稽关系。

（3）契税与房产税申报数据

新增加的从价计征房产税税源明细表的“房屋坐落地址”项填报内容与新增加的契税纳税申报表的“土地房屋坐落地址”项填报内容存在勾稽关系；同时“房产原值”项填报数据应等于契税纳税申报表的“成交价格”项填报数据。

（4）契税与印花税申报数据

新增加的契税纳税申报表的“房产原值”项填报数额应等于或小于（当同时存在房屋以外的其他产权转让时）印花税纳税申报表中“产权转移书据”的“计税金额或件数”项填报数额。

13. 印花税纳税申报表可以为案头分析提供的数据以及与其他申报数据存在何种勾稽关系？

2015 年国家税务总局对印花税申报表进行修订，印花税纳税申报表的名称由《印花税纳税申报表》修改为《印花税纳税申报（报告）表》；适用范围有所扩大，新表既适用于印花税普通申报，又适用于采用“自行购花、自行粘贴、自行划销”方式完成纳税义务的纳税人向主管税务机关报告完税情况。采集数据更加全面，这对案头分析非常有利。目前通过印花税申报表采集的数据详见表2－10。

表2－10　　　　印花税申报表采集数据一览表

	表单	主要采集数据
印花税纳税申报表	印花税纳税申报（报告）表	以下项目的计税金额或件数、核定征收依据和比例、适用税率、本期应纳税额、本期已缴税额、本期减免税额、本期应补（退）税额：购销合同、加工承揽合同、建设工程勘察设计合同、建筑安装工程承包合同、财产租赁合同、货物运输合同、仓储保管合同、借款合同、财产保险合同、技术合同、产权转移书据、营业账簿（记载资金的账簿）、营业账簿（其他账簿）、权利许可证照

印花税申报数据与其他申报数据之间的勾稽关系如下：

（1）印花税与增值税申报数据

对于核定征收的印花税，计税依据是纳税人的实际生产经营收入，再按照税务机关确定的系数计算印花税税额，纳税义务发生时间为订立应税凭证时。增值税销售额的纳税义务发生时间不是以合同订立为标准，不同销售结算方式确认纳税义务发生时间的标准也不同，更为复杂。因此，从一个申报期来讲，增值税与印花税的勾稽关系不太明显。但增值税纳税申报表填报数据仍可以作为案头分析印花税申报是否存在风险的重要参考依据。

（2）印花税与土地增值税申报数据

土地增值税纳税申报表（三）（非从事房地产开发的纳税人适用）的“转让房地产收入总额”项填报数额等于或小于（当同时存在房屋、土地以外的其他产权转让时）印花税纳税申报表的“产权转移书据”的“计税金额或件数”项填报数额。

（3）印花税与房产税申报数据

房产税纳税申报表中“从价计征房产税”部分“房产原值”增加金额等于或小于（当同时存在房屋以外的其他产权转让时）印花税纳税申报表中“产权转移书据”的“计税金额或件数”项填报数额。

从租计征房产税税源明细表“合同租金总收入”项填报数额等于或小于（存在货物出租或固定资产出租的情况下）印花税纳税申报表中“财产租赁合同”的“计税金额或件数”项填报数额。

（4）印花税与城镇土地使用税申报数据

城镇土地使用税纳税申报表中新增“土地编号”时，该土地的城镇土地使用税税源明细表的“其中取得土地使用权支付金额”项填报数额等于或小于（当同时存在土地以外的其他产权转让时）印花税纳税申报表的“产权转移书据”的“计税金额或件数”项填报数额。

（5）印花税与契税申报数据

新增加的契税纳税申报表的“房产原值”项填报数额等于或小于（同时转让房产、土地）印花税纳税申报表的“产权转移书据”的“计税金额或件数”项填报数额。

14. 个人所得税纳税申报表可以为案头分析提供的数据以及与其他申报数据存在何种勾稽关系？

2013年国家税务总局重新修订个人所得税系列报表，又在2015年对生产经营所得个人所得税纳税申报表再次修订，同时发布了个人所得税减免税事项报告表。采集数据更加全面、具体，与企业所得税年度纳税申报表之间的勾稽关系越来越紧密，这对案头分析非常有利。目前通过个人所得税系列申报表采集的数据详见表2－11。

表2－11　　个人所得税申报表采集数据一览表

	表单	主要采集数据
个人所得税申报表	个人所得税基础信息表（A表）	每个员工以下信息：姓名、国籍或地区、身份证件号码、是否残疾人/烈属/孤老、雇员或非雇员、股东、投资者（公司股本总额、个人股本额）、境内无住所个人（来华时间、任职期限、预计离境时间、预计离境地点、境内职务、境外职务、支付地、境外支付地）
	个人所得税基础信息表（B表）	自然人纳税人以下信息：纳税人类型、任职受雇单位名称及纳税人识别号、“三费一金”缴纳情况、境内联系地址、是否残疾人/烈属/孤老、被投资单位信息、无住所纳税人相关信息
	个人所得税生产经营所得纳税申报表（A表）	“个体工商户的生产、经营所得”或“对企事业单位的承包经营、承租经营所得”的个人所得税月度或季度相关信息：投资者信息、被投资单位信息； 生产经营信息：收入总额、成本费用、利润总额、弥补以前年度亏损、合伙企业合伙人分配比例（%）、投资者减除费用、应税所得率（%）、应纳税所得额
	个人所得税生产经营所得纳税申报表（B表）	“个体工商户的生产、经营所得”或“对企事业单位的承包经营、承租经营所得”的个人所得税年度相关信息：收入总额、国债利息收入、营业成本、营业费用、管理费用、财务费用、税金、损失、其他支出、利润总额、纳税调整增加额、不允许扣除的项目金额、纳税调整减少额、纳税调整后所得、弥补以前年度亏损、合伙企业合伙人分配比例（%）、允许扣除的其他费用、投资者减除费用、应纳税所得额
	个人所得税生产经营所得纳税申报表（C表）	个体工商户、企事业单位承包承租经营者、个人独资企业投资者和合伙企业合伙人在中国境内两处或者两处以上取得“个体工商户的生产、经营所得”或“对企事业单位的承包经营、承租经营所得”的，同项所得合并计算纳税的个人所得税年度汇总纳税申报相关信息： 1. 投资者信息、各被投资单位信息； 2. 生产经营信息：被投资单位应纳税所得额、应调增的投资者减除费用、调整后应纳税所得额、应纳税额、本单位经营所得占各单位经营所得总额的比重（%）、本单位应纳税额、减免税额、实际应纳税额

续表

	表单	主要采集数据
个人所得税申报表	个人所得税自行纳税申报表（A表）	“从中国境内两处或者两处以上取得工资、薪金所得的”“取得应纳税所得，没有扣缴义务人的”，以及“国务院规定的其他情形”的个人所得税申报相关信息： 1. 申报人信息：姓名、国籍（地区）、身份证件号码； 2. 自行申报情形：从中国境内两处或者两处以上取得工资、薪金所得，没有扣缴义务人，其他情形； 3. 申报信息：任职受雇单位名称、所得期间、所得项目、收入额、免税所得、税前扣除项目、减除费用、准予扣除的捐赠额、应纳税所得额、应纳税额、减免税额、已缴税额、应补（退）税额
	个人所得税自行纳税申报表（B表）	“从中国境外取得所得”的纳税人纳税申报信息： 1. 申报人信息：姓名、国籍（地区）、身份证件号码； 2. 所得来源国（地区）、所得项目、收入额、税前扣除项目（基本养老保险费、基本医疗保险费、失业保险费、住房公积金、财产原值、允许扣除的税费）、减除费用、准予扣除的捐赠额、应纳税所得额、工资薪金所得项目月应纳税所得额、应纳税额、本期应缴税额计算（国别或地区、扣除限额、境外已纳税额、五年内超过扣除限额未补扣余额、本期应补缴税额、未扣除余额）
	扣缴个人所得税报告表	扣缴义务人办理全员全额扣缴个人所得税申报信息：姓名、身份证件号码、所得项目、所得期间、收入额、免税所得、税前扣除项目（基本养老保险费、基本医疗保险费、失业保险费、住房公积金、财产原值、允许扣除的税费）、减除费用、准予扣除的捐赠额、应纳税所得额、应纳税额、减免税额
	特定行业个人所得税年度申报表	姓名、身份证件号码、所得项目、所得期间、全年收入额、年免税所得、税前扣除项目（基本养老保险费、基本医疗保险费、失业保险费、住房公积金、财产原值、允许扣除的税费）、年减除费用、准予扣除的捐赠额、月平均应纳税所得额、月平均应纳税额、年应扣缴税额、减免税额、年预缴税额、应补（退）税额

个人所得税与企业所得税申报数据的关系如下：

（1）个人所得税基础信息表（A表）中“股东、投资者”项的“公司股本（投资）总额”“个人股本（投资）额”与《A000000 企业基础信息表》的“企业主要股东及分红情况”的“投资比例”项填报数额存在勾稽关系。

（2）《A105050 职工薪酬纳税调整明细表》中“工资薪金支出”的“实际发生额”应等于扣缴个人所得税报告表中“所得项目”填报为工资薪金的所在行的“收入额”数据之和。2014 年版和 2015 年版《A105050 职工薪酬纳税调整明细表》中“工资薪金支出”没有“实际发生额”这一项，若企业将计提工资全部发放，没有欠发工资，则《A105050 职工薪酬纳税调整明细表》中“工资薪金支出”的“账载金额”项填报数额应等于扣缴个人所得税报告表中“所得项目”填报为工资薪金的所在行的“收入额”数据之和。

（3）《A105050 职工薪酬纳税调整明细表》中“住房公积金”的“实际发生额”项填

报数额与扣缴个人所得税报告表中“税前扣除项目”列中的“住房公积金”项填报数据存在勾稽关系。若单位和个人均按照上一年度平均月工资金额的12%缴纳住房公积金，两者金额应相等。

15. 财务报表可以为案头分析提供的数据以及与其他申报数据存在何种勾稽关系?

《纳税人财务会计报表报送管理办法》第三条规定“本办法所称财务会计报表是指会计制度规定编制的资产负债表、利润表、现金流量表和相关附表”；第七条规定：“其所适用的会计制度规定需要编报相关附表以及会计报表附注、财务情况说明书、审计报告的，应当随同财务会计报表一并报送。适用不同的会计制度报送财务会计报表的具体种类，由省、自治区、直辖市和计划单列市国家税务局和地方税务局联合确定。”据此报送税务机关的财务报表一般包括资产负债表、利润表和现金流量表。其中资产负债表、利润表为必报财务报表；现金流量表一般要求大中型企业报送，如某省国税局规定，资产总额超过100 万元，必须申报月现金流量表。

（1）资产负债表，亦称财务状况表，反映法人单位在某一日期的财务状况（即资产、负债和所有者权益的状况）的主要会计报表。常见资产负债表为账户式资产负债表，左方列示资产项目，期末余额表明资金的使用情况；右方列示负债及所有者权益项目，期末余额表明资金的来源情况；资产 = 负债 + 所有者权益。

资产负债表采集了以下方面的数据以及数据取自的会计报表项目：

①资金的来源，包括投资者或股东投入、借入和赚得三方面。

a. 投资者或股东投入：实收资本、资本公积（其中股本溢价部分）。

b. 借入：包括向银行借入资金、向供应商“借入”资金、向其他单位或个人借入资金、向员工“借入”资金。

向银行借入资金：短期借款、长期借款。

向供应商“借入”资金：应付账款［应付账款 = 应付账款（贷）+ 预付账款（贷）］。

向其他单位或个人借入资金：其他应交款、其他应付款。

向员工“借入”资金：应付职工薪酬。

c. 赚得：盈余公积、未分配利润（未分配利润年末余额 = 未分配利润年初余额 + 本年利润 − 利润分配）。

②资金的使用或占用。

a. 以现金方式存在：货币资金（货币资金 = 现金 + 银行存款 + 其他货币资金）。

b. 用于投资：短期投资（短期投资 = 短期投资 − 短期投资跌价准备，限于小企业会计核算）、长期股权投资。

c. 用于存货：存货（存货 = 各种材料 + 商品 + 在产品 + 半成品 + 包装物 + 低值易耗品 + 委托代销商品等）。

d. 用于固定资产：固定资产原价、在建工程。

e. 用于无形资产：无形资产。

（2）利润表，亦称损益表，反映法人单位一定会计期间（如月度、季度、半年度或年度）生产经营成果。该报表采集了法人单位在某一特定时期实现的各种收入、发生的各种费用、成本或支出，以及企业实现的利润或发生的亏损数据。

（3）现金流量表，是反映法人单位在一定时期经营活动、投资活动和筹资活动的现金流进、流出动态状况的报表。现金流量表以收付实现制为基础编制，对应的是资产负债表上“货币资金”的借贷方发生额。主要采集以下数据：

①经营活动产生的现金流量：销售商品、提供劳务收到的现金；收到的税费返还；购买商品、接受劳务支付的现金；支付给职工以及为职工支付的现金。

②投资活动产生的现金流量：收回投资所收到的现金；取得投资收益所收到的现金；处置固定资产、无形资产和其他长期资产所收回的现金净额；处置子公司及其他营业单位收到的现金净额；购建固定资产、无形资产和其他长期资产所支付的现金；投资所支付的现金；取得子公司及其他营业单位支付的现金净额。

③筹资活动产生的现金流量：吸收投资所收到的现金；取得借款收到的现金；偿还债务所支付的现金；分配股利、利润或偿付利息所支付的现金。

财务报表之间与其他报表之间数据勾稽关系如下：

①资产负债表的“未分配利润”项与利润表的“利润总额”项或“净利润”项存在勾稽关系。当企业亏损时，未分配利润期末余额 = 未分配利润期初余额 + 利润总额；当企业盈利时，未分配利润期末余额 = 未分配利润期初余额 + 净利润 –（盈余公积期末余额 – 盈余公积期初余额）– 应付股利贷方发生额。

②现金流量表的“支付给职工以及为职工支付的现金”项填报数据与《A105000 纳税调整项目明细表》的“职工薪酬”项填报数据存在勾稽关系。

③资产负债表的“应付股利”借方发生额 12 个月的合计数与现金流量表的“分配股利、利润或偿付利息所支付的现金”项填报数据以及《A105000 纳税调整项目明细表》的“利息支出”项填报数据三者存在勾稽关系。

④现金流量表补充资料中的“固定资产折旧、油气资产折耗、生产性生物资产折旧”“无形资产”“长期待摊费用”各项填报数据与《A105080 资产折旧、摊销情况及纳税调整明细表》中“固定资产”“生产性生物资产”“无形资产”“长期待摊费用”的“本年折旧、摊销额”各项填报数据存在勾稽关系。

⑤资产负债表的“实收资本”项目余额的变动数额与现金流量表的“吸收投资所收到的现金”项填报数据存在勾稽关系。

⑥资产负债表的“短期借款”“长期借款”项目的期末余额变动数额与现金流量表的

“借款所收到的现金”或“偿还债务所支付的现金”填报数据存在勾稽关系。

⑦现金流量表的“取得投资收益所收到的现金”项填报数据与《A105030 投资收益纳税调整明细表》相关项目存在勾稽关系。

⑧现金流量表的“销售商品和提供劳务收到的现金”与利润表、资产负债表的相关项目存在勾稽关系。具体勾稽关系如下：销售商品和提供劳务收到的现金 = 营业收入 + 销项税额 +（应收账款期初余额 – 应收账款期末余额）+（应收票据期初余额 – 应收票据期末余额）+（预收账款期末余额 – 预收账款期初余额）– 坏账准备的调整金额 – 票据转让的调整金额 – 其他特殊项目的调整金额。

其中，营业收入不包括用库存商品发放职工薪酬、用库存商品对外投资、用库存商品进行债务重组及非货币性资产交换、用材料对外投资、用材料进行债务重组和非货币性资产交换等业务。

销项税额不包括用本厂商品发放职工薪酬、用本厂商品和材料对外投资、非货币性资产交换、债务重组等产生的销项税额。

应收账款、应收票据的期末余额应加上由于债务重组减少的金额和应收账款转让换取非货币性资产减少的金额，也应加上由于应收账款转让、出售（带追索权的）产生的利息费用和损失。

预收账款期末余额应增加无法支付的预收账款批准转销后变成营业外收入的部分。

坏账准备的调整金额应根据坏账准备明细账贷方当期计提的金额剔除应收利息、应收股利、预付账款的坏账准备后的余额填报。

票据贴现的调整金额是指贴现用于支付应付账款和购货的票据金额。

其他特殊项目的调整金额是指发出商品、售后回购、售后回租、分期收款销售、对外捐赠等特殊业务，因其影响销售额和销项税额的情况也比较特殊，应针对具体情况进行调整。

⑨现金流量表的“购买商品和接受劳务支付的现金”与利润表、资产负债表的相关项目存在勾稽关系。具体勾稽关系如下：购买商品和接受劳务支付的现金 = 营业成本 + 进项税额 +（应付账款期初余额 – 应付账款期末余额）+（应付票据期初余额 – 应付票据期末余额）+（预付账款期末余额 – 预付账款期初余额）+（存货期末余额 – 存货期初余额）– 职工薪酬调整项目 + 坏账准备调整项目 – 其他特殊事项调整项目。

其中，营业成本应剔除用本厂产品、材料对外投资，债务重组，非货币性交换产生的主营业务成本、其他业务成本。

进项税额不包括债务重组、非货币性交换产生的进项税额。

应付账款期初余额减期末余额、应付票据期初余额减期末余额，取自资产负债表期初期末余额，同时加上当期确实无法支付批准转入营业外收入的应付账款、应付票据，通过债务重组方式冲减的应付账款、应付票据。

预付账款期末余额减去期初余额，取自资产负债表期初期末余额，加上当期计提的坏账准备，剔除预付的工程款。

存货期末余额减去期初余额，取自资产负债表中期末期初余额。同时，加上当期计提的存货跌价准备，当期盘亏、毁损、发生非正常损失的存货；减除债务重组、非货币性交换得到的存货，盘盈、工程物资转入等增加的存货。

职工薪酬的调整项目，可以根据已售商品成本和未售成本的比例分配薪酬。

坏账准备调整项目，在新会计准则下，由于预付账款也计提坏账准备，故应予以加回。

其他特殊调整项目，如工程领用的存货等。

16. 出口退税部门可以为案头分析提供的数据以及与其他申报数据存在何种勾稽关系？

生产企业或外贸企业存在出口业务并且符合国家退税政策，均可享受出口退税。为了办理出口退税，除了报送出口货物报关单、出口发票等税务机关要求报送的原始凭证外，生产企业还需报送：免抵退税申报汇总表及其附表、免抵退税申报资料情况表、生产企业出口货物免抵退税申报明细表、出口货物退（免）税正式申报电子数据。外贸企业还需报送：外贸企业出口退税汇总申报表、外贸企业出口退税进货明细申报表、外贸企业出口退税出口明细申报表、出口货物退（免）税正式申报电子数据。

上述申报数据与增值税纳税申报表存在勾稽关系，案头分析时利用该勾稽关系进行分析纳税人申报纳税或出口退税的风险。如增值税纳税申报表（一般纳税人适用）的第15栏“免抵退货物应退税额”填报数据应等于上一期免抵退税申报汇总表的第36栏“当期应退税额”填报数据；增值税纳税申报表附列资料（二）的“免抵退税办法出口货物不得抵扣进项税额”栏（第18栏）填报数据应等于同期免抵退税申报汇总表“免抵退税不得免征和抵扣税额”栏（第25栏）填报数据；免抵退税申报汇总表中“免抵退出口货物劳务计税金额”栏填报数据不等于增值税纳税申报表（一般纳税人适用）中“免、抵、退办法出口销售额”（第7栏）填报的本月数，因为前者是按单证信息齐全确认的数据填报，后者按照增值税纳税义务发生时间判定标准确认的数据填报，出现差异属于正常情况。

出口货物退（免）税正式申报电子数据是纳税人每一笔出口货物的详细数据信息，包括企业代码、企业名称、申报年月、出口发票号、报关单号、出口日期、销售日期、所属年度、核销单号、商品代码、商品名称、单位、出口数量、原币销售额、出口销售RMB、征税税率、退税率、征退税差额、应退税额、进料登记册号等。

另外，海关定期将纳税人的报关出口数据传递给国家税务总局并最终推送至各省、市税务局，税务机关将海关出口数据和纳税人出口自行申报数据进行一致性稽核比对，从而发现异常风险。

对于既有出口业务又有内销业务，上述出口货物退（免）税正式申报电子数据与内销货物的增值税发票电子底账管理系统中发票数据存在勾稽关系。案头分析时可用于分析出口货物单价是否存在低值高报、内销货物单价是否存在异常、进项税额的发票是否存在虚开等风险。

17. 增值税发票系统可以为案头分析提供的数据以及与其他申报数据存在何种勾稽关系？

近年来，国家税务总局针对发票管理，升级改造原有系统，构建了全新的发票管理框架，实现增值税发票数据实时上传、全票面信息采集、进项税额网上勾选、申报数据逐条比对、税控数据全国集中。目前发票管理由七个系统构成，分别为税控发票开票软件（金税盘版、税控盘版）、网上统一受理平台、税务局端税控系统（防伪税控和货运税控）、税务数字证书系统、电子底账系统（原稽核系统）、金税三期系统、申报软件。各个系统操作及关联如下：

（1）纳税人利用税控发票开票软件及税控器具，通过税务数字证书系统加密开具增值税发票，实时抄报发票信息至税务局端税控系统。

（2）税务局端税控系统通过税务内网将开票数据即时推送至电子底账系统；电子底账系统根据纳税人档案信息进行清分发票数据，并实时推送至总局电子底账系统，形成全国增值税底账数据库；总局电子底账系统根据购方纳税人档案信息将跨省开具的发票数据推送至购方所在省电子底账系统。

（3）纳税人通过登录发票下载系统，获得当期待抵扣申报数据，生成纳税申报表。

（4）征期内纳税人通过金税三期征管系统实现纳税申报数据与电子底账数据进行明细比对，实现“先比对后抵扣”的管理要求。

上述操作中，一是采集发票全票面信息；二是应用税务数字证书系统，对纳税人身份进行认证，对全票面数据进行签名验签，保障了数据的安全性和有效性。

各系统工作流程详见图 2－1。

案头分析中所需发票数据主要从税务局端税控系统（防伪税控和货运税控）和电子底账系统（原稽核系统）获取。

税务局端税控系统——防伪税控系统主要处理企业专用设备的发行与管理、增值税专用发票和普通发票的发售、企业存根联数据采集、发票抵扣联认证、红字发票开具管理等业务。系统覆盖了 400 万增值税一般纳税人，每年开具增值税专普票 2.6 亿份。采集增值税纳税人开具发票中包括汉字和数字内容在内的所有票面信息，信息内容完整准确，极大地压缩虚假发票的空间，同时为纳税申报和电子底账提供了数据信息基础。

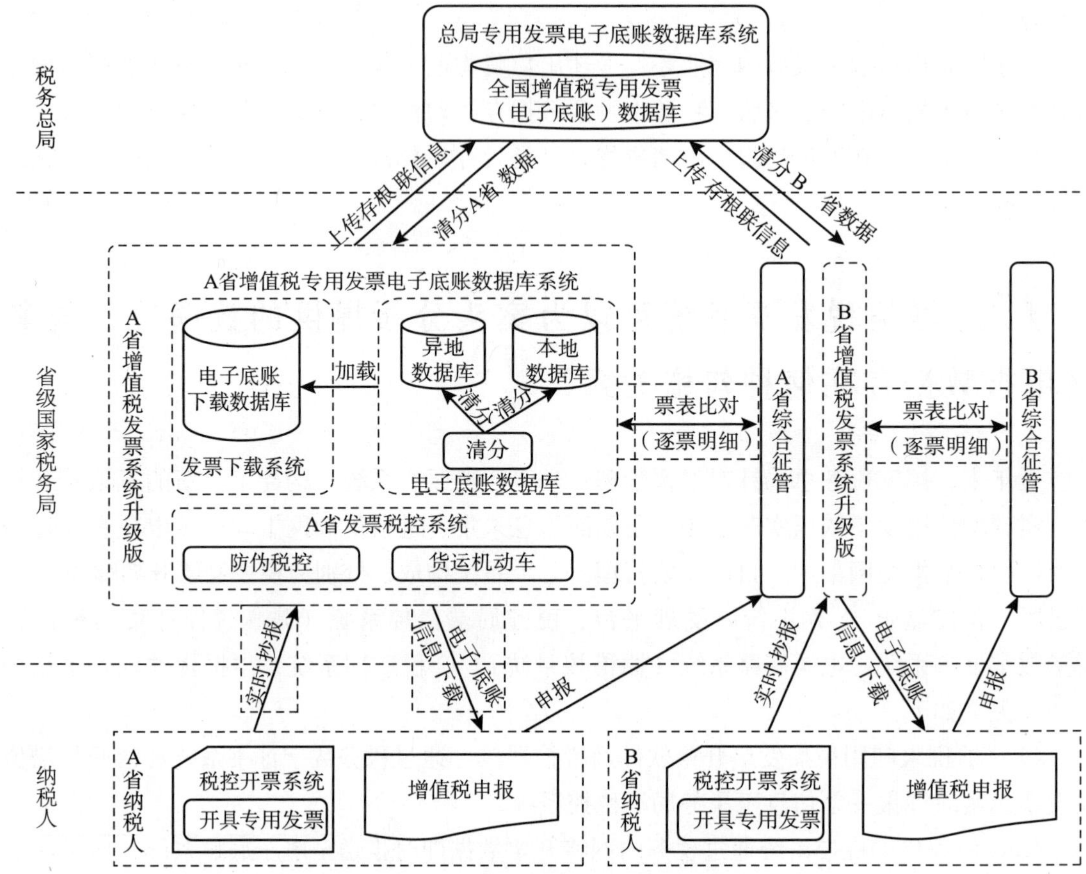

图2-1 增值税发票系统管理流程图

税务局端税控系统——货物运输业增值税发票税控系统（含机动车）主要处理货物运输行业、机动车销售行业的两种增值税发票的税控发票开具与管理，系统部署在全国36个省市国家税务局，服务全国货运企业和机动车销售企业。随着货物运输业增值税专用发票的废止，该系统目前处理业务包括机动车销售统一发票、二手车销售统一发票。

电子底账系统是在原增值税抵扣凭证稽核系统基础上升级改造而成，通过全面、及时采集增值税发票信息，建立全国集中的增值税发票库，通过纳税人申报抵扣的发票数据与电子底账数据的票票比对功能，实现了“先比对，后抵扣”的管理要求。该系统具有以下功能：一是实现全国增值税发票信息和增值税纳税人档案信息的全国集中；二是建立电子底账库涵盖增值税专用发票全票种类型；三是省级推送，总局清分全国增值税发票信息流转。

18. 除了增值税发票电子底账管理系统外，是否还有其他途径可以获取纳税人的发票数据信息？

除了从税务端增值税发票电子底账管理系统获取纳税人对外开具发票和取得发票数

据、信息外，还可从纳税人端查询获取。获取纳税人开具发票数据信息可登录纳税人的税控发票开票软件（金税盘版、税控盘版）实现；取得发票数据信息可以纳税人身份登录所在省增值税发票选择确认平台实现。

税控发票开票软件有金税盘版和税控盘版两种。税控发票开票软件可以实现的功能包括身份安全认证、加密开具发票、网上实时抄报发票信息、网上发票验旧、安全网络通道传输数据。

增值税发票选择确认平台始于 2016 年 3 月 1 日，初始名为增值税发票查询平台。2016 年 8 月 1 日更名为增值税选择确认平台，并实现与征管系统对接获取申报结果。该平台可查询当期可用于申报抵扣的增值税扣税凭证（包括增值税专用发票、税控机动车销售统一发票，2018 年还可查询通行费电子发票）明细数据，分为单票查询和未到期发票查询。

由于目前开具的发票信息数据同步到平台需要 1 天，所以平台中不含当天开具的发票；销方离线开具的发票，在销方上传发票至税务局端后，方可实现查询。增值税发票选择确认平台与其他发票系统的关系以及业务流程详见图 2－2。

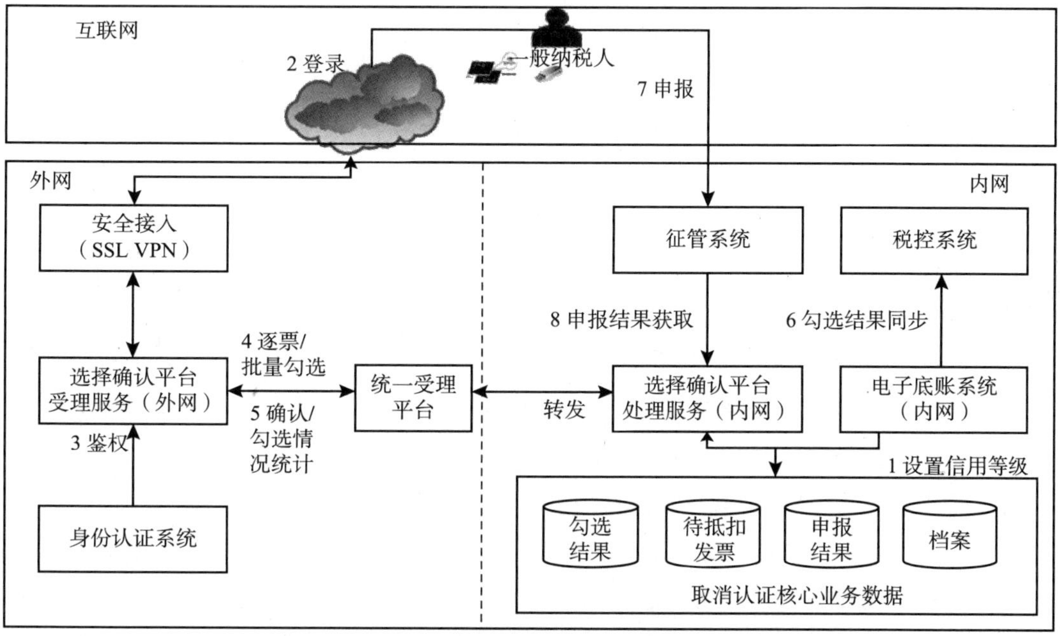

图 2－2　增值税发票选择确认平台工作流程图

19. 有哪些外部数据信息可用于案头分析，如何获取？

外部数据信息是指除税务机关日常征管数据和纳税人财务资料以外的可获取的数据信息，包括非公开的第三方信息和公开的各媒体发布信息两类。

常见外部信息包括：工商信息、金融信息、行业主管部门信息、行业协会信息、第三方交易信息、会计师事务所或税务师事务所等提供的数据信息、互联网信息、公安住宿信息、环保部门处罚等信息、医保信息、法院经济纠纷案件判决信息、水务局信息、统计信息、政府招标信息、土地招拍挂信息、海关信息、证监会信息等。

（1）工商信息主要指工商部门股权登记、变更登记信息。自2015年10月1日起，在全国全面推行“三证合一”“一照一码”登记改革后，税务部门通过网络获取工商登记的设立信息，做到信息相通一致。但是对于股权变更登记等信息，目前税务部门与工商部门的信息共享还不是很顺畅，数据交换不够全面。企业股权变更登记信息直接关系到企业所得税和个人所得税的申报缴纳。因此，应采集这部分工商信息用于案头分析，采集途径主要为协商、合作等。

（2）金融信息主要指企业的基本存款账户和其他存款账户开户情况以及资金往来信息，是核实企业收入、支出真实性的重要信息。但是按照2001年4月28日修订颁布实施的《中华人民共和国税收征收管理法》（以下简称《税收征管法》）规定，只有在实施税务检查时，按照规定程序可查询从事生产、经营的纳税人、扣缴义务人在银行或者其他金融机构的存款账户、案件涉嫌人员的储蓄存款，金融机构不得拒绝，否则，给予税务行政处罚。因此，税务机关获取金融信息这项工作任重而道远，希望《税收征管法》修订能够解决这一问题。

（3）行业主管部门信息。部分行业主管部门要求纳税人定期报送某些生产经营数据，如各地交通运输管理部门要求各运输单位和个人将完好率、小修频率、折旧资金、行车燃料消耗定额等技术、经济定额和指标实现情况按期统计并报送。这些数据信息对于比对、审核、确认纳税申报数据真实性非常有帮助。因此，应结合各行业主管部门的管理规定，分析是否存在行业主管部门信息加以利用。

（4）行业协会信息。步入“互联网+”时代，很多行业协会通过协会网站公布行业的供需信息、行业技术、法律法规等信息。为快速掌握行业的过去、现在和未来提供了高效的渠道，对分析纳税人纳税申报风险有很大帮助。

（5）第三方交易信息。第三方交易信息是指第三方电子商务交易平台发布的交易及服务的全部信息。《第三方电子商务交易平台服务规范》规定，平台经营者应当妥善保存在平台上发布的交易及服务的全部信息，采取相应的技术手段保证上述资料的完整性、准确性和安全性。站内经营者和交易相对人的身份信息的保存时间自其最后一次登录之日起不少于两年；交易信息保存时间自发生之日起不少于两年。因此，案头分析时可以参考使用第三方交易信息，如天猫、淘宝、美团外卖等显示的交易数据。

（6）会计师事务所或税务师事务所等提供的数据信息。会计师事务所或税务师事务所以中立身份做出的涉税结论，是案头分析中非常重要的参照数据信息。另外，依据《国家税务总局关于采集涉税专业服务基本信息和业务信息有关事项的公告》（国家税务总局公告2017年第49号），自2018年1月1日起，涉税专业服务机构应当于首次提供涉税专业服务前，向主管税务机关报送《涉税专业服务机构（人员）基本信息采集表》；应当于首次为委托人提供业务委托协议约定的涉税服务前，向主管税务机关报送《涉税专业服务协议要素信息采集表》；业务委托协议发生变更或者终止的，应当自变更或者终止之日起30日内向主管税务机关报送该表；涉税专业服务机构应当于每年3月31日前，向主管税务机关报送《年度涉税专业服务总体情况表》。从而使中介机构信息成为税收管理中一项常规信息资源。

（7）互联网信息。互联网信息包括企业自设网页信息、行业协会网页信息以及其他发布者在互联网上发布的信息。这些互联网信息的准确性不如第三方信息，但是互联网信息因其容易获取、信息量大、信息来源多等优势可以迅速帮助税务人员了解某一行业、某一纳税人过去、现在和未来，在案头分析中作为参考信息、提示信息使用非常有效。

20. 进行纳税申报数据案头分析需要了解、掌握哪些信息？

案头分析主要是针对纳税人申报数据进行的分析和审核。为使案头分析更具针对性、更有实效，必须将申报数据置于其产生的具体背景环境中进行分析，原理如同“任何历史事件，都不可能脱离时代背景去孤立地分析理解认识，而是要将其放在历史发展的长河中去全面地、辩证地、多维度地分析其历史意义”。

一般来说，案头分析需要结合以下信息进行：经济形势，经济、产业、金融、财税等政策以及政策调整，企业所处生命周期，企业发展情况，组织机构框架，客户、供应商及其变化，股东投资状况及关联交易，经营范围及变化，销售结算方式，财务等人员状况，行业经营特点，工资核算形式，财务软件使用情况，库房，重大事项，信用等级，以往评估、稽查情况等。

（1）经济形势，包括国内外的经济形势以及行业景气度。在进行案头分析时，至少要分析两年的申报数据，其中一年的申报数据作为基期数据发挥参照作用。对于连续若干年的申报数据，必须考虑各自所属年度的经济形势以及经济形势对纳税人生产经营产生的影响，只有在基本情况相似的条件下，数据才具有可比性，比对分析结果才令人信服。如统计数据显示2010—2015年GDP增长率分别为10.45%、9.30%、7.65%、7.7%、7.4%、6.9%，分析纳税人这一期间的生产经营情况以及纳税情况，需要考虑经济形势逐渐下滑这一事实。所以，当纳税人缴纳税款逐年小幅减少时，可能是由宏观经济形势造成的，而非偷（逃）税的结果。

另外，在经济形势大体相似的前提下，不同行业的发展情况、景气度也有所差异。如近年来传统商业零售业受经济形势影响，盈利下滑。但是电商零售业并未受到影响，反而迅猛发展。因此，在案头分析时要结合国内外的经济形势以及行业景气度进行分析。

如2018年4月开始的中美贸易战，必然影响国内相关行业、企业的生产经营。下面以中美贸易摩擦对汽车产业的影响为例，摘录中汽中心政研中心产政室国际化战略和政策研究部项目主管马胜的部分观点，供案头分析时参考。

2018年7月12日，在中国汽车技术研究中心主办的“2018重点汽车出口市场政策法规宣讲会”上，中汽中心政研中心产政室国际化战略和政策研究部项目主管马胜分析了中美贸易摩擦对汽车产业产生的影响如下：

一、中美贸易摩擦将对全球汽车产业格局产生深远影响

首先，贸易摩擦不利于中美及全球汽车贸易增长，将改变相关汽车和零部件产品的产业链、供应链和价值链，导致全球汽车产业格局和生态体系发生重大调整。

其次，美国征税清单主要针对汽车、新材料、工业机械、机器人、信息技术等“中国制造2025”所列产品，短期来看，将阻碍中国对先进技术和产品的引进，增加企业生产成本。

但是，这是一把双刃剑，长期来看，将倒逼中国进一步深化改革开放，加速放开外资股比，推进“一带一路”和自贸区建设，优化贸易投资环境，鼓励企业研发创新，突破关键核心技术，促进汽车产业转型升级，提升产品国际竞争力。

二、中国加征关税将使中国进口汽车市场竞争格局面临调整

首先，美国产汽车或将因为高额关税而退出中国市场，对特斯拉和林肯等尚未国产的美系品牌冲击最大，市场份额可能会被欧系和日系等进口车型取代，从美国工厂进口的奔驰、宝马等德系和日系品牌也将受到较大影响。

其次，平行进口汽车面临较大挑战，目前中国40%的平行进口车来自美国，关税上调等贸易措施将导致进口来源国不得不转向美国以外的国家。

第三，合资品牌有望扩大市场份额，关税上调可能导致美国产进口车型供应减少，有利于推动进口车型本地化生产，为合资汽车品牌提供发展机遇。

三、美国加征关税将对中国汽车零部件出口造成较大冲击

首先，在整车层面，中国对美国整车出口规模较小，仅占6%，以上汽通用、吉利沃尔沃等合资品牌乘用车为主。短期来看，对中国品牌影响较小，合资品牌将减少出口。长期来看，此前已有进军美国市场计划的广汽、长城、蔚来汽车等车企将不得不重新评估和调整进军美国市场的战略规划。

其次，在零部件层面，美国是中国最大的零部件出口市场，占比25%，以轮胎、轮毂、电子电器等低附加值产品为主。由于征税清单主要针对高新技术产品，短期内对中国汽车零部件企业影响较小，但随着贸易摩擦升级，美国有可能扩大征税清单中涉及的汽车产品，未来对中国汽车零部件出口产生较大影响。

（2）经济、产业、金融、财税、会计等政策以及政策调整。经济、产业、金融、财税、会计等政策与纳税人生产经营密切相关，直接影响纳税申报数据。如2015年11月中央财经领导小组强调在适度扩大总需求的同时着力加强供给侧结构性改革后，自2016年9月开始，PPI增速由负转正，工业品价格有所回升。包括螺纹钢、煤炭、铜在内的工业品

价格大幅上涨，焦煤价格从2016年年初600元/吨一路上涨，截至2017年3月31日价格已达到1 396.5元/吨，涨幅超过100%；而螺纹钢也从2016年年初的2 000元/吨涨至3 760元/吨，涨幅超过80%。如果该行业的纳税人申报纳税数据不与上述政策实施的结果趋同，则表明纳税人申报纳税存在偷（逃）税的风险。

经济、产业、金融、财税等政策的调整则是纳税人行动“风向标”。如前所述，现行业务招待费所得税前扣除政策，不利于纳税人，可能出现的风险就是将其转为其他名目的费用进行税前扣除。

因此，案头分析时要将纳税申报数据置于具体的经济、产业、金融、财税等政策框架下进行分析。

（3）企业所处生命周期。企业生命周期是企业发展与成长的动态轨迹，包括发展、成长、成熟、衰退几个阶段。每一阶段中的生产经营状况是不同的，纳税申报情况也不同。企业所处的生命周期可以从企业登记设立时间进行推断。案头分析时要结合这一因素进行。如对于一个新办企业，尚处于发展期，大量资产购进、客户群体尚在建立中、业务范围有限，此阶段增值税出现留抵税额、企业所得税出现亏损都属于正常的情况。但是对于一个已设立若干年的处于成熟期的企业，长期亏损经营或者增值税出现大额留抵税额都属于异常的情况，不符合企业的经营规律，存在偷（逃）税的风险。

（4）企业发展情况。企业规模以及发展情况与企业纳税申报数据存在正向相关关系，企业规模越大、发展越快缴纳税款越多，否则为异常。通常能够反映企业规模及发展情况的信息包括注册资本、资产总额、企业从业人数、固定资产投资情况、水电气等能源消耗、对外投资等。其中，注册资本、资产总额、企业从业人数、对外投资信息可以从税务登记信息或从企业所得税年度纳税申报表的《A000000基础信息表》获取；固定资产投资情况可以从企业所得税年度纳税申报表的《A105080资产折旧、摊销及纳税调整明细表》获取，而且可以获取按企业所得税法所设定类别的固定资产的账载金额，再选取与企业盈利能力相关度高的类别的固定资产，分析其金额变化进而分析企业的发展情况；水、电、气等能耗数据，可以利用增值税发票电子底账管理系统，查询水、电、气等商品及应税劳务、服务名称或者从销售水、电、气等商品的销方纳税人处，利用其对外开具的发票获取相关数据。一般来说，水、电、气等能耗数据更能准确地反映企业规模以及发展情况。

（5）组织机构框架。纳税人的机构设置隐含着潜在的纳税风险，如纳税人设有分支机构，可能存在的纳税风险包括发生增值税视同销售行为但未及时申报纳税、分支机构未按规定预征增值税以及总机构违规抵减分支结构预征的增值税、违法在总机构和分支机构间分摊管理费用、未依法在总分支机构之间计算分摊预缴税款等风险；设有后勤部门，可能存在的纳税风险包括未依法将不得抵扣的进项税额转出、违规扩大职工福利费支出的列支范围等风险。

上述分支机构设置信息，可从企业所得税年度纳税申报表的《A000000企业基础信息表》《A109000跨地区经营汇总纳税企业年度分摊企业所得税明细表》《A109010企业所得税汇总纳税分支机构所得税分配表》等表中获取。后勤部门等内设机构的设置信息，一是从以往年度的纳税评估或税务稽查约谈笔录或询问笔录中获取；二是从企业的网站、网页上获取；三是日常管理中采集。

（6）客户、供应商及其变化。客户和供应商与纳税人的销售和购进直接相关。客户构成情况决定了企业销售开票情况，也决定了不计、少计收入风险的大小。如果纳税人的客户全部是查账征收的单位，则该纳税人销售不开票，收入不计或少计的概率就小，偷（逃）增值税、企业所得税的风险也小；如果纳税人的客户中有大量的消费者或者核定征收企业所得税的单位，则该纳税人销售不开票，收入不计或少计的概率就大，偷（逃）增值税、企业所得税的风险也大。供应商构成情况决定了企业的成本费用和进项税额的构成情况，也表明虚增进项税额、虚列成本费用风险的大小。如果纳税人以前年度的供应商主要在本地，本年度突然新增外地供应商，此种情况表明：一是企业存在虚开发票，虚抵进项、虚列成本的风险；二是企业生产经营范围或产品结构发生了重大调整，本地供应商已不能满足其需求。此种情况下虽无纳税风险，但如果纳税申报数据没有体现出企业发展的良好态势，也表明纳税人存在偷（逃）增值税、企业所得税的风险。

（7）股东投资状况及关联交易。股东构成、股东全部投资情况不仅关系到对追加投资的资金来源合理性分析或对来自股东借款的合理性分析，也关系到关联企业和关联交易的分析，是案头分析申报资料时的重要参考事项。如某企业连年亏损但股东仍有资金用于追加投资或借予企业使用，若该企业的股东除对该企业有投资外再无其他投资，则资金来源不具有合理性，存在账外隐瞒收入或虚列成本费用的风险；若该企业的股东除对该企业有投资外还对其他企业投资并且分得红利、利润，则资金来源存在一定的合理性，需结合其他情况进一步分析。如果某股东同时对两个或两个以上企业进行投资，则被投资的企业间构成关联企业，需审核增值税发票系统中该企业开具或取得发票是否有来自关联方的发票，单价是否属于公允价格，关联双方在税收待遇方面是否一致，从而分析确认是否存在关联交易、是否正确申报纳税。

上述股东投资状况可从金税三期系统进行查询获取或者通过企业所得税年度纳税申报表的《A000000 企业基础信息表》获取，也可以通过“天眼查”“企查查”等外部系统查询获取。

（8）经营范围及变化。纳税人的经营范围包括销售货物、加工修理修配劳务、服务、无形资产和不动产等，适用不同的增值税和企业所得税政策。因此，经营范围及变化直接影响着税额缴纳。一般来讲，经营范围扩大、应纳税额增加；经营范围缩小、应纳税额减少。同时，经营范围变化也是分析纳税人进项税额以及成本费用是否真实的一个重要参考事项。其中，案头分析增值税时，还要审核是否存在适用不同税率的销售行为在申报纳税时高征低报错用税率，少缴增值税的风险。

经营范围及变化的相关信息，一是从税务登记的经营范围及变更情况获取；二是从增值税纳税申报表附列资料（一）填报数据及变化分析获取；三是从增值税发票电子底账管理系统按照对外开具发票的“商品及应税劳务、服务名称”进行筛选、分类汇总的结果及变化获取。

对所销售货物情况及变化应重点分析：一是纳税人是否销售新产品。一般来说，新产品能够给纳税人带来更多利润，纳税更多、税负也更高。案头分析时可通过查看《A104000 期间费用明细表》中“研究费用”的填报情况获取该信息。二是各货物销售额比重是否发生变化以及合理性。纳税人销售的每种货物其毛利率是不同的，各货物销售额比重的变化直接影响纳税人的利润，也直接影响税额。案头分析时可借助增值税发票电子底账管理系统按照对外开具发票的“商品及应税劳务、服务名称”进行分类汇总，即可获悉销售货物的种类以及各类货物的销售额，进而分析每种所售货物销售额占总销售额比重以及不同年度该比重的变化，从而分析纳税申报数据是否准确。

（9）销售结算方式。不同的销售结算方式下，增值税确认纳税义务发生时间的标准不同，企业所得税确认收入的标准不同。销售结算方式直接关系到销项税额或者收入的确认是否及时。因此，在案头分析时要结合销售结算方式分析是否存在未及时纳税的风险。

以销售货物为例，其结算方式包括直接收款、托收承付、委托收款、代销、赊销和分期收款销售商品、预收款等情形。其中，直接收款、托收承付、委托收款三种销售结算方式未及时纳税的风险较小；代销、赊销和分期收款销售商品、预收款三种结算方式未及时纳税的风险较大，需要结合货物种类、合同内容和税种政策规定进行重点分析。纳税人是否采取代销方式销售货物，可从《A104000 期间费用明细表》中“佣金和手续费”项填报内容进行分析确认。若在“销售费用”列，填报了“佣金和手续费”，则可认定纳税人采用这种销售结算方式。纳税人是否采取赊销和分期收款销售商品结算方式，可从资产负债表上“应收账款”项目的填报进行分析确认。企业是否采取预收款结算方式销售货物，可从资产负债表上“预收账款”项目的填报进行分析确认。

（10）财务人员状况。财务人员主要指企业财务主管、办税员。财务人员分工及状况是企业内控制度重要组成部分。一般来说，企业财务人员稳定，企业财务核算和纳税风险相对较低；企业财务人员流动频繁，企业财务核算和纳税风险相对较高。另外，企业的财务主管或者办税员在本企业之外的其他企业兼职，则该企业与兼职的企业可能是关联企业，存在关联交易的风险，财务核算和纳税风险相对较高。因此，进行案头分析时要结合财务人员状况进行分析。

获取财务人员状况相关信息的渠道，一是查询变更登记信息；二是通过金税工程三期中的“一户式”查询，选择查询“同财务人员”或“同办税员”。

（11）行业经营特点。不同行业的经营特点不同，纳税风险点也不同，因此，案头分析时要考虑行业的经营特点。如对餐饮行业进行案头分析时，除了审核正常的餐饮收入之外，还应关注该行业的另一种收入——餐厨垃圾的销售收入是否申报纳税。

（12）工资核算形式。很多行业工资薪金的计发形式为提成工资或计件工资。因此，纳税人的工资薪金支出额与营业收入存在正向相关关系。案头分析时应结合该纳税人所属行业的工资薪金的计发形式，看可否使用工资薪金支出数据分析营业收入的真实性。

获取工资薪金支出数据，一是《A105050 职工薪酬纳税调整明细表》，可获取全部职工薪酬数据和工资薪金支出数据；二是《A104000 期间费用明细表》，可获取管理部门、销售部门的职工薪酬填报数据；三是从扣缴个人所得税报告表获取每位员工的工资薪金支付数据。

（13）财务软件。财务软件为纳税人会计核算和分析提供方便、快捷的同时也为税款的申报缴纳带来了风险。纳税人利用财务软件设立多套账、偷（逃）税款变得更容易、更隐蔽，这类纳税人的纳税风险也更大。因此，案头分析时要结合纳税人是否使用财务软件，分析其申报数据的风险程度以及确定核查方式。

获取纳税人使用财务软件的相关信息，2014—2016 年可通过查询《A000000 企业基础信息表》中“203 会计核算软件”项填报内容获取；2017 年之后，可通过查询“一户式”备案信息实现。

（14）库房。纳税人库房信息与资产负债表的“存货”项目金额填报直接相关，是分析“存货”项目金额是否真实的重要参考事项。

获取纳税人库房信息，一是从以往年度的纳税评估或税务稽查约谈笔录或询问笔录中获取；二是可依据房产税的“从价计征房产税税源明细表”填报情况分析确认；三是日常管理中采集。

（15）重大事项。重大事项是指企业的非常规事项，如非货币性资产的交换、资产重组、捐赠或者接受捐赠等。对于重大事项评估分析也是案头分析的一项重要内容。主要结合合同内容、税收政策和会计资料进行审核。

获取重大事项相关信息的途径，一是从纳税人报送备案资料获取信息；二是 2017 年度及以后，从《A100000 基础信息表》获取资产重组、递延纳税信息；三是从资产负债表上获取长期股权投资信息；四是从《A101010 一般企业收入明细表》的“营业外收入”或《A102010 一般企业成本支出明细表》中的“营业外支出”项获取非流动资产处置、非货币性资产交换、债务重组、政府补助、捐赠等事项的信息；五是从电视、报纸、网络等媒体上获取信息。

（16）纳税信用等级。《国家税务总局关于纳税信用评价有关事项的公告》（国家税务总局公告 2018 年第 8 号）新增设 M 级纳税信用级别，纳税信用级为 A、B、M、C、D 五级。《国家税务总局关于发布〈纳税信用评价指标和评价方式（试行）〉的公告》（国家税务总局公告 2014 年第 48 号）规定了纳税信用评价指标和评价方式。纳税信用等级评价全方面考量纳税人的税法遵从度，因此，可利用纳税信用等级分析纳税人的纳税风险程度。

（17）以往评估、稽查情况。所谓“吃一堑、长一智”，纳税人被评估、稽查过，必然会在后续的会计核算和纳税申报中吸取教训，进行调整。只是其中一种调整是偷（逃）税手法更隐蔽、更无破绽。再次运用评估、稽查中已使用过的方法、指标，不能发现疑点。因此，在案头分析时，要了解纳税人以往的评估、稽查情况，然后，另辟蹊径对其采取新的、未使用过的分析方法或指标进行审核分析。

【案例 2－1】 A 公司 2007 年设立，查询《A000000 企业基础信息表》获取以下信息：该公司由在我国境内注册的企业投资设立，非汇总纳税企业，非上市公司。注册资本 2014 年为 18 725.31 万元、2015 年为 26 225.31 万元；从业人数 2014 年为 337 人、2015 年为 265 人；资产总额 2014 年为 40 319.81 万元、2015 年为 37 584.83 万元；有境外关联交易。采用一般会计准则进行核算，会计档案存放在北京，采用财务软件进行会计核算，固定资产折旧方法为平均年限法，存货核算方法为先进先出法，采用备抵法核算坏账损失，所得税计算方法采用资产负债表债务法。

查询该企业网页，获取以下信息：A 公司是一家私有零售企业。销售家具、配件、浴室和厨房用品等商品；41 000 平方米的营业面积；销售主要包括座椅/沙发系列，办公用品，卧室系列，厨房系列，照明系列，纺织品，炊具系列，房屋储藏系列，儿童产品系列等约 10 000 个产品；600 多个座位的餐厅提供美食；1 100 多个汽车车位；有偿提供送货服务、安装服务、拆除服务；付款方式，接受现金、转账支票及有银联、VISA 和 MASTER 标记的储蓄卡、借记卡及信用卡。

A 公司原始的、全部的纳税申报数据详见第九章案例 1。

【案头分析】

A 公司 2007 年设立，截至 2015 年已经 9 年，是处于成熟期的企业，若出现亏损经营，属于不正常的现象，存在偷（逃）税风险。

A 公司由在我国境内注册的企业投资设立，不用考虑股息、红利的个人所得税纳税风险。但需关注境外关联交易是否存在避税风险。

非汇总纳税企业，不用考虑汇总纳税的风险；非上市公司，有较强的主观偷（逃）税意愿，纳税风险较大。

注册资本 2014 年为 18 725.31 万元、2015 年为 26 225.31 万元，表明投资者追加了投资，对企业现状满意、对未来充满信心，但如果是在公司亏损情况下发生追加投资，则存在人为造成虚假亏损的风险。

从业人数 2014 年为 337 人、2015 年为 265 人，资产总额 2014 年为 40 319.81 万元、2015 年为 37 584.83 万元，表明企业规模在缩小。但这一结论与注册资本增加的结论是矛盾的，作为疑点需核实相关信息。

采用一般会计准则进行核算，该信息提示审核资产负债表、企业所得税年度纳税申报表时，要依据会计准则分析会计报表项目正常与否。

会计档案存放在北京、采用财务软件进行会计核算，该信息提示多套账的风险很大，在实地核查时，需对计算机系统、财务软件系统进行全面检测，确认是否存在多套账后，再对会计核算资料进行核查。

固定资产折旧方法为平均年限法，表明：一是在固定资产原价没有变化的情况下，各年计提的折旧额是均等的；二是将每类固定资产的折旧率与按税法测算的最高折旧率进行比较，分析是否存在多提折旧的风险。

采用备抵法核算坏账损失，该信息提示需关注预提的坏账准备是否在企业所得税前进行调增处理。

A公司是一家私有零售企业；付款方式接受现金、转账支票及有银联、VISA和MASTER标记的储蓄卡、借记卡及信用卡。该信息提示该公司存在大量销售不开票业务，存在隐瞒销售额、收入额的风险。

销售办公用品、厨房系列、纺织品、炊具系列等产品，该信息提示可能发生视同销售业务，需审核是否如实申报缴纳增值税、企业所得税。

41 000平方米的营业面积，表明该公司规模很大，同时作为商业零售企业，经营地点应处于繁华地区，该信息提示可能存在广告费收入。

600多个座位的餐厅提供美食，表明该公司在2013—2015年存在兼营增值税、营业税的业务，该信息提示需审核用于餐饮的购进货物，其进项税额是否依法转出。

1 100多个汽车车位，表明该公司在2013—2015年存在营改增业务，停车服务应按“货运客运场站服务”，依6%税率缴纳增值税；不可选择适用简易计税方法缴纳增值税。2016年5月1日后按照“不动产经营租赁服务”依11%税率缴纳增值税；选择适用简易计税方法，依5%税率缴纳增值税。该信息提示一是该公司增值税申报不仅包括货物销售还包含服务提供；二是停车位服务不可选择适用简易计税方法，需审核停车场是否按照简易计税方法计税。

有偿提供送货服务、安装服务、拆除服务。该信息提示：一是上述业务应属于混合销售，取得收入应申报缴纳增值税，需审核纳税人是否依法纳税。二是审核从事送货、安装、拆除的人员是否为该单位职工，若为劳务人员，个人所得税是否按照劳务报酬所得扣缴；企业所得税列支的凭证是否合法。三是核实确认拆除下来的材料是否归属该企业，若归属该企业是否销售并已纳缴纳增值税、企业所得税。

第二篇　主 要 税 种

本篇包括三章内容，介绍**增值税**、**企业所得税**以及**部分土地增值税**的案头分析业务。本篇在编写内容上打破常规，未按照税种进行编写，而是按照纳税人**购、销环节**划分章节，阐述如何就该环节涉及的税种及事项进行案头分析。

其中，**第三章**总体纳税情况的案头风险分析，可帮助税务人员在众多企业中迅速识别高风险纳税人，或者对上级税务机关推送的风险纳税人再次进行更为深入、全面的风险识别。**第四章**销售额及收入总额的案头分析，帮助税务人员了解、掌握增值税的销售额、企业所得税的收入总额之间存在的异同以及如何利用系列指标分析两者存在的征管风险。**第五章**进项税额及所得税扣除项目的案头分析，帮助税务人员了解增值税的进项税额、企业所得税的成本费用损失之间的关系，掌握如何利用系列指标分析两者存在的征管风险以及具体费用支出项目的案头分析指标和技巧。

第三章　总体纳税情况的案头风险分析

1. 从哪些方面对纳税人总体纳税情况进行风险分析？

在案头环节对纳税人进行风险分析时，首先要从总体对其存在的风险进行分析。能够反映纳税人总体纳税情况风险的指标或方法包括总体经营成果分析、各税种的税负率分析。通过这两方面的分析，可以初步确认纳税人申报纳税总体风险的大小。

2. 在案头分析时为什么要从总体经营成果分析入手？

纳税人是否存在纳税风险，应首先从该纳税人的总体经营情况着手进行分析。经营成果由收入扣除成本费用等支出构成，既直接与企业所得税缴纳有关也与增值税缴纳有关，尤其是营改增后，增值税与企业所得税关联度越发紧密。当纳税人隐瞒收入时，增值税和企业所得税的计税依据都会减少；当纳税人取得虚开增值税专用发票时，虚增进项税额的同时必然虚列成本、费用。因此，无论是分析增值税，还是分析企业所得税，都可先从经营成果着手进行分析。

同时，通过不同年度经营成果变动情况，迅速了解企业若干期间的发展状况，为某一期间的纳税风险分析提供参考依据。

3. 纳税人总体经营成果体现在何处？

纳税人当年的经营成果直接体现在利润表的“利润总额”项。当“利润总额”项填报正数，表明纳税人是盈利的；当“利润总额”项填报负数，则表明纳税人是亏损的。无论盈利还是亏损，都可能是合理的、正常的，也有可能是不合理的、不正常的，需要结合其他事项作进一步的分析。

纳税人以往年度的经营成果，除了查询当年度利润表外，还可以通过以下渠道获取：

一是通过《A106000 企业所得税弥补亏损明细表》获取当年以及前 5 年亏损额或所得额，需要注意的是，该表所列示的亏损额或所得额是按照税法口径确认的亏损额或所得额，并非按照会计口径确认的亏损额或所得额（利润表上的利润总额按照会计口径确认）。二是通过资产负债表中的“未分配利润”项目填报情况获取。若企业一直亏损经营，“未分配利润”项目期末余额反映的是其累计亏损额；若企业经营中有亏损也有盈利且一直未进行利润分配，“未分配利润”项目期末余额反映的是正负相抵的结果；若企业一直盈利经营且未进行利润分配，“未分配利润”项目反映的是经营成果的累计盈利额；若企业一直盈利经营且进行过利润分配，“未分配利润”项目反映的是经营成果中未分配的部分。

4. 当纳税人处于盈利状态时如何分析是否存在纳税风险?

当纳税人盈利时，可进一步分析纳税人是处于微利状态、正常盈利状态还是高盈利状态。可通过资本收益率这一指标的计算结果与同期商业银行存款利率、同行业平均值比较，分析企业所处状态。其中，资本收益率 = 净利润 ÷ 实收资本 × 100%，当纳税人实收资本期末余额有变动时，资本收益率 = 净利润 ÷ [（实收资本期初余额 + 实收资本期末余额）÷ 2] × 100%。公式中“实收资本”是指企业实际收到的投资者投入的资本金，不是企业在工商行政管理部门登记的注册资金；数额取自资产负债表的“实收资本”项目。公式中“净利润”是指利润总额扣减所得税费后的余额，数额取自利润表的“净利润”项目。

当纳税人的资本收益率低于同期商业银行存款利率时，表明纳税人将资金投入生产经营所获收益低于将资金存放银行所取得的存款利息，可确认该纳税人处于微利状态。此时，纳税人的纳税申报风险很大。

当纳税人的资本收益率高于同期商业银行存款利率并且介于同行业资本收益率平均值的 50% ~150% 之间时，可确认该纳税人处于正常盈利状态。此时，纳税人的纳税申报风险较小。

当纳税人的资本收益率高于同行业资本收益率平均值 150% 以上时，可确认该纳税人处于高盈利状态。若该纳税人此时享受增值税即征即退政策，应审核纳税人是否存在对外虚开发票的风险。

同行业资本收益率平均值的确定，一是可以利用行业大数据进行测算；二是选取行业中纳税信用为 A 级的纳税人相关征管数据进行测算；三是利用同行业上市公司的征管数据进行测算。

【案例 3 -1】 B 民爆器材有限公司于 2003 年 10 月由原国有企业股份制改造而成立，实收资本 131 万元，现有自然人股东 31 人，在岗职工 35 人，经营业务范围专一，专营民用爆炸物品的销售。属增值税一般纳税人，企业所得税由地税机关征收管理，征收方式为查账征收。该纳税人2015年度纳税申报数据详见第九章案例2。

该纳税人2015年度利润表（节选）、资产负债表（节选）数据详见表3-1、表3-2。

表3-1　　利润表（节选）　　单位：元

	本月数	本年累计数
一、营业收入	1 489 178.40	14 986 176.22
减：营业成本	895 430.77	9 515 319.99
主营业务税金及附加	3 387.43	54 099.09
减：营业费用	81 622.00	510 650.00
管理费用	347 554.65	3 283 357.96
财务费用	89 640.90	1 095 906.67
加：投资收益	0	0
二、营业利润	71 542.6	526 842.51
加：营业外收入		400 000.00
减：营业外支出		226 487.66
三、利润总额	71 542.60	700 354.85
减：所得税费用	0	175 088.71
四、净利润（27-28）	71 542.60	525 266.14

表3-2　　资产负债表（节选）　　单位：元

	年初数	年末数		年初数	年末数
货币资金	8 607 751.10	3 042 683.40	短期借款	0.00	0.00
应收票据			应付票据		
应收股利			应付账款	157 516.86	-26 417.78
应收利息			预收账款	27 280.16	11 730.37
应收账款	225 087.40	225 087.40	应付职工薪酬	159 400.40	0.00
减：坏账准备	12 394.84	25 900.12	应付股利	0	0
应收账款净额	212 692.56	199 187.28	应交税费	351 006.52	102 655.67
其他应收款	-2 629 028.30	-1 936 553.00	其他应交款		
预付账款	0.00	0.00	其他应付款	722 124.38	-1 327 855.2
应收补贴款	0	0	预计负债	2 336 652.4	319 482.37
存货	231 085.67	-214 166.16	其他流动负债	0.00	0.00
待处理流动资产净损失	666 626.29	666 626.29	流动负债合计	3 753 980.7	-848 404.53
流动资产合计	7 089 127.40	1 757 777.80	长期负债	0.00	0.00

续表

	年初数	年末数		年初数	年末数
长期投资：	1 000 000	600 000	负债合计	3 753 980.7	-848 404.53
长期期权投资	1 000 000	600 000	实收资本（或股本）净额	1 310 000.00	1 310 000.00
固定资产原价	182 650.15	182 650.15	资本公积	832 838.8	932 838.8
减：累计折旧	93 105.52	102 238.00	盈余公积	983 882.7	983 882.7
固定资产净值	89 544.63	80 412.15	其中：法定公益金	440 841.71	440 841.71
固定资产合计	89 544.63	80 412.15	未分配利润	1 962 218.7	613 266.43
无形资产	664 248.85	553 393.49	所有者权益合计	5 088 940.20	3 839 987.90
资产总计	8 842 920.90	2 991 583.40	负债及所有者权益总计	8 842 920.90	2 991 583.40

注：表3-1和表3-2中未列出的报表项目填报数据均为0。

【案头分析】

1. 所处行业分析

在互联网上查询与该企业相关的行业协会，获取“中国爆破器材行业协会”网址，登录后可查询该行业相关信息，如图3-1所示。

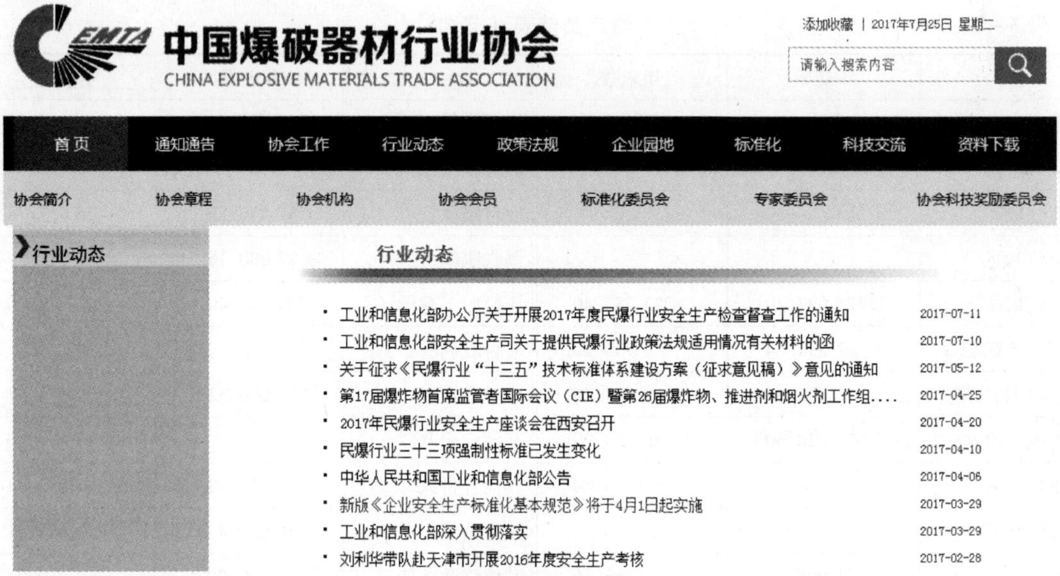

图3-1　中国爆破器材行业协会网页

查看“政策法规”界面，了解国家对该行业已出台的政策法规内容，从中选取与纳税人申报有关的内容，用于案头分析。如《民用爆炸物品安全管理条例》规定，国家对民用爆炸物品的生产、销售、购买、运输和爆破作业实行许可证制度。据此，可以得出这一结论：民用爆炸器材的销售企业，受许可经营保护，一般不受市场经济的影响，有稳定的进销差价，普遍盈利；同业竞争不激烈，相比商业化程度高的行业有更高的利润。

该企业2015年度利润总额为700 354.85元，符合行业特征。是否存在纳税风险，需结合资本收益率等其他指标进行分析。

2. 资本收益率分析

该企业2003年设立，2015年资本收益率＝525 266.14÷1 310 000×100%＝40.09%，高于最高的三年定期存款利率2.75%，不属于微利状态。

与同行业资本收益率比较，因为受样本采集以及数据权限影响，本例暂选上市公司数据作为参考依据。

雅化集团，经营范围为工业炸药、民用爆破器材、表面活性剂、纸箱生产及销售；危险货物运输（1～5类、9类）、炸药现场混装服务，工程爆破技术服务，咨询服务；氢氧化锂、碳酸锂等锂系列产品、其他化工产品（危险品除外）、机电产品销售；机电设备安装；新材料、新能源材料、新能源等高新技术产业项目投资及经营；进出口业务（依法须经批准的项目，经相关部门批准后方可开展经营活动）。其2015年、2016年资本收益率见表3－3。

表3－3　　雅化集团资本收益率计算表

项目	2016年	2015年
净利润（万元）	14 772	12 780
实收资本（万元）	96 000	96 000
资本收益率（%）	15.38	13.31

因雅化集团是民用爆破器材生产企业并且兼营其他业务，与本例企业存在较大差异性，虽具可比性，但可比性较差。为提高分析准确性，再选取一家从事商贸业务的上市公司，作为参考使用。

中央商场，经营范围为日用百货、食品、卷烟、雪茄烟零售；保健食品、针纺织品、服装鞋帽、文体用品、体育用品、体育器材、一类医疗器械、机械设备、五金交电、电子产品、家用电器、家具、装饰材料、矿产品、建材、化工产品（不含危化品）销售；房地产开发、经营；电子商务；设计、制作、代理发布国内各类广告；停车场服务；高新技术产品的开发、生产、销售；场地租赁；自营和代理各类商品及技术的进出口业务（国家限定企业经营或禁止进出口的商品和技术除外）；物业管理。其2015年、2016年资本收益率见表3－4。

表 3-4　　中央商场资本收益率计算表

项目	2016 年	2015 年
净利润（万元）	12 045	11 500
实收资本（万元）	114 833	114 833
资本收益率（%）	10.49	10.01

从雅化集团、中央商场两家上市公司的资本收益率计算表可见，本例中纳税人的资本收益率均高于两家上市公司资本收益率的50%，尽管上市公司在纳税上的风险与非上市公司有差异，两家上市公司的经营范围也与本企业存在较大的差别，但是通常资本收益率应低于上市公司的B民爆器材有限公司，其资本收益率却大大高于两家上市公司，表明该纳税人申报纳税风险较小，需要结合其他方面做进一步分析。

5. 当纳税人处于亏损状态时如何分析是否存在纳税风险？

当纳税人处于亏损状态仍继续经营时，可以从以下5个方面分析其合理性。

一是从纳税人设立时间进行分析。一般来说，新办企业由于刚刚从事生产经营，知名度不高、客户有限，存在大量广告费及业务宣传费的支出、人工费等管理费用支出以及固定资产折旧等，纳税人这一期间投入很多。但是，营业收入的形成较支出而言具有渐进性和滞后性，使得这一期间收入较少。因此，新开办企业即使亏损仍继续生产经营是合理的现象。但是，一个存续时间在3~5年甚至5年以上的企业出现亏损仍继续生产经营则是异常现象。资本追逐利润的本性，不会使企业长期亏损仍继续经营。此种情形的亏损状态，可能是人为所致的假象，是少计收入、多列成本费用支出的结果。

二是从纳税人登记注册类型进行分析。通常投资主体为政府部门的国有企业或国有独资公司，承担了部分本应由政府承担的社会职能，是不完全的市场主体，其产品价格不能按照市场价格自主确定，出现亏损仍继续经营的情况属于合理现象。这类纳税人的纳税申报风险较小。除国有企业或国有独资公司以外的其他类型的企业，投资主体作为理性经济人，依据资本追逐利润的本性，这类企业长期亏损仍继续经营则有悖常规，亏损另有其他原因，这类纳税人的纳税申报风险较大。

三是从亏损经营的典型特征分析。制造业企业发生亏损，一般表现为产品积压、资金短缺、欠账较多，也就是存货余额大、货币资金余额小、应付账款余额大。如果纳税人发生亏损，但资产负债表中“货币资金”项目余额大、“存货”和“应付账款”科目余额小，表明该纳税人的亏损比较可疑，纳税风险较大。

四是从行业经营特点分析。生产企业从原材料购进到形成产品销售，要经过较长时间的生产过程。这期间市场供需情况发生变化的概率较高，出现亏损比较合理。商业企业从商品购进到销售，商品流通很快，受市场供需影响较小，稳定地赚取差价，出现亏损仍继续经营比较异常。

五是从报表间的逻辑关系分析。当企业亏损时，利润表中以“-”号形式体现的“利润总额”项目，年末结转到资产负债表的“未分配利润”项目，一般会造成“负债和所有者权益（或股东权益）总计”项目期末余额较期初余额减少。如果“负债和所有者权益（或股东权益）总计”项目期末余额较期初余额不减反增，则其他所有者权益项目或负债类项目期末余额必有增加且金额超过亏损额。此时若“实收资本”“长期借款”“短期借款”或“其他应付款”期末余额较期初余额有所增加，在企业亏损经营的情况下，无论是股东追加投资还是大额借款，均有悖常理，其实质可能是账外隐匿的收入以投资或借款方式回流账上。也就是说，纳税人存在不计、少计收入的疑点。

此外，已经发生的固定资产、无形资产等构建支出，属于已经付出且不可收回的“沉没成本”。在亏损情况下，企业决策是否继续经营时一般不再考虑“沉没成本”，只要收入大于变动成本，企业就有理由继续生产经营。因此，将亏损额中折旧、摊销额等“沉没成本”剔除后，纳税人仍然亏损，则有悖经营常规，存在人为造成亏损，偷（逃）增值税、企业所得税的风险。

【案例3-2】接【案例2-1】，抽取A公司与经营成果相关的数据，汇总生成表3-5。A公司原始的、全部的纳税申报数据详见第九章案例1。

表3-5 **A公司与经营成果相关数据一览表** 单位：元

	2013年	2014年	2015年
实收资本（或股本）：	187 253 050	187 253 050	262 253 050
减：已归还投资	0		
实收资本（或股本）净额	187 253 050		
资本公积	0		
盈余公积	0		
其中：法定公益金			
未分配利润	-356 021 521.1	-401 923 389.4	-435 581 779.2
所有者权益（或股东权益）合计	-168 768 471.1	-214 670 339.4	-173 328 729.2
负债及所有者权益（或股东权益）总计	417 651 886.7	401 185 183.1	375 848 267.6
利润总额	-48 918 066.56	-45 901 868.37	-33 658 389.79
本年计提的折旧额	27 300 491.26	17 805 450.93	18 339 172.13
扣除折旧额后的利润总额	-21 617 575.3	-28 096 417.44	-15 319 217.66

续表

项目	年度	纳税调整后所得	合并、分立转入（转出）可弥补的亏损额	当年可弥补的亏损额
	1	2	3	4
	2009 年	-75 097 765.24	0	-75 097 765.24
前五年度	2010 年	-69 641 675.69	0	-69 641 675.69
前四年度	2011 年	-74 690 523.73	0	-74 690 523.73
前三年度	2012 年	-68 422 560.90	0	-68 422 560.90
前二年度	2013 年	-59 664 807.28	0	-59 664 807.28
前一年度	2014 年	-44 450 323.51	0	-44 450 323.51
本年度	2015 年	-32 264 549.47	0	-32 264 549.47
合计		-424 232 205.80	0	-424 232 205.80

【案头分析】

表 3-5 数据显示，A 公司 2009—2015 年，7 年连续亏损经营，亏损额累计 424 232 205.8 元，小于 2015 年“未分配利润”期末余额 435 581 779.2 元，表明除去两者数据口径不一致导致的结果外，该公司 2008 年、2007 年也处于亏损经营状态。也就是说该公司从设立开始，一直亏损经营。

1. 从设立时间分析

一般来说，企业设立初期因企业知名度不高、客户有限等因素出现亏损，属于合理的现象。但该企业设立于 2007 年，截至 2015 年已经运营 9 年，仍然处于亏损经营状态，不符合常理。

2. 从登记注册类型分析

A 公司由在我国境内注册的企业设立，非国有企业，截至 2015 年，累计亏损 435 581 779.2 元，远超出其投入资本金 262 253 050 元。而且在该公司连续 9 年亏损经营的情况下，投资者在 2015 年追加投资 75 000 000 元（262 253 050 - 187 253 050），有悖常理。显然，亏损经营属于不合理情况，是人为造成的亏损。

3. 从行业经营特点分析

A 公司从事商业零售业务，从商品购进到销售，受市场供需影响较小，稳定地赚取差价，出现亏损仍继续经营比较异常。

4. 从报表间的逻辑关系分析

A 公司从亏损额中剔除各年计提的折旧额后 2013—2015 年亏损额分别 -21 617 575.3 元、-28 096 417.44 元、-15 319 217.66 元，仍然亏损。表明该企业的销售收入无法补偿变动成本。因此，从这一角度分析 A 公司的亏损乃人为制造，意在少缴税款。

综合上述四方面的分析，该企业亏损经营属于不合理现象，存在偷漏税风险。

6. 如何运用增值税税负率进行案头分析，如何增强该指标的实效性？

增值税税负率 = 本期应纳税额 ÷ 本期应税主营业务收入 × 100% =（本期销项税额 - 本期进项税额）÷ 本期应税主营业务收入 × 100%

使用这一指标对纳税人增值税申报情况进行总体案头分析时要注意一些非偷（逃）漏税因素对该指标计算结果的影响，这些影响因素包括：一是营改增前的兼营行为；二是销项税额与进项税额的时间口径不同；三是人为对勾选确认进项税额时间的调控；四是进项税额构成中的非常规进项税额；五是销售额中内销和出口比例的变化。为使增值税税负率这一指标不受上述因素影响或少受上述因素影响，应对指标公式进行适当的调整，使其更具实效性和权威性。

营改增前的兼营行为。在营改增之前，如果纳税人既有增值税业务也有营业税业务，则其主营业务收入包括应交营业税的收入，造成公式中分子、分母口径不一致，从而使该指标运算结果不科学、不具实效性。利用该指标对纳税人营改增前的纳税申报进行审核分析时，当纳税人只有内销业务时，建议将该指标公式调整为：增值税税负率 = 评估期应纳税额 ÷ 评估期按适用税率计税销售额 × 100%。其中，评估期可以是某个月，也可以是若干个月。当增值税税负率低于正常值时，既可能是销项税额异常也可能是进项税额异常。

销项税额与进项税额的时间口径不同。销项税额以销售为前提并按照纳税义务发生时间确认申报纳税的时间和数额。进项税额则按照增值税专用发票勾选确认时间作为进项税额抵扣时间，税额则为勾选确认的发票注明的税额合计数。由于两者存在时间差，所以一个纳税申报期内的进项税额与销项税额并不匹配，甚至是不相关的两个事物的税额，从而影响增值税税负率这一指标结果的实效性。因此，在计算月增值税税负率的基础上，还需计算某一期间增值税税负率，两个指标计算结果综合分析使用，避免单独依据月增值税税负率进行分析带来的误判。

人为对勾选确认进项税额时间的调控。按照现行增值税政策规定，纳税人取得增值税专用发票、海关进口增值税专用缴款书、机动车销售统一发票、收费公路通行费增值税电子普通发票，自开具之日起 360 日内登录增值税发票选择确认平台，勾选确认，即可作为当期进项税额抵扣。360 日的勾选确认时间既为纳税人提供了方便，也给增值税税负率的计算带来不确定性。如果纳税人在某期间暂不勾选发票，增值税税负率会提升；而在另一期间集中勾选确认发票，则会造成增值税税负率大幅下降。这种情况下增值税税负率的增减变化，看似异常，实则正常。如果仅凭增值税税负率这一指标进行案头分析，会误导分析方向。因此，可依托增值税发票电子底账管理系统，以发票开具时间为口径，重新汇总、计算进项税额并将其代入增值税税负率指标公式，确保销项税额与进项税额同属于一个期间，从而提高该指标的实效性和权威性。

进项税额构成中的非常规进项税额。营改增后，不但购进固定资产进项税额可以抵扣，购进不动产和无形资产取得增值税专用发票，也可以进项税额抵扣。上述三项资产不是企业常规购进业务，具有偶然性、税额大等特点。在发生抵扣的当期造成进项税额的突增，从而影响增值税税负率，给案头分析和审核造成不必要的干扰。因此，建议将上述三项资产产生的进项税额从当期进项税额中剔除，以其余额为进项税额进行增值税税负率的计算，以确保各期进项税额均为常规业务产生的进项税额，使各期增值税税负率这一指标更具可比性。三项资产的进项税额，在2016年5月至2017年12月期间，可从增值税纳税申报表附列资料（二）、增值税纳税申报表附列资料（五）、固定资产（不含不动产）进项税额抵扣情况表和本期抵扣进项税额结构明细表等4张表上获取。2018年1月之后，可从增值税纳税申报表附列资料（二）和增值税纳税申报表附列资料（五）获取本期不动产抵扣进项税额；从增值税发票电子底账管理系统中按照商品及应税劳务、服务名称查询购进固定资产、无形资产的进项税额。

销售额中内销和出口比例的变化。如果生产企业既有内销业务又有出口业务，那么内销货物和出口货物的比例变化也会影响税负率的计算。生产企业实行“免、抵、退”税管理办法进行退税，当期应纳税额＝当期内销货物的销项税额－（当期进项税额－当期免抵退税不得免征和抵扣税额）。如果企业生产货物总量不变，出口货物越多，内销货物就会越少，当期内销货物的销项税额也就越少，而公式中“当期进项税额”则是全部进项税额，不区分用于出口还是用于内销。出口货物越多，应纳税额越小，增值税税负率越低；当进项税额大于内销货物的销项税额时，产生留抵税额并且需要给纳税人退税。此时，增值税税负率这一指标失去分析意义，无法进行同业间横向比较甚至是纳税人自身的纵向比较。因此，应对具有出口业务的生产企业，设立虚拟增值税税负率用于案头分析。所谓虚拟增值税税负率，是将出口货物视同内销货物对待，计算销项税额并参与指标计算。具体公式为：虚拟增值税税负率＝（销项税额＋免、抵、退办法出口销售额×17%＋按简易计税办法计税销售额×17%＋免税销售额×17%－进项税额）÷（适用税率计税销售额＋按简易办法计税销售额＋免税销售额＋免、抵、退办法出口销售额）×100%＝（销项税额＋免、抵、退办法出口销售额×17%＋按简易计税办法计税销售额×17%＋免税销售额×17%－进项税额）÷营业收入×100%。利用虚拟增值税税负率，既可进行横向比较也可进行纵向比较，从而发现、确认异常申报情况。

此外，增值税税负率要与销售额变动率等指标配合使用，将销售额变动率和增值税税负率与相应的正常峰值进行比较，销售额变动率高于正常峰值，税负率低于正常峰值的；销售额变动率低于正常峰值，税负率低于正常峰值的；销售额变动率及税负率均高于正常峰值的均可列入疑点范围。

对商业企业进行案头分析时，因商业企业购进货物后不对货物进行再次加工即销售，可以利用毛益率测算税负率并与增值税税负率进行比对分析。毛益率 =（营业收入 - 营业成本）÷ 营业收入 ×100%，利用毛益率测算增值税税负率 = 毛益率 × 税率 =（营业收入 - 营业成本）× 税率 ÷ 营业收入 =（销项税额 - 营业成本 × 税率）÷ 营业收入。虽然营业成本 × 税率不是进项税额，但是因为商业企业货物流转速度快，所以营业成本 × 税率的计算结果在一定条件下非常接近当期进项税额，正是基于此，才可利用毛益率测算税负率并与增值税税负率进行比对分析。若比对结果出现较大差异，需结合发票勾选确认时间做进一步分析。

7. 如何运用企业所得税税负率进行案头分析？

从总体上对企业所得税纳税情况进行案头分析，可运用的指标包括所得税税收负担率、主营业务利润税收负担率和所得税贡献率三个指标。三个指标从不同的口径递进式分析企业的纳税情况。

（1）所得税税收负担率（简称税负率），是应纳所得税额与利润总额的比例，用公式表示：所得税税收负担率 = 应纳所得税额 ÷ 利润总额 ×100%。从表象上看，所得税税收负担率表明企业获利中用于缴纳所得税的比例，但是将公式进一步推演如下：

所得税税收负担率 = 应纳所得税额 ÷ 利润总额 ×100%

= 应纳税所得额 ×25% ÷ 利润总额 ×100%

=（利润总额 + 纳税调增额 - 纳税调减额）×25% ÷ 利润总额 ×100%

从公式推演的最终结果来看，分子、分母都含有利润总额这一项，也就是说，利润总额增减变化，不对所得税税收负担率产生影响，真正对该指标产生影响的是纳税调增额和纳税调减额。如果既没有纳税调增额也没有纳税调减额，所得税税收负担率为税率 25%；如果有纳税调增额没有纳税调减额或者纳税调增额大于纳税调减额，则所得税税收负担率大于 25%；如果没有纳税调增额有纳税调减额或者纳税调增额小于纳税调减额，则所得税税收负担率小于 25%。因此，所得税税收负担率这项指标实质是用于分析纳税人对税会差异的处理，分析是否存在应调增而未调增、不应调减而调减的风险。

（2）主营业务利润税收负担率（简称利润税负率），是应纳所得税额与主营业务利润之间的比例，用公式表示：利润税负率 = 本期应纳税所得额 ÷ 本期主营业务利润 ×100%。从表面看，利润税负率表明企业主营业务利润中用于缴纳所得税的比例，但是将公式进一步推演：

利润税负率 = 本期应纳所得税额 ÷ 本期主营业务利润 ×100%

= 应纳税所得额 ×25% ÷ 本期主营业务利润 ×100%

=（利润总额 + 纳税调增额 - 纳税调减额）×25% ÷ 本期主营业务利润 ×100%

=（主营业务利润 + 其他业务利润 + 投资收益 + 营业外收入 - 三项费用 -

营业外支出 + 纳税调增额 - 纳税调减额）×25% ÷ 本期主营业务利润 ×100%

从公式推演的最终结果来看，分子、分母都含有主营业务利润这一项，也就是说，主营业务利润增减变化，不对利润税负率产生影响，真正对该指标产生影响的是其他业务利润、投资收益、营业外收入、三项费用、营业外支出、纳税调增额和纳税调减额七项内容。当利润税负率大于25%时，表明其他业务利润、投资收益、营业外收入、纳税调增额四项之和大于三项费用、营业外支出和纳税调减额三项之和，三项费用、营业外支出和纳税调减额金额较小、风险也较小；当利润税负率小于25%时，表明其他业务利润、投资收益、营业外收入、纳税调增额四项之和小于三项费用、营业外支出和纳税调减额三项之和，并且与25%差距越大，三项费用、营业外支出和纳税调减额的金额越大、风险也越大。

（3）所得税贡献率，是应纳所得税额与主营业务收入之间的比例，用公式表示：所得税贡献率 = 应纳所得税额 ÷ 主营业务收入 ×100%。从表象上看，所得税贡献率是企业主营业务收入中用于缴纳所得税的比例，但是将公式进一步推演如下：

所得税贡献率 = 应纳所得税额 ÷ 主营业务收入 ×100%

= 应纳税所得额 ×25% ÷ 本期主营业务收入 ×100%

=（利润总额 + 纳税调增额 - 纳税调减额）×25% ÷ 本期主营业务收入 ×100%

=（主营业务利润 + 其他业务利润 + 投资收益 + 营业外收入 - 三项费用 - 营业外支出 + 纳税调增额 - 纳税调减额）× 25% ÷ 本期主营业务收入 ×100%

=（主营业务收入 - 主营业务成本 - 主营业务税金及附加 + 其他业务利润 + 投资收益 + 营业外收入 - 三项费用 - 营业外支出 + 纳税调增额 - 纳税调减额）×25% ÷ 本期主营业务收入 ×100%

从公式推演的最终结果来看，分子、分母都含有主营业务收入这一项，也就是说，主营业务收入增减变化，不对所得税贡献率产生影响，真正对该指标产生影响的是主营业务成本、主营业务税金及附加、其他业务利润、投资收益、营业外收入、三项费用、营业外支出、纳税调增额和纳税调减额九项内容。当所得税贡献率大于25%时，表明其他业务利润、投资收益、营业外收入、纳税调增额四项之和大于主营业务成本、主营业务税金及附加、三项费用、营业外支出和纳税调减额五项之和，主营业务成本、主营业务税金及附加、三项费用、营业外支出和纳税调减额金额较小、风险也较小；当所得税贡献率小于25%时，表明其他业务利润、投资收益、营业外收入、纳税调增额四项之和小于主营业务成本、主营业务税金及附加、三项费用、营业外支出和纳税调减额五项之和，并且与25%差距越大，主营业务成本、主营业务税金及附加、三项费用、营业外支出和纳税调减额的金额越大、风险也越大。

综上，一般情况下，所得税税收负担率 > 主营业务利润税收负担率 > 所得税贡献率，其中所得税税收负担率大于25%的情况相对较多，此时税会差异方面的纳税风险相对较小；主营业务利润税收负担率和所得税贡献率基本都小于25%，与25%差距越大，表明扣除项目越多，虚列成本费用的风险也越大。

8. 如何运用土地增值税税负率进行案头分析?

土地增值税的计算在房地产行业最常见、也最为复杂。在此以房地产开发项目为例，介绍如何运用土地增值税税负率进行案头审核。土地增值税税负率以房地产项目为单位进行计算，相关数据取自土地增值税纳税申报表（二）（从事房地产开发的纳税人清算适用）。

土地增值税税负率 = 应缴土地增值税税额 ÷ 销售收入总额 ×100% =(增值额 × 适用税率 − 扣除项目金额 ×速算扣除系数) ÷ 销售收入总额 × 100% =[(销售收入总额 − 扣除项目金额) × 适用税率 − 扣除项目金额 ×速算扣除系数] ÷ 销售收入总额 ×100%

从公式可见，扣除项目金额是影响土地增值税税负率的重要因素。不同开发项目扣除项目金额差异很大，从而造成土地增值税的税负率差异也很大。同时，开发产品销售时间长，其销售价格受国家政策影响大，也会加大不同房地产项目土地增值税税负率的差异性。从上市公司公布数据来看，以2011年万科等8个样本为例，尽管各公司差异较大，但土地增值税税负率处于4.64%～16.38%之间，平均税负率为6.90%。具体数据详见表3－6。

表3－6　　部分上市公司土地增值税税负率计算表　　单位：元

公司名称	土地增值税（①）	房地产销售收入（②）	税负率（①÷②）
万科	3 705 432 455.56	71 782 749 800.68	5.16%
招商地产	2 107 843 843.00	14 013 413 716.00	15.04%
保利地产	2 092 514 058.20	45 131 832 196.92	4.64%
金融街	617 236 892.13	9 636 711 990.32	6.41%
首开股份	863 843 828.30	9 037 737 411.12	9.56%
新湖中宝	179 281 230.08	3 368 489 415.86	5.32%
嘉凯城	238 890 884.01	3 209 679 733.09	7.44%
华侨城	1 675 965 325.16	10 231 901 784.73	16.38%
平均	11 481 008 516.44	166 412 516 048.72	6.90%

当发现某房地产项目的土地增值税税负率低于4.64%时，应加强对扣除项目的审核。

第四章 销售额及收入总额的案头分析

1. 销售额与营业收入在税收政策层面有何差异？

随着经济发展、征管工作推进，国家税务总局不断出台新政策或对原政策进行修订。因此，案头分析时要注意审核申报数据的所属期间以及这一期间适用的税收政策规定。就增值税与企业所得税而言，营改增缩小了增值税全年销售额与企业所得税年度营业收入之间的差异，尤其2016年5月全面推开营改增之后。

全面推开营改增前，对于有兼营业务的企业，增值税的全年销售额只是企业所得税营业收入的一部分，增值税的全年销售额小于企业所得税的营业收入。全面推开营改增后增值税征税范围与企业所得税征税范围趋同，在大部分销售行为中两者金额相等，但个别销售行为中两者仍存在差异。主要体现在征税范围、不征收增值税项目与不征税收入、视同销售业务、特定业务销售额、纳税义务发生时间与收入确认时间等方面。

案头分析时，要注意增值税、企业所得税在上述这些方面的政策差异，审核纳税人是否依法正确地进行了税务处理，是否存在偷（逃）税款的风险。

2. 增值税与企业所得税在征税范围方面有何差异？

增值税征税范围包括销售货物、应税劳务和应税行为。其中，应税行为是通过《销售服务、无形资产、不动产注释》界定和规范的，企业所得税征税范围是通过对收入种类、形式的列举方式界定和规范的。两者存在差异，详见表4－1。

表4－1 增值税与企业所得税征税范围差异一览表

项目	增值税	企业所得税
企业权益性投资取得股息、红利等收入	不征税	征税
转让股权收入	不征税	征税
接受捐赠收入	不征税	征税
债务重组	不征税	征税

案头分析时，要注意增值税、企业所得税在征税范围方面的政策差异，审核纳税人是否正确缴纳企业所得税。

3. 增值税与企业所得税关于不征收增值税项目和不征税收入的征缴有何差异？

增值税规定了不征收增值税项目，企业所得税也规定了不征税收入。有关不征收增值税项目和不征税收入，增值税销售额确认与企业所得税收入确认差异，详见表4－2。

表4－2　不征收增值税项目和不征税收入增值税与企业所得税差异比较一览表

项目	具体内容	是否确认增值税的销售额	是否确认企业所得税的收入
不征收增值税项目	根据国家指令无偿提供的铁路运输服务、航空运输服务，属于《营业税改征增值税试点实施办法》第十四条规定的用于公益事业的服务	否	是（视同销售收入）
	存款利息	否	是
	被保险人获得的保险赔付	否	是（冲减损失）
	房地产主管部门或者其指定机构、公积金管理中心、开发企业以及物业管理单位代收的住宅专项维修资金	否	否
	在资产重组过程中，通过合并、分立、出售、置换等方式，将全部或者部分实物资产以及与其相关联的债权、负债和劳动力一并转让给其他单位和个人，其中涉及的不动产、土地使用权转让行为	否	不一定（一般重组确认收入、特殊重组不确认收入）
不征税收入	财政拨款	否	否
	依法收取并纳入财政管理的行政事业性收费、政府性基金	否	否
	企业从县级以上各级人民政府财政部门及其他部门取得的应计入收入总额的财政性资金，凡同时符合以下条件的，可以作为不征税收入，在计算应纳税所得额时从收入总额中减除： （一）企业能够提供规定资金专项用途的资金拨付文件； （二）财政部门或其他拨付资金的政府部门对该资金有专门的资金管理办法或具体管理要求； （三）企业对该资金以及以该资金发生的支出单独进行核算	否	否

案头分析时，要注意增值税、企业所得税在不征收增值税项目和不征税收入方面的政策差异，审核纳税人是否正确缴纳企业所得税。

4. 增值税与企业所得税的视同销售政策有何差异?

增值税和企业所得税都有视同销售的规定，具体政策规定如下：

《增值税暂行条例》规定，单位或者个体工商户的下列行为，视同销售货物：将货物交付其他单位或者个人代销；销售代销货物；设有两个以上机构并实行统一核算的纳税人，将货物从一个机构移送其他机构用于销售，但相关机构设在同一县（市）的除外；将自产或者委托加工的货物用于非增值税应税项目；将自产、委托加工的货物用于集体福利或者个人消费；将自产、委托加工或者购进的货物作为投资，提供给其他单位或者个体工商户；将自产、委托加工或者购进的货物分配给股东或者投资者；将自产、委托加工或者购进的货物无偿赠送其他单位或者个人。

营改增政策规定，下列情形视同销售服务、无形资产或者不动产：单位或者个体工商户向其他单位或者个人无偿提供服务，但用于公益事业或者以社会公众为对象的除外；单位或者个人向其他单位或者个人无偿转让无形资产或者不动产，但用于公益事业或者以社会公众为对象的除外；财政部和国家税务总局规定的其他情形。

《企业所得税法实施条例》规定，企业发生非货币性资产交换，以及将货物、财产、劳务用于捐赠、偿债、赞助、集资、广告、样品、职工福利或者利润分配等用途的，应当视同销售货物、转让财产或者提供劳务，但国务院财政、税务主管部门另有规定的除外。

上述政策表明，两者无论在表述上还是在范围上都有很大差异。具体差异详见表4－3。

表4－3　　视同销售业务增值税与企业所得税差异比较一览表

项目	具体内容	增值税是否确认销售	企业所得税是否确认收入
货物	将货物交付其他单位或者个人代销	是（收到代销单位的代销清单或者收到全部或者部分货款的当天。未收到代销清单及货款的，为发出代销货物满180天的当天）	是（收到代销清单时确认收入）
	销售代销货物	是	是
	设有两个以上机构并实行统一核算的纳税人，将货物从一个机构移送其他机构用于销售，但相关机构设在同一县（市）的除外	是（此业务中移送机构申报增值税、开具发票）	否
	非货币性资产交换	是（按照销售处理，不属于视同销售）	是

续表

项目	具体内容	增值税是否确认销售	企业所得税是否确认收入
货物	用于市场推广或销售	是（外购货物、自产或委托加工货物，进项税额可以抵扣）	是（外购货物、自产或委托加工货物）
	用于交际应酬	否（外购货物，进项税额不得抵扣） 是（自产或委托加工货物，进项税额可以抵扣）	是
	用于职工奖励或福利	否（外购货物，进项税额不得抵扣） 是（自产或委托加工货物，进项税额可以抵扣）	是
	用于股息分配	是	是
	用于对外捐赠	是	是
	用于对外投资项目	是	是
劳务	用于对外捐赠	否	是
服务	用于对外捐赠	是（用于公益事业或以公众为对象除外）	是
财产	非货币性资产交换	是（按照销售处理，不属于视同销售）	是
	用于对外投资项目	是（按照销售处理，不属于视同销售）	是
	用于对外捐赠	是	是

案头分析时，要注意增值税、企业所得税在视同销售方面的政策差异，审核纳税人是否正确缴纳增值税、企业所得税。

5. 增值税与企业所得税在纳税义务发生时间与收入确认时间方面政策有何差异？

（1）增值税纳税义务发生时间，包括以下内容：

《增值税暂行条例》（2017 年版，国务院令第 691 号）规定，增值税纳税义务发生时间：发生应税销售行为，为收讫销售款项或者取得索取销售款项凭据的当天；先开具发票的，为开具发票的当天。进口货物，为报关进口的当天。

《增值税暂行条例实施细则》规定，①采取直接收款方式销售货物，不论货物是否发出，均为收到销售款或者取得索取销售款凭据的当天；②采取托收承付和委托银行收款方式销售货物，为发出货物并办妥托收手续的当天；③采取赊销和分期收款方式销售货物，为书面合同约定的收款日期的当天，无书面合同的或者书面合同没有约定收款日期的，为货物发出的当天；④采取预收货款方式销售货物，为货物发出的当天，但生产销售生产工期超过12个月的大型机械设备、船舶、飞机等货物，为收到预收款或者书面合同约定的收款日期的当天；⑤委托其他纳税人代销货物，为收到代销单位的代销清单或者收到全部或者部分货款的当天。未收到代销清单及货款的，为发出代销货物满180天的当天；⑥销售应税劳务，为提供劳务同时收讫销售款或者取得索取销售款的凭据的当天；⑦纳税人发生本细则第四条第（三）项至第（八）项所列视同销售货物行为，为货物移送的当天。

营改增政策规定，增值税纳税义务、扣缴义务发生时间为：①纳税人发生应税行为并收讫销售款项或者取得索取销售款项凭据的当天；先开具发票的，为开具发票的当天。收讫销售款项，是指纳税人销售服务、无形资产、不动产过程中或者完成后收到款项。取得索取销售款项凭据的当天，是指书面合同确定的付款日期；未签订书面合同或者书面合同未确定付款日期的，为服务、无形资产转让完成的当天或者不动产权属变更的当天；②纳税人提供租赁服务采取预收款方式的，其纳税义务发生时间为收到预收款的当天；③纳税人从事金融商品转让的，为金融商品所有权转移的当天；④纳税人发生本办法第十四条规定情形的，其纳税义务发生时间为服务、无形资产转让完成的当天或者不动产权属变更的当天。

金融企业、证券公司、保险公司、金融租赁公司、证券基金管理公司、证券投资基金以及其他经人民银行、银监会、证监会、保监会批准成立且经营金融保险业务的机构发放贷款后，自结息日起90天内发生的应收未收利息按现行规定缴纳增值税，自结息日起90天后发生的应收未收利息暂不缴纳增值税，待实际收到利息时按规定缴纳增值税。

单用途卡、多用途卡发卡企业或者售卡企业（以下简称售卡企业）销售预付卡，或者接受预付卡持卡人充值取得预收资金，向购卡人、充值人开具增值税普通发票，不缴纳增值税。持卡人使用预付卡购买货物或服务时，货物或者服务的销售方应按照现行规定缴纳增值税。

（2）企业所得税收入确认，包括以下内容：

①商品销售收入确认。

企业销售商品同时满足下列条件的，应确认收入的实现：一是商品销售合同已经签订，企业已将商品所有权相关的主要风险和报酬转移给购货方；二是企业对已售出的商品既没有保留通常与所有权相联系的继续管理权，也没有实施有效控制；三是收入的金额能够可靠地计量；四是已发生或将发生的销售方的成本能够可靠地核算。

销售商品采用托收承付方式的，在办妥托收手续时确认收入。

销售商品采取预收款方式的，在发出商品时确认收入。

销售商品需要安装和检验的，在购买方接受商品以及安装和检验完毕时确认收入。如果安装程序比较简单，可在发出商品时确认收入。

销售商品采用支付手续费方式委托代销的，在收到代销清单时确认收入。

以分期收款方式销售货物的，按照合同约定的收款日期确认收入的实现。

采取产品分成方式取得收入的，按照企业分得产品的日期确认收入的实现，其收入额按照产品的公允价值确定。

②提供劳务收入确认。

企业在各个纳税期末，提供劳务交易的结果能够可靠估计的，应采用完工进度（完工百分比）法确认提供劳务收入。提供劳务交易的结果能够可靠估计，是指同时满足下列条件：收入的金额能够可靠地计量；交易的完工进度能够可靠地确定；交易中已发生和将发生的成本能够可靠地核算。

企业受托加工制造大型机械设备、船舶、飞机，以及从事建筑、安装、装配工程业务或者提供其他劳务等，持续时间超过 12 个月的，按照纳税年度内完工进度或者完成的工作量确认收入的实现。

劳务费，长期为客户提供重复的劳务收取的劳务费，在相关劳务活动发生时确认收入。

安装费，应根据安装完工进度确认收入。安装工作是商品销售附带条件的，安装费在确认商品销售实现时确认收入。

宣传媒介的收费，应在相关的广告或商业行为出现于公众面前时确认收入。

广告的制作费，应根据制作广告的完工进度确认收入。

软件费，为特定客户开发软件的收费，应根据开发的完工进度确认收入。

服务费，包含在商品售价内可区分的服务费，在提供服务的期间分期确认收入。

艺术表演、招待宴会和其他特殊活动的收费，在相关活动发生时确认收入。收费涉及几项活动的，预收的款项应合理分配给每项活动，分别确认收入。

③特许权使用费收入确认。

特许权使用费收入，按照合同约定的特许权使用人应付特许权使用费的日期确认收入的实现。

特许权费，属于提供设备和其他有形资产的特许权费，在交付资产或转移资产所有权时确认收入；属于提供初始及后续服务的特许权费，在提供服务时确认收入。

会员费，申请入会或加入会员，只允许取得会籍，所有其他服务或商品都要另行收费的，在取得该会员费时确认收入。申请入会或加入会员后，会员在会员期内不再付费就可得到各种服务或商品，或者以低于非会员的价格销售商品或提供服务的，该会员费应在整个受益期内分期确认收入。

④股息、红利等权益性投资收入确认。

企业权益性投资取得股息、红利等收入，应以被投资企业股东会或股东大会作出利润分配或转股决定的日期，确定收入的实现。

⑤利息收入。

利息收入，按照合同约定的债务人应付利息的日期确认收入的实现。

金融企业按规定发放的贷款，属于未逾期贷款（含展期，下同），应根据先收利息后收本金的原则，按贷款合同确认的利率和结算利息的期限计算利息，并于债务人应付利息的日期确认收入的实现；属于逾期贷款，其逾期后发生的应收利息，应于实际收到的日期，或者虽未实际收到，但会计上确认为利息收入的日期，确认收入的实现。金融企业已确认为利息收入的应收利息，逾期 90 天仍未收回，且会计上已冲减了当期利息收入的，准予抵扣当期应纳税所得额。

⑥租金收入。

租金收入，按照合同约定的承租人应付租金的日期确认收入的实现。

如果交易合同或协议中规定租赁期限跨年度，且租金提前一次性支付的，出租人可对上述已确认的收入，在租赁期内，分期均匀计入相关年度收入。

⑦财产转让收入。

企业转让股权收入，应于转让协议生效且完成股权变更手续时，确认收入的实现。

⑧接受捐赠收入。

接受捐赠收入，按照实际收到捐赠资产的日期确认收入的实现。

⑨其他收入。

企业发生债务重组，应在债务重组合同或协议生效时确认收入的实现。

从上述政策可见，增值税与企业所得税在销售额、收入确认时点上存在差异。具体差异见表 4－4。

表 4－4　　　　销售额、收入确认时点差异比较一览表

<table>
<tr><th>具体业务</th><th>增值税确认销售额时点</th><th>企业所得税确认收入时点</th><th>比较</th></tr>
<tr><td>销售货物，先开具发票（不含单用途、多用途预付卡）</td><td>为开具发票的当天</td><td rowspan="2">企业销售商品同时满足 4 个条件的，确认收入的实现，其中的第 2 个条件是“企业对已售出的商品既没有保留通常与所有权相联系的继续管理权，也没有实施有效控制”</td><td rowspan="2">有差异</td></tr>
<tr><td>采取直接收款方式销售货物</td><td>不论货物是否发出，均为收到销售款或者取得索取销售款凭据的当天</td></tr>
<tr><td>托收承付和委托银行收款方式销售货物</td><td>发出货物并办妥托收手续的当天</td><td>办妥托收手续时确认收入</td><td>无差异</td></tr>
<tr><td>采取赊销和分期收款方式销售货物</td><td>书面合同约定的收款日期的当天，无书面合同的或者书面合同没有约定收款日期的，为货物发出的当天</td><td>按照合同约定的收款日期确认收入的实现</td><td>无差异</td></tr>
<tr><td>采取预收货款方式销售货物（不包括生产工期超过 12 个月的大型机械设备、船舶、飞机等货物）</td><td>货物发出的当天</td><td>发出商品时确认收入</td><td>无差异</td></tr>
</table>

续表

具体业务	增值税确认销售额时点	企业所得税确认收入时点	比较
生产销售生产工期超过 12 个月的大型机械设备、船舶、飞机等货物	收到预收款或者书面合同约定的收款日期的当天	按照纳税年度内完工进度或者完成的工作量确认收入的实现	有差异
委托其他纳税人代销货物	收到代销单位的代销清单或者收到全部或者部分货款的当天。未收到代销清单及货款的，为发出代销货物满 180 天的当天	采用支付手续费方式委托代销的，在收到代销清单时确认收入	有差异
金融商品转让	金融商品所有权转移的当天	适用一般规定	无差异
销售需要安装和检验的商品	适用一般规定	在购买方接受商品以及安装和检验完毕时确认收入。如果安装程序比较简单，可在发出商品时确认收入	有差异（增值税要按照销售结算方式确定）
采取产品分成方式	适用一般规定	按照企业分得产品的日期确认收入的实现	无差异
销售劳务、服务（不含提供租赁服务采取预收款方式）	提供应税行为同时收讫销售款或者取得索取销售款的凭证的当天。取得索取销售款项凭据的当天，是指书面合同确定的付款日期；未签订书面合同或者书面合同未确定付款日期的，为服务、无形资产转让完成的当天或者不动产权属变更的当天	企业在各个纳税期末，提供劳务交易的结果能够可靠估计的，应采用完工进度（完工百分比）法确认提供劳务收入	有差异
长期为客户提供重复的劳务收取的劳务费	适用一般规定	在相关劳务活动发生时确认收入	无差异
安装费	适用一般规定	应根据安装完工进度确认收入。安装工作是商品销售附带条件的，安装费在确认商品销售实现时确认收入	有差异
宣传媒介的收费	适用一般规定	应在相关的广告或商业行为出现于公众面前时确认收入	有差异
广告的制作费	适用一般规定	应根据制作广告的完工进度确认收入	有差异
为特定客户开发软件的收费	适用一般规定	应根据开发的完工进度确认收入	有差异
包含在商品售价内可区分的服务费	适用一般规定	在提供服务的期间分期确认收入	无差异

续表

具体业务	增值税确认销售额时点	企业所得税确认收入时点	比较
艺术表演、招待宴会和其他特殊活动的收费	适用一般规定	在相关活动发生时确认收入。收费涉及几项活动的，预收的款项应合理分配给每项活动，分别确认收入	有差异
租金收入（非预收方式）	适用一般规定	按照合同约定的承租人应付租金的日期确认收入的实现	无差异
提供租赁服务采取预收款方式	收到预收款的当天	适用一般规定	有差异
交易合同或协议中规定租赁期限跨年度，且租金提前一次性支付的租金	适用一般规定	出租人可对上述已确认的收入，在租赁期内，分期均匀计入相关年度收入	有差异
金融机构发放贷款	自结息日起90天内发生的应收未收利息按现行规定缴纳增值税，自结息日起90天后发生的应收未收利息，实际收到利息时按规定缴纳增值税	属于逾期贷款，其逾期后发生的应收利息，应于实际收到的日期，或者虽未实际收到，但会计上确认为利息收入的日期，确认收入的实现。金融企业已确认为利息收入的应收利息，逾期90天仍未收回，且会计上已冲减了当期利息收入的，准予抵扣当期应纳税所得额	无差异
利息收入	适用一般规定	按照合同约定的债务人应付利息的日期确认收入的实现	无差异
售卡企业取得预收资金	售卡企业不缴纳增值税。持卡人使用预付卡购买货物或服务时，货物或者服务的销售方应按照现行规定缴纳增值税	适用一般规定	无差异
特许权使用费收入	适用一般规定	按照合同约定的特许权使用人应付特许权使用费的日期确认收入的实现	无差异
属于提供设备和其他有形资产的特许权费	适用一般规定	在交付资产或转移资产所有权时确认收入	有差异（增值税要按照销售结算方式确定）
属于提供初始及后续服务的特许权费	适用一般规定	在提供服务时确认收入	有差异

续表

具体业务	增值税确认销售额时点	企业所得税确认收入时点	比较
申请入会或加入会员，只允许取得会籍，所有其他服务或商品都要另行收费的会员费	适用一般规定	在取得该会员费时确认收入	无差异
申请入会或加入会员后，会员在会员期内不再付费就可得到各种服务或商品，或者以低于非会员的价格销售商品或提供服务的会员费	适用一般规定	该会员费应在整个受益期内分期确认收入	无差异
企业权益性投资取得股息、红利等收入	不征税	以被投资企业股东会或股东大会作出利润分配或转股决定的日期，确定收入的实现	有差异
转让股权收入	不征税	应于转让协议生效且完成股权变更手续时，确认收入的实现	有差异
接受捐赠收入	不征税	按照实际收到捐赠资产的日期确认收入的实现	有差异
债务重组	不征税	应在债务重组合同或协议生效时确认收入的实现	有差异
视同销售行为	货物移送的当天；服务、无形资产转让完成的当天或者不动产权属变更的当天	适用一般规定	无差异

案头分析时，要注意增值税、企业所得税在销售额、收入确认时点的政策差异，审核纳税人是否正确缴纳增值税、企业所得税。

6. 增值税与企业所得税的特定业务销售额与收入有何差异？

（1）营改增的差额计税项目

营改增后，很多行业、项目以取得的全部价款和价外费用扣除部分金额后的余额为销售额，差额计算销项税额。但企业所得税的收入总额相关政策无此规定，而是将支出作为成本、费用进行扣除。正因如此，增值税纳税申报表（一般纳税人适用）中四项销售额的合计数小于《A100000 中华人民共和国企业所得税年度纳税申报表（A 类）》中的“营业收入”项填报数据。

营改增政策规定，适用差额计税的行业、项目如下：

金融商品转让，按照卖出价扣除买入价后的余额为销售额。

经纪代理服务，以取得的全部价款和价外费用，扣除向委托方收取并代为支付的政府性基金或者行政事业性收费后的余额为销售额。

纳税人提供签证代理服务，以取得的全部价款和价外费用，扣除向服务接受方收取并代为支付给外交部和外国驻华使（领）馆的签证费、认证费后的余额为销售额。

纳税人代理进口按规定免征进口增值税的货物，其销售额不包括向委托方收取并代为支付的货款。

纳税人提供人力资源外包服务，按照经纪代理服务缴纳增值税，其销售额不包括受客户单位委托代为向客户单位员工发放的工资和代理缴纳的社会保险、住房公积金。

经人民银行、银监会或者商务部批准从事融资租赁业务的试点纳税人，提供融资租赁服务，以取得的全部价款和价外费用，扣除支付的借款利息（包括外汇借款和人民币借款利息）、发行债券利息和车辆购置税后的余额为销售额。

经人民银行、银监会或者商务部批准从事融资租赁业务的试点纳税人，提供融资性售后回租服务，以取得的全部价款和价外费用（不含本金），扣除对外支付的借款利息（包括外汇借款和人民币借款利息）、发行债券利息后的余额作为销售额。

航空运输企业的销售额，不包括代收的机场建设费和代售其他航空运输企业客票而代收转付的价款。

航空运输销售代理企业提供境内机票代理服务，以取得的全部价款和价外费用，扣除向客户收取并支付给航空运输企业或其他航空运输销售代理企业的境内机票净结算款和相关费用后的余额为销售额。其中，支付给航空运输企业的款项，以国际航空运输协会（IATA）开账与结算计划（BSP）对账单或航空运输企业的签收单据为合法有效凭证；支付给其他航空运输销售代理企业的款项，以代理企业间的签收单据为合法有效凭证。

自 2018 年 1 月 1 日起，航空运输销售代理企业提供境外航段机票代理服务，以取得的全部价款和价外费用，扣除向客户收取并支付给其他单位或者个人的境外航段机票结算款和相关费用后的余额为销售额。其中，支付给境内单位或者个人的款项，以发票或行程单为合法有效凭证；支付给境外单位或者个人的款项，以签收单据为合法有效凭证，税务机关对签收单据有疑义的，可以要求其提供境外公证机构的确认证明。航空运输销售代理企业，是指根据《航空运输销售代理资质认可办法》取得中国航空运输协会颁发的“航空运输销售代理业务资质认可证书”，接受中国航空运输企业或通航中国的外国航空运输企业委托，依照双方签订的委托销售代理合同提供代理服务的企业。

试点纳税人中的一般纳税人（以下称一般纳税人）提供客运场站服务，以其取得的全部价款和价外费用，扣除支付给承运方运费后的余额为销售额。

试点纳税人提供旅游服务，可以选择以取得的全部价款和价外费用，扣除向旅游服务购买方收取并支付给其他单位或者个人的住宿费、餐饮费、交通费、签证费、门票费和支付给其他接团旅游企业的旅游费用后的余额为销售额。

试点纳税人提供建筑服务适用简易计税方法的，以取得的全部价款和价外费用扣除支付的分包款后的余额为销售额。

房地产开发企业中的一般纳税人销售其开发的房地产项目（选择简易计税方法的房地产老项目除外），以取得的全部价款和价外费用，扣除受让土地时向政府部门支付的土地价款后的余额为销售额。

一般纳税人提供劳务派遣服务，可以选择差额纳税，以取得的全部价款和价外费用，扣除代用工单位支付给劳务派遣员工的工资、福利和为其办理社会保险及住房公积金后的余额为销售额。

纳税人提供安全保护服务，比照劳务派遣服务政策执行。

纳税人转让2016年4月30日前取得的土地使用权，可以选择适用简易计税方法，以取得的全部价款和价外费用减去取得该土地使用权的原价后的余额为销售额。

提供物业管理服务的纳税人，向服务接受方收取的自来水水费，以扣除其对外支付的自来水水费后的余额为销售额。

一般纳税人销售其2016年4月30日前取得（不含自建）的不动产，可以选择适用简易计税方法，以取得的全部价款和价外费用减去该项不动产购置原价或者取得不动产时的作价后的余额为销售额。

（2）商业折扣

增值税政策规定，纳税人发生应税行为，将价款和折扣额在同一张发票上分别注明的，以折扣后的价款为销售额；未在同一张发票上分别注明的，以价款为销售额，不得扣减折扣额。

企业所得税政策规定，企业为促进商品销售而在商品价格上给予的价格扣除属于商业折扣，商品销售涉及商业折扣的，应当按照扣除商业折扣后的金额确定销售商品收入金额。

两者的差异在于当纳税人未在同一张发票上分别注明价款和折扣额，增值税以价款为销售额，不得扣减折扣额；企业所得税按照扣除商业折扣后的金额确定销售商品收入金额。

案头审核特殊事项时，需注意增值税申报的销售额与企业所得税申报的营业收入存在的差异，两者填报数额不一致，属于正常情况，不应列为疑点、风险点。

7. 如何对销售额或收入进行报表间的比对分析？

将增值税纳税申报表、企业所得税年度纳税申报表、利润表、现金流量表等报表中与销售额、收入相关的数据进行比对，分析其逻辑关系是否合理，是否存在明显错误或异常的申报数据。比对分析时需要注意：

一是将增值税纳税申报表与企业所得税年度纳税申报表比对时，纳税人有兼营货物、劳务、服务、无形资产、不动产销售等行为，一般情况下营改增前，营业收入 > 全年销售额；营改增后，营业收入≥全年销售额。

二是营改增后有差额计税业务的纳税人，销售额与营业收入比对时，销售额应抽取增值税纳税申报表附列资料（一）中第 9 列“销售额”合计数并将全年 12 个月的数据汇总后与营业收入进行数据一致性比对。

三是企业所得税年度纳税申报表与利润表比对时，如果纳税人执行会计准则，利润表的“营业收入”项填报数额与《A100000 中华人民共和国企业所得税年度纳税申报表（A类)》的“营业收入”项填报数额应一致；如果纳税人不执行会计准则，利润表中各项收入填报数据应与《A101010 一般企业收入明细表》对应的收入项目进行数据一致性比对。

四是增值税纳税申报表、企业所得税年度纳税申报表、利润表比对时，若销售额、营业收入出现差异，需从税种的征税范围、企业的经营范围等方面分析出现差异的合理性。但是，上述三张报表与现金流量表比较，出现差异，需注意现金流量表按照收付实现制编制，上述三个报表按照权责发生制编制，从而产生差异。一般情况下，现金流量表的“销售商品、提供劳务收到的现金”项填报数据不能直接与增值税纳税申报表的销售额合计数、企业所得税年度纳税申报表的“营业收入”项填报数据进行数据一致性比较。需要结合企业所属行业、企业销售结算方式以及往来账使用情况等因素，分析能否进行比对或比对结论能否采用。

【案例 4 -1】 接【案例 2 - 1】，抽取 A 公司各种申报表中与销售额、收入相关数据，汇总生成表 4 - 5。A 公司原始的、全部的纳税申报数据详见第九章案例 1。

表 4 -5　　与企业销售额、收入相关数据汇总表　　单位：元

	2013 年	2014 年	2015 年
1. 按适用税率计税销售额	293 985 734	309 602 002. 7	306 850 318. 22
2. 销售商品收入	293 558 292. 3	308 003 378. 46	305 309 715. 68
3. 营业收入	336 391 873. 24	355 851 126. 91	352 676 456. 54
4. 销售商品、提供劳务收到的现金	386 612 040	407 660 082	406 122 561. 6
差额 1（4 -3）	50 220 166. 79	51 808 955. 09	53 446 105. 06
5. 应收账款	470 191. 15	1 134 968. 28	903 726. 82
6. 预收账款	1 575 858. 35	1 460 846. 57	2 535 034. 08
7. 销项税额	49 977 574. 72	52 588 744. 08	52 140 676. 07
差额 2（4 +5 -6 -7 -3）	-863 075. 72	-1 105 667. 08	-25 878. 07

【案头分析】

表 4－5 中“按适用税率计税销售额”取自增值税纳税申报表；“销售商品收入”取自企业所得税年度纳税申报表；“营业收入”取自企业所得税年度纳税申报表、利润表；“销售商品、提供劳务收到的现金”取自现金流量表。

表 4－5 数据显示，2013—2015 年销售额、收入额的数据逻辑关系为销售商品、提供劳务收到的现金 > 营业收入 > 按适用税率计算销售额 > 销售商品收入。A 公司基础信息显示，其经营范围包括家具、配件、浴室和厨房用品等商品；600 多个座位的餐厅提供美食；1 100 多个汽车车位；还提供送货服务、安装服务、拆除服务。在上述经营范围中，既有增值税业务也有营业税业务。增值税业务中属于货物销售的是家具、配件、浴室和厨房用品等商品，销售应税行为的是 1 100 多个汽车车位的收入、送货服务和安装服务的收入；营业税业务是餐饮收入。因此，营业收入 > 按适用税率计算销售额 > 销售商品收入，这一数据逻辑关系符合经营范围。同时，因包含销项税额在内，销售商品、提供劳务收到的现金 > 营业收入这一逻辑关系也是合理的，只需对两者的差额进行分析。

2013—2015 年销售商品提供劳务收到的现金与营业收入相比较，差额分别为 50 220 166. 79 元、51 808 955. 09 元、53 446 105. 06 元。对于这一差额，首先分析营业收入与销售商品、提供劳务收到现金二者可比性。考虑该企业属于商业零售企业，通常采取直接收款方式销售货物，权责发生制下的收入额与收付实现制下的现金差异较小。因此，可以将二者进行比较，但同时要考虑往来账和销项税额的两个因素对比较结果的影响。经重新计算后，虽然仍有差额但在缩小，分别为 －863 075. 72 元、－1 105 667. 08 元、－25 878. 07 元。考虑到数据调整与比对中，“应收账款”“预收账款”两个科目使用的是期末余额而非发生额，具有一定的不确定性，因此，差额在合理范围之内，不存在少计、不计收入的风险。

通过上述分析，A 公司在增值税纳税申报表、企业所得税年度纳税申报表、利润表以及现金流量表上与销售额、收入相关的申报数据基本逻辑关系正确，不存在明显的错误或疑点。但并不表明该纳税人不存在偷（逃）税风险。

8. 如何对销售额、收入进行结构分析？

纳税人利用已经投入的生产要素进行生产经营，其收入构成相对固定。对销售额、收入进行结构分析，主要选取有内在联系的货物、劳务、资产等销售额、收入进行占比分析。通过各项销售额、收入占总销售额、总收入比例及变化，分析是否存在风险。

（1）销售额结构分析

增值税销售额首先分为一般计税项目销售额、即征即退项目销售额。两者的纳税风险截然不同。一般计税项目的纳税风险主要为不计、少计销售额，特征是销售额减少、占比下降；即征即退项目的纳税风险主要是对外虚开发票，特征是销售额增加、占比上升。因此，当即征即退项目销售额增加、占比上升时，应结合即征即退项目的增值税税负率与一般项目的增值税税负率比对结果，确认纳税人是否存在对外虚开发票的风险。

增值税一般计税项目销售额分为按适用税率计税销售额，免税销售额，按简易办法计税销售额和免、抵、退办法出口销售额四种。案头分析时计算每种销售额占全部销售额的比例以及不同期间该比例的变化，从而监控异常变动的销售额。一是当免税销售额占全部销售额比例增加且按适用税率计算销售额占比减少时，需分析纳税人是否将应税销售额申报为免税销售额。对于免税货物，可以结合免税货物的生产能力、生产免税货物的专用物料投入产出比测算其销售额的合理范围，再与申报数据进行比对，确认是否存在纳税风险；对于免税服务，可以结合与提供免税服务相关的要素变化分析申报数据的准确性，确认是否存在纳税风险。二是当按简易办法计税销售额占比增加且按适用税率计算销售额占比减少时，要结合增值税纳税申报表附列资料（一）中两项销售额对应的发票口径，分析是否存在按适用税率计税销售额错误申报为按简易办法计税销售额。通常情况下，两项销售额对应的发票口径为“开具其他发票”或“未开具发票”时，将按适用税率计税销售额申报为按简易办法计税销售额的概率较大，少缴增值税的风险也大。三是当免、抵、退办法出口销售额占比增加且按适用税率计算销售额占比减少时，需要分析纳税人是否存在少计、不计内销货物销售额或者虚增免、抵、退办法出口销售额的风险，需结合退税情况进一步分析。一般说，当纳税人按照免、抵、退税额办理退税时，虚增免、抵、退办法出口销售额的风险比较大，可以通过比对内、外销货物的单价、核实出口货物数量等进行确认。

增值税按适用税率计税销售额按照与销售额对应的发票开具情况和税率两个口径进行细分。一是按照发票口径，按适用税率计税销售额可以分为开具增值税专用发票的销售额、开具其他发票的销售额和未开具发票的销售额三种。案头分析时，审核三种口径的销售额占总销售额的比例及不同期间的变化。若未开具发票的销售额减少或占比下降，存在隐瞒销售额、少缴增值税的风险；若未开具发票（或开具其他发票）栏次填报负数，存在违规冲减销售额的风险，需重点核实。二是按照税率口径，2018 年 5 月之前，分为 17% 税率的货物及加工修理修配劳务，17% 税率的服务、不动产和无形资产，11% 税率的货物及加工修理修配劳务，11% 税率的服务、不动产和无形资产，6% 税率的服务五种口径的销售额占总销售额的比例及不同期间的变化。2018 年 5 月之后，分为 16% 税率的货物及加工修理修配劳务，16% 税率的服务、不动产和无形资产，10% 税率的货物及加工修理修配劳务，10% 税率的服务、不动产和无形资产，6% 税率的服务五种口径的销售额占总销售额的比例及不同期间的变化。若某一项销售额减少，存在隐瞒销售额、少缴增值税风险；若高税率销售额的占比下降而低税率销售额的占比上升且销售额为开具其他发票的销售额或未开具发票的销售额，存在将高税率销售额申报为低税率销售额，少缴增值税风险。

（2）收入结构分析

企业所得税年度纳税申报表（A 类）以及利润表中将收入分为营业收入、营业外收入、投资收益三项，分别指向常规生产经营收入、非常规经营收入和对外投资的收入，后两者具有偶然性，因此，对三项收入进行结构分析的意义不大。营业收入在《A101010 一般企业收入明细表》中细分为主营业务收入、其他业务收入。对主营业务收入、其他业务收入占营业收入比例及其变化进行比对，可以分析纳税人是否存在不计、少计主营业务收入或其他业务收入的风险。

主营业务收入包括销售商品收入、提供劳务收入、建造合同收入、让渡资产使用权收入、其他。大多数企业的主营业务收入是销售商品收入或提供劳务收入或两者兼有。对兼有销售商品收入、提供劳务收入的纳税人，因商品和劳务的客户群体不同，索取发票情况也不同。因此，对销售商品收入、提供劳务收入的占比及其变化进行比对，可以分析纳税人是否存在不计、少计销售商品收入或提供劳务收入的风险。

其他业务收入包括销售材料收入、出租固定资产收入、出租无形资产收入、出租包装物和商品收入、其他。通过对上述各项收入的占比及其变化进行比对，可以分析纳税人是否存在不计、少计上述各项收入的风险。

【案例 4 –2】接【案例 2 –1】，抽取 A 公司 2013 年、2014 年和 2015 年 12 月份的增值税纳税申报表附列资料（一）的数据，汇总生成 12 月份增值税销售情况明细汇总表，如表 4 –6 所示；抽取《A101010 一般企业收入明细表》的数据，汇总生成企业所得税收入明细汇总表（一），如表 4 –7 所示。A 公司原始的、全部的纳税申报数据详见第九章案例 1。

表 4 –6　　12 月份增值税销售情况明细汇总表　　单位：元

项目及栏次		开具税控增值税专用发票		开具其他发票		未开具发票	
		销售额	销项（应纳）税额	销售额	销项（应纳）税额	销售额	销项（应纳）税额
		1	2	3	4	5	6
17% 税率的货物及加工修理修配劳务	2013 年	2 744 352. 89	466 540. 01	6 018 595. 38	1 023 161. 22	21 055 916. 57	3 579 505. 77
	2014 年	589 410. 04	100 199. 71	0	0	20 457 487. 14	3 477 772. 81
	2015 年	112 798. 69	19 175. 81	0	0	23 193 663. 44	3 942 922. 76
6% 税率	2013 年						
	2014 年	0	0	0	0	56 424. 88	3 385. 49
	2015 年	56. 6	3. 4	0	0	24 552. 26	1 473. 12
3% 征收率的应税服务	2013 年	0	0	0	0	0	0
	2014 年	0	0	0	0		74. 72
	2015 年	0	0	0	0	0	0

表4-7　　企业所得税收入明细汇总表（一）　　单位：元

项目	2013年	2014年	2015年
一、营业收入（2+9）	336 391 873.24	355 851 126.91	352 676 456.54
（一）主营业务收入（3+5+6+7+8）	336 113 383.27	354 907 348.22	352 381 275.70
1. 销售商品收入	293 558 292.30	308 003 378.46	305 309 715.68
其中：非货币性资产交换收入		0.00	0.00
2. 提供劳务收入	42 555 090.97	46 903 969.76	47 071 560.02
3. 建造合同收入		0.00	0.00
4. 让渡资产使用权收入		0.00	0.00
5. 其他		0.00	0.00
（二）其他业务收入（10+12+13+14+15）	278 489.97	943 778.69	295 180.84
1. 销售材料收入		0.00	0.00
其中：非货币性资产交换收入		0.00	0.00
2. 出租固定资产收入		0.00	0.00
3. 出租无形资产收入		0.00	0.00
4. 出租包装物和商品收入		0.00	0.00
5. 其他	278 489.97	943 778.69	295 180.84

【案头分析】

尽管本案例中，只取得12月份增值税的销售情况明细表，但是本着“窥一斑而知全豹”，通过对12月份发票口径、税率口径的销售额进行分析，进而分析该企业全年的销售额的构成。首先，从税率口径看销售额的构成，纳税人销售额主要按照17%申报纳税，按照6%、3%申报纳税的销售额金额很小、所占比例变动率虽然很大但占比本身很低，因此该企业不存在将适用高税率的销售额申报为适用低税率的销售额的风险。其次，从发票口径看销售额的构成，开具增值税专用发票的销售额、开具其他发票的销售额和未开具发票的销售额均有填报，但主要集中在未开具发票部分，失去发票制约的情况下，存在着不开票，不申报、少申报销售额的风险。

由表4-7可见，该企业既有主营业务收入也有其他业务收入。主营业务收入有销售商品收入和提供劳务收入两项，与企业的经营范围（货物销售、餐饮服务、停车服务等）相一致。商品销售收入是纳税人的主要收入，占比很大，结合表4-5，商品销售收入略小于增值税销售额，逻辑关系正常，无明显申报风险。该企业劳务收入主要为营业税范畴的收入，以2013年为例进行推算，营业税范畴的收入=提供劳务收入-（按适用税率计税销售额-销售商品收入）=42 555 090.97-（293 985 734-293 558 292.3）=42 127 649.27元，这与A公司以家居用品销售为主的经营范围相符。提供劳务收入占比3年分别为12.65%、13.18%、13.35%，占比较小并且未出现异常变动，无明显申报风险。其他业务收入占营业收入的比例3年分别为0.08%、0.27%、0.08%，相对主营业务收入而言金额也很小，但是鉴于该企业的其他业务收入并非来自销售材料收入、出租固定资产收入、出租无形资产收入、出租包装物和商品收入，因此，应将其作为疑点进一步核实。

9. 如何对销售额或收入进行变动分析？

收入变动分析，用公式表示为收入变动率=（本期收入－基期收入）÷基期收入×100%，可以按照收入及其明细分别计算。进行收入变动率计算时，“本期”可以是月、季度、年，“基期”可以是上一年度与“本期”对应的期间，也可以是本年度“本期”之前的期间。

利用收入变动率进行分析时要注意可比性，尤其是可能影响收入的因素是否发生变化，如价格、季节性等因素。

需要注意的是，收入变动分析这一思路以及结论，同样适用于增值税销售额的风险分析。

【案例4－3】接【案例2－1】，抽取A公司2013年、2014年和2015年的利润表、《A101010一般企业收入明细表》的数据，汇总生成企业所得税收入明细汇总表（二），如表4－8所示。A公司原始的、全部的纳税申报数据详见第九章案例1。

表4－8　　企业所得税收入明细汇总表（二）　　单位：元

项目	2013年	2014年	2015年
一、营业收入（2+9）	336 391 873.24	355 851 126.91	352 676 456.54
（一）主营业务收入（3+5+6+7+8）	336 113 383.27	354 907 348.22	352 381 275.70
1. 销售商品收入	293 558 292.30	308 003 378.46	305 309 715.68
利润总额	-48 918 066.56	-45 901 868.37	-33 658 389.79

【案头分析】

表4－8数据显示，A公司2013—2015年的营业收入、主营业务收入、销售商品收入，2014年的三项收入均比2013年的三项收入增长，而2015年的三项收入均比2014年的三项收入略有下降。但是，不能认定2013年、2014年的收入不存在疑点，2015年的收入存在不计、少计的风险。首先，该纳税人2013—2015年，均处于亏损状态，均存在不计、少计收入的风险；其次，该纳税人2013—2015年，影响收入的因素可能有所变化，在没有进行核实前，不能得出2015年收入异常的结论。

10. 如何利用收入与成本配比对收入或销售额进行分析?

收入与成本配比，用公式表示为成本占收入的比例（成本 ÷ 收入），可以按照收入及其明细分别计算，如销售商品收入与销售商品成本配比、提供劳务收入与提供劳务成本配比、建造合同收入与建造合同成本配比、让渡资产使用权收入与让渡资产使用权成本配比。同理，其他业务收入及其明细收入与其他业务成本及其明细成本也可进行配比计算和分析，但是营业外收入与营业外支出不可进行配比分析。

一是收入与成本配比的结果可以进行纵向比较、横向比较。如果计算结果为异常高比例，可能存在的纳税风险一是不计、少计收入；二是多列成本，对于分析收入是否存在问题意义有限。但是在成本相对比较真实的前提下，这一分析的风险指向变得清晰、唯一。

需要注意的是，收入与成本配比分析这一思路以及结论，同样适用于增值税销售额的风险分析。

【案例 4 -4】 接【案例 2 -1】，抽取 A 公司 2013 年、2014 年和 2015 年的一般企业收入明细表和一般企业成本支出明细表相关成本、收入数据并进行计算分析汇成表 4 -9。A 公司原始的、全部的纳税申报数据详见第九章案例 1。

表 4 -9　　收入与成本配比分析汇总表　　单位：元

项目	2013 年	2014 年	2015 年
1. 商品收入	293 558 292. 30	308 003 378. 46	305 309 715. 68
2. 商品成本	211 233 184. 96	218 889 305. 49	207 001 603. 95
3. 占比（2 ÷ 1）	71. 96%	71. 07%	67. 80%
4. 毛利率［(1 -2) ÷1］	29. 04%	29. 93%	32. 20%
5. 提供劳务收入	42 555 090. 97	46 903 969. 76	47 071 560. 02
6. 提供劳务成本	24 020 424. 73	27 416 248. 32	27 507 601. 63
7. 占比（6 ÷ 5）	56. 45%	58. 45%	58. 43%
8. 毛利率［(5 -6) ÷5］	43. 55%	41. 55%	41. 57%

【案头分析】

表 4 -9 数据显示，销售商品的收入成本配比 2013—2015 年分别为 71. 96%、71. 07%、67. 80%，对应的毛利率分别为 29. 04%、29. 93%、32. 20%。受采集数据限制，不能从金税三期系统获取行业数据，退而求其次，一是查询互联网，获取以下信息：大宗批发税后毛利率在 15% ~20% 比较合理，常规流通企业税后毛利率 30% 左右为合理，零售企业税

后毛利率在45%左右比较合理。二是选取亚振家居、大连友谊两家上市公司2015年的毛利率作为参照，主要考虑的是亚振家居与A公司同为销售家具但前者为生产销售不是零售，大连友谊与A公司同为商业零售企业但经营商品不同。因此，两家上市公司的毛利率仅能参照，不能作为评析的标准值。经查询两家公司2015年年报，亚振家居毛利率为58.99%，大连友谊毛利率为22.96%。综合上述信息，分析认为A公司商品销售成本占收入比例、毛利率不能确认但也不能排除有少计收入、多列成本疑点，需结合其他因素进一步分析收入，结合与成本相应的发票情况进一步分析成本。

同时，A公司提供劳务的成本占收入比例低于商品的这一比例，2013—2015年分别为56.45%、58.45%、58.43%；劳务的毛利率高于商品的毛利率，2013—2015年分别为43.55%、41.55%、41.57%。查询互联网获取以下信息：宾馆饭店的毛利率为50%～55%、酒楼的毛利率为40%～55%、快餐小吃的毛利率为35%～70%。综合上述信息，分析认为A公司提供劳务的成本占收入比例偏高、毛利率偏低，存在少计收入、多列成本疑点，需结合会计资料进一步核实确认。

11. 如何利用固定资产对收入或销售额进行分析？

纳税人营业收入与其固定资产的规模直接相关，通过营业收入与固定资产规模配比分析、营业收入变动与固定资产规模变动配比，分析纳税人申报收入是否存在纳税疑点。具体公式为：收入与固定资产倍数＝收入÷固定资产原值。不同行业中纳税人营业收入和固定资产规模的配比关系不同，需要按照行业进行测算。当营业收入与固定资产规模的配比低于行业标准或低于往期时，存在不计、少计收入的风险；当营业收入与固定资产的配比远远高于行业标准或高于往期并且该纳税人有出口业务，享受出口退税时，存在虚增出口货物、服务收入骗取退税的风险。

为增加指标的实效性，固定资产规模的相关数据应取自《A105080资产折旧、摊销及纳税调整明细表》。该表按照企业所得税法对固定资产的分类分别填报账载金额的资产原值，具体包括：①房屋、建筑物；②飞机、火车、轮船、机器、机械和其他生产设备；③与生产经营活动有关的器具、工具、家具等；④飞机、火车、轮船以外的运输工具；⑤电子设备；⑥其他。案头分析应选取与营业收入关系最密切的固定资产类别的资产原值进行分析。

需要注意的是，利用固定资产分析收入这一思路以及结论，同样适用于增值税销售额的风险分析。

【案例4－5】接【案例2－1】，抽取A公司2013年、2014年和2015年的一般企业收入明细表，资产折旧、摊销及纳税调整明细表和现金流量表中收入、固定资产数据并进行计算，汇总生成表4-10。A公司原始的、全部的纳税申报数据详见第九章案例1。

表4-10　　　　收入与固定资产配比分析汇总表　　　　单位：元

	2013年	2014年	2015年
商品收入	293 558 292.3	308 003 378.5	305 309 715.7
（一）房屋、建筑物	347 970 113	317 956 422.2	318 881 746.2
（三）与生产经营活动有关的器具、工具、家具等	29 393 019.24	33 497 807.57	34 623 352.08
（四）飞机、火车、轮船以外的运输工具	3 666 979.94	3 869 312	3 936 662.42
（五）电子设备	3 395 745.31	4 003 026.71	5 090 461.1
合计	492 800 913.02	467 701 623.96	470 907 277.28
收入与固定资产倍数	0.60	0.66	0.65
购建固定资产、无形资产和其他长期资产所支付的现金	10 186 705.10	16 833 699.82	7 598 029.13

【案头分析】

表4-10数据显示，A公司2013—2015年的营业收入分别是固定资产总值的0.60倍、0.66倍和0.65倍，即便选取与营业收入关系最紧密的房屋、建筑物进行配比，收入与固定资产倍数也小于1。这一配比关系是否异常，应参照同行业相关纳税人的数据进行比对。受采集数据限制，不能从金税三期系统获取行业数据，退而求其次选取大连友谊、亚振家居两家上市公司2013—2015年的收入与固定资产倍数作为参照，详见表4-11。由表4-11数据可见，大连友谊2013—2015年的收入与固定资产倍数处于1.5~3倍之间，亚振家居2013—2015年的收入与固定资产倍数处于2.6~3倍之间。尽管两家上市公司与A公司存在差异，但是，比对的结果差异很大，显然A公司存在不计、少计收入、销售额的疑点。

表4-11　　　　部分上市公司收入与固定资产配比分析表

1. 大连友谊	2015年	2014年	2013年
营业总收入（万元）	279 384	359 696	363 200
固定资产原值（万元）	184 808	148 200	120 335
收入与固定资产倍数	1.51	2.42	3.02
2. 亚振家居	2015年	2014年	2013年
营业总收入（万元）	58 340	56 315	54 083
固定资产原值（万元）	22 445	18 802	20 448
收入与固定资产倍数	2.60	3.0	2.64

12. 如何利用工资对收入或销售额进行分析?

纳税人营业收入与其职工薪酬总额直接相关，通过营业收入与职工薪酬总额配比分析、营业收入变动与职工薪酬总额变动配比，分析纳税人申报收入是否存在纳税风险。具体公式为：单位工资收益 = 营业收入 ÷ 职工薪酬总额。不同行业中纳税人单位工资收益尽管有所不同，但是不会相差很大。当单位工资收益低于行业标准或低于往期数值时，一是存在不计、少计收入的风险；二是存在虚列、多列职工薪酬的风险。当单位工资收益远远高于行业标准或高于往期数值并且该纳税人有出口业务，享受出口退税时，存在虚增出口货物或服务的出口金额骗取退税的风险。

为增加分析的实效性，一是将申报资料中有关职工薪酬的数据进行比对，判定数据的真实性并选取相对真实的数据用于分析收入。二是将职工薪酬分为销售部门、管理部门和生产部门三部分，然后选择与营业收入关系更为密切的部门的职工薪酬总额与营业收入进行配比分析。其中，管理部门的职工薪酬、销售部门的职工薪酬取自《A104000 期间费用明细表》；生产部门的职工薪酬采取计算的方法获得，即用《A105050 职工薪酬支出及纳税调整明细表》中的总“职工薪酬”减除《A104000 期间费用明细表》的“销售费用”和“管理费用”的“职工薪酬”。三是为避免职工福利费支出、职工教育经费支出、工会经费支出、各类基本社会保障性缴款、住房公积金等支出对收入分析的影响，可选取《A105050 职工薪酬支出及纳税调整明细表》中的“工资薪金支出”账载金额与营业收入进行配比分析。

需要注意的是，利用工资分析收入这一思路以及结论，同样适用于增值税销售额的风险分析。

【案例 4-6】 接【案例 2-1】，抽取 A 公司 2013 年、2014 年和 2015 年的一般企业收入明细表，纳税调整项目明细表、资产负债表和现金流量表中收入、工资等数据并进行计算，汇总生成表 4-12。A 公司原始的、全部的纳税申报数据详见第九章案例 1。

表 4-12　　收入与职工薪酬配比分析汇总表　　单位：元

	2013 年	2014 年	2015 年
营业收入	336 391 873.2	355 851 126.9	352 676 456.5
职工薪酬	66 199 543.85	28 006 392.00	31 370 801.45
支付给职工以及为职工支付的现金	23 488 986.02	27 857 573.51	30 518 003.37
测算应付职工薪酬（应付工资期末余额 ×12）	2 045 582.19	3 990 640.83	4 843 438.91
单位工资收益	14.32	12.77	11.55

【案头分析】

表4－12数据显示，纳税调整项目明细表的“职工薪酬”、现金流量表的“支付给职工以及为职工支付的现金”以及利用资产负债表“应付职工薪酬”期末余额测算的全年数据，三者差异非常大。鉴于测算的“应付职工薪酬”具有不准确性，同时2013年的“职工薪酬”总额与2014年、2015年两年的数据相比较，明显异常。因此，选择“支付给职工以及为职工支付的现金”作为分析收入的数据并与收入进行配比分析。

计算结果显示，该公司单位工资收益2013—2015年分别为14.32元、12.77元和11.55元，逐年下降。同时鉴于以下原因：一是纳税人的从业人数2014年为337人、2015年为265人，工资薪酬2014年为27 857 573.51元、2015年为30 518 003.37元，计算得出人均工资薪酬由82 663.42元上升到115 162.28元。二是商业零售业通常采取提成工资制度，销售收入越多，个人工资也越多。纵观该企业收入、工资数据，人均工资增加，单位工资收益却下降，不符合经营常规。因此，认为该纳税人申报收入存在不计、少计的风险。

13. 如何利用水、电、气等能耗对收入或销售额进行分析？

纳税人在生产经营中不可避免消耗水、电、气等能耗，这些生产投入物不同于数量不易计量、不易监控的原材料、包装物、辅助材料等货物。能源生产企业通过管道、线路销售这些能源，再利用电表、水表、燃气表监控使用数据，使得纳税人消耗的水、电、气等能耗无法虚列、多列，从而为案头分析提供了最为有力的衡量标尺。

利用水、电、气等能耗分析收入，一是纳税人消耗的水、电、气不一定与其取得收入直接相关，该方法不适用于所有纳税人，需要结合行业选择。其中，对于生产企业，消耗的水、电、气与产量直接相关，用水、电、气分析收入时，需考虑资产负债表中“存货”项目的构成及其期末余额的变化。二是在水、电、气三者中，选择与纳税人取得收入最密切且不易受偶然因素影响的能耗，用于分析收入。三是纳税人消耗的水、电、气数量和金额可以从增值税发票电子底账管理系统中查询获得，税务端查询方式包括两种：对水、电、气等能源生产销售企业开具的发票按照购买方名称或统一社会信用代码进行查询；对受票方取得的发票按照商品及应税劳务、服务名称进行查询。另外也可以在实地核查时登录纳税人的增值税发票选择确认平台进行查询。四是只要纳税人适用本法分析收入，那么利用本法分析得出的结论就最有说服力。

需要注意的是，利用水、电、气等能耗分析收入这一思路以及结论，同样适用于增值税销售额的风险分析。

【案例4－7】 C物流发展有限公司，纳税人识别号：××××，统一社会信用代码：

××××××，注册资本：6 000 万元，法定代表人：吴某某，成立日期：2005 年 6 月 1 日，住所：××市开发区南园工业区东路 275 号。

该公司经营范围：普通货运、普通货物装卸、物流服务、信息配载、仓储服务、货物包装、停车场经营；大型餐馆、住宿；运输代理业；会议服务；企业策划、广告设计及发布；建筑材料、日用百货、汽车零部件及摩托车零部件、电线电缆、润滑油、耐火材料、五金交电、燃料油、工艺品的批发零售；房屋及装卸机械租赁、机电设备租赁；物业服务。

该公司执行企业会计制度。2013 年 10 月 9 日认定为增值税一般纳税人。2015 年自查补缴 2014 年度企业所得税 327 455.77 元。

前期调查发现，在××市开发区南园工业区东路 275 号院内共有 5 个公司（W 旅行社、内陆港有限公司、W 建筑工程公司、DH 商贸物流发展有限公司、XT 房地产有限公司），实际控制人均为吴某某。

该公司 2015 年纳税申报数据包括增值税纳税申报表、进销发票汇总表、企业所得税年度申报表、资产负债表、利润表等，具体申报数据详见第九章案例 3。

抽取该纳税人 2015 年 1—11 月销售额、购进电取得的增值税专用发票数据，汇总计算生成表 4－13。

表 4－13　　销售额及电耗金额汇总表　　单位：元

	1 月	2 月	3 月	4 月	5 月	6 月
销售额	324 071.71	705 966.03	537 477.4	304 860.95	27 339.62	367 914.8
进项金额（电）	123 819.86	112 279.38	107 029.85	85 901.54	70 910.28	90 076.41
单位电的收益	2.62	6.29	5.029	3.55	0.39	4.089
	7 月	8 月	9 月	10 月	11 月	
销售额	376 966.51	641 131.35	688 826.87	599 002.82	295 763.22	
进项金额（电）	124 046.65	143 934.96	109 144.62	29 657.93	81 340.32	
单位电的收益	3.04	4.45	6.31	20.20	3.644	

【案头分析】

表 4－13 数据显示，该公司 2015 年各月生产耗电比较均衡，其中 10 月份耗电较异常，为全年最低；但是 10 月份销售额并没有随之大幅减少，详见图 4－1。因此，应核实 10 月份耗电量减少原因、分析申报的销售额是否准确。

该公司 2015 年各月单位电的收益不均衡，波动很大，最低的是 5 月份 0.39 元，最高的是 10 月份 20.2 元，平均为 5.42 元。利用电耗分析收入的结果显示该企业收入明显存在异常，有不计、少计收入的疑点，需进一步进行核查，了解企业经营中用电情况，分析电耗与收入的关联程度，进而判断上述分析结论的科学性和准确性。

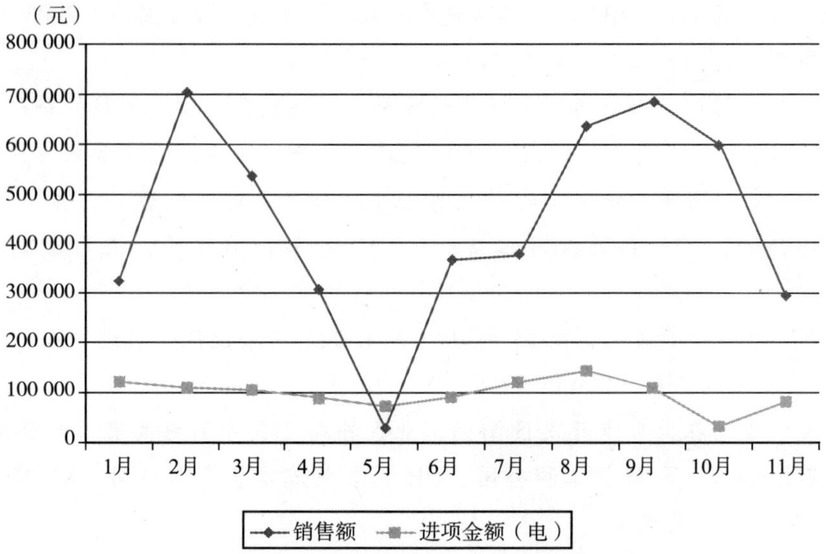

图4－1　销售额与耗电金额趋势图

14. 如何利用发票流对收入或销售额进行分析?

分析企业销售货物申报的销售额或营业收入是否存在异常，可从票、货、款三者是否一致进行分析；分析企业销售劳务、服务申报的销售额或营业收入是否存在异常，可从票、款以及企业内部与提供劳务、服务相关的单据、资料三者是否一致进行分析。这里的发票流：一是发票的开具方向，是否有新增受票地区、新增受票方；二是开具发票数量、金额是否时多时少，是否开具给某一受票方的发票金额突增；三是是否存在发票开具后大量作废的情况；四是纳税人取得的发票信息流与销售应税行为开具发票的信息流是否相符，如商业企业购销货物品名是否一致，数量是否合理；工业企业购销货物品名是否符合生产工艺，数量是否合理；其他类型企业提供劳务、服务、无形资产等是否符合经营范围、营业能力。

需要注意的是，利用发票流分析收入这一思路以及结论，同样适用于增值税销售额的风险分析。

【案例4－8】接【案例4－7】，查询C物流发展有限公司2015年的增值税发票电子底账管理系统中发票信息，其开具的发票和取得的发票情况汇总生成表4－14。该公司2015年具体申报数据详见第九章案例3。

表 4－14　　进、销项发票数据汇总表　　单位：元

进项发票汇总	金额	税率	税额	销项发票汇总	金额	税率	税额
（详见销货清单）	5 421.99	17%	921.73	仓储费	4 992 366.55	6%	299 542.04
电	987 325.12	17%	167 845.26	代理服务费	1 524 379.20	6%	91 462.80
天然气	987 066.84	13%	128 318.66	停车费	22 358.49	6%	1 341.51
广告费	276 057.88		13 942.12	装卸费	36 159.12	6%	2 169.54
技术咨询费	235 849.05	6%	14 150.95				
设计服务费	145 631.07	3%	4 368.93				
车用油	128 205.13	17%	21 794.86				
维修费	110 540	17%	18 791.80				
录制费	37 735.85	6%	2 264.15				
电信业——基础电信服务	34 462.06	11%	3 790.83				
设计费	25 254.72	6%	1 515.28				
技术服务费	20 000	6%	1 200				
代理费	19 417.48	3%	582.52				
修车工料费	19 151.27	17%	3 255.72				
制作费	11 320.75	6%	679.25				
播映费	9 433.96	6%	566.04				
计量箱	7 692.31	17%	1 307.69				
审图费	5 660.38	6%	339.62				
电信业——增值电信服务	2 681.12	6%	160.87				
汽车配件	2 317.09	17%	393.91				
工时费	2 016.67	17%	342.83				
信息发布	1 867.92	6%	112.08				
机油	1 723.70	17%	293.03				
电缆	1 341.45	17%	228.05				
电容器	854.70	17%	145.30				
柴油滤芯	600.86	17%	102.14				
会计账簿	512.82	17%	87.18				
记账凭证	512.82	17%	87.18				
网线及水晶头	376.07	17%	63.93				
超五类网线	324.79	17%	55.21				
节能灯	299.15	17%	50.85				
轮胎费	282.05	17%	47.95				
漏电	264.96	17%	45.04				

【案头分析】

表4－14销项发票数据显示，C物流发展有限公司提供服务主要是仓储服务，同时还提供代理服务费、装卸服务和停车服务。

进项发票数据显示，该公司业务包括：一是购进大量燃气，购进金额为987 066.84元，四项经营收入没有与燃气直接相关的收入，鉴于企业注册的经营范围中有“大型餐馆”，可以确认该公司确实从事了餐饮服务，只因2015年餐饮服务尚未营改增，不能开具增值税发票，所以在销项发票汇总数据中未见餐饮收入。二是该纳税人购进广告费、设计服务费、录制费、设计费、制作费、播映费等共计505 434.23元，这些支出与已申报纳税的四项收入没有关系，但与广告的制作发行有关，也符合企业注册的经营范围中“广告设计及发布”，2015年广告服务服务已经营改增，显然该纳税人存在未对这部分收入开票并申报纳税的疑点。三是该纳税人发生了车用油、维修费、修车工料费、汽车配件、机油、柴油滤芯、轮胎费等与车辆相关的费用支出，金额为262 820.1元。但是在销项发票未见直接与车辆相关的收入。如果销项发票汇总中的“代理服务费”是该公司注册的经营范围中“运输代理业”，那么提供运输代理不需要发生与车辆相关的支出，所以车用油等车辆费用支出与运输代理收入无关。如果车用油等车辆费用支出发生在提供装卸服务中，但装卸服务收入全年开票的部分只有36 159.12元，远小于车辆支出额。因此，该公司存在不计货运收入或少计装卸收入的风险，需结合企业自用车辆情况、未开具发票收入申报情况做进一步分析。

15. 如何利用资金流对收入或销售额进行分析？

分析企业销售货物申报的销售额或营业收入是否存在异常，可从票、货、款三者是否一致进行分析；分析企业销售劳务、服务申报的销售额或营业收入是否存在异常，可从票、款以及企业内部与提供劳务、服务相关的单据、资料三者是否一致进行分析。反映企业资金流入的会计科目主要包括短期借款、长期借款、预收账款、应收账款、其他应收款、其他应付款、实收资本等。案头分析时可以通过这些会计科目期末余额的变化，结合纳税人生产经营情况分析其资金来源的合理性。对于不合理、不合常规的科目余额，则存在收入挂往来账、账外经营、隐瞒收入等风险。

需要注意的是，利用资金流分析收入这一思路以及结论，同样适用于增值税销售额的风险分析。

【案例4－9】接【案例2－1】，抽取A公司2013年、2014年和2015年的资产负债表、现金流量表和利润表中与资金增加相关的科目及数据并进行计算，汇总生成表4－15。A公司原始的、全部的纳税申报数据详见第九章案例1。

表 4 – 15 与收入相关资金流汇总表 单位：元

	2013 年	2014 年	2015 年
1. 短期借款	269 994 850. 29	305 675 198. 4	238 557 777. 23
2. 长期借款	260 000 000. 00	260 000 000	260 000 000. 00
3. 长短期借款合计（1 +2）	529 994 850. 3	565 675 198. 4	498 557 777. 2
4. 利息支出		20 452 250. 86	21 951 680. 16
5. 利率测算 1（4 ÷3）		3. 62%	4. 40%
6. 分配股利、利润或偿付利息所支付的现金	15 905 898. 22	22 337 233. 83	20 959 342. 06
7. 利率测算 2（6 ÷3）	3. 00%	3. 95%	4. 20%
固定资产原值	347 970 113	359 326 568. 43	362 532 221. 75
无形资产	92 528 628. 61	89 748 014. 17	87 007 616. 79
存货	47 175 475. 25	46 387 905. 96	37 934 053. 42
预收账款	1 575 858. 35	1 460 846. 57	2 535 034. 08
应收账款	470 191. 15	1 134 968. 28	903 726. 82
其他应收款	2 408 781. 29	2 621 242. 65	1 348 052. 19
其他应付款	17 001 707. 44	17 905 143. 92	15 478 448. 18
实收资本	187 253 050	187 253 050	262 253 050
利润总额	–48 918 066. 56	–45 901 868. 37	–33 658 389. 79

【案头分析】

表 4 – 15 数据显示，2013—2015 年该纳税人长短期借款合计分别为 529 994 850. 3 元、565 675 198. 4 元、498 557 777. 2 元。尤其短期借款核算的是一年内归还的借款，该纳税人却每年都有 2 亿多元短期借款，存在假借款真货款的风险。借款是否真实，可以从两个方面进行分析：一是借款的利息支出。表 4 – 15 中“利息支出”取自《A105000 纳税调整项目明细表》，以此为基础测算的利率 2014 年为 3. 62%、2015 年为 4. 40%。表 4 – 15 中“分配股利、利润或偿付利息所支付的现金”取自现金流量表，因纳税人亏损，没有股利、利润分配，所有这一项目所列的金额为偿付利息所支付的现金，以此为基础测算的利率 2013 年为 3. 00%、2014 年为 3. 95%、2015 年为 4. 20%。无论采取何种报表上的利息支出额进行测算，利率都低于银行一年期贷款利率。表明纳税人的长、短期借款中有不用支付利息的本金。不符合常规的借款，预示着名为借款实为营业收入，账外收入以借款名义回流企业账上，存在不计、少计收入，少缴增值税和企业所得税的风险。二是借款用途。2013—2015 年，纳税人的固定资产原值虽有增加但与借款总额比较，相差很远；无形资产没有增加，说明借款未用于购置无形资产；存货期末余额相对借款总额而言，金额不大而且三年呈递减状态。也就是说，纳税人的巨额借款没有合理用途，纳税人存在假借款真收入，偷逃增值税和企业所得税的风险。

“预收账款”“应收账款”是与销售直接相关的科目。本例中该纳税人为商业零售企业，一般没有赊销业务，不应使用“应收账款”科目。因此，应结合明细账、合同协议等资料对A公司的“应收账款”余额进行审核。“预收账款”科目一般在依据订单组织生产销售的企业或者销售预付卡的企业使用，A公司的“预收账款”科目金额是否存在问题，需结合企业销售方式、明细账、合同协议等资料进一步审核。“其他应收款”和“其他应付款”两个科目核算纳税人与个人之间的往来业务，该公司“其他应付款”科目余额较大，需要结合明细账确认是否存在向个人的借款，尤其是向股东、财务等人员的借款并进一步分析是否存在将账外收入以向个人借款的名义回流到账上的风险。

实收资本核算股东投入A公司的资本金。表4－15的数据显示，2015年纳税人新增7 500万元实收资本。在常年亏损的情况下，股东继续追加投资有悖常理。存在真盈利假亏损的风险，也就是存在不计、少计收入，少缴增值税和企业所得税的风险。

综上所述，该公司的“长期借款”“短期借款”“其他应付款”“实收资本”等与资金来源有关的科目余额的变化，表明该公司存在账外隐匿收入，少缴纳增值税、企业所得税的风险。

16. 如何利用货物流对销售额、收入进行分析？

纳税人销售货物取得收入，在财务报表上体现为“营业收入”本月发生额增加、“存货”期末余额数量减少。因此，可以通过资产负债表“存货”项目余额的变化与利润表“营业收入”金额变化进行关联分析，确认收入是否存在纳税风险。一般来说，纳税人销售货物不记收入，会计处理有三种：一是将收入记入银行存款，直接冲减存货不结转成本。二是不记营业收入，相应的成本混入其他货物成本里结转到营业成本。三是不记营业收入，相应的成本也不结转，一直留在存货账面。上述三种处理形成不同的报表关系：第一种处理，“存货”期末余额减少，如果纳税人编制现金流量表，通过报表间销售额、收入比对，能够发现其异常；核查明细账会发现“库存商品”贷方发生额大于“营业成本”借方发生额。第二种处理，纳税人的毛利率会降低，通过收入与成本配比能够发现其异常。第三种处理，“存货”期末余额会越来越大，如果排除是扩大经营规模引发的结果，可认定纳税人存在不计、少计收入的风险。

由于资产负债表“存货”项目由“原材料”“包装物”“低值易耗品”“库存商品”等汇总填报。因此，在利用物流分析收入时，要结合行业确定存货的构成。如果纳税人存货种类比较多，无法确认资产负债表“存货”的具体项目及金额，则不建议使用本方法对收入进行分析。如果纳税人存货种类比较简单，如商贸企业则可以利用货物流对收入进行分析。

需要注意的是，利用货物流分析收入这一思路以及结论，同样适用于增值税销售额的风险分析。

【案例4-10】 接【案例2-1】，抽取A公司2013年、2014年和2015年的资产负债表、企业所得税年度纳税申报表中与存货相关的科目及数据，汇总生成表4-16。A公司原始的、全部的纳税申报数据详见第九章案例1。

表4-16　　**与收入相关货物流汇总表**　　单位：元

	2013年	2014年	2015年
存货	47 175 475.25	46 387 905.96	37 934 053.42
房屋、建筑物资产原值	347 970 113	317 956 422.20	318 881 746.20
商品收入	293 558 292.30	308 003 378.46	305 309 715.68
商品成本	211 233 184.96	218 889 305.49	207 001 603.95
毛利率	28.04%	28.93%	32.2%
存货周转率	4.48	4.72	5.46

【案头分析】

表4-16数据显示，A公司2013—2015年存货的余额逐年减少，而房屋、建筑物资产原值虽有波动，但并不能表明存货减少是由于固定资产规模缩减造成的；同时，存货的余额逐年减少、毛利率逐年小幅增加，表明A公司应该未采取不记营业收入，相应的成本也不结转，一直留在存货账面这种手法隐匿收入；对于纳税人是否采取将收入记入银行存款，直接冲减存货不结转成本这种手法隐匿收入，由于本例中"存货"数额为年末时点的余额，不是全年的发生额，受案头数据限制无法得出较为明晰的结论。

同时该公司2013—2015年存货周转率分别为4.48、4.72、5.46，明显高于两家上市公司的存货周转率，其中亚振家居2013—2015年存货周转率分别为1.61、1.39、1.23，大连友谊2013—2015年存货周转率分别为0.39、0.44、0.43。这表明A公司销售状况良好，与该公司利润表上连续亏损经营的状况不符。

17. 如何对收入的税会差异进行分析？

因服务对象和目的不同，会计与税法就同一项收入确认存在着差异。税会有关收入存在的差异共有9个方面，在《A105000纳税调整项目明细表》的"收入类调整项目"进行列示并要求纳税人进行填报。案头分析时，针对《A105000纳税调整项目明细表》填报内容结合行业及产品、其他报表相关内容的填报、企业所得税政策规定等进行分析。重点审核纳税调减的收入项目、应调增未调增或未足额调增的收入项目、视同销售收入与成本金额相等或成本大于收入的项目。

特别要注意的是，某些行业或某些项目，只应填报视同销售收入而不应填报视同销售成本，如从事餐饮服务的纳税人将餐厨垃圾赠送他人、生产企业将边角余料赠送他人。

【**案例4－11**】接【案例2－1】，抽取A公司2013年、2014年和2015年的纳税调整项目明细表与收入相关的数据，汇总生成表4－17。A公司原始的、全部的纳税申报数据详见第九章案例1。

表4－17　　与收入相关税会差异汇总表　　单位：元

项目	纳税调整金额		
	2013年	2014年	2015年
一、视同销售（营业）收入	82 628.00	150 304.64	209 671.03
（二）用于市场推广或销售视同销售收入		150 304.64	209 671.03
二、视同销售（营业）成本	－82 628.00	－150 304.64	－209 671.03
（二）用于市场推广或销售视同销售成本	0	－150 304.64	－209 671.03

【**案头分析**】

表4－17数据显示，2013—2015年纳税人均发生了“用于市场推广或销售”的视同销售行为，符合该纳税人的经营范围和特点。

从金额来看，三年分别为82 628.00元、150 304.64元、209 671.03元，逐年增加；从金额变动分析，看似不存在风险，但是考虑该纳税人每年收入规模在3亿元以上，经销产品为家具、配件、浴室和厨房用品等商品，应进一步核实用于市场推广或销售的货物种类、金额，确认纳税人是否足额进行调增。

从视同销售收入与成本数额来看，两者相等，视同销售的应纳税所得额为0。依据2013—2015年政策规定，发生视同销售，属于企业自制的资产，应按公司同类资产同期对外销售价格确定销售收入；属于外购的资产，可按购入时的价格确定销售收入。所谓“按购入时的价格确定销售收入”，是指企业处置该项资产不是以销售为目的，而是具有替代职工福利等费用支出性质，且购买后一般在一个纳税年度内处置。因此，应结合上述政策规定，对发生视同销售的货物，核实其购入以及用于推广的时间，以确认其填报收入、成本是否准确。

18. 案头分析时如何多角度、多侧面对销售额或营业收入进行综合分析？

为提高分析准确性，应多角度、多侧面对销售额或收入进行分析，即将与销售额或收入相关的要素及其指标，组合在一起构建指标体系，依据指标体系中每项指标运算结果，综合评价分析销售额或收入。

无论是分析增值税的销售额还是分析企业所得税的收入，其指标体系应包括以下内容：①销售额或收入报表间的比对分析；②销售额或收入的结构分析；③销售额或收入变动分析；④利用收入与成本配比对收入或销售额进行分析；⑤利用固定资产对收入或销售额进行分析；⑥利用工资对收入或销售额进行分析；⑦利用水、电、气等能耗对收入或销售额进行分析；⑧利用发票流对收入或销售额进行分析；⑨利用资金流对收入或销售额进行分析；⑩利用货物流对收入或销售额进行分析；⑪对收入的税会差异进行分析。利用多角度、多侧面对销售额或营业收入进行综合分析，可以更全面地得出结论；可以在海量数据中不迷失方向、不遗漏重要数据，快速发现疑点。

需要注意的是，上述指标体系中各种指标具体到某一纳税人时不必全部采用，视情况灵活选择，尽可能采用所能使用的指标；分析中有些指标指向不清，不影响最终结论，但在做出最终结论时要考虑这一指标的分析结果。

【案例4－12】接【案例2－1】，将前文分析所采用指标及结论，整理、汇总为指标分析汇总表（一），如表4－18所示。A公司原始的、全部的纳税申报数据详见第九章案例1。

表4－18　　　　指标分析汇总表（一）

收入分析指标体系	涉及案例	案例分析结论
销售额或收入报表间的比对分析	案例4－1	增值税纳税申报表、企业所得税纳税申报表、利润表以及现金流量表上有关销售额、收入的申报基本逻辑关系正确，不存在明显的错误或疑点
销售额或收入的结构分析	案例4－2	销售额主要集中在未开具发票部分，存在着不开票，不申报、少申报销售额的风险
销售额或收入变动分析	案例4－3	不能认定2013年、2014年的收入不存在疑点，2015年的收入存在不计、少计的风险
利用收入与成本配比对收入或销售额进行分析	案例4－4	商品销售成本占收入比例、毛利率不能确认但也不能排除有少计收入、多列成本疑点
利用固定资产对收入或销售额进行分析	案例4－5	存在不计、少计收入、销售额的疑点
利用工资对收入或销售额进行分析	案例4－6	企业收入、工资数据，人均工资增加，单位工资收益却下降，不符合经营常规，存在不计、少计的风险
利用水、电、气等能耗对收入或销售额进行分析		A公司不适用该方法，未采用
利用发票流对收入或销售额进行分析		缺少相关数据，未采用
利用资金流对收入或销售额进行分析	案例4－9	存在账外隐匿收入，少缴纳增值税、企业所得税的风险
利用货物流对收入或销售额进行分析	案例4－10	受案头数据限制无法得出较为明晰的结论

续表

收入分析指标体系	涉及案例	案例分析结论
对收入的税会差异进行分析	案例4－11	应进一步核实用于市场推广或销售的货物种类、金额等，确认纳税人是否足额进行调增；核实其购入以及用于推广的时间，以确认其填报收入、成本是否准确

【案头分析】

由表4－18可见，指标体系中的利用资金流对收入或销售额进行分析，利用固定资产对收入或销售额进行分析，利用工资对收入或销售额进行分析，销售额或收入的结构分析四项指向该纳税人存在不计、少计收入，少缴纳增值税、企业所得税的风险；销售额或收入变动分析，利用收入与成本配比对收入或销售额进行分析，利用货物流对收入或销售额进行分析，对收入的税会差异进行分析四项指标指向不清，需结合其他指标或核查得出结论；销售额或收入报表间的比对分析这一指标显示已申报的数据之间不存在差错，但并没有排除纳税人可能存在账外隐瞒收入等疑点；利用水、电、气等能耗对收入或销售额进行分析，利用发票流对收入或销售额进行分析两项指标不适用该纳税人。综上各项指标分析，可以确认该纳税人存在账外经营，不计、少计收入、销售额的疑点。

19. 如何对投资收益进行分析？

随着金融交易的日益便捷以及扩大生产经营的需求日益强烈，纳税人可能将资金投资购买股票或投资其他企业、与他人共同创办新企业。在投资活动中获取收益或承担亏损，虽不是企业通过自身的生产或劳务等经营活动所得，却也是纳税人营业利润。

投资收益是纳税人在一定的会计期间对外投资所取得的回报。投资收益核算以下内容：一是与股票投资相关的损益；二是与股权投资相关的损益；三是与国债投资相关的损益；四是与债券投资相关的损益；五是其他。

与投资收益相关的增值税政策：一是与股票投资相关的损益。转让股票属于增值税征税范围，应缴纳增值税。增值税政策规定，金融商品转让，按照卖出价扣除买入价后的余额为销售额。转让金融商品出现的正负差，按盈亏相抵后的余额为销售额。若相抵后出现负差，可结转下一纳税期与下期转让金融商品销售额相抵，但年末时仍出现负差的，不得转入下一个会计年度。二是与股权投资相关的损益。该收益不属于增值税征税范围、不缴纳增值税。三是与国债投资相关的损益。属于增值税征税范围，但增值税政策规定，国债、地方政府债的利息收入免税。四是与债券投资相关的损益，指购买其他企业发行的债券，除财政部、国家税务总局另有规定外，应缴纳增值税。

因此，在增值税案头分析投资收益时，如果纳税人的资产负债表上“交易性金融资产”项目期末余额填报数据，则在核查中围绕“投资收益”明细账，结合上述增值税政策核对企业的股票交易、债券投资是否正确申报缴纳增值税。如果纳税人的资产负债表上“长期债权投资”项目期末余额填报数据，则在核查中围绕“投资收益”明细账，结合上述政策核对企业的债券投资是否正确申报缴纳增值税。

与投资收益相关的企业所得税政策：一是免税政策。企业所得税政策规定，企业持有国务院财政部门发行的国债取得的利息收入免税；居民企业直接投资于其他居民企业取得的投资收益免税；居民企业连续持有居民企业公开发行并上市流通的股票超过 12 个月取得的投资收益免税；内地居民企业通过沪港通或深港通投资且连续持有 H 股满 12 个月取得的股息红利所得免税。二是确认投资收益的时间。企业所得税政策规定，企业权益性投资取得股息、红利等收入，应以被投资企业股东会或股东大会作出利润分配或转股决定的日期，确定收入的实现。三是确认转让收入的时间。企业所得税政策规定，企业转让股权收入，应于转让协议生效且完成股权变更手续时，确认收入的实现。四是股权转让所得额的确定。企业所得税政策规定，转让股权收入扣除为取得该股权所发生的成本后，为股权转让所得。企业在计算股权转让所得时，不得扣除被投资企业未分配利润等股东留存收益中按该项股权所可能分配的金额。五是股权投资成本的确认。企业所得税政策规定，企业在转让或者处置投资资产时，投资资产的成本，准予扣除。通过支付现金方式取得的投资资产，以购买价款为成本；通过支付现金以外的方式取得的投资资产，以该资产的公允价值和支付的相关税费为成本。

因此，在企业所得税案头分析投资收益时，注意审核以下事项：

一是发现纳税人《A107010 免税、减计收入及加计扣除优惠明细表》中“国债利息收入免征企业所得税”项填报数据时，要在核查时结合相关凭证审核是否购买国债，以及国债利息金额是否准确，尤其当纳税人进行国债投资时，依据《国家税务总局关于企业国债投资业务企业所得税处理问题的公告》（国家税务总局公告 2011 年第 36 号）规定，国债利息收入 = 国债金额 ×（适用年利率 ÷ 365）× 持有天数，重点审核是否将国债转让收益作为国债利息收入进行免税申报。

二是发现纳税人《A107010 免税、减计收入及加计扣除优惠明细表》中“符合条件的居民企业之间的股息、红利等权益性投资收益免征企业所得税”项填报数据时，要结合《A107011 符合条件的居民企业之间的股息、红利等权益性投资收益优惠明细表》的填报，在核查时重点核实免税申报是否符合免税条件。

三是分析企业是否进行长期股权投资以及采取的核算方法。企业是否进行长期股权投资可从资产负债表“长期股权投资”期末余额的填报进行分析，也可以在《A000000 基础信息表》中“109 从事股权投资业务”项的填报获取结论。对于纳税人长期股权投资所采取的核算方法，则可通过企业所得税其他报表相关内容如“按权益法核算长期股权投资对初始投资成本调整确认收益”的填报或“投资收益”的调增、调减填报情况进行分析判断。

四是若纳税人长期股权投资采用权益法核算，则在初始投资时、持有期间、股权处置时，均存在税会差异。当资产负债表“长期股权投资”期末余额增加且《A105000 纳税调整项目明细表》“按权益法核算长期股权投资对初始投资成本调整确认收益”项的“调减金额”填报数据时，需结合投资协议等凭证核实调减金额是否准确。当资产负债表“长期股权投资”期末余额未发生变化但《A105000 纳税调整项目明细表》“投资收益”项的“调增金额”或“调减金额”填报数据时，需结合《A105030 投资收益纳税调整明细表》的“持有收益”项填报情况以及“投资收益”明细账进行核实，审核调整金额是否准确。当资产负债表“长期股权投资”项期末余额较期初余额减少且《A105030 投资收益纳税调整明细表》的“处置收益”项填报数据时，需结合“长期股权投资”明细账审核处置收入、处置投资的账面价值等数据的准确性，尤其要注意处置投资的计税基础是否正确，当发生投资年度填报过“按权益法核算长期股权投资对初始投资成本调整确认收益”项，处置时应将曾经填报的“调减金额”加到处置投资的计税基础中并进行“调增金额”填报；当纳税人曾经计提过减值准备时，应将计提的减值准备金额加到处置投资的计税基础中并进行“调增金额”填报。

【案例 4－13】接【案例 4－7】，抽取 C 物流发展有限公司 2015 年资产负债表、利润表、企业所得税纳税申报表中长期股权投资相关数据，汇总为表 4－19。该公司 2015 年具体申报数据详见第九章案例 3。

表 4－19　　长期股权投资相关数据汇总表　　单位：元

长期股权投资（资产负债表）	63 400 000. 00（年初数）	31 000 000. 00（年末数）	
投资收益（利润表）	0（本月数）	－12 318. 37（本年累计数）	
投资收益（A105000 表）	－12 318. 37（账载金额）	0（税收金额）	12 318. 37（调增金额）

核查该公司相关明细账和会计凭证，会计资料记载如下：

（1）2015 年 4 月，6#凭证

借：其他应付款——W 旅行社　　3 000 000

　　贷：长期股权投资　　2 400 000

　　　　其他应收款——集团内往来　　600 000

（2）2015 年 7 月，91#凭证

借：银行存款　　30 290 000

　　贷：长期股权投资　　30 000 000

　　　　其他应收款——集团内往来　　290 000

【案头分析】

表 4－19 数据及会计资料显示，C 物流发展有限公司 2015 年长期股权投资减少 32 400 000 元，会计资料显示该公司将 2 400 000 元股权抵债给关联企业——W 旅行社，将 30 000 000

元股权也销售给了集团内的关联企业。两笔股权转让是按照投资成本确认的收入，未产生处置所得。应对该关联交易重新核定交易收入，确定转让所得。同时该纳税人投资收益为 -12 318.37 元，尽管在企业所得税申报时又将其调增了应纳税所得额，也应进一步了解情况，分析是否符合企业所得税的相关规定。

20. 如何对非常规事项取得收入进行分析？

非常规事项是指不经常发生的、偶然事项。案头分析时主要是获取纳税人发生非常规事项的信息，除个别事项外，对大多数事项的纳税申报是否准确，需通过核查相关合同、协议进行单个事项的评估分析。

常见的取得收入的非常规事项包括非流动资产处置、非货币性资产交换、债务重组、政府补助利得、盘盈、捐赠所得、罚没所得、确实无法偿付的应付款项等。一般通过“营业外收入”或“营业外支出”进行核算。因此，审核《A101010 一般企业收入明细表》的“营业外收入”项的填报情况，《A102010 一般企业成本支出明细表》的“营业外支出”项的填报情况，即可获得非常规事项的信息。

上述非常规事项中既涉及增值税又涉及企业所得税申报缴纳的是非流动资产处置、非货币性资产交换。

上述非常规事项中只与企业所得税申报缴纳有关的是债务重组、政府补助、盘盈、捐赠所得、罚没所得、确实无法偿付的应付款项。

（1）非流动资产处置。当《A101010 一般企业收入明细表》填报“非流动资产处置利得”项或《A102010 一般企业成本支出明细表》填报“非流动资产处置损失”项时，一是与现金流量表补充资料中“处置固定资产、无形资产和其他长期资产的损失（减：收益）”项填报数据比对，两表的填报数据是否一致。二是结合《A105080 资产折旧、摊销及纳税调整明细表》中“固定资产”“生产性生物资产”“无形资产”等项目的“资产原值”与上年度“资产原值”的变化，分析处置非流动资产的类别。三是结合现金流量表中“处置固定资产、无形资产和其他长期资产所收回的现金净额”项目的填报数据，确认处置非流动资产取得的收入，审核收入是否准确，并将其与增值税申报数据进行比对，审核是否需要缴纳增值税以及是否存在将一般计税项目申报为简易计税项目的行为。

【案例 4-14】 接【案例 2-1】，抽取 A 公司 2013 年、2014 年和 2015 年的企业所得税年度纳税申报表、现金流量表、增值税申报表中与非流动资产处置相关的项目及数据，汇总生成表 4-20。A 公司原始的、全部的纳税申报数据详见第九章案例 1。

表 4 - 20　　与非流动资产处置相关的项目及数据汇总表　　单位：元

	2013 年	2014 年	2015 年
非流动资产处置利得		824. 50	2 564. 10
非流动资产处置损失	28 080. 22	0	148 344. 04
处置固定资产、无形资产和其他长期资产所收回的现金净额	48 359. 87	824. 5	2 564. 10
处置固定资产、无形资产和其他长期资产的损失（收益以“ - ”号填列）	28 080. 22	-824. 5	145 779. 94
房屋、建筑物的账载金额	347 970 113. 00	317 956 422. 15	318 881 746. 15
与生产经营活动有关的器具、工具、家具等的账载金额	29 393 019. 24	33 497 807. 57	34 623 352. 08
飞机、火车、轮船以外的运输工具的账载金额	3 936 662. 42	3 869 312. 00	3 666 979. 94
电子设备的账载金额	3 395 745. 31	4 003 026. 71	5 090 461. 10
无形资产的账载金额	108 375 055. 53	108 375 055. 53	108 375 055. 53
按简易征收办法计税销售额	0	0	0

【案头分析】

表 4 - 20 数据显示，“非流动资产处置利得”项填报数据、“非流动资产处置损失”项填报数据与“处置固定资产、无形资产和其他长期资产的损失（收益以“ - ”号填列）”项填报数据比对，2015 年的填报数据不一致，纳税人填报错误，但不影响应纳税所得额。

无形资产的账载金额在 2013—2015 年未发生变化，可以确认纳税人处置的非流动资产是固定资产。但是从房屋、建筑物、器具、工具、家具、运输工具、电子设备的账载金额变化，无法判断具体处置的是何种固定资产，需在核查环节进行确认。需要注意的是，依照增值税政策规定，处置固定资产需要缴纳增值税。

依据“处置固定资产、无形资产和其他长期资产所收回的现金净额”项目填报数据可知，该纳税人处置固定资产取得收入 2013—2015 年分别为 48 359. 87 元、824. 5 元、2 564. 10 元。但是从增值税纳税申报表“按简易征收办法计税销售额”填报为 0 来看，该纳税人没有进行增值税简易征税的申报，是否按照一般计税项目进行纳税申报需要通过核查进行确认。如果纳税人没有按照一般计税项目进行纳税申报，则该纳税人存在少缴增值税行为。

（2）债务重组。债务重组信息可从《A000000 企业基础信息表》中“企业重组及递延纳税事项”勾选情况获取。从该表还可以获取法律形式改变、股权收购、资产收购、合并和分立等企业重组信息以及递延纳税事项相关信息。通过《A105000 纳税调整项目明细表》中“企业重组及递延纳税事项”项的“调增金额”或“调减金额”填报数据，可以了解总体情况。《A105100 企业重组及递延纳税事项纳税调整明细表》具体填报与重组和递延纳税事项相关的数据，需结合相关合同、协议进行审核。

（3）政府补助。政府补助是企业从政府无偿取得货币性资产或非货币性资产，但不包括政府作为企业所有者投入的资本。目前政府补助主要有财政贴息、研究开发补贴、政策性补贴。其主要形式有财政拨款、财政贴息、税收返还、无偿划拨非货币性资产。政府补助在企业所得税处理中分为不征税收入和应税收入两种。

作为不征税申报时，案头分析时重点关注是否满足不征税收入的条件，不征税收入形成的支出是否在企业所得税前违规扣除。因此，当《A101010 一般企业收入明细表》的“政府补助利得”项填报数据时，如果《A105000 纳税调整项目明细表》的“不征税收入”项填报数据，则要结合本章“3. 增值税与企业所得税关于不征收增值税项目和不征税收入的征缴有何差异?”中的不征税收入条件在核查环节进行审核，分析纳税人是否存在将应税收入作为不征税收入申报的行为。同时对《A105000 纳税调整项目明细表》的“不征税收入用于支出所形成的费用”项所填报数据一并在核查环节进行审核，审核其支出金额是否准确、是否如实进行调增。另外，结合《A105040 专项用途财政性资金纳税调整明细表》的填报情况，审核纳税人在本年度之前的 5 个纳税年度发生的支出金额是否准确、是否依法调增；是否将以前年度取得财政性资金且已作为不征税收入处理后，在 5 年（60 个月）内未发生支出且未缴回财政部门或其他拨付资金的政府部门的部分计入本年应税收入申报缴纳企业所得税。

作为应税收入申报时，案头分析时重点审核会计与税法在收入确认时间方面的差异。会计方面规定，一是与收益相关补助，如果用于补偿已发生的费用或损失的，取得时计入当期营业外收入；如果用于补偿以后期间的费用或损失的，先确认为递延收益，在确认费用的期间内，分期计入营业外收入；二是与资产相关的政府补助，收到时先确认为递延收益，随着相关资产的使用，在使用期限内平均分配，计入损益。企业所得税方面规定，收到政府补助时，将全部补助确认为当期收入。从上述规定可见，只有当纳税人取得用于补偿已发生的费用或损失的补助时，税收与会计不存在差异，不用进行纳税调整，其他情况均需进行纳税调整。因此，当《A101010 一般企业收入明细表》的“政府补助利得”项填报数据且纳税人没有进行不征税收入申报时，进一步审核《A105020 未按权责发生制确认收入纳税调整明细表》中“政府补助递延收入”项的填报是否正确。

【案例 4－15】接【案例 2－1】，抽取 A 公司 2013 年、2014 年和 2015 年的企业所得税年度纳税申报表中与政府补助相关的项目及数据，汇总生成表 4－21。A 公司原始的、全部的纳税申报数据详见第九章案例 1。

表 4－21　与政府补助相关的项目及数据汇总表　单位：元

	2013 年	2014 年	2015 年
政府补助利得（表 A101010）	950 000. 00	422 019. 16	34 821. 52
不征税收入（表 A105000）	0	0	0
政府补助递延收入（表 A105020）	0	0	0
（一）与收益相关的政府补助	0	0	0
（二）与资产相关的政府补助	0	0	0

【案头分析】

表 4－21 数据显示，A 公司 2013 年、2014 年和 2015 年分别收到政府补助 950 000. 00 元、422 019. 16 元、34 821. 52 元。首先，从政府补助的金额来看，三年逐渐递减并且 2014 年和 2015 年的政府补助金额不是整数。鉴于该纳税人是零售公司并且自设立起连续亏损，政府部门给予其政府补助可能性不大且补助的金额不是整数，不符合常理。因此，需要在核查中进一步确认该纳税人所填报政府补助的真实性，是否存在将营业收入申报为政府补助利得的行为。其次，该纳税人将收到的政府补助没有作为不征税收入申报，不用审核与不征税收入相关的风险。同时，申报数据显示，政府补助利得作为应税收入全部纳入应纳税所得额，不存在税会差异。也就是说，该纳税人收到的政府补助是用于补偿已发生的费用或损失的补助。对此，需要在核查环节进一步确认政府给予补助的原因、金额等以审核其纳税申报是否准确。

21. 如何对预缴税额进行分析？

（1）营改增政策规定

一是提供建筑服务预缴税款。纳税人提供建筑服务取得预收款，应在收到预收款时，以取得的预收款扣除支付的分包款后的余额，按照《财政部　税务总局关于建筑服务等营改增试点政策的通知》（财税〔2017〕58 号）第三条第三款规定的预征率预缴增值税。按照现行规定应在建筑服务发生地预缴增值税的项目，纳税人收到预收款时在建筑服务发生地预缴增值税。按照现行规定无须在建筑服务发生地预缴增值税的项目，纳税人收到预收款时在机构所在地预缴增值税。

如果需要开具增值税发票，可以开具商品和服务编码为 6120000000000000000、货物和劳务名称为“建筑服务预收款”，商品和服务分类简称为“建筑服务预收款”的增值税普通发票，同时按照销售额的 3% 预缴增值税，填报《增值税预缴税款表》。

二是房地产预缴税款。房地产开发企业收到预收款时，可以开具商品和服务编码为 6020000000000000000、货物和劳务名称为“销售自行开发的房地产项目预收款”，商品和服务分类简称为“房地产预收款”的增值税普通发票，同时按照销售额的3%预缴增值税，填报《增值税预缴税款表》。

三是出租不动产预缴税款。一般纳税人出租其2016年4月30日前取得的不动产，可以选择适用简易计税方法，按照5%的征收率计算应纳税额。若不动产所在地与机构所在地不在同一县（市、区）的，纳税人应按照上述计税方法向不动产所在地主管税务机关预缴税款，填报《增值税预缴税款表》，向机构所在地主管税务机关申报纳税。

四是电信、邮政、航空、铁路部门的分支机构预征税款。电信、邮政、航空、铁路部门的分支机构按照销售额和预征率计算增值税，向分支机构所在地主管税务机关预缴增值税。

（2）企业所得税政策规定

企业销售未完工开发产品取得的收入，应先按预计计税毛利率分季（或月）计算出预计毛利额，计入当期应纳税所得额。开发产品完工后，企业应及时结算其计税成本并计算此前销售收入的实际毛利额，同时将其实际毛利额与其对应的预计毛利额之间的差额，计入当年度企业本项目与其他项目合并计算的应纳税所得额。在年度纳税申报时，企业须出具对该项开发产品实际毛利额与预计毛利额之间差异调整情况的报告以及税务机关需要的其他相关资料。

（3）土地增值税政策规定

纳税人在项目全部竣工结算前转让房地产取得的收入，由于涉及成本确定或其他原因，而无法据以计算土地增值税的，可以预征土地增值税，待该项目全部竣工、办理结算后再进行清算，多退少补。

案头分析时，需要注意以下事项：一是建筑服务、租赁服务收到预收款时，需预缴增值税但不需确认收入缴纳企业所得税。二是建筑服务增值税的销售额和企业所得税的收入均按完工进度确认，两者标准一致、金额一致，可进行一致性比对；租赁服务（包括不动产出租）增值税的销售额和企业所得税的收入均可按月确认，两者标准一致、金额一致，可进行一致性比对。三是预售开发产品收到预收款时，需预缴增值税、企业所得税、土地增值税。其中企业所得税和土地增值税确认并填报的预收收入金额应一致；增值税与土地增值税确认并填报的预收收入金额不一致，具体逻辑关系为：一般计税项目，增值税预缴税款表的“销售额”×（1+11%）-“预征税额”=土地增值税纳税申报表（一）的“应税收入”；简易计税项目，增值税预缴税款表的“销售额”×（1+5%）-“预征税额”=土地增值税纳税申报表（一）的“应税收入”。

对房地产开发企业进行案头分析时，重点审核内容包括：

一是结合“销控表”、国土局的合同登记信息、签订的预售合同、“预收账款”贷方发生额以及增值税预缴税款表，审核企业是否将预售款记入“预收账款”科目，申报纳税；是否将支付的按揭贷款保证金从预收账款中扣除后申报缴纳增值税、企业所得税、土地增值税。

二是利用“其他应收款——应收保证金”借方发生额以及保证金缴纳标准，倒推企业取得的按揭款收入并与纳税人申报收入比对，分析是否全额入账并依法缴纳增值税、企业所得税、土地增值税。

三是审核“其他应付款”贷方发生额对应的业务，若发现向个人借款的业务，结合借款合同审核是否为预售收入。假借款真预售的合同条款一般有以下方面的特点：所借款项没有利息支出；合同规定借款只能用于楼盘建设；借款人享受开盘价一定比例的优惠；收款收据注明：购房集资款，并可以抵顶房款。

四是审核增值税预缴税款表、土地增值税纳税申报表（一）、《A105010 视同销售和房地产开发企业特定业务纳税调整明细表》三张报表中销售额、应税收入的逻辑关系是否正确。

第五章　进项税额及所得税扣除项目的案头分析

1. 进项税额与所得税扣除项目之间存在何种关系？

营改增后，增值税一般纳税人发生的成本费用支出，除了表5-1所列项目外，其余大部分均可取得增值税专用发票及进项税额用于抵扣。因此，增值税与企业所得税的关联度越发紧密。案头分析发现进项税额存在虚开发票、虚增进项税额的疑点，则该纳税人的企业所得税也存在虚列成本费用的疑点。案头分析发现纳税人存在虚列成本费用的疑点，只要涉嫌虚列的成本费用所对应的发票是增值税专用发票且属于允许抵扣进项税额的范畴，则增值税的进项税额也存在着虚开发票虚增进项税额的疑点。

表5-1　列支成本费用无进项税额事项一览表

支出项目	增值税的进项税额	企业所得税的成本费用
工资薪金	×	√
职工福利费	×	√
职工教育经费	对外发生的教育经费支出可以取得进项税额	√
工会经费支出	×	√
各类基本社会保障性缴款	×	√
住房公积金	×	√
补充养老保险、补充医疗保险	×	√
旅客运输费用	×	√
利息	×	√
餐饮费用	×	√
娱乐费用	×	√
市容市政管理、家政、婚庆、养老、殡葬、照料和护理、救助救济、美容美发、按摩、桑拿、氧吧、足疗、沐浴、洗染、摄影扩印等居民日常服务费用	×	√

续表

支出项目	增值税的进项税额	企业所得税的成本费用
政府性基金或者行政事业性收费	×	√
购进用于简易计税方法计税项目、免征增值税项目、集体福利或者个人消费货物（不含固定资产）的支出	×	√
购进专门用于简易计税方法计税项目、免征增值税项目、集体福利或者个人消费的固定资产的支出	×	√
接受用于简易计税方法计税项目、免征增值税项目、集体福利或者个人消费的加工修理修配劳务支出	×	√
接受用于简易计税方法计税项目、免征增值税项目、集体福利或者个人消费的服务支出	×	√
购进专门用于简易计税方法计税项目、免征增值税项目、集体福利或者个人消费的无形资产的支出	×	√
购进专门用于简易计税方法计税项目、免征增值税项目、集体福利或者个人消费的不动产的支出	×	√
支付给由境外单位或者个人提供的完全在境外发生的服务的费用	×	√
支付给向境外单位或者个人购买的完全在境外使用的无形资产的费用	×	√
支付给向境外单位或者个人承租的完全在境外使用的有形动产的费用	×	√

2. 如何利用结构分析审核进项税额或成本费用是否存在虚增、多列疑点？

增值税进项税额的构成，一是发票口径的构成。增值税纳税申报表附列资料（二）填报了取得增值税专用发票注明的进项税额、取得海关进口增值税专用缴款书注明的进项税额、取得农产品收购发票或者销售发票计算的进项税额、代扣代缴的进项税额和收费公路通行费增值税电子普通发票。二是购进货物、劳务、服务、无形资产和不动产种类的构成。2016 年 5 月至 2018 年 1 月，可以查询本期抵扣进项税额结构明细表获取下列进项税额的构成情况：有形动产租赁、运输服务、电信服务、建筑安装服务、不动产租赁服务、土地使用权、金融保险服务、生活服务、无形资产、购建并一次性抵扣进项税额的不动产、通行费。2018 年 2 月之后，本期抵扣进项税额结构明细表不再报送，但上述进项税额信息可以通过查询增值税发票电子底账管理系统获取，在此基础上还可以按照商品及应税劳务、服务名称进一步分类查询。

通过对进项税额发票口径构成的审核，可以分析每类抵扣凭证进项税额的变化及其可能存在的风险。尤其是当来自农产品收购发票或者销售发票计算的进项税额增加时，其虚增进项税额、虚列成本费用的风险都有所增加。通过对购进货物、劳务、服务、无形资产和不动产种类构成的审核，可以迅速了解各种购进项目的变化及其可能存在的风险，重点关注异常增加的购进项目和新增的购进项目。

企业所得税成本费用构成，一是成本构成。《A102010 一般企业成本支出明细表》填报了主营业务成本种类及构成：商品、劳务、非货币性资产交换成本、建造合同成本、让渡资产使用权成本；其他业务成本种类及构成：销售材料成本、出租固定资产成本、出租无形资产成本、出租包装物和商品成本。二是费用构成。《A104000 期间费用明细表》填报了职工薪酬、劳务费、咨询顾问费、业务招待费、广告费和业务宣传费、佣金和手续费、资产折旧摊销费、财产损耗盘亏及毁损损失、办公费、董事会费、租赁费、诉讼费、差旅费、保险费、运输仓储费、修理费、包装费、技术转让费、研究费用、各项税费、利息收支、现金折扣、党组织工作经费等 24 项具体费用。三是所取得发票种类的构成。一般来说，增值税一般纳税人发生成本费用支出，应索取增值税专用发票。若发现纳税人发生的大量的成本费用支出所对应的发票是普通发票，存在虚开普通发票、虚列成本费用偷（逃）企业所得税的风险。

通过对成本、费用构成的分析，可以迅速了解纳税人发生的业务以及各类成本、费用的变化及可能存在的风险，重点关注异常增加的费用项目和新增的费用项目。同时，对于新增类型的费用支出，若取得增值税专用发票，可将其与增值税发票电子底账管理系统中查询该费用的结果进行比对，分析其列支的真实性和准确性，是否影响企业所得税的计算。

【案例 5－1】接【案例 2－1】，抽取 A 公司 2013 年、2014 年和 2015 年各年 12 月的增值税纳税申报表、各年企业所得税年度纳税申报表中与进项税额、成本费用结构相关数据，汇总生成表 5－2。A 公司原始的、全部的纳税申报数据详见第九章案例 1。

表 5－2　　与进项税额、成本费用结构相关数据汇总表　　单位：元

	2013 年	2014 年	2015 年
（一）认证相符的防伪税控增值税专用发票的进项税额	3 189 892.89（12 月）	1 819 940.45（12 月）	3 484 481（12 月）
其中：本期认证相符且本期申报抵扣的进项税额	3 189 892.89（12 月）	1 819 940.45（12 月）	3 484 481（12 月）
（二）其他抵扣凭证的进项税额	399 768.26（12 月）	0	179 825.3（12 月）
其中：海关进口增值税专用缴款书	399 768.26（12 月）	0	179 825.3（12 月）
销售商品成本	211 233 184.96	218 889 305.49	207 001 603.95

续表

	2013年	2014年	2015年
其中：非货币性资产交换成本		0.00	0.00
提供劳务成本	24 020 424.73	27 416 248.32	27 507 601.63
其他业务成本——其他	49 398.02	349 473.94	123 077.08
一、职工薪酬	—	30 813 115.06	31 724 911.8
二、劳务费	—	10 075 265.2	9 282 186.68
三、咨询顾问费	—	19 093 797.89	22 021 356.16
四、业务招待费	1 057	37 663.07	19 169.04
五、广告费和业务宣传费	15 647 808.79	19 211 354.50	11 761 805.60
六、佣金和手续费	—	995 080.44	976 743.24
七、资产折旧摊销费	—	17 805 450.93	18 339 172.13
八、财产损耗、盘亏及毁损损失	—	0	0
九、办公费	—	8 073 919.82	9 783 115.1
十、董事会费	—	0	0
十一、租赁费	—	-209.13	15 852.87
十二、诉讼费	—	0	0
十三、差旅费	—	950 853.17	856 370.3
十四、保险费	—	645 207.65	726 308.01
十五、运输、仓储费	—	1 471 216.17	379 463.20
十六、修理费	—	0	3 919 371.42
十七、包装费	—	0	0
十八、技术转让费	—	11 925 957.03	11 829 443.18
十九、研究费用	—	0	0
二十、各项税费	—	4 468 587.96	4 286 442.24
二十一、利息收支	—	20 431 059.75	21 929 127.33
二十二、汇兑差额	—	-585 651.30	-1 291 109.41

【案头分析】

表5-2数据显示，A公司2013年、2014年和2015年各年12月的进项税额主要来自增值税专用发票和海关进口增值税专用缴款书，未取得具有高虚开风险的农产品收购发票和农产品销售发票。因此，从发票口径来看，该纳税人取得虚开的增值税扣税凭证、虚增进项税额的风险较小。

从成本构成来看，A公司的成本由销售商品的成本、提供劳务的成本和其他业务成本三项构成。其中，销售商品的成本占比很高，三年成本有增减波动，但幅度较小；提供劳务的成本逐年增加，但增幅不大，需与收入进行配比分析；其他业务成本占比最小，但金额波动较大，并且不属于常规的销售材料成本、出租固定资产成本、出租无形资产成本、包装物出租成本等之一。因此，应将“其他业务成本——其他”列为疑点，进行核查。

从费用构成来看，A公司某些费用项目与该公司生产经营特点不符，如咨询顾问费、佣金手续费、技术转让费，需作为疑点进行核查；某些项目金额变动较大，如运输仓储费、修理费，也需作为疑点进行核查。

需要说明的是，评估期间A公司尚未全部进行营改增，因此除广告费，租赁费，运输、仓储费，修理费，技术转让费能够获取增值税专用发票外，其他费用支出取得的仍为营业税发票，无法在案头分析时进行比对。受数据采集限制，本例未取得纳税人的发票信息，因此本例无法对广告费，租赁费，运输、仓储费，修理费，技术转让费的发票金额与企业所得税的费用金额进行比对。

3. 如何对进项税额或成本、费用进行变动分析？

进项税额变动分析，用公式表示为进项税额变动率 =（本期进项税额 - 基期进项税额）÷ 基期进项税额 × 100%，可以按照不同发票口径的进项税额或不同购进项目的进项税额分别计算。计算进项税额变动率时，“本期”可以是月、季度、年，“基期”可以是上一年度与“本期”对应的期间，也可以是本年度“本期”之前的期间。但是，受部分增值税扣税凭证有360天认证期的影响，为增强本指标的有效性，对于增值税专用发票，建议依托增值税发票电子底账管理系统，按照开具发票的时间重新统计汇总各期进项税额的金额，用于计算进项税额变动率；对于海关进口增值税专用缴款书、农产品收购发票或者销售发票、代扣代缴税收缴款凭证三种未纳入增值税发票电子底账管理系统的增值税扣税凭证，建议选取增值税纳税申报表附列资料（二）“三、待抵扣进项税额”部分的上述项目本月较上月增加的税额作为本期进项税额并计算变动率。

成本、费用变动分析，用公式表示为成本或费用变动率 =（本年成本或费用金额 - 上年成本或费用金额）÷ 上年成本或费用金额 × 100%，可以按照成本中的不同成本或费用中不同项目的费用分别计算。

需要注意的是，当进项税额变动率异常增大时，需结合销售额变动率或销项税额变动率进行配比分析；当成本、费用变动率异常增大时，需结合收入变动率进行配比分析。

【案例5-2】 接【案例2-1】，抽取A公司2013年、2014年和2015年企业所得税年度纳税申报表中成本、费用相关数据，进行变动率计算并生成表5-3。A公司原始的、全部的纳税申报数据详见第九章案例1。

表 5 -3　　成本、费用变动率汇总表　　单位：元

项目	2013 年	2014 年	2015 年	
营业成本	235 303 007.71	246 655 027.75	234 632 282.7	
营业成本变动率		4.82%	-4.87%（与2014 年比）	-0.29%（与2013 年比）
销售费用	57 309 412.09	61 308 016.04	52 383 053.44	
销售费用变动率		6.98%	-14.56%（与2014 年比）	-8.6%（与2013 年比）
管理费用	69 385 677.17	68 506 372.69	72 561 914.29	
管理费用变动率		-1.27%	5.92%（与2014 年比）	4.58%（与2013 年比）
财务费用	20 992 570.47	20 840 488.89	21 614 761.16	
财务费用变动率		-0.72%	3.72%（与2014 年比）	2.96%（与2013 年比）

【案例分析】

表 5 -3 数据显示，营业成本和销售费用在 2013—2015 年先升后降，有较大的增减变动。其中 2014 年营业成本比 2013 年营业成本增加 4.82%；2014 年销售费用比 2013 年销售费用增加 6.98%。管理费用和财务费用先降后升，也有较大增减变动。其中，2015 年销售费用比 2014 年销售费用增加 5.92%，与 2013 年销售费用比较也增加 4.58%；2015 年财务费用比 2014 年财务费用增加 3.72%，与 2013 年财务费用比较也增加 2.96%。

A 公司营业成本、销售费用、管理费用和财务费用在三年内变动较多，变动趋势不一致，存在虚列、多列扣除项目金额的疑点。

4. 如何对成本、费用进行配比分析?

对成本、费用进行配比分析，包括成本与收入配比、费用与收入配比、费用与成本配比分析。

成本与收入配比，用公式表示为成本占收入的比例（成本 ÷ 收入），可以按照成本及其明细分别计算，如销售商品成本与销售商品收入配比、提供劳务成本与提供劳务收入配比、建造合同成本与建造合同收入配比、让渡资产使用权成本与让渡资产使用权收入配比。同理，其他业务成本及其明细成本与其他业务收入及其明细收入也可进行配比计算和分析，但是营业外支出与营业外收入不可进行配比分析。

成本与收入配比的结果可以进行纵向比较、横向比较。如果比较结果显示该指标异常偏高，一是不计、少计收入，二是多列成本，对于分析成本是否存在问题意义有限。但是在收入相对比较真实的前提下，如纳税人的客户均为查账征收企业所得税的企业，纳税人取得收入的同时必开具发票，则这一分析指向变得清晰、唯一。

费用与收入配比，常用费用率表示。综合指标如三项费用率 =（营业费用 + 管理费

用 + 财务费用）÷ 营业收入 ×100%；分项指标如营业费用率 = 营业费用 ÷ 营业收入 ×100%，管理费用率 = 管理费用 ÷ 营业收入 ×100%，财务费用率 = 财务费用 ÷ 营业收入 ×100%。各个行业不同，管理费用、销售费用、财务费用占营业收入的比例也不相同，一是可以依据征管大数据按行业进行测算，建议依据该行业中 A 级纳税人申报数据进行测算；二是可以参考同行业上市公司的年报披露的数据作为参考值。费用率可以进行纵向比较、横向比较。如果比较结果显示该项指标异常偏高，一是该纳税人存在虚列费用的疑点，建议依据该行业中 A 级纳税人申报数据进行测算；二是该纳税人存在不计、少计收入的疑点，对于分析费用是否存在问题意义有限。但是在收入相对比较真实的前提下，如纳税人的客户均为查账征收企业所得税的企业，纳税人取得收入的同时必开具发票，则这一分析指向变得清晰、唯一。

费用与成本配比，常用成本费用率表示。成本费用率 = 期间费用（销售、管理、财务费用）÷（主）营业（务）成本 ×100%。该指标用于分析成本、费用中哪一种支出比较多，虚列疑点比较大。

【案例 5 -3】接【案例 2 -1】，抽取 A 公司 2013 年、2014 年和 2015 年的企业所得税年度纳税申报表中相关成本、费用、收入数据并进行指标计算，汇总生成表 5 -4。A 公司原始的、全部的纳税申报数据详见第九章案例 1。

表 5 -4　　成本、费用配比分析汇总表　　单位：元

项目	2013 年	2014 年	2015 年
营业收入	336 391 873. 24	355 851 126. 91	352 676 456. 5
营业成本	235 303 007. 71	246 655 027. 75	234 632 282. 7
销售费用	57 309 412. 09	61 308 016. 04	52 383 053. 44
管理费用	69 385 677. 17	68 506 372. 69	72 561 914. 29
财务费用	20 992 570. 47	20 840 488. 89	21 614 761. 16
成本占收入比	69. 95%	69. 31%	66. 53%
三项费用率	43. 91%	42. 34%	41. 55%
成本费用率	62. 76%	61. 08%	62. 46%
销售费用率	17. 04%	17. 23%	14. 85%
管理费用率	20. 63%	19. 25%	20. 57%
财务费用率	6. 24%	5. 86%	6. 13%

【案头分析】

表 5 -4 数据显示，2013—2015 年 A 公司的营业成本占营业收入的比例分别为 69. 95%、69. 31%、66. 53%，占比较高且变动不大，可见成本占收入比这一指标运算结

果未明确指向该纳税人存在虚列成本的疑点。

2013—2015 年 A 公司的三项费用率分别为 43.91%、42.34%、41.55%，受数据采集限制，本书选取亚振家居、大连友谊两家上市公司 2013—2015 年的三项费用率作为参照，主要考虑的是亚振家居与 A 公司同为销售家具但前者为生产销售不是零售，大连友谊与 A 公司同为商业零售企业但经营商品不同，因此，两家上市公司的三项费用率仅能参照，不能作为评析的标准值。经查询两家公司 2013—2015 年年报，亚振家居和大连友谊的三项费用率明显低于 A 公司，详见表 5-5。

2013—2015 年 A 公司的成本费用率分别为 62.76%、61.08%、62.46%，经查询两家公司 2013—2015 年报，大连友谊的成本费用率明显低于 A 公司，详见表 5-5。

综合上述信息，分析认为 A 公司三项费用存在虚列疑点，需进一步分析。

2013—2015 年销售费用率分别为 17.04%、17.23%、14.85%。作为零售企业，销售费用率较高，符合行业特点。但是，2013 年和 2014 年的销售费用率均高于 2015 年的销售费用率，指向该纳税人销售费用存在虚列疑点，需进一步审核分析。

2013—2015 年管理费用率分别为 20.63%、19.25%、20.57%，指向该纳税人管理费用存在虚列疑点，需进一步审核分析。

2013—2015 年财务费用率分别为 6.24%、5.86%、6.13%。作为零售企业，财务费用率非常高，不符合行业特点，指向该纳税人财务费用存在虚列疑点，需进一步审核分析。

表 5-5　　部分上市公司成本费用指标一览表

	2013 年	2014 年	2015 年
亚振家居的三项费用比重	33.74%	38.92%	41.07%
大连友谊的三项费用比重	22.22%	18.45%	16.96%
亚振家居的成本费用率	74.23%	91.91%	98.58%
大连友谊的成本费用率	24.77%	26.77%	28.85%

5. 如何利用水、电、气等能耗分析成本？

纳税人的成本主要由原材料、燃料等费用、固定资产的折旧费用和人员工资三部分构成。其中，原材料存在虚开发票、虚列或多列支出的风险；固定资产的折旧费用存在多计提、多列支的风险；工资存在虚增支出的风险。只有生产中耗用的水、电、气等能耗，一是其消耗量与生产数量直接相关；二是水、电、气的耗用数量不可弄虚作假；三是增值税发票电子底账管理系统采集了相关数据。因此，可以利用水、电、气的耗用金额占当期入库产品成本的比例，分析纳税人是否存在虚列原材料、折旧费用和工资等风险。其中，水、电、气的耗用金额可以从增值税发票电子底账管理系统查询获取；当期入库产品成本可从纳税人“产成品”或“库存商品”明细账获取。

当水、电、气的耗用金额占当期入库产品成本的比例下降时，排除原材料涨价、涨工资等因素影响外，存在虚增原材料、工资或多提折旧费的风险，需在核查时结合成本计算单、领料单等进行审核。

需要注意的是，本指标只适用于对制造业纳税人的案头分析。

6. 如何利用发票流对进项税额或成本费用进行分析？

分析企业进项税额或成本费用是否存在异常，可从票、货、款三者是否一致进行分析；其中，购进劳务、服务，可从票、款以及企业的生产经营业务与该劳务、服务相关性是否一致进行分析。这里的发票流，一是发票的来源方向，是否有新增开票地区、新增开票方；二是开具发票数量、金额是否时多时少，是否来自某一开票方的发票金额突增；三是纳税人取得的发票信息流与其销售行为开具发票的信息流是否相符。

重点审核以下发票：①来自走逃（失联）企业存续经营期间开具的列为异常增值税扣税凭证的发票；②来自虚开发票问题比较严重地区的发票；③来自国家税务总局下发的关注企业名单中的关注企业开具的发票；④纳税人购进货物、劳务和服务种类的异常变化，新增业务的大额发票；⑤比上一年度开票金额突增的纳税人开具的发票；⑥来自交易频率低且金额大的纳税人开具的发票；⑦涉嫌将大金额发票拆解分开为若干张小额的发票，即未顶额开具且连号的发票；⑧取得连号且认证或确认时间不一致的发票；⑨存在大量税务机关代开且金额较大的发票；⑩商贸企业存在购销的货物品名和数量不匹配，购甲销乙、购多销少等情况所涉及的发票；⑪生产企业购进与产成品无关联的原材料和辅料所取得发票。

【案例5－4】接【案例4－7】，抽取C物流发展有限公司2015年的增值税发票电子底账管理系统中进项发票信息，将其中存在异常情况的发票汇总生成表5－6。该公司2015年具体申报数据详见第九章案例3。

表5－6　　部分异常进销项发票数据汇总表　　单位：元

商品名称	明细数量	明细单价	明细金额	明细税额	发票日期	认证日期	销方纳税人名称
天然气	10 000.00	3.34	33 362.83	4 337.17	2015－08－19	2015－12－30	××燃气公司
天然气	5 000.00	3.34	16 681.42	2 168.58	2015－07－23	2015－11－27	××燃气公司
天然气	5 000.00	3.34	16 681.42	2 168.58	2015－06－18	2015－10－28	××燃气公司
天然气	10 000.00	3.34	33 362.83	4 337.17	2015－05－25	2015－09－25	××燃气公司

续表

商品名称	明细数量	明细单价	明细金额	明细税额	发票日期	认证日期	销方纳税人名称
天然气	10 000.00	3.34	33 362.83	4 337.17	2015－04－23	2015－08－28	××燃气公司
天然气	3 000.00	3.34	10 008.85	1 301.15	2015－03－19	2015－07－30	××燃气公司
天然气	24 000.00	3.34	80 070.80	10 409.20	2015－02－11	2015－05－29	××燃气公司
天然气	24 000.00	3.34	80 070.80	10 409.20	2015－02－11	2015－05－29	××燃气公司
天然气	27 500.00	3.34	91 747.79	11 927.21	2015－01－19	2015－04－30	××燃气公司
天然气	27 500.00	3.34	91 747.79	11 927.21	2015－01－19	2015－04－30	××燃气公司
天然气	27 500.00	3.34	91 747.79	11 927.21	2015－01－19	2015－04－30	××燃气公司
天然气	0.00	0.00	91 747.79	11 927.21	2015－01－19	2015－06－17	××燃气公司

【案头分析】

表5－6数据显示了2015年1—8月C物流发展有限公司购买××燃气公司销售的天然气取得增值税专用发票的情况。2015年1月和2月C物流发展有限公司购进的天然气数量、金额、税额明显高于其他月份。其中，1月购进的数量最多，所取得的4张发票为顶额开具的连号发票，同一时间开具却分别在4月和6月申请认证。上述特征表明，对于××燃气公司1月开具的发票应作为疑点发票，结合资金流、收入等进行核查，审核是否为虚开发票、虚增进项税额、虚列成本费用等行为。

7. 如何利用资金流对进项税额或成本费用进行分析？

分析企业进项税额或成本费用是否存在异常，可从票、货、款三者是否一致进行分析；其中，购进劳务、服务，可从票、款以及企业的生产经营业务与该劳务、服务相关性是否一致进行分析。

资产负债表中反映企业资金流出的会计科目主要包括“预付账款”“应付账款”“其他应付款”等。案头审核时，一是结合纳税人经营范围、生产特点，分析其启用“预付账款”科目的合理性；二是针对“应付账款”“其他应付款”科目期末余额的变化，结合纳税人生产经营情况分析其合理性。通常通过虚假购进、虚开发票方式多列成本，会计核算时一是将虚开发票对应的无须支付且未支付的货币资金长期挂在“应付账款”等科目，造成其期末余额异常大；二是将虚开发票对应的无须支付的货币资金支付给开票方，再由开票方转入受票方指定的个人账户，最后受票方再以向个人借款的名义收回货币资金，造成“其他应付款”科目期末余额异常增大。

现金流量表中反映生产经营现金流出的是“购买商品、接受劳务支付的现金”项，按照收付实现制填报。与“预付账款”“应付账款”科目的借方发生额存在勾稽关系，核查时可将“预付账款”“应付账款”科目的借方发生额、“银行存款”的贷方发生额中购进商品、接受劳务的部分结合在一起与“购买商品、接受劳务支付的现金”项目的填报数据进行比对。

一般情况下，购买方全部付清款项，销售方才为其开具发票。因此，增值税发票电子底账管理系统中按照“发票日期”查询统计的某期间发票的“明细金额”和“明细税额”合计数与现金流量表的“购买商品、接受劳务支付的现金”存在一定的勾稽关系。

上述三个与资金流出有关的项目，因各自数据生成条件、情况比较复杂，一般不能进行比对。但是，在特定条件下，存在着比对关系。

当直接付款采购时，“应付账款”科目没有发生额，此时增值税发票电子底账管理系统中进项发票的“明细金额”和“明细税额”合计数与现金流量表的“购买商品、接受劳务支付的现金”项目填报数据相等。

当赊购时，“应付账款”科目贷方有发生额，如果销售方先行开具发票，则“应付账款”科目贷方发生额与增值税发票电子底账管理系统中进项发票的“明细金额”和“明细税额”合计数一致；如果销售方收款后再开具发票，则“应付账款”科目借方发生额、增值税发票电子底账管理系统中进项发票的“明细金额”和“明细税额”合计数、现金流量表的“购买商品、接受劳务支付的现金”项目填报数据相等。

【案例5－5】接【案例2－1】，抽取A公司2013年、2014年和2015年的资产负债表中与资金流出相关的科目及数据，汇总生成表5－7。A公司原始的、全部的纳税申报数据详见第九章案例1。

表5－7　　与进项税额、成本费用相关资金流汇总表　　单位：元

	2013年	2014年	2015年
应付账款	26 568 957.07 （年初数17 883 187.72）	19 155 958.34	20 137 755.63
预付账款	2 896 163.57	2 592 555.04	1 181 049.79
其他应付款	17 001 707.44	17 905 143.92	15 478 448.18
营业成本	235 303 007.71	246 655 027.75	234 632 282.7
应付账款周转率（营业成本÷平均应付账款）	10.58	10.78	11.94

【案头分析】

表5－7数据显示，A公司2013—2015年“预付账款”项目年末余额分别为2 896 163.57元、2 592 555.04元、1 181 049.79元。实践中商业零售行业在购进货物时，一般不会预付对方账款。因此，对于A公司的预付账款应结合明细账进一步审核，分析是否存在虚假购进挂往来账的行为。

A公司2013—2015年“应付账款”项目年末余额分别为26 568 957.07元、19 155 958.34元、20 137 755.63元。应付账款周转率分别为10.58、10.78、11.94，与同期的上市公司大连友谊应付账款周转率（分别为2.01、5.78、3.39）、亚振家居应付账款周转率（分别为4.32、4.09、5.57）相比较，高出很多，表明A公司的应付账款规模不大，因此，虚开发票、资金挂“应付账款”的风险较小。

A公司2013—2015年“其他应付款”项目年末余额分别为17 001 707.44元、17 905 143.92元、15 478 448.18元。因“其他应付款”通常核算企业与个人之间的往来款，一般余额不大。但是A公司的“其他应付款”项目年末余额很大，不符合该科目特点。因此，需要结合“其他应付款”明细账，审核是否存在向个人的借款，是否采取虚假购进、虚开发票，实付资金后由销售方将资金转入指定个人账户，再以向个人借款方式回流账上的做法，偷（逃）税款。

8. 如何利用货物流对进项税额或成本进行分析?

纳税人虚假购进货物，一是挂在账上没有虚领，在财务报表上体现为“存货”期末余额较大。二是虚购后立即虚领货物，对不同类型的企业体现的结果有所差异。对工业企业来说，若未虚假销售，无论是以原材料形式存在还是以在产品、产成品形式存在，结果都是“存货”期末余额较大；若虚假销售，则虚增的采购成本虚转入营业成本，“存货”期末余额不受影响，但成本占收入比例出现异常增高。对商业企业来说，虚领货物和虚假销售是同步的，则虚增的采购成本虚转入营业成本，同样“存货”期末余额不受影响但成本占收入比例出现异常增高。因此，结合行业，可以从“存货”期末余额、成本占收入比例分析纳税人是否存在虚增进项税额、虚列成本费用风险。

【案例5-6】接【案例2-1】，抽取A公司2013年、2014年和2015年的资产负债表、企业所得税年度纳税申报表中与存货相关的科目及数据，汇总生成表5-8。A公司原始的、全部的纳税申报数据详见第九章案例1。

表5-8　　与进项税额、成本费用相关的货物流数据汇总表　　单位：元

	2013年	2014年	2015年
存货	47 175 475.25	46 387 905.96	37 934 053.42
商品成本	211 233 184.96	218 889 305.49	207 001 603.95
商品收入	293 558 292.30	308 003 378.46	305 309 715.68
成本占收入比	71.96%	71.07%	67.80%

【案头分析】

表5－8数据显示，A公司2013年、2014年和2015年的“存货”年末余额分别为47 175 475.25元、46 387 905.96元、37 934 053.42元，呈递减状态，不符合虚假购货“存货”期末余额增加这一典型特征。如果纳税人虚假购进后虚转入营业成本，表中“成本占收入比”也未明显体现出异常高这一典型特征。因此，从货物流来看，A公司不存在明显的虚假购货、虚增进项税额、虚列成本的风险。

9. 如何多角度、多侧面对进项税额或成本费用进行案头综合分析？

为提高分析准确性，应多角度、多侧面对进项税额或成本费用进行分析，具体就是将与进项税额或成本费用相关的要素及其指标，组合在一起构建指标体系。依据指标体系中每项指标运算结果，综合评价分析进项税额或成本费用。无论是分析增值税的进项税额还是分析企业所得税的成本费用，其指标体系应包括以下内容：①表、票间数据比对；②利用结构分析审核进项税额或成本费用；③进项税额或成本费用变动分析；④成本费用配比分析；⑤利用水、电、气等能耗分析成本；⑥利用发票流对进项税额或成本费用进行分析；⑦利用资金流对进项税额或成本费用进行分析；⑧利用货物流对进项税额或成本进行分析。多角度、多侧面对进项税额或成本费用进行案头综合分析，可以更全面地得出结论；可以在海量数据中不迷失方向、不遗漏重要数据，快速发现疑点。

需要注意的是，上述指标体系中各种指标针对某一纳税人时不必全部采用，视情况灵活选择，尽可能采用所能使用的指标；分析中有些指标指向不清，不影响最终结论，但在做出最终结论时要考虑这一指标的分析结果。

【案例5－7】接【案例2－1】，将本章前文分析所采用指标及结论，整理、汇总为表5－9。A公司原始的、全部的纳税申报数据详见第九章案例1。

表5－9　　　　指标分析汇总表（二）

成本费用分析指标体系	涉及案例	案例分析结论
表、票间数据比对		受数据采集限制，本案例未采用
利用结构分析审核进项税额或成本费用	案例5－1	从发票口径来看，取得虚开增值税扣税凭证、虚增进项税额的风险较小 从成本构成来看，“其他业务成本——其他”存在疑点，进行核查 从费用构成来看，A公司某些费用项目与该公司生产经营特点不符，如咨询顾问费、佣金手续费、技术转让费，需作为疑点进行核查；某些项目金额变动较大，如运输仓储费、修理费，也需作为疑点进行核查

续表

成本费用分析指标体系	涉及案例	案例分析结论
进项税额或成本费用变动分析	案例5－2	A公司营业成本、销售费用、管理费用和财务费用在三年内变动较多，变动趋势不一，存在虚列疑点
成本费用配比分析	案例5－3	未明确指向该纳税人存在虚列成本的疑点； 三项费用存在虚列疑点，需进行进一步分析
利用水、电、气等能耗分析成本		受数据采集限制及行业特点影响，本案例未采用
利用发票流对进项税额或成本费用进行分析		受数据采集限制，本案例未采用
利用资金流对进项税额或成本费用进行分析	案例5－5	“预付账款”和“其他应付款”年末余额异常，存在虚增进项税额、虚列成本费用疑点，需结合明细账核查
利用货物流对进项税额或成本进行分析	案例5－6	不存在明显的虚购、虚增进项税额、虚列成本的风险

【案头分析】

由表5－9可见，指标体系中除表、票间数据比对，利用水、电、气等能耗分析成本，利用发票流对进项税额或成本费用进行分析三项指标受数据采集限制未使用外，利用结构分析审核进项税额或成本费用、进项税额或成本费用变动分析、成本费用配比分析、利用资金流对进项税额或成本费用进行分析、利用货物流对进项税额或成本进行分析五项指标综合指向该纳税人虚列成本的风险较小，但虚列费用的风险很大。因此，可以确认该纳税人存在虚列费用的疑点。

10. 如何对工资薪金进行案头分析？

对工资薪金进行案头审核，必须准确掌握工资薪金的税会差异。

（1）前期税会差异大、现已基本无差异的政策

一是固定与工资薪金一起发放的福利性补贴的税会差异基本消除。《财政部关于企业加强职工福利费财务管理的通知》（财企〔2009〕242号）规定，企业为职工提供的交通、住房、通讯待遇，已经实行货币化改革的，按月按标准发放或支付的住房补贴、交通补贴或者车改补贴、通讯补贴，应当纳入职工工资总额，不再纳入职工福利费管理。2014年度前，与之对应的企业所得税政策规定，固定与工资薪金一起发放的福利性补贴属于职工福利费列支范畴，税会差异明显。在2008—2013年度期间，案头审核工资薪金时要关注纳税人是否将固定与工资薪金一起发放的福利性补贴从工资薪金中剔除，以其余额在企业所

得税申报表中填报。否则，存在多列支职工福利费风险。2014 年度后，《国家税务总局关于企业工资薪金和职工福利费等支出税前扣除问题的公告》（国家税务总局公告 2015 年第 34 号）规定，列入企业员工工资薪金制度、固定与工资薪金一起发放的福利性补贴同时符合下列条件的，可作为企业发生的工资薪金支出，按规定在税前扣除：①企业制订了较为规范的员工工资薪金制度；②企业所制订的工资薪金制度符合行业及地区水平；③企业在一定时期所发放的工资薪金是相对固定的，工资薪金的调整是有序进行的；④企业对实际发放的工资薪金，已依法履行了代扣代缴个人所得税义务；⑤有关工资薪金的安排，不以减少或逃避税款为目的。自此，固定与工资薪金一起发放的福利性补贴的税会差异基本消失，案头分析时不再将其作为重点。

二是工资薪金扣除原则的税会差异消除。会计上核算利润总额时扣除的是计提的工资薪金，而税法上计算应纳税所得额时扣除的是实发的工资薪金。这一税会差异一直是 2014 年度前工资薪金案头分析的重点：审核应付职工薪酬明细账、银行存款、工资发放表等确认纳税人实际发放工资薪金总额；审核纳税人本年度调减金额是否大于上年度调增金额等。2014 年度后，国家税务总局公告 2015 年第 34 号规定，企业在年度汇算清缴结束前向员工实际支付的已预提汇缴年度工资薪金，准予在汇缴年度按规定扣除。据此，企业所得税上基本将工资薪金的扣除原则由实发变为计提，税会差异消失，案头分析时不再将其作为重点。

（2）当前存在税会差异的政策

一是工资薪金扣除额的税会差异。会计上核算利润总额时扣除的是工资薪金总额，而税法上计算应纳税所得额时扣除的是合理工资薪金。同时，企业所得税政策还明确规定，属于国有性质的企业，其工资薪金，不得超过政府有关部门给予的限定数额；超过部分，不得计入企业工资薪金总额，也不得在计算企业应纳税所得额时扣除。

案头分析时，依据五大原则审核纳税人支出的工资薪金是否属于合理工资薪金，其中“企业所制订的工资薪金制度符合行业及地区水平”，可通过人均工资薪金这一指标与同地区同行业的纳税人的该项指标进行比较分析；“企业在一定时期所发放的工资薪金是相对固定的，工资薪金的调整是有序进行的”，可通过工资薪金变动率这一指标将本年度工资薪金与以往年度的工资薪金进行比较分析。审核国有性质的企业时，重点审核其工资薪金是否超过政府有关部门给予的限定数额，超过的部分是否在税前调增。2015 年实施的《中央管理企业负责人薪酬制度改革方案》规定，央企负责人基本年薪将按照上年度央企在岗职工年平均工资的 2 倍确定；绩效年薪根据考核结果，不超过央企负责人基本年薪的 2 倍；任期激励则不超过央企负责人任期内年薪总水平的 30%。

二是股权激励的税会差异。会计准则规定，上市公司建立职工股权激励计划，在股权激励计划授予激励对象时，按照该股票的公允价格及数量，计算工资薪金作为上市公司相关年度的成本或费用扣除。

《国家税务总局关于我国居民企业实行股权激励计划有关企业所得税处理问题的公告》

（国家税务总局公告 2012 年第 18 号）规定，对股权激励计划实行后立即可以行权的，上市公司可以根据实际行权时该股票的公允价格与激励对象实际行权支付价格的差额和数量，计算确定作为当年上市公司工资薪金支出，依照税法规定进行税前扣除。对股权激励计划实行后，需待一定服务年限或者达到规定业绩条件（以下简称等待期）方可行权的。上市公司等待期内会计上计算确认的相关成本费用，不得在对应年度计算缴纳企业所得税时扣除。在股权激励计划可行权后，上市公司方可根据该股票实际行权时的公允价格与当年激励对象实际行权支付价格的差额及数量，计算确定作为当年上市公司工资薪金支出，依照税法规定进行税前扣除。

案头分析时，针对上市公司，首先从《A105050 职工薪酬支出及纳税调整明细表》中"其中：股权激励"项目的填报情况，获取上市公司是否采取了股权激励。也可依据《关于个人股票期权所得征收个人所得税问题的通知》（财税〔2005〕35 号）规定"实施股票期权计划的境内企业，应在股票期权计划实施之前，将企业的股票期权计划或实施方案、股票期权协议书、授权通知书等资料报送主管税务机关；应在员工行权之前，将股票期权行权通知书和行权调整通知书等资料报送主管税务机关。扣缴义务人和自行申报纳税的个人在申报纳税或代扣代缴税款时，应在税法规定的纳税申报期限内，将个人接受或转让的股票期权以及认购的股票情况（包括种类、数量、施权价格、行权价格、市场价格、转让价格等）报送主管税务机关。"获取企业的股权激励计划等信息。其次，结合职工股权激励计划的内容审核纳税人填报数据是否准确，是否依法缴纳企业所得税、是否依法扣缴个人所得税。

对工资薪金进行案头分析时，除了审核税会差异外，还需了解常见的虚列工资薪金的手段和方法：①多提少发，将少发的工资薪金从"应付职工薪酬"科目的借方结转到其他非银行存款科目。②虚造员工名册、虚列工资，将非企业工作人员作为工作人员计提并发放工资薪金，再将发放的工资薪金转入企业小金库。③列支下级单位的人员工资薪金，扣除与生产经营无关的人员的工资薪金。

对工资薪金进行案头分析，常用的指标和方法如下：

（1）与工资薪金支出有关的数据的比对法

一是《A105000 纳税调整项目明细表》的"职工薪酬"、现金流量表的"支付给职工以及为职工支付的现金"、资产负债表的"应付职工薪酬"期末余额的 12 个月汇总数或年末余额数 ×12 以及扣缴个人所得税报告表全年累计工资薪酬合计数，四张表存在勾稽关系。将这四个数据进行比对，分析纳税人申报的职工薪酬是否存在明显异常。

二是将本年度《A105000 纳税调整项目明细表》的"职工薪酬"项填报的"调减金额"与上一年度该项目的"调增金额"进行比对，审核是否存在少调增多调减、"调减金额"大于"调增金额"的偷（逃）企业所得税的行为。

三是《A104000 期间费用明细表》中"管理费用"项下的"职工薪酬"填报数据加上"销售费用"项下的"职工薪酬"填报数据之和与《A105000 纳税调整项目明细表》

的“职工薪酬”项的“账载金额”填报数据比对，结合行业分析纳税人填报是否存在疑点。一般来说，人员工资全部记入费用，不计成本的行业，《A105000 纳税调整项目明细表》的“职工薪酬”项的“账载金额”填报数据等于《A104000 期间费用明细表》中“管理费用”项下的“职工薪酬”填报数据、“销售费用”项下的“职工薪酬”填报数据之和。

（2）工资薪金支出金额变动分析

工资薪金支出金额突增突减都不符合生产经营规律，因此可用工资薪金支出金额的变动，分析纳税人是否存在虚列的风险。工资薪金支出变动率＝（本期工资薪金支出－基期工资薪金支出）÷基期工资薪金支出×100%，当变动率>0且金额相差较大时，为疑点，可能存在虚列工资、薪金问题。这里“本期”一般是指一个纳税年度，数据取自《A105050 职工薪酬支出及纳税调整明细表》；也可以是某月或某个季度，数据取自扣缴个人所得税报告表。

（3）企业从业人数合理性分析

纳税人是否存在虚增人员、虚列工资的疑点，一是利用单位工资收益进行分析；二是利用人员数量与固定资产的关系进行分析；三是利用水、电、气等能耗的数量变动进行逻辑分析。

当单位工资收益小于以往年度或同行业其他企业或人员数量大幅增加而固定资产或水、电、气等耗用数量没有发生显著变化时，存在虚增人员、虚列工资的疑点。

（4）人均工资薪金的比对分析

尽管各行业内不同的纳税人生产经营情况不同，规模有大小之分，经营成果有盈亏之分，但是人均工资一般不会有太大差异。因此，可用人均工资薪金与行业比对或变动情况，分析纳税人是否存在虚列的风险。

人均工资薪金＝工资薪金支出÷企业从业人数（全年平均人数），其中工资薪金支出，数据取自《A105050 职工薪酬支出及纳税调整明细表》。企业从业人数，2014年度前的企业所得税年度纳税申报表，数据取自税收优惠明细表；2014年度后的企业所得税年度纳税申报表，数据取自《A000000 企业基础信息表》。

人均工资薪金与行业人均工资比对，若纳税人的人均工资薪金高于行业人均工资，并且差距较大时，为疑点，可能存在涉嫌虚列工资薪金问题。

人均工资薪金变动分析，当纳税人不同期间人均工资薪金变动较大时，为疑点，可能存在涉嫌虚列工资薪金问题。

【案例5－8】接【案例2－1】，抽取A公司2013年、2014年和2015年的资产负债表、企业所得税年度纳税申报表、现金流量表中与工资薪金相关的科目及数据，汇总生成表5－10。A公司原始的、全部的纳税申报数据详见第九章案例1。

表 5-10　　与工资薪金相关的数据汇总表　　单位：元

	2013 年	2014 年	2015 年
职工薪酬	66 199 543. 85	28 006 392. 00	31 370 801. 45
支付给职工以及为职工支付的现金	23 488 986. 02	27 857 573. 51	30 518 003. 37
测算应付职工薪酬（应付工资期末余额×12）	2 045 582. 19	3 990 640. 83	4 843 438. 91
用于市场推广或销售视同销售收入		150 304. 64	209 671. 03

	销售费用（1）	管理费用（2）	职工薪酬（账载金额）（3）	调增金额（4）	调减金额（5）	余额（3）-（1）-（2）
2013 年			66 199 543. 85	1 656 327. 76		
2014 年	6 675 732. 02	24 137 383. 04	28 006 392	153 986. 99	0. 00	-2 806 723. 06
2015 年	6 839 162. 76	24 885 749. 04	31 370 801. 45	0. 00	110 438. 44	-354 110. 35

工资薪金支出	账载金额	扣除率	以前年度累计结转扣除额	税收金额	纳税调整金额
2013 年	49 891 983. 26			48 235 655. 5	1 656 327. 76
2014 年	19 568 163. 18	0	0	19 445 515. 79	122 647. 39
2015 年	20 990 322. 47	0	0	21 888 856. 69	-898 534. 22

【案头分析】

表 5-10 数据显示，纳税调整项目明细表的“职工薪酬”、现金流量表的“支付给职工以及为职工支付的现金”以及利用资产负债表“应付职工薪酬”期末余额测算的全年数据，三者差异非常大。鉴于测算的“应付职工薪酬”具有不准确性，只采用纳税调整项目明细表的“职工薪酬”与现金流量表的“支付给职工以及为职工支付的现金”进行比对。表中 2013—2015 年“职工薪酬”数据均大于“支付给职工以及为职工支付的现金”，其中 2013 年尤为异常，尽管自行调增了 1 656 327. 76 元，但是疑点仍然很大，应进一步核查；2014 年、2015 年“职工薪酬”数据大于“支付给职工以及为职工支付的现金”数据，分别为 148 818. 49 元、852 798. 08 元，存在风险：一是计提但未发放需要进行调增，表中 2014 年确实调增 153 986. 99 元，需核实是否属于已计提未发放从而调增的情况；2015 年不但未调增还调减 110 438. 44 元，因此 852 798. 08 元的差额不能用此种情况进行解释。二是以商品抵顶工资薪金发给职工，但 2015 年企业申报的视同销售金额只有 209 671. 03 元，并且是用于市场推广或销售，不是发给职工。因此，2015 年 852 798. 08 元的差额也不能用此种情况进行解释。三是虚列职工薪酬，显然 2015 年 852 798. 08 元的差额存在此种风险。

2014 年和 2015 年销售费用、管理费用两项费用中列支的职工薪酬之和大于纳税人申报的纳税调整项目明细表“职工薪酬”项的账载金额，存在明显的数据逻辑错误。

2013—2014 年工资薪金分别调增 1 656 327. 76 元、122 647. 39 元；2015 年工资薪金则调减 898 534. 22 元，无论是调增还是调减，都需要进一步核实调整原因以及金额准确性，尤其是调减金额。

11. 如何对职工福利费进行案头分析？

对职工福利费进行案头分析，必须准确掌握职工福利费的税会差异。

（1）前期税会差异大、现已基本无差异的税收政策

一是固定与工资薪金一起发放的福利性补贴的税会差异基本消除。《财政部关于企业加强职工福利费财务管理的通知》（财企〔2009〕242号）规定，企业为职工提供的交通、住房、通讯待遇，已经实行货币化改革的，按月按标准发放或支付的住房补贴、交通补贴或者车改补贴、通讯补贴，应当纳入职工工资总额，不再纳入职工福利费管理。2014年度前，与之对应的企业所得税政策规定，固定与工资薪金一起发放的福利性补贴属于职工福利费列支范畴，税会差异明显。在2008—2013年度期间，案头分析工资薪金时要关注纳税人是否将固定与工资薪金一起发放的福利性补贴从工资薪金中剔除并入职工福利费金额，再按照税法规定的扣除金额在税前扣除，超出的部分进行纳税调增。否则，存在多列支职工福利费风险。2014年度后，国家税务总局公告2015年第34号规定，列入企业员工工资薪金制度、固定与工资薪金一起发放的福利性补贴同时符合下列条件的，可作为企业发生的工资薪金支出，按规定在税前扣除：①企业制订了较为规范的员工工资薪金制度；②企业所制订的工资薪金制度符合行业及地区水平；③企业在一定时期所发放的工资薪金是相对固定的，工资薪金的调整是有序进行的；④企业对实际发放的工资薪金，已依法履行了代扣代缴个人所得税义务；⑤有关工资薪金的安排，不以减少或逃避税款为目的。自此，职工福利费方面的税会差异基本消失，案头分析时不再将其作为重点。

（2）当前存在税会差异的税收政策

一是职工福利费列支范围的差异。

2009年1月4日国家税务总局下发《关于企业工资薪金及职工福利费扣除问题的通知》（国税函〔2009〕3号），2009年11月12日，财政部下发了《关于企业加强职工福利费财务管理的通知》（财企〔2009〕242号）。两个文件分别从税法、会计两个口径明确职工福利费的列支范围。由于国税函〔2009〕3号文件早于财企〔2009〕242号文件，造成部分事项表述不一致。当出现不一致时，是理解为会计有规定、税法无规定，计算企业所得税时依照会计进行处理；还是理解为税会存在差异，计算企业所得税时依照税法进行处理，令人困惑。现将两个文件的条款进行比较，供案头分析时参考，详见表5－11。

依据表5－11，在案头分析、核查时重点审核纳税人是否存在“离退休人员统筹外费用”支出，是否在税前进行纳税调增。

二是职工福利费扣除原则及金额存在税会差异。

表 5－11　　　　职工福利费税会差异比较表

财企〔2009〕242 号	国税函〔2009〕3 号	差异
为职工卫生保健、生活等发放或支付的各项现金补贴和非货币性福利，包括职工因公外地就医费用、暂未实行医疗统筹企业职工医疗费用、职工供养直系亲属医疗补贴、职工疗养费用、自办职工食堂经费补贴或未办职工食堂统一供应午餐支出、符合国家有关财务规定的供暖费补贴、防暑降温费等	为职工卫生保健、生活、住房、交通等所发放的各项补贴和非货币性福利，包括企业向职工发放的因公外地就医费用、未实行医疗统筹企业职工医疗费用、职工供养直系亲属医疗补贴、供暖费补贴、职工防暑降温费、职工食堂经费补贴	国税函〔2009〕3 号未明确"职工疗养费用""未办职工食堂统一供应午餐支出"，但税会无差异
企业尚未分离的内设集体福利部门所发生的设备、设施和人员费用，包括职工食堂、职工浴室、理发室、医务所、托儿所、疗养院、集体宿舍等集体福利部门设备、设施的折旧、维修保养费用以及集体福利部门工作人员的工资薪金、社会保险费、住房公积金、劳务费等人工费用	尚未实行分离办社会职能的企业，其内设福利部门所发生的设备、设施和人员费用，包括职工食堂、职工浴室、理发室、医务所、托儿所、疗养院等集体福利部门的设备、设施及维修保养费用和福利部门工作人员的工资薪金、社会保险费、住房公积金、劳务费等	国税函〔2009〕3 号未明确"集体宿舍"设备、设施的折旧等费用，但税会无差异
职工困难补助，或者企业统筹建立和管理的专门用于帮助、救济困难职工的基金支出	职工困难补贴、救济费	表述不一致，但无税会差异
离退休人员统筹外费用，包括离休人员的医疗费及离退休人员其他统筹外费用		国税函〔2009〕3 号未规定，但税前不得扣除
按规定发生的其他职工福利费，包括丧葬补助费、抚恤费、职工异地安家费、独生子女费、探亲假路费，以及符合企业职工福利费定义但没有包括在本通知各条款项目中的其他支出	按照其他规定发生的其他职工福利费，包括丧葬补助费、抚恤费、安家费、探亲假路费等	税法将"独生子女费"作为工资列支
企业为职工提供的交通、住房、通讯待遇，已经实行货币化改革的，按月按标准发放或支付的住房补贴、交通补贴或者车改补贴、通讯补贴，应当纳入职工工资总额，不再纳入职工福利费管理；尚未实行货币化改革的，企业发生的相关支出作为职工福利费管理，但根据国家有关企业住房制度改革政策的统一规定，不得再为职工购建住房		国税函〔2009〕3 号未规定，但无税会差异（国家税务总局公告 2015 年第 34 号）
企业给职工发放的节日补助、未统一供餐而按月发放的午餐费补贴，应当纳入工资总额管理		国税函〔2009〕3 号未规定，但无税会差异
应当由个人承担的有关支出，企业不得作为职工福利费开支		国税函〔2009〕3 号未规定，但无税会差异
国家出资的电信、电力、交通、热力、供水、燃气等企业，将本企业产品和服务作为职工福利的，应当按商业化原则实行公平交易，不得直接供职工及其亲属免费或者低价使用		国税函〔2009〕3 号未规定，但无税会差异

企业所得税法规定，企业发生的职工福利费支出，不超过工资薪金总额14%的部分，准予扣除。会计准则规定职工福利费不再提取，对发生的福利费支出，直接计入“应付职工薪酬——职工福利”科目；小企业会计准则或会计制度规定企业可以计提福利费。

案头分析时，对于执行会计准则的纳税人，重点审核纳税人是否对超过工资薪金总额14%的部分未进行调增；是否人为调控福利费支出金额，使其接近扣除限额；是否将超过工资薪金总额14%的部分隐匿于其他费用科目。对于执行小会计准则或会计制度的纳税人，重点审核纳税人计提的职工福利费是否实际发生支出；未发生支出的已计提福利费是否依法进行纳税调增；是否人为调控福利费支出金额，使其接近扣除限额；是否将超过工资薪金总额14%的部分隐匿于其他费用科目。

对职工福利费进行案头分析，可使用的指标和方法包括：

（1）职工福利费支出变动分析

税法规定的职工福利费列支范围，除了“按照其他规定发生的其他职工福利费，包括丧葬补助费、抚恤费、安家费、探亲假路费等”外，其他项目每年支出金额相对固定。因此，通过职工福利费支出额变动分析，可以迅速发现福利费支出的异常情况。职工福利费支出变动率 =（本年职工福利费支出 - 上年职工福利费支出）÷上年职工福利费支出×100%，“职工福利费支出”数据取自《A105050 职工薪酬支出及纳税调整明细表》。当职工福利费支出变动率 >0 且较大时，为疑点，需进一步核实职工福利费列支的具体费用。

（2）职工福利费与工资薪金配比分析

分析纳税人是否存在人为调控福利费支出的行为，如利用福利费剩余扣除额度将不允许扣除的费用项目混入其中扣除，可以通过计算职工福利费占工资薪金的比例进行分析识别。职工福利费占比 = 职工福利费支出÷工资薪金支出×100%，“职工福利费支出”“工资薪金支出”数据取自《A105050 职工薪酬支出及纳税调整明细表》。若职工福利费占比大于14%且企业所得税前依法进行了调增，职工福利费列支基本正常、无疑点；若职工福利费占比接近且未大于14%时，人为调控职工福利费的风险较大，需结合福利费支出凭证进行审核。

【案例5-9】接【案例2-1】，抽取A公司2013年、2014年和2015年的企业所得税年度纳税申报表中与职工福利费相关的数据，汇总计算生成表5-12。A公司原始的、全部的纳税申报数据详见第九章案例1。

表5-12　　与职工福利费相关的数据汇总表　　单位：元

项目	账载金额	税收金额	纳税调整金额	福利费占比	福利费变动率
	1	2	3（1-2）	4	5
工资薪金支出					
2013年	49 891 983.26	48 235 655.5	1 656 327.76		

续表

项目	账载金额	税收金额	纳税调整金额	福利费占比	福利费变动率
	1	2	3 (1-2)	4	5
2014 年	19 568 163.18	19 445 515.79	122 647.39		
2015 年	20 990 322.47	21 888 856.69	-898 534.22		
职工福利费支出					
2013 年	841 350.73	6 752 991.77		1.69%	
2014 年	1 973 583.31	1 973 583.31	0	10.09%	134.57%
2015 年	2 751 179.9	2 751 179.9	0	13.11%	39.40%

【案头分析】

表 5-12 数据显示，A 公司 2013 年、2014 年和 2015 年的职工福利费占工资薪金支出金额的比例分别为 1.69%、10.09%、13.11%，其中 2013 年占比最低为 1.69%，鉴于“10. 如何对工资薪金进行案头分析?”分析结论显示 2013 年工资薪金支出有虚增虚列的疑点，因此，不可将 2013 年的占比作为衡量后两年的标准使用。但是，2013 年职工福利费支出 841 350.73 元，金额小，风险也小，可将其作为后两年变动分析的基数用于比较。2014 年的占比为 10.09%，风险虽不明显但考虑到金额较上一年增加 134.57% 这一情况，应进一步核查 2014 年的职工福利费明细账及凭证。2015 年的占比最高为 13.11% 非常接近 14%，且金额较上一年增加 39.40%，存在较为明显的人为调控职工福利费金额的风险，需结合明细账、支出凭证进行核实。

12. 如何对职工教育经费支出进行案头分析?

对职工教育经费支出进行案头分析，必须准确掌握职工教育经费扣除的税会差异：

一是职工教育经费支出范围的差异。

会计准则、小企业会计准则、企业所得税法及相关政策均未对职工教育经费核算内容进行单独规定。只是财政部、国家税务总局联合中华全国总工会等共计 11 个部委联合下发的《关于印发〈关于企业职工教育经费提取与使用管理的意见〉的通知》（财建〔2006〕317 号）规定了企业职工教育培训经费列支范围包括：①各类岗位适应性培训；②岗位培训、职业技术等级培训、高技能人才培训；③专业技术人员继续教育；④特种作业人员培训；⑤企业组织的职工外送培训的经费支出；⑥职工参加的职业技能鉴定、职业资格认证等经费支出；⑦购置教学设备与设施；⑧职工岗位自学成才奖励费用；⑨职工教育培训管理费用；⑩有关职工教育的其他开支。同时明确：①企业职工参加社会上的学历教育以及个人为取得学位而参加的在职教育，所需费用应由个人承担，不能挤占企业的职工教育培训经费。②对于企业高层管理人员的境外培训和考察，其一次性单项支出较高的费用应从其他管理费用中支出，避免挤占日常的职工教育培训经费开支。③矿山和建筑企业等聘用外来农民工较多的企业，以及在城市化进程中接受农村转移劳动力较多的企业，对农民工和农村转移劳动力培训所需的费用，可从职工教育培训经费中支出。

需要注意的是，职工参加社会上的学历教育以及个人为取得学位而参加的在职教育，所需费用应由个人承担，但是现实中经常有企业为员工报销这笔费用。会计核算时将其列为教育经费支出，企业所得税计算时则不允许税前扣除。因此，案头分析时，应注意收集这方面的信息并在核查环节加以审核确认。

二是职工教育经费扣除原则及金额存在税会差异。

企业所得税法规定，除国务院财政、税务主管部门另有规定外，企业发生的职工教育经费支出，不超过工资薪金总额2.5%（依据《关于企业职工教育经费税前扣除政策的通知》（财税〔2018〕51号）规定，自2018年1月1日起，该比例提高到8%）的部分，准予扣除；超过部分，准予在以后纳税年度结转扣除。2018年1月1日前国务院财政、税务主管部门另有规定包括：①高新技术企业、认定的技术先进型服务企业的职工教育经费支出，不超过工资薪金总额8%的部分，准予在计算企业所得税应纳税所得额时扣除；超过部分，准予在以后纳税年度结转扣除。②符合条件集成电路设计企业，软件企业，自主开发、生产动漫产品的动漫企业的职工培训费用，按实际发生额在计算应纳税所得额时扣除。③核电厂操作员培训费，飞行员养成费、飞行训练费、乘务训练费、空中保卫员训练费等空勤训练费用作为企业成本在税前扣除。

会计准则规定职工教育经费不再提取，对发生的职工教育经费支出，直接计入“应付职工薪酬——职工教育经费”科目；小企业会计准则或会计制度规定企业可以计提职工教育经费。

案头分析时，对于执行会计准则的纳税人，重点审核纳税人是否人为调控职工教育经费支出金额，使其接近扣除限额；是否对超过工资薪金总额2.5%（或8%）的部分未进行调增；超比例结转以后年度扣除的，是否调减总金额大于当初的调增金额。对于执行小会计准则或会计制度的纳税人，重点审核纳税人计提的职工教育经费是否发生支出；是否人为调控职工教育经费支出金额，使其接近扣除限额；未发生支出的已计提职工教育经费是否依法进行纳税调增；超比例结转以后年度扣除的，是否调减总金额大于当初的调增金额。

对职工教育经费进行案头审核，常用的指标和方法包括：

（1）与职工教育经费相关的表、票间数据比对

纳税人接受教育机构提供的业务培训，可以取得教育机构按6%税率或3%征收率开具的增值税专用发票。因此，在增值税发票电子底账管理系统中按照商品及应税劳务、服务名称查询学历教育服务（3070201010000000000）、非学历教育服务（3070201020000000000）、教育辅助服务（3070201030000000000），即可获得纳税人对外支付教育经费的金额，再与

《A105050职工薪酬支出及纳税调整明细表》“职工教育经费支出”项填报数据比对，分析其职工教育经费支出金额的合理性。通常情况下，纳税人接受外单位提供的教育培训支出只是职工教育经费支出中的一部分。因此，从增值税发票电子底账管理系统查询统计得出的培训费用数额小于《A105050职工薪酬支出及纳税调整明细表》“职工教育经费支出”项填报数据，属于合理的情况。但是如果前者金额远小于后者金额，差额巨大，则表明该企业职工教育经费支出存在虚列的风险。

（2）案头分析常用指标

一是职工教育经费发生额变动分析。

通过职工教育经费发生额变动分析，可以迅速发现职工教育经费支出的异常情况。职工教育经费发生额变动率＝（本年职工教育经费支出－上年职工教育经费支出）÷上年职工教育经费支出×100%，“职工教育经费支出”数据取自《A105050职工薪酬支出及纳税调整明细表》。当职工教育经费发生额变动率＞0且较大时，为疑点，需进一步核实职工教育经费支出的具体费用，尤其要审核是否列支了职工个人的学历教育费用以及其他不属于职工教育经费的费用。

二是职工教育经费与工资薪金配比分析。

职工教育经费支出额的规模直接影响税收风险的大小。可通过职工教育经费占工资薪金的比例衡量纳税人发生的职工教育经费的规模大小。职工教育经费占比＝职工教育经费÷工资薪金总额×100%，“职工教育经费支出”数据取自《A105050职工薪酬支出及纳税调整明细表》。若职工教育经费占比≥2.5%（部分行业为8%），表明纳税人职工教育经费支出金额大，虚列风险大，需结合教育经费支出凭证审核是否存在虚列教育经费的问题。若职工教育经费占比＜1.5%（可按行业进行测算确定，大多数行业不发生职工教育经费支出），表明纳税人职工教育经费支出金额较小，虚列风险较小。

【案例5－10】接【案例2－1】，抽取A公司2013年、2014年和2015年的企业所得税年度纳税申报表中与职工教育经费相关的数据，汇总计算生成表5－13。A公司原始的、全部的纳税申报数据详见第九章案例1。

表5－13　与职工教育经费相关的数据汇总表　　单位：元

项目	账载金额	税收金额	纳税调整金额	职工教育经费占比	职工教育经费变动率
	1	2	3（1－2）	4	5
工资薪金支出					
2013年	49 891 983.26	48 235 655.5	1 656 327.76		
2014年	19 568 163.18	19 445 515.79	122 647.39		
2015年	20 990 322.47	21 888 856.69	－898 534.22		

续表

项目	账载金额	税收金额	纳税调整金额	职工教育经费占比	职工教育经费变动率
	1	2	3（1-2）	4	5
职工教育经费支出					
2013年	2 768.2	2 768.2		0.01%	
2014年	48 268.17	48 268.17	0	0.25%	1 643.67%
2015年	57 015.19	57 015.19	0	0.27%	18.12%

【案头分析】

表5-13数据显示，A公司2013年、2014年和2015年的职工教育经费占工资薪金支出金额的比例分别为0.01%、0.25%、0.27%，变动率虽然很大，但每年支出的金额很小，因此该纳税人职工教育经费支出风险也小，不存在虚列疑点。

13. 如何对佣金和手续费进行案头分析？

手续费是指纳税人因他人代为办理有关事项而支付的相应报酬；佣金是指纳税人在销售业务发生时支付给中间人的报酬，中间人必须是有权从事中介服务的单位或个人，但不包括本企业的职工。手续费及佣金实质上是纳税人支付的符合一定条件的劳务报酬，在商业活动中普遍存在。

对手续费及佣金支出进行案头分析，必须准确掌握手续费及佣金扣除的税会差异：

企业所得税政策规定，企业（不包括保险企业）发生与生产经营有关的以转账方式支付的手续费及佣金支出，不超过与具有合法经营资格中介服务机构或个人（不含交易双方及其雇员、代理人和代表人等）所签订服务协议或合同确认的收入金额的5%计算的限额以内的部分，准予扣除；超过部分，不得扣除。以下手续费及佣金支出不得税前扣除：一是企业支付给不具有合法经营资格的中介服务企业的手续费及佣金。二是未签订代办协议或合同，支付的手续费及佣金。三是除委托个人代理外，企业以现金等非转账方式支付的手续费及佣金。四是为发行权益性证券支付给有关证券承销机构的手续费及佣金。房地产开发企业委托境外机构销售开发产品的，其支付境外机构的销售费用（含佣金或手续费）不超过委托销售收入10%的部分，准予据实扣除。同时要求纳税人向当地主管税务机关提供当年手续费及佣金计算分配表和其他相关资料。

会计方面对于实施小企业会计准则的纳税人，在商品销售过程中发生业务费用，在发生时直接计入“营业费用”，期末结转计入“本年利润”。对于实施新《企业会计准则》的纳税人，在实际发生时直接计入“销售费用”，期末结转计入“本年利润”。

案头分析佣金和手续费时，首先将纳税人报送的手续费及佣金计算分配表的填报数据与《A104000 期间费用明细表》中“佣金和手续费”项的填报数据进行比对；营改增后还可与增值税发票电子底账管理系统中查询汇总的手续费及佣金金额进行比对。其次要针对纳税人报送的手续费及佣金计算分配表的填报内容结合其同时报送的其他相关资料，分析纳税人佣金和手续费支出的合理性和真实性。最后在核查时，围绕手续费及佣金计算分配表，结合合同、协议以及相关明细账等重点审核纳税人是否与具有合法经营资格中介服务机构签订服务协议或合同；是否以现金等非转账方式支付手续费及佣金给中介服务机构；所委托的个人是否为其雇员、代理人和代表人；是否将手续费及佣金支出计入回扣、业务提成、返利、进场费等费用；与购进固定资产、无形资产等资产相关的手续费及佣金支出是否在发生当期直接扣除；是否将支付的手续费及佣金直接冲减服务协议或合同金额；佣金和手续费是否超过规定的扣除限额而没有调增。

【案例 5 - 11】接【案例 2 - 1】，抽取 A 公司 2013 年、2014 年和 2015 年的企业所得税年度纳税申报表中与佣金和手续费相关的数据，汇总计算生成表 5 - 14。A 公司原始的、全部的纳税申报数据详见第九章案例 1。

表 5 - 14　　与佣金和手续费相关的数据汇总表　　单位：元

	销售费用	其中：境外支付	管理费用	其中：境外支付	财务费用	其中：境外支付
	1	2	3	4	5	6
佣金和手续费（2014 年）	0	0	0	0	995 080. 44	0
佣金和手续费（2015 年）	0	0	0	0	976 743. 24	0
利息收支（2014 年）					20 431 059. 75	9 784 208. 04
利息收支（2015 年）					21 929 127. 33	9 747 531. 83

【案头分析】

表 5 - 14 数据显示，A 公司 2014 年和 2015 年发生佣金和手续费支出分别为 995 080. 44 元、976 743. 24 元，主要发生在财务费用中，是与资金结算相关的手续费。同时，表 5 - 14 中数据显示该公司 2014 年和 2015 年发生利息支出分别为 20 431 059. 75 元、21 929 127. 33 元。可见，佣金和手续费与该公司的借款直接相关。一般情况下，金融机构办理结算业务收取的手续费不会超过 5%，因此，该纳税人佣金和手续费支出风险较小，不存在虚列费用的疑点。

14. 如何对利息支出进行案头分析?

利息支出是指纳税人向非金融企业借款而支付的相应报酬。借款在商业活动中普遍存在。借款主要有三种情况：向金融企业借款、向非金融企业借款、向自然人借款。借款来源不同，利率也不同，向金融企业借款利率最低。对于一个纳税人而言，三种来源的借款可能都存在。《A104000 期间费用明细表》中的“利息收支”是根据会计科目的具体项目金额填报的，是企业发生的全部计入当期损益的借款利息；《A105000 纳税调整项目明细表》“利息支出”的“账载金额”填报纳税人向非金融企业借款并计入当期损益的利息，包括向非金融企业借款、向自然人借款两种情况。

对利息支出进行案头分析，必须准确掌握利息支出扣除的税会差异。

“利息支出”税会差异主要是扣除范围不同和金额限制。会计上在发生借款费用时根据其发生额确认为费用，计入当期损益；而企业所得税则设置了诸多条件。具体存在差异如下：

企业在生产经营活动中向非金融企业借款的利息支出，不超过按照金融企业同期同类贷款利率计算的数额的部分准予扣除；企业应在按照合同要求首次支付利息并进行税前扣除时，提供“金融企业的同期同类贷款利率情况说明”，以证明其利息支出的合理性。这里的“金融企业”是指经政府有关部门批准成立的可以从事贷款业务的企业，包括银行、财务公司、信托公司等金融机构。小额贷款公司是省、市金融办（金融局）批准设立的不吸收公众存款，经营小额贷款业务的有限责任公司或股份有限公司。因此，小额贷款公司应属于金融企业。

企业向内部职工或其他人员（非股东）借款的利息支出，其借款情况同时符合以下条件：①企业与个人之间的借贷是真实、合法、有效的，并且不具有非法集资目的或其他违反法律、法规的行为；②企业与个人之间签订了借款合同。其利息支出在不超过按照金融企业同期同类贷款利率计算的数额的部分，准予扣除。

企业实际支出给关联方的利息支出，如果有证据证明相关交易活动符合独立交易原则或者该企业的实际税负不高于境内关联方的，在计算应纳税所得额时准予扣除。如果不满足上述条件，企业实际支付给关联方的利息支出，不超过规定比例和税法及其实施有关规定计算的部分，准予扣除，超过的部分不得在发生当期和以后年度扣除。这里的“规定比例”是指企业接受关联方债权性投资与其权益性投资比例为2∶1。

企业投资者在规定期限内未缴足应缴资本额，该企业对外借款所发生的利息，相当于投资者实缴资本额与在规定期限内应缴资本额的差额应计付的部分，不属于企业合理的支出，应由企业投资者负担，不得在计算企业应纳税所得额时扣除。

案头分析时，应结合上述政策差异进行审核。结合“金融企业的同期同类贷款利率情况说明”审核纳税人向非金融企业借款的利息支出，是否将超过金融企业同期同类贷款利率计算的部分依法进行调增申报；审核企业向内部职工或其他人员（非股东）借款的利息支出，是否符合企业所得税前扣除的条件；支出给关联方的利息支出是否正确申报缴纳企业所得税；投资者在规定期限内未缴足应缴资本额，该企业对外借款所发生的利息是否违规在企业所得税前全部扣除。

对利息支出进行案头分析，除了审核税会差异外，还需掌握常见的虚列、多列手法。一是将应资本化的利息支出费用化列支，企业所得税前一次性扣除；二是将计提未支付的利息在企业所得税前扣除；三是支付给个人的利息未取得合法有效扣除凭证；四是将与生产经营无关的利息在企业所得税前扣除。

对利息支出进行案头审核，常用的指标和方法包括：

（1）与利息支出有关的数据比对法

一是将现金流量表的“分配股利、利润或偿付利息所支付的现金”与《A104000 期间费用明细表》中的“利息收支”填报数据进行逻辑关系比对。在纳税人没有分配股利、利润时，前者略大于后者；在纳税人分配股利、利润时，前者大于后者。

二是将《A104000 期间费用明细表》中的“利息收支”填报数据与《A105000 纳税调整项目明细表》的“利息支出”的“账载金额”比对，纳税人既有向金融机构借款又有向非金融机构借款的情况下，前者应大于后者；纳税人只向金融机构借款情况下，后者填报数据为0；纳税人只向非金融机构借款情况下，前者应小于后者。

三是将长短期借款金额与存货、固定资产、无形资产、长期股权投资等报表项目期末余额变化进行比对，分析所借款项是否存在合理的用途，进而分析利息支出的真实性。

（2）与利息支出相关的评估指标

测算利率 = 利息收支 ÷ 银行借款平均余额 × 100%。其中，银行借款平均余额 =（年初借款余额 × 50% + 1 至 11 月末借款余额 + 年末借款余额 × 50%）÷ 12 × 100%，将测算利率与一年期银行借款平均利率比较，若前者大于后者，并且《A105000 纳税调整项目明细表》“利息支出”项的“调增金额”未填报数据，为疑点，需核实纳税人是否存在向非金融机构的借款，利息支出是否符合相关规定。

【案例 5 – 12】 接【案例 2 – 1】，抽取 A 公司 2013 年、2014 年和 2015 年的资产负债表、企业所得税年度纳税申报表、现金流量表中与利息相关的数据，汇总计算生成表 5 – 15。A 公司原始的、全部的纳税申报数据详见第九章案例 1。

表 5 – 15　　与利息相关的数据汇总表　　单位：元

	2013 年	2014 年	2015 年
1. 利息支出	—	20 452 250. 86	21 951 680. 16
2. 利息收支	—	20 431 059. 75（其中：境外支付 9 784 208. 04）	21 929 127. 33（其中：境外支付 9 747 531. 83）

续表

	2013 年	2014 年	2015 年
3. 短期借款	269 994 850. 29	305 675 198. 4	238 557 777. 23
4. 长期借款	260 000 000. 00	260 000 000	260 000 000. 00
5. 长短期借款合计	529 994 850. 3	565 675 198. 4	498 557 777. 2
6. 测算利率 1（1 ÷ 5）		3. 62%	4. 40%
7. 分配股利、利润或偿付利息所支付的现金	15 905 898. 22	22 337 233. 83	20 959 342. 06
8. 测算利率 2（7 ÷ 5）	3. 00%	3. 95%	4. 20%
9. 存货	47 175 475. 25	46 387 905. 96	37 934 053. 42
10. 固定资产原值	347 970 113	359 326 568. 43	362 532 221. 75
11. 无形资产	92 528 628. 61	89 748 014. 17	87 007 616. 79

【案头分析】

表 5 – 15 数据显示，A 公司 2014 年和 2015 年的利息支出数分别为 20 452 250. 86 元、21 951 680. 16 元，均大于当年的利息收支数 20 431 059. 75 元、21 929 127. 33 元，表明该公司的借款为向非金融机构的借款，而且将近 50% 是向境外的借款。

因该公司处于亏损状态，未分配股利和利润，所以“分配股利、利润或偿付利息所支付的现金”实际是偿付利息所支付的现金。偿付利息所支付的现金 2014 年为 22 337 233. 83 元，大于 2014 年的利息支出数 20 452 250. 86 元；2015 年为 20 959 342. 06 元，小于 2015 年的利息支出数 21 951 680. 16 元。显然，两年的数据逻辑关系都存在疑点，需进一步核实，尤其是 2015 年的利息支出数是否存在虚列问题。

利用利息支出与长短期借款合计数测算的利率，2014 年、2015 年分别为 3. 62% 和 4. 40%；利用分配股利、利润或偿付利息所支付的现金与长期借款合计数测算的利率，2013—2015 年分别为 3. 00%、3. 95%、4. 20%。两种方法测算得出的利率均低于一年期银行贷款利率，表明该公司的长、短期借款中存在着不付利息的部分，有悖常理，需进一步核实借款的真实性以及利息支出的真实性。

从纳税人资产情况来看，存货和无形资产期末余额逐年减少；固定资产原值虽有所增加，但增加的金额与借款的规模不相匹配。这表明该公司巨额借款没有合理的用途。

综上分析，该公司存在巨额借款，每年向境内、外支付大额利息支出，非常可疑，需结合借款合同、利息支付凭据等进行核查。

15. 如何对业务招待费进行案头分析？

对业务招待费进行案头审核，必须准确掌握业务招待费扣除的税会差异。

业务招待费扣除的税会差异主要是会计计算利润时据实扣除，而企业所得税法规定，企业发生的与生产经营活动有关的业务招待费支出，按照发生额的60%扣除，但最高不得超过当年销售（营业）收入的5‰。企业在计算业务招待费扣除限额时，其销售（营业）收入额应包括《企业所得税法实施条例》第二十五条规定的视同销售（营业）收入额。对从事股权投资业务的企业（包括集团公司总部、创业投资企业等），其从被投资企业所分配的股息、红利以及股权转让收入，可以按规定的比例计算业务招待费扣除限额。

同时，营改增政策规定，纳税人接受餐饮服务取得增值税专用发票不得作为进项税额抵扣。

案头分析时，需要注意的是，依据企业所得税政策和营改增政策，多列支业务招待费支出对税款缴纳没有益处。因此，业务招待费的纳税风险不是虚列费用，而是将业务招待费转为业务宣传费、会议费等，既可取得进项税额又可在企业所得税前全额扣除。

对业务招待费进行案头审核，常用的指标和方法包括：

（1）与业务招待费支出相关的数据间比对

一是将《A101010 一般企业收入明细表》的“营业收入”项填报数据与《A105010 视同销售和房地产开发企业特定业务纳税调整明细表》的“税收金额”填报数据之和的5‰，与《A105000 纳税调整项目明细表》的“业务招待费支出”的“账载金额”的60%比较，其中较小的数额应与《A105000 纳税调整项目明细表》的“业务招待费支出”的“税收金额”填报数据一致。

如果是房地产企业，将《A101010 一般企业收入明细表》的“营业收入”项填报数据、《A105010 视同销售和房地产开发企业特定业务纳税调整明细表》的“视同销售（营业）收入”项填报数据、“销售未完工产品的收入”项填报数据之和减除“销售未完工产品转完工产品确认的销售收入”项填报数据，以其计算结果的5‰，与《A105000 纳税调整项目明细表》中“业务招待费支出”的“账载金额”项的60%比较，其中较小的数额应与《A105000 纳税调整项目明细表》中“业务招待费支出”的“税收金额”项填报数据一致。

二是将业务招待费支出金额与广告费、业务宣传费支出金额进行比对。如果业务招待费支出金额减少，但广告费、业务宣传费支出金额增加，可能存在将业务招待费转为业务宣传费列支的风险。

三是在增值税发票电子底账库系统中查询纳税人是否取得餐饮业增值税专用发票（编号为3070401000000000000 餐饮服务），若发现此类发票，按照其认证所属期，审核该月增值税纳税申报表附列资料（二）中“其中：按照税法规定不允许抵扣”项是否按照发票注明的税额在此项填报数据，若未填报数据或未全额填报数据，则纳税人存在接受餐饮服务违规抵扣进行税额的行为。

（2）业务招待费占比分析

纳税人的业务招待费支出金额过低，存在将业务招待费转为其他费用列支的风险。因此，可用业务招待费占销售（营业）收入的比例，分析纳税人业务招待费支出的总体规模是否合理。业务招待费占比 = 业务招待费支出 ÷ 销售（营业）收入 × 100%，不同行业、不同性质的企业，其业务招待费占比是不同的，也是有合理区间的。可分类测算各口径纳税人的业务招待费占比预警值，低于预警值的，要作为疑点，结合业务宣传费、会议费等支出情况进行核查，确认是否存在隐匿业务招待费的问题。

（3）业务招待费变动分析

与往年比较纳税人的业务招待费支出金额减少，存在将业务招待费转为其他费用列支的风险。因此，可利用工资薪金支出金额的变动情况，分析纳税人是否存在虚列的风险。业务招待费变动率 =（本年业务招待费支出 − 上年业务招待费支出）÷ 上年业务招待费支出 × 100%，当业务招待费变动率 ≤0 且营业收入变动率 >0 时，为疑点，需结合业务宣传费、会议费凭证审核是否存在转移、隐匿业务招待费的问题。

【案例 5 −13】 接【案例 2 −1】，抽取 A 公司 2013 年、2014 年和 2015 年的企业所得税年度纳税申报表中与业务招待费相关的数据，汇总计算生成表 5 −16。A 公司原始的、全部的纳税申报数据详见第九章案例 1。

表 5 −16　　与业务招待费相关的数据汇总表　　单位：元

业务招待费支出	账载金额	税收金额	调增金额	调减金额
	1	2	3	4
2013 年	1 057	634.2	422.8	
2014 年	37 663.07	22 597.84	15 065.23	0.00
2015 年	19 169.04	11 501.42	7 667.62	0.00
广告费和业务宣传费				
2014 年	19 211 354.50	19 211 354.50	0	0
2015 年	11 761 805.60	11 761 805.60	0	0
营业（销售）收入		业务招待费占比		业务招待费变动率
2013 年	336 474 501.24	0.0003%		
2014 年	356 001 431.55	0.0106%		3 463.20%
2015 年	352 886 127.57	0.0054%		−49.10%

【案头分析】

表 5 −16 数据显示，A 公司 2013 年、2014 年和 2015 年业务招待费的规模很小，分别占收入的 0.0003%、0.0106%、0.0054%；同时变动率有增有减，2014 年比 2013 年大幅增加，但是 2015 年比 2014 年大幅减少；同年的广告费和业务宣传费支出金额非常大。综合上述分析，该纳税人的业务招待费支出金额异常，存在将费用隐匿在业务宣传费中的风

险，需进一步核查业务宣传费的凭证，重点关注只取得商业发票的业务宣传费。

16. 如何对折旧、摊销费进行案头分析?

对折旧、摊销费进行案头审核，必须准确掌握折旧、摊销费的税会差异。

（1）固定资产的税会差异

一是固定资产计提折旧范围差异。会计计提折旧但企业所得税法不允许扣除的固定资产包括房屋、建筑物以外未投入使用的固定资产，与经营活动无关的固定资产。

案头分析时，需确认纳税人是否存在上述两种固定资产，已计提的折旧额税前是否调增。

二是固定资产折旧年限差异。企业所得税法规定，除国务院财政、税务主管部门另有规定外，固定资产计算折旧的最低年限：①房屋、建筑物，为20年；②飞机、火车、轮船、机器、机械和其他生产设备，为10年；③与生产经营活动有关的器具、工具、家具等，为5年；④飞机、火车、轮船以外的运输工具，为4年；⑤电子设备，为3年。会计准则规定企业应当根据固定资产的性质和使用情况，合理确定固定资产的使用寿命。

案头分析时，可按照企业所得税法规定的最低折旧年限，分别计算各类固定资产的最高折旧率，其中房屋、建筑物为5%；飞机、火车、轮船、机器、机械和其他生产设备为10%；与生产经营活动有关的器具、工具、家具等为20%；飞机、火车、轮船以外的运输工具为25%；电子设备为33.33%。利用《A105080资产折旧、摊销及纳税调整明细表》中五类固定资产的“资产原值”和“本年折旧、摊销额”项填报数据，计算各类固定资产的折旧率并与该类固定资产最高折旧率进行比对，当前者大于后者时，存在多提折旧的风险。

三是特殊行业新购进固定资产加速折旧差异。企业所得税政策规定，①企业拥有并用于生产经营的主要或关键的固定资产，由于技术进步，产品更新换代较快的或常年处于强震动、高腐蚀状态的，确需加速折旧的，可以缩短折旧年限或者采取加速折旧的方法；②对生物药品制造业，专用设备制造业，铁路、船舶、航空航天和其他运输设备制造业，计算机、通信和其他电子设备制造业，仪器仪表制造业，信息传输、软件和信息技术服务业等6个行业的企业2014年1月1日后新购进的固定资产，可缩短折旧年限或采取加速折旧的方法；③对轻工、纺织、机械、汽车等4个领域重点行业的企业2015年1月1日后新购进的固定资产，可由企业选择缩短折旧年限或采取加速折旧的方法；④对所有行业的企业2014年1月1日后新购进的专门用于研发的仪器、设备，单位价值超过100万元的，可缩短折旧年限或采取加速折旧的方法；⑤集成电路生产企业的生产设备，其折旧年限可以适当缩短，最短可为3年（含）；⑥企业外购的软件，凡符合固定资产或无形资产确认条件的，可以按照固定资产或无形资产进行核算，其折旧或摊销年限可以适当缩短，最短可为2年（含）。会计准则规定企业应当根据固定资产的性质和使用情况，合理确定固定资产的使用寿命。

案头分析时，发现《A105080资产折旧、摊销及纳税调整明细表》中“重要行业固定资产加速折旧（不含一次性扣除）”“其他行业研发设备加速折旧”两项填报数据时，①审核纳税人是否符合6大行业、4个领域重点行业；②在增值税发票电子底账管理系统中查询纳税人购进固定资产的发票，并将发票金额与申报表上“资产原值”项填报数据较上一年度的增加额进行比对，审核填报数据是否准确；③针对“其他行业研发设备加速折旧”项填报的数据，进行核查，确认所购进固定资产确实符合政策规定的用途。

四是特殊固定资产一次性扣除的差异。企业所得税政策规定，①对上述生物药品制造业等6个行业的小型微利企业2014年1月1日后新购进的研发和生产经营共用的仪器、设备，单位价值不超过100万元的，允许一次性计入当期成本费用在计算应纳税所得额时扣除，不再分年度计算折旧；②上述轻工等4个领域重点行业的小型微利企业2015年1月1日后新购进的研发和生产经营共用的仪器、设备，单位价值不超过100万元的，允许一次性计入当期成本费用在计算应纳税所得额时扣除，不再分年度计算折旧；③对所有行业企业2014年1月1日后新购进的专门用于研发的仪器、设备，单位价值不超过100万元的，允许一次性计入当期成本费用在计算应纳税所得额时扣除，不再分年度计算折旧；④对所有企业持有的单位价值不超过5 000元的固定资产，允许一次性计入当期成本费用在计算应纳税所得额时扣除，不再分年度计算折旧。⑤企业在2018年1月1日至2020年12月31日期间新购进的设备、器具，单位价值不超过500万元的，允许一次性计入当期成本费用在计算应纳税所得额时扣除，不再分年度计算折旧；单位价值超过500万元的，仍按企业所得税法实施条例、《财政部　国家税务总局关于完善固定资产加速折旧企业所得税政策的通知》（财税〔2014〕75号）、《财政部　国家税务总局关于进一步完善固定资产加速折旧企业所得税政策的通知》（财税〔2015〕106号）等相关规定执行。

案头分析时，在2014—2017纳税年度，发现企业所得税资产折旧、摊销相关明细表中“单价不超过100万元专用研发设备”“重要行业小型微利企业单价不超过100万元研发生产共用设备”“5 000元以下固定资产”三项填报数据时，①审核纳税人是否符合行业要求、资格要求；②在增值税发票电子底账管理系统中查询纳税人购进固定资产的发票，并将发票金额与申报表上“资产原值”项填报数据进行比对，审核填报数据是否准确；③进一步核查，确认所购进固定资产确实符合政策规定的用途、购进固定资产的单位价值符合政策规定。在2018—2020纳税年度，重点审核一次性扣除的固定资产是否为新购进的固定资产以及购进固定资产的单位价值符合政策规定。

五是预计净残值的差异。企业所得税规定，固定资产的折旧年限、预计净残值一经确定，不得变更。会计准则规定，固定资产使用寿命、预计净残值一经确定，不得随意变更。但是每年年度终了使用寿命预计数、预计净残值预计数与原先估计数有差异的，应当调整。固定资产使用寿命、预计净残值和折旧方法的改变应当作为会计估计变更。

案头分析时，应关注纳税人是否标注会计估计变更。企业所得税日常管理要求，纳税人会计核算相关事项发生变化时，要在年初进行报告。在2014版、2015版企业所得税纳税申报表的基础信息表中更是设有这一选项，“205 会计政策和估计是否发生变化”要求纳税人报送时进行确认。当纳税人确认“是”，案头分析时要考虑这种变化对指标的影响。

六是对固定资产计提减值准备的差异。企业所得税法规定，未经核定的准备金支出在计算应纳税所得额时不得扣除，企业已提取减值准备的固定资产、无形资产等，应当按照资产的计税基础及折旧年限、摊销年限确定可扣除的折旧额或摊销额。会计准则规定，资产的可收回金额低于其账面价值的，应当将资产的账面价值减记至可收回金额，减记的金额确认为资产减值损失，计入当期损益，同时计提相应的资产减值准备。资产减值损失确认后，减值资产的折旧或者摊销费用应当在未来期间作相应调整，以使该资产在剩余使用寿命内，系统地分摊调整后的资产账面价值（扣除预计净残值）。

案头分析时，发现《A105080 资产折旧、摊销及纳税调整明细表》中“资产原值”项与“资产计税基础”项填报数据不一致时，要审核固定资产计提减值准备时，是否进行纳税调增申报，后续年度纳税调减金额是否准确。

七是已投入使用未取得全额发票的不动产折旧额的差异。固定资产投入使用后，因工程款项尚未结清而未取得全额发票的不动产，企业所得税法规定，可暂按合同规定的金额计入固定资产计税基础计提折旧，待发票取得后进行调整，但该项调整应在固定资产投入使用后12个月内进行。会计准则规定，按照暂估价格计提折旧，未来取得发票的金额同暂估价格有出入的，不再进行追溯调整。

案头分析时，发现纳税人资产负债表中“在建工程”项期末余额长期不变动，挂账时间超过12个月，要考虑发生了上述业务，审核企业所得税计算时折旧额是否正确。

八是对未足额提取折旧的房屋、建筑物推倒重置折旧额差异。企业对房屋、建筑物固定资产在未足额提取折旧前进行推倒重置。企业所得税政策规定，该资产原值减除提取折旧后的净值，应并入重置后的固定资产计税成本，并在该固定资产投入使用后的次月起，按照税法规定的折旧年限，一并计提折旧。企业会计准则规定，企业至少应当于每年年度终了，对房屋建筑物的使用寿命、预计净残值和折旧方法进行复核。房屋建筑物使用寿命的改变应当作为会计估计变更。由于拆除决议导致原来估计的使用寿命发生改变，企业需要采用未来适用法，按重新估计的使用寿命计提折旧。

案头分析时，结合纳税人对会计政策和估计变更的报备情况，分析纳税人是否发生上述业务。审核时要注意区分房屋、建筑物的存续时间和计提折旧情况。如果被拆除房屋已经计提折旧的期间合计长于20年，则会计估计变更后计提的折旧可以税前扣除，且由于已足额提取折旧，不涉及将净值并入重置后固定资产的问题。如果已经计提折旧的期间合计少于20年，则会计处理时计提的折旧需按税法规定进行调整，且由于未足额提取折旧，净值应并入重置后的固定资产计税成本并按规定计提折旧。

（2）无形资产的税会差异

无形资产的税会差异主要是摊销年限差异。会计准则规定，使用寿命有限的无形资产，其应摊销金额应当在使用寿命内系统合理摊销。使用寿命不确定的无形资产不应摊销。《企业所得税法实施条例》规定，无形资产的摊销年限不得低于10年；作为投资或者受让的无形资产，有关法律规定或者合同约定了使用年限的，可以按照规定或者约定的使用年限分期摊销。

案头分析时，利用《A105080资产折旧、摊销及纳税调整明细表》中七类无形资产“资产原值”项和“本年折旧、摊销额”项填报数据，计算各类无形资产的摊销率并与10%进行比对，当前者大于后者时，存在多摊销的风险。

对折旧、摊销费进行案头审核，常用的指标和方法包括：

（1）固定资产折旧率异常分析

依托《A105080资产折旧、摊销及纳税调整明细表》的各类固定资产填报数据，分类计算固定资产折旧率，分别审核各类固定资产计提折旧是否存在风险。某类固定资产折旧率=本年折旧、摊销额÷资产原值×100%，其中“本年折旧、摊销额”和“资产原值”取自A105080表中该类固定资产“账载金额”列对应项目的数据。若房屋、建筑物类折旧率大于5%；飞机、火车、轮船、机器、机械和其他生产设备类折旧率大于10%；与生产经营活动有关的器具、工具、家具类折旧率大于20%；飞机、火车、轮船以外的运输工具类折旧率大于25%；电子设备类折旧率大于33.33%，再结合该表“其中：享受固定资产加速折旧及一次性扣除政策的资产加速折旧额大于一般折旧额的部分”栏次填报情况进行分析，一是该栏次未填报数据，表明该企业存在以短于税法规定的最低年限计提折旧的风险；二是该栏次填报数据，需对加速折旧的固定资产进行核实并分析与税法加速折旧的异同。

（2）无形资产摊销率异常分析

依托《A105080资产折旧、摊销及纳税调整明细表》的各类无形资产填报数据，分类计算无形资产的摊销率，分别审核各类无形资产摊销金额是否存在风险。某类无形资产摊销率=本年折旧、摊销额÷资产原值×100%，其中“本年折旧、摊销额”和“资产原值”取自A105080表中该类无形资产“账载金额”列对应项目的数据。若摊销率大于10%，表明该企业存在以短于税法规定的最低年限摊销无形资产的风险，需进一步核查。

【案例5-14】接【案例2-1】，抽取A公司2013年、2014年和2015年的企业所得税年度纳税申报表中与折旧、摊销相关的数据，汇总计算生成表5-17。A公司原始的、全部的纳税申报数据详见第九章案例1。

表 5－17 与折旧、摊销相关的数据汇总表 单位：元

项目	年度	账载金额	本年折旧、摊销额	测算折旧、摊销率
房屋、建筑物	2013	347 970 113.00	18 393 207.56	5.29%
	2014	317 956 422.15	12 649 915.27	3.98%
	2015	318 881 746.15	12 873 969.74	4.04%
与生产经营活动有关的器具、工具、家具等	2013	29 393 019.24	5 073 337.27	17.26%
	2014	33 497 807.57	1 760 908.37	5.26%
	2015	34 623 352.08	1 697 023.59	4.90%
飞机、火车、轮船以外的运输工具	2013	3 666 979.94	84 828.78	2.31%
	2014	3 869 312.00	484 968.33	12.53%
	2015	3 936 662.42	498 268.79	12.66%
电子设备	2013	4 003 026.71	129 044.52	3.22%
	2014	3 395 745.31	84 828.78	2.50%
	2015	5 090 461.10	529 512.63	10.40%
土地使用权	2014	105 962 032.00	2 740 397.38	2.59%
	2015	105 962 032.00	2 740 397.38	2.59%
特许权使用费	2014	2 413 023.53	40 217.06	1.67%
	2015	2 413 023.53	0	0.00%

资产折旧、摊销（填写 A105080）	本年折旧、摊销额	按税收一般规定计算的本年折旧、摊销额	纳税调整
开办费（2013 年）		12 272 094.32	－12 272 094.32
开办费（2014 年）		2 045 349.05	－2 045 349.05
房屋建筑物（2015 年）	12 873 969.74 （账载金额）	12 875 947.66 （计税基础）	－1 977.92

【案头分析】

表 5－17 数据显示，除 2013 年的与生产经营活动有关的器具、工具、家具折旧率 17.26% 高于税法设定的最高折旧率 10% 以外，其他项目的折旧、摊销率均未超过最高折旧率。因此，应核查 2013 年与生产经营活动有关的器具、工具、家具计提折旧额情况。

在长期待摊费用中列支的开办费，2013 年摊销 12 272 094.32 元、2014 年摊销 2 045 349.05 元并摊销完毕，每年摊销额不同有悖企业所得税法规定，应进一步核查。同时，应将累计调减金额与开业年度调增金额进行核对，审核是否存在调减数额大于调增数额。

2015 年房屋建筑物的账载金额小于计税基础，并将差额 1 977.92 元申报调减，在 2013 年、2014 年未有调增事项的情况下进行调减申报，也与房屋、建筑物的特征不符，

应进一步核查。

17. 如何对劳务费进行案头分析？

纳税人在生产经营过程中，除了本企业员工提供劳务，还会从外部接受劳务或服务。与生产货物直接相关的外部劳务记入生产成本；与销售有关的外部劳务记入销售费用；与日常管理有关的外部劳务记入管理费用。接受外部劳务比较规范的方式是劳务派遣或人力资源外包服务，一般能够取得发票进行列支；比较常见的方式是自行招用人员，通常不签订劳动合同、以自制凭证列支劳务费。

案头分析劳务费时，要结合以下税收政策规定进行。

增值税政策从提供劳务方角度设定下列规定，一是一般纳税人提供劳务派遣服务，可以取得的全部价款和价外费用为销售额，按照一般计税方法计算缴纳增值税；也可以选择差额纳税，以取得的全部价款和价外费用，扣除代用工单位支付给劳务派遣员工的工资、福利和为其办理社会保险及住房公积金后的余额为销售额，按照简易计税方法依5%的征收率计算缴纳增值税。二是小规模纳税人提供劳务派遣服务，可以取得的全部价款和价外费用为销售额，按照简易计税方法依3%的征收率计算缴纳增值税；也可以选择差额纳税，以取得的全部价款和价外费用，扣除代用工单位支付给劳务派遣员工的工资、福利和为其办理社会保险及住房公积金后的余额为销售额，按照简易计税方法依5%的征收率计算缴纳增值税。三是选择差额纳税的纳税人，向用工单位收取用于支付给劳务派遣员工工资、福利和为其办理社会保险及住房公积金的费用，不得开具增值税专用发票，可以开具普通发票。四是纳税人提供人力资源外包服务，按照经纪代理服务缴纳增值税，其销售额不包括受客户单位委托代为向客户单位员工发放的工资和代理缴纳的社会保险、住房公积金。向委托方收取并代为发放的工资和代理缴纳的社会保险、住房公积金，不得开具增值税专用发票，可以开具普通发票。一般纳税人提供人力资源外包服务，可以选择适用简易计税方法，按照5%的征收率计算缴纳增值税。

企业所得税政策规定，企业接受外部劳务派遣用工所实际发生的费用，应分两种情况按规定在税前扣除：按照协议（合同）约定直接支付给劳务派遣公司的费用，应作为劳务费支出；直接支付给员工个人的费用，应作为工资薪金支出和职工福利费支出。其中属于工资薪金支出的费用，准予计入企业工资薪金总额的基数，作为计算其他各项相关费用扣除的依据。

纳税人发生劳务费支出，常见违法手法包括：一是发生劳务费未取得符合规定的扣除凭证；二是虚开发票、虚列劳务费。

案头分析时，要结合上述政策进行审核，一是从增值税发票电子底账管理系统查询纳税人取得的商务辅助服务发票（编号3040800000000000000），将发票金额与《A104000期间费用明细表》的“劳务费”合计数进行比对，如果前者小于后者，表明纳税人存在自行招用人员的情况，应进一步核查纳税人是否存在以不符合规定的票据列支劳务费问题；如果前者大于后者，差额应为记入生产成本中的劳务费，可分别针对生产部门、管理部门和销售部门的劳务费进行合理性分析。二是将《A104000 期间费用明细表》的“劳务费”合计数与纳税人的《A105050 职工薪酬支出及纳税调整明细表》中“工资薪金支出”数据进行占比计算，分析劳务费规模，审核是否存在虚列劳务费的风险。三是比对不同年度《A104000 期间费用明细表》的“劳务费”合计数的变动情况，分析劳务费规模，审核是否存在虚列劳务费的风险。

需要注意的是，依据国家税务总局公告 2018 年第 28 号发布的《企业所得税税前扣除凭证管理办法》规定，企业在境内发生的支出项目属于增值税应税项目（以下简称“应税项目”）的，对方为依法无需办理税务登记的单位或者从事小额零星经营业务的个人，其支出以税务机关代开的发票或者收款凭证及内部凭证作为税前扣除凭证，收款凭证应载明收款单位名称、个人姓名及身份证号、支出项目、收款金额等相关信息。小额零星经营业务的判断标准是个人从事应税项目经营业务的销售额不超过增值税相关政策规定的起征点。

【案例 5－15】接【案例 2－1】，抽取 A 公司 2013 年、2014 年和 2015 年的企业所得税年度纳税申报表中与劳务费相关的数据，汇总计算生成表 5－18。A 公司原始的、全部的纳税申报数据详见第九章案例 1。

表 5－18　　与劳务费相关的数据汇总表　　单位：元

	销售费用中劳务费	管理费用中劳务费	劳务费合计	工资薪金支出	劳务费占工薪比
2014 年	8 676 632.30	1 398 632.86	10 075 265.2	19 568 163.18	51.49%
2015 年	7 502 177.98	1 780 008.70	9 282 186.68	20 990 322.47	44.22%

【案头分析】

表 5－18 数据显示，A 公司 2014 年和 2015 年的劳务费分别为 10 075 265.2 元、9 282 186.68 元，分别占工资薪金的比例分别为 51.49%、44.22%，表明该公司劳务费金额大、占比高。该公司 2014 年和 2015 年职工人数分别为 337 人、265 人，按照劳务费金额推算，该公司另有 160～200 人的劳务人员在为企业提供服务，需结合考勤记录、凭证进一步核实劳务费用。

18. 如何对研究费用进行案头分析？

纳税人发生研究费用，如果自行研发购进的材料等若取得货物的增值税专用发票，其进项税额可以抵扣，除进项税额以外的支出金额可以享受企业所得税的加计扣除政策。如果委托境内其他单位进行研发，若取得研发服务的增值税专用发票，其进项税额可以抵扣，除进项税额以外的支出金额的80%也可以享受企业所得税的加计扣除政策。如果委托境外机构进行研发，若取得代扣代缴税收缴款凭证，其进项税额可以抵扣，除进项税额以外的支出金额，依据《关于企业委托境外研究开发费用税前加计扣除有关政策问题的通知》（财税〔2018〕64号）规定，委托境外进行研发活动所发生的费用，按照费用实际发生额的80%计入委托方的委托境外研发费用。委托境外研发费用不超过境内符合条件的研发费用三分之二的部分，可以按规定在企业所得税前加计扣除。

案头分析研究费用时，要结合税收政策规定进行。

增值税政策规定，研发服务也称技术开发服务，是指对新技术、新产品、新工艺或者新材料及其系统进行研究与试验开发的业务活动，属于现代服务，税率为6%。

企业所得税政策规定，企业发生符合条件的研究开发费用，可以享受加计扣除优惠政策。具体条件和政策内容，2016年1月1日之前，按照《国家税务总局关于印发〈企业研究开发费用税前扣除管理办法（试行）〉的通知》（国税发〔2008〕116号）和《财政部　国家税务总局关于研究开发费用税前加计扣除有关政策问题的通知》（财税〔2013〕70号）执行，2016年1月1日之后按照以下规定执行：

（1）可加计扣除的企业范围、活动性质、资金来源等条件

①企业范围界定。

从事研发活动或创意设计活动，会计核算健全、实行查账征收并能够准确归集研发费用的居民企业，可享受加计扣除。

取得科技型中小企业登记编号的企业可享受科技型中小企业研究开发费用税前加计扣除政策。

以下列行业业务为主营业务，其研发费用发生当年的主营业务收入占企业按《企业所得税法》第六条规定计算的收入总额减除不征税收入和投资收益后余额的50%（不含）以上的企业，不可享受加计扣除：烟草制造业、住宿和餐饮业、批发和零售业、房地产业、租赁和商务服务业、娱乐业、财政部和国家税务总局规定的其他行业。

②活动性质界定。

研发活动是指企业为获得科学与技术新知识，创造性运用科学技术新知识，或实质性改进技术、产品（服务）、工艺而持续进行的具有明确目标的系统性活动。

创意设计活动是指多媒体软件、动漫游戏软件开发，数字动漫、游戏设计制作；房屋建筑工程设计（绿色建筑评价标准为三星）、风景园林工程专项设计；工业设计、多媒体设计、动漫及衍生产品设计、模型设计等。

以下活动不属于研发活动，不可享受研发费用加计扣除政策：企业产品（服务）的常规性升级；对某项科研成果的直接应用，如直接采用公开的新工艺、材料、装置、产品、服务或知识等；企业在商品化后为顾客提供的技术支持活动。对现存产品、服务、技术、材料或

工艺流程进行的重复或简单改变；市场调查研究、效率调查或管理研究；作为工业（服务）流程环节或常规的质量控制、测试分析、维修维护；社会科学、艺术或人文学方面的研究。

③研发资金的要求。

企业取得作为不征税收入处理的财政性资金用于研发活动所形成的费用或无形资产，不得计算加计扣除或摊销。

（2）允许加计扣除的研发费用标准

企业开展研发活动中实际发生的研发费用，未形成无形资产计入当期损益的，在按规定据实扣除的基础上，按照本年度实际发生额的50%，从本年度应纳税所得额中扣除；形成无形资产的，按照无形资产成本的150%在税前摊销。

科技型中小企业开展研发活动中实际发生的研发费用，未形成无形资产计入当期损益的，在按规定据实扣除的基础上，在2017年1月1日至2019年12月31日期间，再按照实际发生额的75%在税前加计扣除；形成无形资产的，在上述期间按照无形资产成本的175%在税前摊销。

（3）研发费用归集的具体范围

研发费用的具体范围通过两个文件明确，详见表5－19，部分内容进行了调整，表5－19中用楷体进行标注，以示差异。

表5－19　　　　研发费用归集范围比照一览表

比照项目	国家税务总局公告2015年第97号	国家税务总局公告2017年第40号
	适用于2016年度汇算清缴	适用于2017年度及以后年度汇算清缴
人员人工费用	直接从事研发活动人员的工资薪金、基本养老保险费、基本医疗保险费、失业保险费、工伤保险费、生育保险费和住房公积金，以及外聘研发人员的劳务费用 企业直接从事研发活动人员包括研究人员、技术人员、辅助人员。研究人员是指主要从事研究开发项目的专业人员；技术人员是指具有工程技术、自然科学和生命科学中一个或一个以上领域的技术知识和经验，在研究人员指导下参与研发工作的人员；辅助人员是指参与研究开发活动的技工。 企业外聘研发人员是指与本企业签订劳务用工协议（合同）和临时聘用的研究人员、技术人员、辅助人员。 企业从事研发活动的人员，同时从事非研发活动的，应对其人员活动情况做必要记录，并将其实际发生的相关费用按实际工时占比等合理方法在研发	指直接从事研发活动人员的工资薪金、基本养老保险费、基本医疗保险费、失业保险费、工伤保险费、生育保险费和住房公积金，以及外聘研发人员的劳务费用 （一）直接从事研发活动人员包括研究人员、技术人员、辅助人员。研究人员是指主要从事研究开发项目的专业人员；技术人员是指具有工程技术、自然科学和生命科学中一个或一个以上领域的技术知识和经验，在研究人员指导下参与研发工作的人员；辅助人员是指参与研究开发活动的技工。外聘研发人员是指与本企业或劳务派遣企业签订劳务用工协议（合同）和临时聘用的研究人员、技术人员、辅助人员。 接受劳务派遣的企业按照协议（合同）约定支付给劳务派遣企业，且由劳务派遣企业实际支付给外聘研发人员的工资薪金等费用，属于外聘研发人员的劳务费用。 （二）工资薪金包括按规定可以在税前扣除的对研发人员股权激励的支出。

续表

比照项目	国家税务总局公告 2015 年第 97 号	国家税务总局公告 2017 年第 40 号
	适用于 2016 年度汇算清缴	适用于 2017 年度及以后年度汇算清缴
人员人工费用	费用和生产经营费用间分配，未分配的不得加计扣除。	（三）直接从事研发活动的人员、外聘研发人员同时从事非研发活动的，企业应对其人员活动情况做必要记录，并将其实际发生的相关费用按实际工时占比等合理方法在研发费用和生产经营费用间分配，未分配的不得加计扣除。
直接投入费用	研发活动直接消耗的材料、燃料和动力费用；用于中间试验和产品试制的模具、工艺装备开发及制造费，不构成固定资产的样品、样机及一般测试手段购置费，试制产品的检验费；用于研发活动的仪器、设备的运行维护、调整、检验、维修等费用，以及通过经营租赁方式租入的用于研发活动的仪器、设备租赁费。 企业研发活动直接形成产品或作为组成部分形成的产品对外销售的，研发费用中对应的材料费用不得加计扣除。 企业在计算加计扣除的研发费用时，应扣减已按《通知》规定归集计入研发费用，但在当期取得的研发过程中形成的下脚料、残次品、中间试制品等特殊收入；不足扣减的，允许加计扣除的研发费用按零计算	指研发活动直接消耗的材料、燃料和动力费用；用于中间试验和产品试制的模具、工艺装备开发及制造费，不构成固定资产的样品、样机及一般测试手段购置费，试制产品的检验费；用于研发活动的仪器、设备的运行维护、调整、检验、维修等费用，以及通过经营租赁方式租入的用于研发活动的仪器、设备租赁费。 （一）以经营租赁方式租入的用于研发活动的仪器、设备，同时用于非研发活动的，企业应对其仪器设备使用情况做必要记录，并将其实际发生的租赁费按实际工时占比等合理方法在研发费用和生产经营费用间分配，未分配的不得加计扣除。 （二）企业研发活动直接形成产品或作为组成部分形成的产品对外销售的，研发费用中对应的材料费用不得加计扣除。 产品销售与对应的材料费用发生在不同纳税年度且材料费用已计入研发费用的，可在销售当年以对应的材料费用发生额直接冲减当年的研发费用，不足冲减的，结转以后年度继续冲减。 企业取得研发过程中形成的下脚料、残次品、中间试制品等特殊收入，在计算确认收入当年的加计扣除研发费用时，应从已归集研发费用中扣减该特殊收入，不足扣减的，加计扣除研发费用按零计算
折旧费用	用于研发活动的仪器、设备的折旧费。 企业用于研发活动的仪器、设备，同时用于非研发活动的，应对其仪器设备使用情况做必要记录，并将其实际发生的相关费用按实际工时占比等合理方法在研发费用和生产经营费用间分配，未分配的不得加计扣除。 企业用于研发活动的仪器、设备，符合税法规定且选择加速折旧优惠政策的，在享受研发费用税前加计扣除时，就已经进行会计处理计算的折旧、费用的部分加计扣除，但不得超过按税法规定计算的金额	指用于研发活动的仪器、设备的折旧费。 （一）用于研发活动的仪器、设备，同时用于非研发活动的，企业应对其仪器设备使用情况做必要记录，并将其实际发生的折旧费按实际工时占比等合理方法在研发费用和生产经营费用间分配，未分配的不得加计扣除。 （二）企业用于研发活动的仪器、设备，符合税法规定且选择加速折旧优惠政策的，在享受研发费用税前加计扣除政策时，就税前扣除的折旧部分计算加计扣除

续表

比照项目	国家税务总局公告 2015 年第 97 号	国家税务总局公告 2017 年第 40 号
	适用于 2016 年度汇算清缴	适用于 2017 年度及以后年度汇算清缴
无形资产摊销	用于研发活动的软件、专利权、非专利技术（包括许可证、专有技术、设计和计算方法等）的摊销费用。 企业用于研发活动的无形资产，同时用于非研发活动的，应对其无形资产使用情况做必要记录，并将其实际发生的相关费用按实际工时占比等合理方法在研发费用和生产经营费用间分配，未分配的不得加计扣除	指用于研发活动的软件、专利权、非专利技术（包括许可证、专有技术、设计和计算方法等）的摊销费用。 （一）用于研发活动的无形资产，同时用于非研发活动的，企业应对其无形资产使用情况做必要记录，并将其实际发生的摊销费按实际工时占比等合理方法在研发费用和生产经营费用间分配，未分配的不得加计扣除。 （二）用于研发活动的无形资产，符合税法规定且选择缩短摊销年限的，在享受研发费用税前加计扣除政策时，就税前扣除的摊销部分计算加计扣除
三新一勘费	新产品设计费、新工艺规程制定费、新药研制的临床试验费、勘探开发技术的现场试验费	新产品设计费、新工艺规程制定费、新药研制的临床试验费、勘探开发技术的现场试验费。指企业在新产品设计、新工艺规程制定、新药研制的临床试验、勘探开发技术的现场试验过程中发生的与开展该项活动有关的各类费用
其他相关费用	与研发活动直接相关的其他费用，如技术图书资料费、资料翻译费、专家咨询费、高新科技研发保险费，研发成果的检索、分析、评议、论证、鉴定、评审、评估、验收费用，知识产权的申请费、注册费、代理费，差旅费、会议费等。此项费用总额不得超过可加计扣除研发费用总额的 10%	与研发活动直接相关的其他费用，如技术图书资料费、资料翻译费、专家咨询费、高新科技研发保险费，研发成果的检索、分析、评议、论证、鉴定、评审、评估、验收费用，知识产权的申请费、注册费、代理费，差旅费、会议费，职工福利费、补充养老保险费、补充医疗保险费。 此类费用总额不得超过可加计扣除研发费用总额的 10%
	企业在一个纳税年度内进行多项研发活动的，应按照不同研发项目分别归集可加计扣除的研发费用。在计算每个项目其他相关费用的限额时应当按照以下公式计算： 其他相关费用限额 = 《通知》第一条第一项允许加计扣除的研发费用中的第 1 项至第 5 项的费用之和 × 10%/(1 − 10%) 当其他相关费用实际发生数小于限额时，按实际发生数计算税前加计扣除数额；当其他相关费用实际发生数大于限额时，按限额计算税前加计扣除数额	

（4）委托外部机构或个人进行研发活动所发生的费用扣除

企业委托外部机构或个人开展研发活动发生的费用，可按规定税前扣除；加计扣除时按照研发活动发生费用的 80% 作为加计扣除基数。委托个人研发的，应凭个人出具的发票等合法有效凭证在税前加计扣除。所称“研发活动发生费用”是指委托方实际支付给受托方的费用。无论委托方是否享受研发费用税前加计扣除政策，受托方均不得加计扣除。

2018 年 1 月 1 日前企业委托境外研发所发生的费用不得加计扣除，其中受托研发的境外机构是指依照外国和地区（含港澳台）法律成立的企业和其他取得收入的组织。受托研发的境外个人是指外籍（含港澳台）个人。自 2018 年 1 月 1 日起，委托境外进行研发活动所发生的费用，按照费用实际发生额的 80% 计入委托方的委托境外研发费用。委托境外研发费用不超过境内符合条件的研发费用三分之二的部分，可以按规定在企业所得税前加计扣除。所称委托境外进行研发活动不包括委托境外个人进行的研发活动。

（5）共同合作开发的项目研发费用加计扣除

企业共同合作开发的项目，由合作各方就自身实际承担的研发费用分别计算加计扣除。

（6）集团的研发费用加计扣除

企业集团根据生产经营和科技开发的实际情况，对技术要求高、投资数额大，需要集中研发的项目，其实际发生的研发费用，可以按照权利和义务相一致、费用支出和收益分享相配比的原则，合理确定研发费用的分摊方法，在受益成员企业间进行分摊，由相关成员企业分别计算加计扣除。

（7）会计核算与管理

企业应对研发费用和生产经营费用分别核算，准确、合理归集各项费用支出，对划分不清的，不得实行加计扣除。企业在一个纳税年度内进行多项研发活动的，应按照不同研发项目分别归集可加计扣除的研发费用。

企业应按照国家财务会计制度要求，对研发支出进行会计处理。研发项目立项时应设置研发支出辅助账，由企业留存备查。

2016 年度企业所得税汇算清缴按照以下规定执行：年末汇总分析填报研发支出辅助账汇总表，并在报送《年度财务会计报告》的同时随附注一并报送主管税务机关。

企业年度纳税申报时，根据研发支出辅助账汇总表填报研发项目可加计扣除研发费用情况归集表，在年度纳税申报时随申报表一并报送。

企业应当不迟于年度汇算清缴纳税申报时，向税务机关报送《企业所得税优惠事项备案表》和研发项目文件完成备案，并将下列资料留存备查：

①自主、委托、合作研究开发项目计划书和企业有权部门关于自主、委托、合作研究开发项目立项的决议文件；

②自主、委托、合作研究开发专门机构或项目组的编制情况和研发人员名单；

③经科技行政主管部门登记的委托、合作研究开发项目的合同；

④从事研发活动的人员和用于研发活动的仪器、设备、无形资产的费用分配说明（包括工作使用情况记录）；

⑤集中研发项目研发费决算表、集中研发项目费用分摊明细情况表和实际分享收益比例等资料；

⑥“研发支出”辅助账；

⑦企业如果已取得地市级（含）以上科技行政主管部门出具的鉴定意见，应作为资料留存备查。

案头分析时，围绕《A107012 研发费用加计扣除优惠明细表》，结合纳税人报送的《企业所得税优惠事项备案表》、研发支出辅助账汇总表，比照研发费用归集范围的政策规定，审核分析研发费用列示是否真实、准确。

2017 年度及以后年度企业所得税汇算清缴按照以下规定执行：

不再报送研发支出辅助账汇总表、研发项目可加计扣除研发费用情况归集表、《企业所得税优惠事项备案表》和研发项目文件。

开发新技术、新产品、新工艺发生的研究开发费用加计扣除，按照要求留存下列文件备查：

①自主、委托、合作研究开发项目计划书和企业有权部门关于自主、委托、合作研究开发项目立项的决议文件；

②自主、委托、合作研究开发专门机构或项目组的编制情况和研发人员名单；

③经科技行政主管部门登记的委托、合作研究开发项目的合同；

④从事研发活动的人员（包括外聘人员）和用于研发活动的仪器、设备、无形资产的费用分配说明（包括工作使用情况记录及费用分配计算证据材料）；

⑤集中研发项目研发费决算表、集中研发项目费用分摊明细情况表和实际分享收益比例等资料；

⑥“研发支出”辅助账及汇总表；

⑦企业如果已取得地市级（含）以上科技行政主管部门出具的鉴定意见，应作为资料留存备查。

企业为获得创新性、创意性、突破性的产品进行创意设计活动而发生的相关费用加计扣除，按照要求留存下列文件备查：

①创意设计活动相关合同；

②创意设计活动相关费用核算情况的说明。

科技型中小企业开发新技术、新产品、新工艺发生的研究开发费用加计扣除，按照要求留存下列文件备查：

①自主、委托、合作研究开发项目计划书和企业有权部门关于自主、委托、合作研究开发项目立项的决议文件；

②自主、委托、合作研究开发专门机构或项目组的编制情况和研发人员名单；

③经科技行政主管部门登记的委托、合作研究开发项目的合同；

④从事研发活动的人员（包括外聘人员）和用于研发活动的仪器、设备、无形资产的费用分配说明（包括工作使用情况记录及费用分配计算证据材料）；

⑤集中研发项目研发费决算表、集中研发项目费用分摊明细情况表和实际分享收益比例等资料；

⑥“研发支出”辅助账及汇总表；

⑦企业已取得的地市级（含）以上科技行政主管部门出具的鉴定意见；

⑧科技型中小企业取得的入库登记编号证明资料。

19. 如何对其他费用支出进行案头分析?

对纳税人发生的其他费用支出，可从《A104000 期间费用明细表》填报数据获取相关信息。结合纳税人的生产经营情况以及上一年度费用支出情况，分析发生该项费用支出的合理性、支出金额是否存在异常风险。

【案例5－16】接【案例2－1】，抽取A公司2013年、2014年和2015年的企业所得税年度纳税申报表中其他费用的数据，汇总生成表5－20。A公司原始的、全部的纳税申报数据详见第九章案例1。

表5－20　其他费用的数据汇总表　单位：元

项目	销售费用	其中：境外支付	管理费用	其中：境外支付
咨询顾问费（2014年）			19 093 797.89	5 963 511.79
咨询顾问费（2015年）	360 107.91	49 874.34	21 661 248.25	7 637 922.85
办公费（2014年）	7 195 403.19	0.00	878 516.63	0.00
办公费（2015年）	8 722 274.21	0.00	1 060 840.89	0.00
办公费（2014年合计）	8 073 919.82	办公费（2015年合计）	9 783 115.1	
租赁费（2014年）	－209.13	0.00	0.00	0.00
租赁费（2015年）	15 852.87	0.00	0.00	0.00
差旅费（2014年）	715 539.44	0.00	235 313.73	0.00
差旅费（2015年）	675 640.30	0.00	180 730.00	0.00
保险费（2014年）	156 518.00	0.00	488 689.65	0.00
保险费（2015年）	358 584.97	0.00	367 723.04	0.00
运输、仓储费（2014年）	1 471 216.17	0.00	0.00	0.00
运输、仓储费（2015年）	379 463.20	0.00	0.00	0.00
修理费（2014年）	0.00	0.00	0.00	0.00
修理费（2015年）	3 919 371.42	1 997.34	0.00	0.00
其他（2014年）	5 242 209.45	0.00	0.00	0.00
其他（2015年）	0.00	0.00	0.00	0.00

【案头分析】

表5－20数据显示，A公司2014年、2015年管理费用中支付咨询顾问费分别为

19 093 797.89 元、21 661 248.25 元，2015 年销售费用中支付咨询顾问费 360 107.91 元，2015 年共计支出 22 021 356.16 元。对商业零售企业而言，很少发生咨询顾问费，该公司发生大额咨询顾问费并且其中一部分向境外支付，非常可疑，需要对该项费用支出进行核查。

A 公司 2014 年、2015 年办公费支出分别为 8 073 919.82 元、9 783 115.1 元，增加 1 709 195.28 元，增幅较大，尤其是在收入较上年减少情况下，存在虚列的风险，需要对该项费用支出进行核查。

A 公司 2014 年租赁费为 -209.13 元，金额很小但是租赁费出现负数，表明该纳税人可能存在将租金收入冲减租赁费用的行为；2015 年租赁费为 15 852.87 元，金额很小，但是鉴于对 2014 年租赁费的分析结果，需要结合该项费用支出 2 年的明细账进行核查，审核是否存在租金收入记入该科目，租金收入是否缴纳增值税。

A 公司 2014 年、2015 年保险费支出金额较大且呈增加状态，因此，需将该项费用支出作为疑点进行核查。

A 公司 2014 年、2015 年的运输、仓储费支出金额变动很大。需核实该纳税人采购的途径、仓储情况是否发生重大改变，分析运输、仓储费用减少是否合理。

该公司 2014 年没有发生修理费，而 2015 年发生 3 919 371.42 元修理费支出，金额大于车辆等运输工具的原值，存在虚增进项税额、虚列费用的疑点，需要对该项费用支出进行核查。

该公司 2014 年列支其他费用支出 5 242 209.45 元，需要对该项费用支出进行核查。

20. 如何对非正常损失进行案头分析？

案头分析非正常损失时，要结合税收政策规定进行。

增值税政策规定，下列情况下，因管理不善造成货物被盗、丢失、霉烂变质，以及因违反法律法规造成货物或者不动产被依法没收、销毁、拆除所涉及的进项税额不得抵扣：①非正常损失的购进货物，以及相关的加工修理修配劳务和交通运输服务；②非正常损失的在产品、产成品所耗用的购进货物（不包括固定资产）、加工修理修配劳务和交通运输服务；③非正常损失的不动产，以及该不动产所耗用的购进货物、设计服务和建筑服务；④非正常损失的不动产在建工程所耗用的购进货物、设计服务和建筑服务。

已抵扣进项税额的购进货物（不含固定资产）、劳务、服务，发生上述非正常损失，应当将该进项税额从当期进项税额中扣减；无法确定该进项税额的，按照当期实际成本计算应扣减的进项税额。

已抵扣进项税额的不动产，发生非正常损失，按照下列公式计算不得抵扣的进项税额：不得抵扣的进项税额 =（已抵扣进项税额 + 待抵扣进项税额）× 不动产净值率，其中不动产净值率＝(不动产净值÷不动产原值)×100%。不得抵扣的进项税额小于或等于该不动产已抵扣进项税额的，应于该不动产改变用途的当期，将不得抵扣的进项税额从进项税额中扣减；不得抵扣的进项税额大于该不动产已抵扣进项税额的，应于该不动产改变用途的当期，将已抵扣进项税额从进项税额中扣减，并从该不动产待抵扣进项税额中扣减不得抵扣进项税额与已抵扣进项税额的差额。不动产在建工程发生非正常损失的，其所耗用的购进货物、设计服务和建筑服务已抵扣的进项税额应于当期全部转出；其待抵扣进项税额不得抵扣。

企业所得税政策规定，准予在企业所得税税前扣除的资产损失，是指企业在实际处置、转让资产过程中发生的合理损失，以及企业虽未实际处置、转让上述资产，但符合规定条件计算确认的损失。这里的“资产”包括现金、银行存款、应收及预付款项（包括应收票据、各类垫款、企业之间往来款项）等货币性资产，存货、固定资产、无形资产、在建工程、生产性生物资产等非货币性资产，以及债权性投资和股权（权益）性投资。

企业实际资产损失，应当在其实际发生且会计上已作损失处理的年度申报扣除；法定资产损失，应当在企业向主管税务机关提供证据资料证明该项资产已符合法定资产损失确认条件，且会计上已作损失处理的年度申报扣除。（依据《关于企业所得税资产损失资料留存备查有关事项的公告》（国家税务总局公告2018年第15号）规定，2017年度及以后年度企业所得税汇算清缴，不再报送资产损失相关资料，相关资料由企业留存备查。）

企业发生的资产损失，应按规定的程序和要求向主管税务机关申报后方能在税前扣除。未经申报的损失，不得在税前扣除。

企业在进行企业所得税年度汇算清缴申报时，可将资产损失申报材料和纳税资料作为企业所得税年度纳税申报表的附件一并向税务机关报送。

企业资产损失按其申报内容和要求的不同，分为清单申报和专项申报两种申报形式。其中，属于清单申报的资产损失，企业可按会计核算科目进行归类、汇总，然后再将汇总清单报送税务机关，有关会计核算资料和纳税资料留存备查；属于专项申报的资产损失，企业应逐项（或逐笔）报送申请报告，同时附送会计核算资料及其他相关的纳税资料。

下列资产损失，应以清单申报的方式向税务机关申报扣除：①企业在正常经营管理活动中，按照公允价格销售、转让、变卖非货币资产的损失；②企业各项存货发生的正常损耗；③企业固定资产达到或超过使用年限而正常报废清理的损失；④企业生产性生物资产达到或超过使用年限而正常死亡发生的资产损失；⑤企业按照市场公平交易原则，通过各种交易场所、市场等买卖债券、股票、期货、基金以及金融衍生产品等发生的损失。

除前述清单申报以外的资产损失，应以专项申报的方式向税务机关申报扣除。企业无法准确判别是否属于清单申报扣除的资产损失，可以采取专项申报的形式申报扣除。

各种资产损失认定条件详见财政部、国家税务总局《关于企业资产损失税前扣除政策的通知》（财税〔2009〕57号），办理程序相关证据材料详见《企业资产损失所得税税前扣除管理办法》（国家税务总局公告2011年第25号）。

案头分析时，当纳税人填报《A104000期间费用明细表》中“财产损耗、盘亏及毁损损失”项时，结合纳税人《A105090资产损失税前扣除及纳税调整明细表》的填报情况，一是按照财税〔2009〕57号、国家税务总局公告2011年第25号两个文件要求实地审核留存备查资料等，确认损失金额是否正确。二是若纳税人填报A105090表“非货币资产损失”项，应审核纳税人该年度增值税纳税申报表附列资料（二）的“非正常损失”项是否填报过数据，进项税额转出的金额与A105090表“非货币资产损失”项填报数据的逻辑关系是否正确。

【案例5－17】 接【案例2－1】，抽取A公司2013年、2014年和2015年的企业所得税年度纳税申报表中与资产损失相关的数据，汇总生成表5－21。A公司原始的、全部的纳税申报数据详见第九章案例1。

表5－21　　与资产损失相关的数据汇总表　　单位：元

资产损失（A105000）	账载金额	税收金额	调增金额	调减金额
2013年	5 649 575.73	5 644 542.67	5 033.06	
2014年	0.00	0.00	0.00	0.00
2015年	148 344.04	0.00	148 344.04	0.00
项目（A105090表）2015年		账载金额	税收金额	纳税调整金额
一、清单申报资产损失		148 344.04	0.00	148 344.04
（一）正常经营管理活动中，按照公允价格销售、转让、变卖非货币资产的损失		148 344.04	0.00	148 344.04
按简易征收办法计税销售额		0.00	0.00	0.00

【案头分析】

表5－21数据显示，A公司2013年发生非正常损失为5 649 575.73元，企业所得税前调增5 033.06元，需结合纳税人提交的专项申报的资料，进行核查，确认损失金额是否准确、是否涉及进项税额转出以及是否足额转出。2015年发生非正常损失为148 344.04元，是正常经营管理活动中，按照公允价格销售、转让、变卖非货币资产的损失，纳税人进行了调增申报。从企业所得税申报来看，该纳税人这项非货币资产损失如果业务真实、证据齐全，允许税前扣除，不需要调增应纳税所得额，因此，需核实该损失的具体情况，审核纳税人是否错误调增申报；从增值税申报来看，该公司按照公允价格销售、转让、变卖非货币资产未填报“按简易征收办法计税销售额”，因此，需进一步核实纳税人是否将其按照适用税率进行增值税申报，否则该纳税存在少缴增值税问题。

21. 如何对捐赠支出、赞助支出进行案头分析？

案头分析捐赠支出时，要结合税收政策规定进行。

增值税政策规定，将自产、委托加工货物、外购货物无偿赠送他人，视同销售货物，需缴纳增值税。

企业所得税法及相关政策规定，企业将货物、财产、劳务用于捐赠、赞助，应当视同销售货物、转让财产或者提供劳务，但国务院财政、税务主管部门另有规定的除外。发生视同销售的资产，应按照被移送资产的公允价值确定销售收入。

2016 年 9 月 1 日之前，企业发生的公益性捐赠支出，不超过年度利润总额 12% 的部分，准予扣除。年度利润总额，是指企业依照国家统一会计制度的规定计算的年度会计利润。

2017 年 1 月 1 日之后，企业通过公益性社会组织或者县级（含县级）以上人民政府及其组成部门和直属机构，用于慈善活动、公益事业的捐赠支出，在年度利润总额 12% 以内的部分，准予在计算应纳税所得额时扣除；超过年度利润总额 12% 的部分，准予结转以后三年内在计算应纳税所得额时扣除。企业当年发生及以前年度结转的公益性捐赠支出，准予在当年税前扣除的部分，不能超过企业当年年度利润总额的 12%。企业发生的公益性捐赠支出未在当年税前扣除的部分，准予向以后年度结转扣除，但结转年限自捐赠发生年度的次年起计算最长不得超过三年。企业在对公益性捐赠支出计算扣除时，应先扣除以前年度结转的捐赠支出，再扣除当年发生的捐赠支出。

在计算应纳税所得额时，非公益性捐赠支出，超过规定年限、限额未扣除的公益性捐赠支出和赞助支出，不得税前扣除。

案头分析时，将纳税人《A102010 一般企业成本支出明细表》的“赞助支出”填报数据与《A105000 纳税调整项目明细表》的“赞助支出”项填报的“调增金额”进行比对，分析纳税人是否依法进行申报。

针对 2014—2016 年期间企业所得税纳税申报，一是将《A102010 一般企业成本支出明细表》的“捐赠支出”项填报数据与《A105070 捐赠支出纳税调整明细表》的“公益性捐赠”和“非公益性捐赠”的“账载金额”项合计数比对，金额是否一致。二是结合《A105070 捐赠支出纳税调整明细表》的“公益性捐赠”项填报内容，审核“按税收规定计算的扣除限额”计算是否正确，针对“受赠单位名称”等分析是否符合公益性捐赠的条件。三是结合《A105010 视同销售和房地产开发企业特定业务纳税调整明细表》“视同销售（营业）收入”项、“视同销售（营业）成本”项填报情况，分析纳税人是否以非货币性资产进行捐赠并进行核实。四是在核实纳税人确有以非货币性资产进行捐赠的情况下，核实是否依法申报缴纳增值税。

针对2017年及以后年度的企业所得税年度纳税申报，一是将《A102010一般企业成本支出明细表》的“捐赠支出”项填报数据与《A105070捐赠支出及纳税调整明细表》的“全额扣除的公益性捐赠”“限额扣除的公益性捐赠”“非公益性捐赠”的“账载金额”项填报数据合计数比对，金额是否一致。二是结合捐赠支出及纳税调整明细表的“限额扣除的公益性捐赠”项填报内容，审核“按税收规定计算的扣除限额”项填报数据计算是否正确，“以前年度结转可扣除的捐赠额”项填报数据与上一年填报数据是否一致。三是结合《A105010视同销售和房地产开发企业特定业务纳税调整明细表》“视同销售（营业）收入”项、“视同销售（营业）成本”项填报情况，分析纳税人是否以非货币性资产进行捐赠并进行核实。四是在核实纳税人确有以非货币性资产进行捐赠的情况下，核实是否依法申报缴纳增值税。

22. 如何对罚没支出进行案头分析?

案头分析罚没支出时，要结合税收政策规定进行。

纳税人在经营过程中，发生违法行为而被处于罚款或没收财产。对于其发生的罚没支出，企业所得税法规定，在计算应纳税所得额时，税收滞纳金，罚金、罚款和被没收财物的损失，不得扣除，需要进行纳税调增申报。

在案头分析时，如果《A102010一般企业成本支出明细表》的“罚没支出”项填报数据，则需审核《A105000纳税调整项目明细表》的“罚金、罚款和被没收财物的损失”项或“税收滞纳金、加收利息”项是否等额填报“调增金额”。

【案例5-18】接【案例3-1】，抽取B民爆器材有限公司2015年企业所得税年度纳税申报表中与罚没支出相关数据，汇总为表5-22。该纳税人2015年度纳税申报数据详见第九章案例2。

表5-22　与罚没支出相关数据汇总表　单位：元

罚没支出（表A102010）	226 487.66		
纳税调整增加额（表A100000）	59 210.12		
业务招待费支出（表A105000）	134 141（账载金额）	74 930.88（税收金额）	59 210.12（调增金额）
罚金、罚款和被没收财物的损失（表A105000）	0（账载金额）	0（税收金额）	0（调增金额）
税收滞纳金、加收利息（表A105000）	0（账载金额）	0（税收金额）	0（调增金额）

【案头分析】

表5－22数据显示，B民爆器材有限公司2015年发生罚没支出226 487.66元，但是纳税调整增加额只有59 210.12元，而且是业务招待费支出的调增金额，罚没支出没有进行纳税调增。因此，该公司存在未依法调增罚没支出、少缴企业所得税问题。

23. 如何对境外支付费用进行案头分析？

纳税人有境外费用支付时，既涉及增值税的进项税额又涉及企业所得税的源泉扣缴。案头分析境外费用支付，要结合税收政策规定进行。

（1）营改增政策

境外单位或者个人在境内发生应税行为，在境内未设有经营机构的，扣缴义务人按照下列公式计算应扣缴税额：应扣缴税额＝购买方支付的价款÷(1＋税率)×税率。

在境内销售服务、无形资产或者不动产，是指：①服务（租赁不动产除外）或者无形资产（自然资源使用权除外）的销售方或者购买方在境内；②所销售或者租赁的不动产在境内；③所销售自然资源使用权的自然资源在境内；④财政部和国家税务总局规定的其他情形。

纳税人从境外单位或者个人购进服务、无形资产或者不动产，自税务机关或者扣缴义务人取得的解缴税款的完税凭证上注明的增值税额为进项税额。

（2）企业所得税政策

非居民企业在中国境内未设立机构、场所的，或者虽设立机构、场所但取得的所得与其所设机构、场所没有实际联系的，应当就其来源于中国境内的所得缴纳企业所得税，适用税率为20%，实际执行优惠税率10%。

所称来源于中国境内、境外的所得，按照以下原则确定：①销售货物所得，按照交易活动发生地确定；②提供劳务所得，按照劳务发生地确定；③转让财产所得，不动产转让所得按照不动产所在地确定，动产转让所得按照转让动产的企业或者机构、场所所在地确定，权益性投资资产转让所得按照被投资企业所在地确定；④股息、红利等权益性投资所得，按照分配所得的企业所在地确定；⑤利息所得、租金所得、特许权使用费所得，按照负担、支付所得的企业或者机构、场所所在地确定，或者按照负担、支付所得的个人的住所地确定；⑥其他所得，由国务院财政、税务主管部门确定。

依照企业所得税法对非居民企业应当缴纳的企业所得税实行源泉扣缴的，按照下列方法计算其应纳税所得额：①股息、红利等权益性投资收益和利息、租金、特许权使用费所得，以收入全额为应纳税所得额；②转让财产所得，以收入全额减除财产净值后的余额为应纳税所得额；③其他所得，参照前两项规定的方法计算应纳税所得额。这里“收入全额”是指非居民企业向支付人收取的全部价款和价外费用。

实行源泉扣缴，以依照有关法律规定或者合同约定对非居民企业直接负有支付相关款项义务的单位或者个人为扣缴义务人。

税款由扣缴义务人在每次支付或者到期应支付时，从支付或者到期应支付的款项中扣缴。

扣缴义务人与非居民企业签订与《企业所得税法》第三条第三款规定的所得有关的业务合同时，凡合同中约定由扣缴义务人实际承担应纳税款的，应将非居民企业取得的不含税所得换算为含税所得计算并解缴应扣税款。

扣缴义务人应当自扣缴义务发生之日起7日内向扣缴义务人所在地主管税务机关申报和解缴代扣税款。非居民企业取得应源泉扣缴的所得为股息、红利等权益性投资收益的，相关应纳税款扣缴义务发生之日为股息、红利等权益性投资收益实际支付之日。非居民企业采取分期收款方式取得应源泉扣缴所得税的同一项转让财产所得的，其分期收取的款项可先视为收回以前投资财产的成本，待成本全部收回后，再计算并扣缴应扣税款。

扣缴义务人在申报和解缴应扣税款时，应填报中华人民共和国扣缴企业所得税报告表。

针对上述政策，境外单位或个人在中国境内未设立机构、场所的情况下，发生应税行为增值税与企业所得税扣缴义务存在差异，详见表5-23。

表5-23　　增值税与企业所得税扣缴义务一览表

	增值税的扣缴义务	企业所得税的扣缴义务
境外单位向境内纳税人销售货物（含动产）	无	无
境外单位向境内纳税人销售位于境内的不动产	有	有
境外单位向境内纳税人出租不动产取得租金	有	有
境外单位向境内纳税人销售权益性投资资产	无	有
境外单位在境外向境内纳税人提供加工、修理修配劳务	无	无
境外单位在境内向境内纳税人提供加工、修理修配劳务、服务	有	有
境外单位在境外提供的不完全发生在境外的服务	有	不一定
境外单位取得境内企业分配的股息、红利等权益性投资所得	无	有
境外单位取得境内企业支付的利息、特许权使用费	有	有

案头分析时，当《A104000期间费用明细表》中“其中：境外支付”列填报数据时，结合具体的费用项目，分析是否发生企业所得税款、增值税款扣缴义务，再结合纳税人报送的中华人民共和国扣缴企业所得税报告表、增值税纳税申报表附列资料（二）审核是否正确扣缴税款。当增值税纳税申报表附列资料（二）中“代扣代缴税收缴款凭证”项填报数据时，分析是否发生企业所得税款扣缴义务以及是否正确扣缴税款。

【案例5-19】接【案例2-1】，抽取A公司2013年、2014年和2015年的企业所得税年度纳税申报表中与境外支付相关的数据，汇总生成表5-24。A公司原始的、全部的纳税申报数据详见第九章案例1。

表5-24　　与境外支付相关的数据汇总表　　单位：元

项目	销售费用	其中：境外支付	管理费用	其中：境外支付	财务费用	其中：境外支付
	1	2	3	4	5	6
咨询顾问费（2014年）	0.00	0.00	19 093 797.89	5 963 511.79	0.00	0.00
咨询顾问费（2015年）	360 107.91	49 874.34	21 661 248.25	7 637 922.85	0.00	0.00
技术转让费（2014年）	11 925 957.03	11 925 957.03	0.00	0.00	0.00	0.00
技术转让费（2015年）	11 829 443.18	11 829 443.18	0.00	0.00	0.00	0.00
利息收支（2014年）	0.00	0.00	0.00	0.00	20 431 059.75	9 784 208.04
利息收支（2015年）	0.00	0.00	0.00	0.00	21 929 127.33	9 747 531.83
汇兑差额（2014年）	0.00	0.00	0.00	0.00	-585 651.30	-558 969.86
汇兑差额（2015年）	0.00	0.00	0.00	0.00	-1 291 109.41	-1 239 612.86
2014年境外支付累计金额	27 673 676.86		2015年境外支付累计金额		29 264 772.2	

【案头分析】

表5-24数据显示，A公司2014年和2015年均发生境外支付咨询顾问费、技术转让费、利息收支，2014年境外支付累计27 673 676.86元，2015年境外支付累计29 264 772.2元。其中，咨询顾问费、技术转让费有悖商业零售行业的经营特征；利息收支，表明该公司向境外借款。A公司的《A000000企业基础信息表》显示，该公司存在境外关联交易。综合上述信息，分析认为该公司的三项境外费用支付对象可能为境外关联企业。同时，该公司自2006年设立之日，一直亏损经营，截至2015年累计亏损435 581 779.23元。据此，该公司存在通过关联交易转移利润的风险。一是结合合同、协议审核交易的合理性，是否设有避税安排。二是审核纳税人技术转让费、利息收支两项境外费用是否依法扣缴企业所得税。三是鉴于2014年、2015年尚未完全实施营改增，审核咨询顾问费、技术转让费是否扣缴增值税；利息收支是否扣缴营业税。

24. 如何对进项税额转出进行案头分析？

进项税额转出适用于已经抵扣的进项税额发生了增值税政策规定的不允许抵扣的情形，将其从当期进项税额中转出。不允许抵扣的情形具体包括：①免税项目用；②简易计税方法征税项目用；③集体福利、个人消费；④非正常损失；⑤免抵退税办法不得抵扣的进项税额；⑥纳税检查调减进项税额；⑦红字专用发票信息表注明的进项税额；⑧上期留抵税额抵减欠税；⑨上期留抵税额退税；⑩其他应作进项税额转出的情形。

案头分析时，一是注意“进项税额转出额”项不可出现负数；二是审核进项税额转出额是否准确，需采取分项核对法。

（1）免税项目用

当增值税纳税申报表（一般纳税人适用）中“免税销售额”项填报数据，而当期增值税纳税申报表附列资料（二）的“免税项目用”项未填报数据，一是纳税人当期未勾选无法准确划分进项税额的增值税专用发票或未有其他抵扣凭证申报抵扣；二是纳税人未将无法准确划分的进项税额做进项税额转出申报。按照增值税政策规定，主管税务机关可以依据年度数据对不得抵扣的进项税额进行清算。因此，应按年度计算进项税额转出额并与全年“免税项目用”项目填报数据合计数进行比较，若前者大于后者，存在少缴增值税风险。其中无法准确划分的进项税额可从增值税发票电子底账管理系统中提取并汇总。若无法准确提取出全部无法准确划分的进项税额的数据，可选择水、电、气、办公用品等发票数据用于测算。用指标表示如下：若年免税货物或劳务总销售额 >0，且年度“免税项目用” =0 或年度“免税项目用” <年总水、电、气、办公用品发票的进项税额之和 ×年免税货物总销售额/年总销售额，为疑点，需核实是否存在不转或不足额转出进项税额的问题。

（2）简易计税方法征税项目用

当增值税纳税申报表（一般纳税人适用）中“按简易办法计税销售额”项填报数据并且“应纳税额减征额”项未填报数据，基本可排除“按简易办法计税销售额”项填报的是销售使用过的固定资产的销售额。此时，若当期增值税纳税申报表附列资料（二）的“简易计税方法征税项目用”项未填报数据，一是纳税人当期未勾选无法准确划分进项税额的增值税专用发票或未有其他抵扣凭证申报抵扣；二是纳税人未将无法准确划分的进项税额做进项税额转出申报。按照增值税政策规定，主管税务机关可以依据年度数据对不得抵扣的进项税额进行清算。因此，应按年度计算进项税额转出额并与全年“简易计税方法征税项目用”项填报数据的合计数进行比较，若前者大于后者，存在少缴增值税行为。其中无法准确划分的进项税额可从增值税发票电子底账管理系统中提取并汇总。若无法准确提取出全部无法准确划分的进项税额的数据，可选择水、电、气、办公用品等发票数据用于测算。用指标表示如下：若年按简易办法计税销售额 >0，且年度“简易计税方法征税项目用”=0 或年度“简易计税方法征税项目用”<年总水、电、气、办公用品等发票的进项税额之和 ×年按简易办法计税销售额/年总销售额，为疑点，需核实是否存在不转或不足额转出进项税额的问题。

需要注意的是，当纳税人既有免税销售额又有按简易办法计税销售额时，以水、电、气、办公用品等对应的进项税额按年度测算不得抵扣进项税额时，公式应为：年总水、电、气、办公用品等发票的进项税额之和 ×（年按简易办法计税销售额 + 年免税销售额）/年总销售额。

（3）集体福利、个人消费

需结合纳税人的机构设置、福利费列支金额分析能否发生该项业务。若纳税人设有食堂、餐厅、浴室等福利部门或福利费支出金额较大，需进行核查。

（4）非正常损失

需结合《A105090 资产损失税前扣除及纳税调整明细表》的填报情况进行分析是否发生资产损失，是否涉及进项税额转出。

需要注意的是，已抵扣进项税额的不动产，发生改变用途专用于免税项目、按简易方法计税项目或发生非正常损失，按照下列公式计算不得抵扣的进项税额：不得抵扣的进项税额 =（已抵扣进项税额 + 待抵扣进项税额）× 不动产净值率，其中不动产净值率 =（不动产净值 ÷ 不动产原值）×100%。不得抵扣的进项税额小于或等于该不动产已抵扣进项税额的，应于该不动产改变用途的当期，将不得抵扣的进项税额从进项税额中扣减；不得抵扣的进项税额大于该不动产已抵扣进项税额的，应于该不动产改变用途的当期，将已抵扣进项税额从进项税额中扣减，并从该不动产待抵扣进项税额中扣减不得抵扣进项税额与已抵扣进项税额的差额。不动产在建工程发生非正常损失的，其所耗用的购进货物、设计服务和建筑服务已抵扣的进项税额应于当期全部转出；其待抵扣进项税额不得抵扣。

（5）免抵退税办法不得抵扣的进项税额

当增值税纳税申报表（一般纳税人适用）中“免、抵、退办法出口销售额”项填报数据并且企业生产出口的货物存在征、退税率差时，填报本项目。结合对出口销售额的审核结果，确认本项填报准确性。

（6）红字专用发票信息表注明的进项税额

审核红字增值税专用发票信息表注明的应作转出的进项税额是否等于增值税纳税申报表附列资料（二）的“红字专用发票信息表注明的进项税额”项填报数据。

【案例 5－20】 接【案例 2－1】，抽取 A 公司 2013 年、2014 年和 2015 年的增值税纳税申报表中与进项税额转出相关的数据，汇总生成表 5－25。A 公司原始的、全部的纳税申报数据详见第九章案例 1。

表 5－25　　与进项税额转出的数据汇总表　　单位：元

进项税额转出	2013 年 12 月本月数	2013 年本年累计	2014 年本年累计	2015 年本年累计
	6 986.37	435 455.05	389 551.33	872 121.60
进项税额转出：非应税项目用、集体福利、个人消费		2013 年 12 月本月数	2014 年 12 月本月数	2015 年 12 月本月数
		6 986.37	28 547.39	47 704.09

【案头分析】

表 5－25 数据显示，A 公司 2013 年、2014 年和 2015 年进项税额转出分别为 435 455.05

元、389 551.33元、872 121.60元。利用测算进项税额转出额比对分析，受采集数据限制无法取得无法划分的进项税额，且该纳税人增值税业务与营业税业务共同耗用的生产投入物较少，主要是水、电、办公用品等。因此，不能采用测算进项税额转出额比对的方法进行案头分析。但是从进项税额转出额的数据变动趋势看，与销售额变动趋势明显不同。因此，应进一步采集发票信息，利用发票数据进行测算不得抵扣的进项税额并与申报数据比对，确认是否存在少缴增值税的风险。

第三篇 其他税种

本篇包括三章，主要阐述**财产行为税、个人所得税**申报数据的案头分析指标和技巧。其中，**第六章**土地增值税案头分析，帮助税务人员了解土地增值税案头分析的数据以及与其他税种申报数据的勾稽关系，掌握土地增值税收入、扣除项目的案头分析重点和方法。**第七章**个人所得税扣缴情况案头分析，帮助税务人员了解个人所得税与企业所得税案头分析的差异，掌握工资薪金所得，劳动报酬所得，利息、股息、红利所得以及股权转让所得的案头分析要点。**第八章**房产税、城镇土地使用税、契税案头分析，帮助税务人员了解房产税、城镇土地使用税和契税纳税申报常见问题，掌握各税种的案头分析重点。

第六章　土地增值税案头分析

1. 土地增值税案头分析有哪些类型？

土地增值税案头分析分为针对销售开发产品、转让不动产和在建工程（含只转让土地使用权）三种项目类型。其中对销售开发产品的案头分析又包括预征审核和清算审核两种。

土地增值税预征审核是对从事房地产开发的纳税人申报预征的土地增值税，运用数据信息比对分析的方法，对纳税人申报的土地增值税收入真实性、准确性进行分析，确定采取进一步审核措施的管理行为。土地增值税预征审核主要针对收入进行审核，可结合增值税预缴税款表、企业所得税的《A105010 视同销售和房地产开发企业特定业务纳税调整明细表》的填报数据进行比对分析。

土地增值税清算审核是指纳税人提供土地增值税清算书面申请和纳税申报后，主管税务机关在进行清算审核过程中，运用数据信息比对分析的方法，对纳税人清算申报内容的真实性、准确性进行分析，确定采取进一步审核措施的管理行为。土地增值税清算审核主要针对土地增值额进行审核，需结合纳税人提交的清算资料进行审核分析。

本书以土地增值税清算审核为主，介绍如何在清算审核中发现纳税人少缴税款的风险。

2. 土地增值税案头分析的数据有哪些，如何获取？

（1）土地增值税预征审核

《国家税务总局关于印发〈不动产、建筑业营业税项目管理及发票使用管理暂行办法〉的通知》（国税发〔2006〕128 号）规定，纳税人销售不动产或提供建筑业应税劳务的，应在不动产销售合同签订或建筑业工程合同签订并领取建筑施工许可证之日起 30 日内，持下列有关资料向不动产所在地或建筑业应税劳务发生地主管税务机关进行不动产项目登记：①《不动产项目情况登记表》的纸制和电子文档；②营业执照副本和税务登记证件副本［《国家税务总局关于取消一批涉税事项和报送资料的通知》（税总函〔2017〕403号）第一批取消资料清单规定，已实行实名制的可取消报送］；③不动产销售许可证（税总函〔2017〕403号文件第一批取消资料清单规定，取消原件查验要求）；④不动产销售合同；⑤纳税人的开户银行、账号；⑥税务机关要求提供的其他有关资料。

从事新建房及配套设施开发的纳税人，预售开发产品取得房款时，均应在规定的期限内，向主管税务机关填报土地增值税纳税申报表（一）（从事房地产开发的纳税人预征适用）并同时向主管税务机关提交土地增值税项目登记表（从事房地产开发的纳税人适用）等有关资料。

增值税政策规定，一般纳税人采取预收款方式销售自行开发的房地产项目，应在收到预收款时按照3%的预征率预缴增值税。应在取得预收款的次月纳税申报期向主管国税机关预缴税款，填报增值税预缴税款表。

企业所得税政策规定，企业通过正式签订《房地产预售合同》所取得的收入，应确认为销售收入的实现。企业销售未完工开发产品取得的收入，应先按预计计税毛利率分季（或月）计算出预计毛利额，计入当期应纳税所得额。

对土地增值税预征税款进行案头分析时，应以土地增值税纳税申报表（一）（从事房地产开发的纳税人预征适用）为主，结合土地增值税项目登记表（从事房地产开发的纳税人适用）、增值税预缴税款表、企业所得税的《A105010视同销售和房地产开发企业特定业务纳税调整明细表》的填报数据进行比对分析。

（2）土地增值税清算审核

纳税人清算土地增值税提供的清算资料。《国家税务总局关于印发〈土地增值税清算管理规程〉的通知》（国税发〔2009〕91号）规定，纳税人清算土地增值税时应提供的清算资料包括：①土地增值税纳税申报表（二）（从事房地产开发的纳税人清算适用）。②房地产开发项目清算说明，主要内容应包括房地产开发项目立项、用地、开发、销售、关联方交易、融资、税款缴纳等基本情况及主管税务机关需要了解的其他情况。③项目竣工决算报表、取得土地使用权所支付的地价款凭证、国有土地使用权出让合同、银行贷款利息结算通知单、项目工程合同结算单、商品房购销合同统计表、销售明细表、预售许可证等与转让房地产的收入、成本和费用有关的证明资料。主管税务机关需要相应项目记账凭证的，纳税人还应提供记账凭证复印件。④纳税人委托税务中介机构审核鉴证的清算项目，还应报送中介机构出具的《土地增值税清算税款鉴证报告》。

主管税务机关设立的房地产项目台账记载的数据。国税发〔2009〕91号文件规定主管税务机关应从纳税人取得土地使用权开始，按项目分别建立档案、设置台账，对纳税人项目立项、规划设计、施工、预售、竣工验收、工程结算、项目清盘等房地产开发全过程情况实行跟踪监控。

从第三方采集的数据信息。税务机关可以利用与其他部门的信息共享机制或者合作，获取如下信息：

①土地管理部门核发的《国有土地使用证》

记载出（转）让方、出（转）让方地址、受让方地址、土地位置、土地面积、土地用途、土地成交价格、转让金额。是审核土地出（转）让金的依据。

②发改委的开发项目立项批复

记载开发项目的批准文号、建设单位、批复项目、投资概算、建设地址、项目备案号等信息。

③拆迁管理部门（拆迁办公室）与拆迁方签订的《房屋征收协议》

记载补偿形式、补偿金额、支付方式、安置用房面积、安置地点，是审核拆迁补偿费的依据。

④规划部门核发的《建设用地规划许可证》《建设工程规划许可证》

记载开发项目名称、性质、占地面积，规划的建筑面积、容积率、可销售面积、不可销售面积以及公共配套设施情况等信息，是审核可售面积的依据。

⑤建设主管部门核发的《建筑工程施工许可证》

记载建筑工程施工许可证书编号、建设单位、工程名称、工程地址、工程概算、施工单位、监理单位、开工日期等信息。

⑥建筑工程质量监督部门出具的建设工程项目竣工综合验收备案证明

记载工程竣工验收时间、竣工验收意见等信息。

⑦房产管理部门核发的《商品房预售许可证》、出具的测绘报告及房屋分户面积测绘明细表

记载房产位置、建筑面积、产权证号、发证时间等房产交易、预售许可证发放信息。

⑧工程监理公司制作的《监理日记》《监理月报》《监理工作总结》等资料

记载工程变更设计单、现场签证单等与建筑成本相关的数据，是审核房地产开发成本的真实性的重要参照数据。

⑨会计师（造价师）事务所出具的审计报告

审计报告是编制决算的依据，对审核预决算差异的真实性具有重要参考价值。

《国家税务总局关于采集涉税专业服务基本信息和业务信息有关事项的公告》（国家税务总局公告 2017 年第 49 号）规定，一是涉税专业服务机构应当于首次为委托人提供业务委托协议约定的涉税服务前，向主管税务机关报送《涉税专业服务协议要素信息采集表》。业务委托协议发生变更或者终止的，应当自变更或者终止之日起 30 日内向主管税务机关报送该表。二是涉税专业服务机构应当于每年 3 月 31 日前，向主管税务机关报送《年度涉税专业服务总体情况表》。三是税务师事务所、会计师事务所、律师事务所应当于完成专业税务顾问、税收策划、涉税鉴证、纳税情况审查业务的次月底前，向主管税务机关报送《专项业务报告要素信息采集表》。

因此，对土地增值税清算税款案头审核时，以土地增值税纳税申报表（二）（从事房地产开发的纳税人清算适用）为核心，结合纳税人提交的清算资料、从第三方获取的资料

以及税务机关日常项目管理的台账进行收入、扣除项目等全面审核分析。

（3）转让不动产的案头审核

转让不动产的非从事房地产开发的纳税人以及将开发产品转为自用、出租等用途且已达到主管税务机关旧房界定标准后，又将该旧房对外出售的从事房地产开发的纳税人，在签订房地产转让合同后的七日内，向房地产所在地主管税务机关填报土地增值税纳税申报表（三）（非从事房地产开发的纳税人适用）。

营改增后，纳税人转让不动产要缴纳增值税，填报增值税纳税申报表附列资料（一）的“11%税率的服务、不动产和无形资产”项（2018年5月1日后，调整为“10%税率的服务、不动产和无形资产”）或“5%征收率的服务、不动产和无形资产”项。

纳税人转让不动产还要缴纳企业所得税，填报《A101010一般企业收入明细表》的“非流动资产处置利得”项或《A102010一般企业成本支出明细表》的“非流动资产处置损失”项。

因此，对转让不动产进行案头审核时，以土地增值税纳税申报表（三）（非从事房地产开发的纳税人适用）为核心，结合增值税纳税申报表附列资料（一）、《A101010一般企业收入明细表》或《A102010一般企业成本支出明细表》等数据全面审核分析。

（4）在建工程的案头审核

从事房地产开发与建设的纳税人及非从事房地产开发的纳税人，整体转让在建工程时填报土地增值税纳税申报表（六）（纳税人整体转让在建工程适用）。

营改增后，纳税人转让在建工程要缴纳增值税，填报增值税纳税申报表附列资料（一）的“11%税率的服务、不动产和无形资产”项（2018年5月1日后，调整为“10%税率的服务、不动产和无形资产”）或“5%征收率的服务、不动产和无形资产”项。

纳税人转让在建工程还要缴纳企业所得税，填报《A101010一般企业收入明细表》的“非流动资产处置利得”项或《A102010一般企业成本支出明细表》的“非流动资产处置损失”项。

因此，在对转让在建工程的案头分析时，以土地增值税纳税申报表（六）（纳税人整体转让在建工程适用）为核心，结合增值税纳税申报表附列资料（一）、《A101010一般企业收入明细表》或《A102010一般企业成本支出明细表》等数据全面审核分析。

3. 土地增值税申报纳税常见的问题有哪些？

（1）少计、不计收入或延迟确认收入

①纳税人将收到的商品房预售收入在“应付账款”“其他应付款”等往来科目归集，不通过“预收账款”科目核算，隐藏其预售行为，不及时预缴土地增值税。

②纳税人未将“预收账款”科目记载的预售收入按规定的时限预缴土地增值税。

③房地产开发企业收到银行拨付按揭款后，不及时入账，形成账外收入或将收到的按揭款项计入“短期借款”科目，不及时预缴土地增值税。

④销售不足2.2米高度的车库、杂物间和屋顶的阁楼等，以不能办产权证为由，在售房时自制收款收据，将收取的金额挂在“其他应付款”账户，或作小金库使用，隐匿收入或转作租金收入，少计土地增值税应税收入。

⑤以房抵债、以房抵广告费、以房抵银行贷款本息、以动迁补偿费抵顶购房款等业务，少计收入。《国家税务总局关于房地产开发企业土地增值税清算管理有关问题的通知》（国税发〔2006〕187号）规定，房地产开发企业将开发产品用于抵偿债务，发生所有权转移时应视同销售房地产，其收入按下列方法和顺序确认：一是按本企业在同一地区、同一年度销售的同类房地产的平均价格确定；二是由主管税务机关参照当地当年、同类房地产的市场价格或评估价值确定。

税收征管工作中发现，房地产开发企业发生以房抵债的情况比较多。通常房地产开发企业将一处商品房以高于市场价的价格抵做建筑施工企业的工程款、广告商的广告款等，双方签订了抵债协议并且不办理过户手续。建筑施工企业、广告商等以低于市场价格销售抵债房，并由开发企业直接与其指定的购房人以约定的低于市场价的价格签署商品房合同，开具销售发票并申报缴纳土地增值税。但是依据国税发〔2006〕187号文件的规定，应以房地产开发企业在同一地区、同一年度销售的同类房地产的平均价格确认收入。因此，此种情况下，房地产开发企业存在少缴土地增值税的问题。

⑥将开发产品用于职工福利、奖励、对外投资、分配给股东或投资人未作视同销售申报，少缴土地增值税。

⑦故意拖延项目竣工决算，延迟土地增值税清算时间。尤其是当房地产开发企业的土地增值税税负率高于预征率时，很多企业采取各种手段，推迟土地增值税的清算，不补缴税款。

（2）虚列或多列成本、费用

①虚开发票、虚列成本费用。一是以假发票、假工程决算书，或以白条、收款收据等不合法票据、凭证等，虚列材料、费用成本。二是列支不合规发票。营改增后，土地增值税纳税人接受建筑安装服务取得的增值税发票，按照规定，应在发票的备注栏注明建筑服务发生地县（市、区）名称及项目名称，否则不得计入土地增值税扣除项目金额。三是虚列劳务用工人数，虚增劳务成本。四是虚增建安项目与隐蔽工程，降低土地增值率，减少土地增值额，少缴土地增值税。

②虚增土地成本。一是虚签动迁合同，抬高动迁成本。二是通过土地评估增值虚增开发成本。

③列支不合理的成本费用。一是混淆期间费用与开发成本，主要是在开发间接费用的认定上，多列支开发成本，多加计扣除，少缴土地增值税。如将企业行政管理部门（总部）为组织和管理生产经营活动而发生的管理费用作为开发间接费用核算。二是违规扣除

土地闲置费。《国家税务总局关于土地增值税清算有关问题的通知》（国税函〔2010〕220号）规定，房地产开发企业逾期开发缴纳的土地闲置费不得扣除。

④发生销售退回业务，只冲收入，不冲回已结转的成本。

⑤违规列支利息支出。土地增值税计算时利息支出金额确定有定率、据实加定率两种形式。凡能够按转让房地产项目计算分摊并提供金融机构证明的，允许据实扣除，但最高不能超过按商业银行同类同期贷款利率计算的金额。其他房地产开发费用，按取得土地使用权所支付的金额和开发成本之和的5%以内计算扣除。凡不能按转让房地产项目计算分摊利息支出或不能提供金融机构证明的，房地产开发费用按取得土地使用权所支付的金额和开发成本之和的10%以内计算扣除。土地增值税清算时，应将利息支出从房地产开发成本中调整至开发费用。

同时，土地增值税清算时，对从事房地产开发的纳税人可按取得土地使用权所支付的金额和开发成本金额之和，加计20%的扣除。

税收工作中发现，一是纳税人违规多计算扣除利息支出。二是未将利息支出从房地产开发成本中调整至开发费用，从而加计20%扣除，造成少缴土地增值税。

⑥将评估费用一律计入扣除项目。财税字〔1995〕48号文件规定："纳税人转让旧房及建筑物时因计算纳税的需要而对房地产进行评估，其支付的评估费用允许在计算增值额时予以扣除；对纳税人隐瞒、虚报房地产成交价格等情形而按房地产评估价格计算征收土地增值税所发生的评估费用，不允许在计算土地增值税时予以扣除。"因此，若纳税人存在隐瞒、虚报房地产成交价格等情形，评估费用作为扣除项目予以扣除，则少缴土地增值税。

⑦将计入房价中的代收费用进行加计扣除。《关于土地增值税一些具体问题规定的通知》规定，对于县级及县级以上人民政府要求房地产开发企业在售房时代收的各项费用，如果代收费用是计入房价中向购买方一并收取的，可作为转让房地产所取得的收入计税，在计算扣除项目金额时，可予以扣除，但不允许作为加计20%扣除的基数。

税收征管中发现，纳税人将不属于县级以上人民政府要求代收的各项费用计入房价作为收入，在作为扣除项目扣除的同时，还违规进行了加计20%扣除。

⑧开发产品转作自用或用于出租违规扣除成本。国税发〔2006〕187号文件规定，房地产开发企业将开发的部分房地产转为企业自用或用于出租等商业用途时，如果产权未发生转移，不征收土地增值税，在税款清算时不列收入，不扣除相应的成本和费用。

税收征管中发现，对于这部分开发产品，很多房地产开发企业未将其计入收入却扣除了对应的成本，并且加计20%扣除，少缴土地增值税。

（3）利用土地增值税优惠政策偷逃税款

利用普通标准住宅形式偷逃土地增值税。土地增值税政策规定，纳税人建造普通标准住宅，增值额未超过扣除项目20%的，免征土地增值税。国办发〔2005〕26号文件对享受优惠政策普通住房标准做了规定，享受优惠政策的住房原则上同时具备以下条件：住宅小区建筑容积率在 1.0 以上；单套建筑面积在 120m² 以下；实际成交价格低于同级别土地住房平均交易价格 1.2 倍以下。各省在制定并对外公布普通标准住宅标准中，虽然标准有所调整、有所差异，但也都是以同时满足三个条件作为界定标准。但在实际税收征管中，许多开发商却只以建筑面积是否达到普通标准住宅规定标准作为是否免征的界限，忽视其他几个限定条件，出现了不应免征土地增值税项目而违规免征的现象。另外，房地产开发企业还采取少计收入、多列成本费用的方式，使增值额占扣除项目金额的比例低于 20%，从而享受免税待遇。

【案例 6-1】E 房地产开发有限公司是一家私营有限责任公司，共有 24 名员工，实行独立经济核算。该公司成立于 2011 年 10 月 17 日，主营范围包括房地产开发、商品房销售、房产中介服务。2011—2015 年 E 房地产公司先后开发项目有福园小区、大华小区、西兰路小区等，福园小区项目已全部销售完毕。

2015 年 12 月，E 房地产公司向征收分局申请对其开发的福园小区项目进行土地增值税的清算。该房地产公司上报的福园小区项目土地增值税清算自报表显示其增值额为 1 628 674.1 元，扣除额为 9 179 212.79 元，增值额与扣除额之比为 17.74%，未达到 20%，要求退还已预缴的土地增值税 104 089.87 元。

税务部门查询该纳税人 2013 年到 2015 年度的相关报表和资料。初步认为，该公司可能有虚报营业行为，存在以下三方面疑点：

一是按照该公司上报的福园小区项目土地增值税清算自报表显示的数据，地税部门不但不能补征税款，反而要退税，这与近几年全国房地产行业的土地增值税大幅增长大环境极不协调，该公司开发项目多，开发间接费用较难划分，存在错误划分开发间接费用的风险。

二是近几年，该公司在预售商品房时，曾以普通收据作为预收款凭证使用，该公司纳税申报表的营业收入真实性有待进一步的核查核实。

三是通过连续几年的检查，该公司均被发现有违法行为发生，说明其对税收政策法律法规的准确执行值得怀疑。

根据上述疑问，评估人员向 E 房地产公司发出约谈通知，要求该公司就以下问题做出合理解释：一是对开发间接费用项目划分的标准是如何确定；二是未按规定使用预收款收据的原因。

E 房地产公司给予的解释为因为 2012—2015 年开发项目较多，划分不易，加上增值额未达征税比例，所以也就没有分摊。未按规定使用预收款收据是因为会计人员不是专职人员，不会操作财务软件。现已聘请了会计师，保证今后按规定正确使用预收款收据。

不能正确分摊开发间接费用不仅影响福园小区项目的土地增值税清算的准确性，也影响其他项目的土地增值税清算准确性。税务人员决定对 E 房地产公司进行核查。

首先，对 E 房地产公司的销售不动产的营业收入进行确认。经过核对账簿、凭证，翻阅其销售房合同及最终支付的结算清单，评估人员发现：福园小区项目签约收入合计8 077 901.76元，收到补交房款113 709.94元，实际取得收入8 191 611.70元。在签约收入中商品房价款7 911 914.49元，车库款84 495.41元，代收土地证款16 600.00元，代收房产证款15 005.00元，代收契税款49 886.86元。E房地产公司申报的营业税及土地增值税的计税依据为商品房价款及车库款的合计数。代收的各项费用均使用专用的收据并支付给相关单位，取得合法凭证。

其次，对扣除项目进行确认，发现如下异常：一是取得土地使用权支付项申报数为1 324 740.97元，其中未按规定取得发票金额达117 572.50元；二是前期工程费项申报数为362 779.62元，其中未按规定取得发票金额达87 830.50元；三是公共配套设施费项申报数为46 165元，其中未按规定取得发票金额达42 000.00元。

综上所述，该公司土地增值税清算中，收入确认不准确，收到补交房款113 709.94元未纳入收入总额；成本、费用中大量未取得发票，不得扣除。经重新计算，该公司土地增值额大于20%，不得享受免税优惠。

4. 对预征土地增值税案头分析的重点和方法有哪些？

预征土地增值税案头审核主要采用比对法，即将房地产企业的增值税预缴税款表“销售不动产”栏的“销售额”与土地增值税纳税申报表（一）（从事房地产开发的纳税人预征适用）“应税收入”按照以下公式进行计算并比对：一般计税项目，增值税预缴税款表的“销售额”×(1+11%)-“预征税额”=土地增值税纳税申报表（一）的“应税收入”；简易计税项目，增值税预缴税款表的“销售额”×(1+5%)-“预征税额”=土地增值税纳税申报表（一）的“应税收入”。若发现上述公式不成立且增值税预缴税款表计算得出数据大于土地增值税纳税申报表（一）填报数据时，存在少预缴土地增值税的疑点。

预征土地增值税案头分析还要关注纳税人收到预收款是否及时、足额记入“预收账款”科目，是否如实预缴土地增值税；是否将收到的记入“其他应付款”科目中的诚意金、意向金等及时转让“预收账款”科目并申报纳税。

【案例6-2】F房地产开发公司成立于2012年12月，注册资本2 000万元，主要从事房地产开发、市政建设、旅游开发、产品销售等。该公司于2015年4月通过出让方式取得了位于某县新区一宗国有土地使用权，占地总面积为194.2亩，用于开发建设集商业、写字和住宅等综合性房地产项目。2017年底对该公司进行评估，发现该项目未申报缴纳土地增值税。于是抽取该公司的资产负债表有关数据，见表6-1。

表 6-1　　资产负债表（部分数据）　　单位：元

资产	年初数	年末数	负债和所有者权益	年初数	年末数
货币资金	4 004 547. 42	11 597 249. 47	预收账款	22 731 223. 00	41 101 571. 00
其他应收款	16 286 005. 42	20 926 090. 12	未交税金	-2 590 438. 40	-3 509 275. 34
预付账款	17 118 909. 83	24 730 470. 08	长期借款	101 615 308. 80	101 615 308. 80
存货	309 224 818. 57	323 417 586. 39	其他应付款	208 974 079. 36	228 720 142. 07
固定资产原值	474 822. 00	474 822. 00	未分配利润	-3 932 940. 74	-4 498 057. 44
减：累计折旧	145 339. 40	168 705. 13	所有者权益合计	16 067 059. 26	15 501 942. 56
固定资产净值	329 482. 60	306 116. 87			
资产总计	346 981 663. 84	383 488 252. 93	负债和所有者权益总计	346 981 663. 84	383 488 252. 93

【案头分析】

表 6-1 数据显示，F 公司“其他应付款”年末余额为 228 720 142. 07 元，年末数比年初数增加 19 746 062. 71 元（228 720 142. 07 - 208 974 079. 36），并且占负债和所有者权益总计的 59. 64%（228 720 142. 07 ÷ 383 488 252. 93）。存在“其他应付款”年末余额异常偏大的疑点，需结合税务约谈、核查确认其核算内容，分析是否存在将预收款挂在“其他应付款”不预缴土地增值税的问题。

【税务约谈】

针对 F 公司“其他应付款”期末余额较大的现象，会计解释说其他应付款中有一部分是往来款，另外一部分是因为房地产行业低迷，为促进商品房销售，F 公司为客户办理了 VIP 卡，收取的诚意金计入“其他应付款”。

【核查】

税务人员要求纳税人提供“其他应付款”明细账，了解收取诚意金的明细情况，见表 6-2。

表 6-2　　“其他应付款”明细数据汇总　　单位：元

楼　号	摘　要	贷方期末余额
一号楼	售房（铺面）诚意金	43 584 761. 13
二号楼	售房（铺面）诚意金	9 601 763. 79
三号楼	售房（铺面）诚意金	17 398 483. 26
四号楼	售房（铺面）诚意金	19 864 387. 74
五号楼	售房（铺面）诚意金	15 660 870. 35
住宅一	售房（住房）诚意金	1 611 000. 00
住宅二	售房（住房）诚意金	4 245 000. 00
合　计	售房诚意金	111 966 266. 27

查询明细账发现，两栋住房收取的诚意金都是整数，而一至五号楼铺面收取的诚意金都不是整数。

核对房管部门下达的预售许可证，一期一至五号楼商铺共有392个，预售总面积为19 970.1平方米。根据财务人员提供的信息，该商业中心的商铺大约有一半预备用于企业自营，一半用于出售。即使所有用于销售的铺面都已收取诚意金，那么平均每个商铺收款541 378元，约合每平方米10 625元。根据该楼盘周边商铺的销售价格，均价10 500元/平方米。

以上信息显示该公司收取的诚意金几乎等于所有的应收房款的金额，也就是说所谓的诚意金实质是房款。

会计准则中对“预收账款”科目的规定是“本科目核算企业按照合同规定预收的款项”，即预收账款是建立在购销合同基础上的；对“其他应付款”科目的规定是“本科目核算企业除应付票据、应付账款、预收账款、应付职工薪酬、应付利息、应付股利、应交税费、长期应付款等以外的其他各项应付、暂收的款项”。可见，房地产企业收取的诚意金不是按照合同约定收取的，仅仅是按照订房单（或类似凭据）约定收取的，它不受《合同法》约束，仅具有暂收应付的性质，因此应该在“其他应付款”科目中核算比较适宜。

按照《土地增值税暂行条例实施细则》规定，纳税人在项目全部竣工结算前转让房地产取得的收入，由于涉及成本确定或其他原因而无法据以计算土地增值税的，可以预征土地增值税，待该项目全部竣工、办理结算后再进行清算，多退少补。具体办法由各省、自治区、直辖市地方税务局根据当地情况制定。也就是说，房地产企业转让房地产取得的销售收入（含预售收入）应该预缴土地增值税。但是，在收取诚意金时，未签订商品房预收合同，转让行为未成立，因此在收取诚意金时不需要预缴土地增值税。当签订预售合同后，转让行为成立应将诚意金转入“预收账款”科目，预缴土地增值税。

考虑该公司已取得预售许可证，项目从开发到评估时已经2年多时间。因此，诚意金应预缴土地增值税。

5. 对土地增值税清算进行案头分析如何确定高风险对象?

土地增值税清算案头分析是对纳税人报送的清算资料进行数据、逻辑审核，重点审核项目归集的一致性、数据计算准确性等。

土地增值税清算审核，可通过预警指标锁定高风险项目。计算预警指标的数据来源主要是土地增值税纳税申报表（二）（从事房地产开发的纳税人清算适用）。存在下列情形之一的，应确定为高风险项目：

①纳税人清算申报的非普通住宅、非住宅类房地产应纳土地增值税税负率低于核定征

收率。

②纳税人清算申报的房地产开发项目扣除的建筑安装工程成本明显高于其招标工程合同价、竣工结算价。

③纳税人清算申报的房地产开发项目扣除的房地产开发成本中的“前期工程费、建筑安装工程费、基础设施费、开发间接费用（以下简称四项成本）”单位面积成本扣除额明显高于建设工程造价管理部门规定标准上限10%的。各省建设工程造价管理部门会定期发布相关信息，表6－3为浙江造价网公布的建设工程造价指数。

表6－3　　浙江省房屋建筑工程造价指数（2017年12月至2018年2月）

指数类别	工程类型	2017年1月	2017年12月	2018年1月	2018年2月
综合指数		100.00	112.06	109.61	108.47
单项指数	多层住宅	111.66	109.39	111.66	108.21
	高层住宅	112.32	109.73	112.32	108.47
	多层公共建筑	111.43	109.03	111.43	108.17
	高层公共建筑	112.34	109.79	112.34	108.42
	工业厂房	112.21	110.31	112.21	109.40

④纳税人清算申报的房地产开发项目扣除的土地征用成本、建筑安装成本、基础设施建设成本、公共配套设施成本占开发产品总成本比例超过以下标准。土地征用及拆迁费占开发产品总成本比率为10%～20%；前期工程费占开发产品总成本比率为5%～10%；建筑安装工程费占开发产品总成本比率为50%～65%；基础设施建设费占开发产品总成本比率为5%～10%；公共配套设施费占开发产品总成本比率为2%～5%；开发间接费用占开发产品总成本比率为3%～5%。

房地产建筑成本（按建筑平方米算）具体各项物料成本可参考以下数据：

桩基工程（如有）：70～100元/平方米

钢筋：40～75千克/平方米（多层含量较低、高层含量较高），合160～300元/平方米

砼：0.3～0.5立方/平方米（多层含量较低、高层含量较高），合100～165元/平方米

砌体工程：60～120元/平方米（多层含量较高、高层含量较低）

抹灰工程：25～40元/平方米

外墙工程（包括保温）：50～100元/平方米（以一般涂料为标准，如为石材或幕墙，则可能高达300～1 000元/平方米）

室内水电安装工程（含消防）：毛坯房35～45元/平方米，精装房80～120元/平方米（按小区档次，多层略低一些）

屋面工程：15~30元/平方米（多层含量较高、高层含量较低）

门窗工程（不含进户门）：每平方米建筑面积门窗面积为0.25~0.5平方米（与设计及是否高档有很大关系，高档的比例较大），造价90~300元/平方米，一般为90~150元/平方米，如采用高档铝合金门窗，则可能达到300元/平方米

土方、进户门、烟道及公共部位装饰工程：30~150元/平方米（与小区档次高低关系很大，档次越高，造价越高）

地下室（如有）：增加造价40~100元/平方米（多层含量较高、高层含量较低）

电梯工程（如有）：40~200元/平方米，与电梯的档次、电梯设置的多少及楼层的多少有很大关系，一般工程约为100元/平方米

人工费：130~200元/平方米

室外配套工程：30~300元/平方米，一般为70~100元/平方米

模板、支撑、脚手架工程（成本）：70~150元/平方米

塔吊、人货电梯、升降机等各型施工机械等（为总造价的5%~8%：60~90元/平方米

临时设施（生活区，办公区，仓库，道路，现场其他临时设施如水、电、排污、生产厂棚与其他生产用房）：30~50元/平方米

检测、试验、手续、交通、交际等费用：10~30元/平方米

承包商管理费、资料、劳保、利润等各种费用（约为10%）：以上各项之和×10%=90~180元/平方米

以上没有算精装修，一般造价为1 000~2 000元/平方米，高档小区可达3 500元以上。精装修造价一般为500~1 500元/平方米，也有300元/平方米简装修，更有3 000~10 000元/平方米超高档装修（拎包入住）

设计费（含前期设计概念期间费用）：15~100元/平方米

监理费：3~30元/平方米

广告、策划、销售代理费：一般30~200元/平方米，高者可达500元/平方米以上

6. 如何对土地增值税清算收入进行案头分析？

案头审核土地增值税的清算收入，应审核以下内容：一是确认归集收入的单位是否正确。二是销售收入金额是否准确。三是价外费用是否正确计税。四是特殊业务是否正确计税。

（1）确认归集收入的单位是否正确

案头审核时应根据纳税人提供的下列清算资料：开发项目立项批复、土地使用权出（转）让合同（协议）、土地使用权证、建设用地规划许可证、建设工程规划许可证、建筑工程施工许可证、商品房销售（预售）许可证、土地增值税项目登记表等审核房地产开

发项目是否以国家有关部门审批、备案的项目为单位进行清算；对于分期开发的项目，是否以分期项目为单位清算。对不同类型房地产是否分别计算收入。

未经政府有关部门批准企业自行分期开发的项目或者与政府有关部门审批的项目不一致的应进行核查，结合企业核算情况、有关部门批文和土地增值税项目登记表，可按照建筑工程规划许可证或其他合理的方式确定清算单位。

（2）销售收入金额是否准确

土地增值税政策规定，清算时已全额开具商品房销售发票的，按照发票所载金额确认收入；未开具发票或未全额开具发票的，以交易双方签订的销售合同所载的售房金额及其他收益确认收入。销售合同所载商品房面积与有关部门实际测量面积不一致，在清算前已发生补、退房款的，应在计算土地增值税时予以调整。

在案头审核收入时，应结合销售发票、销售合同（含房管部门网上备案登记资料）、商品房销售（预售）许可证、房产销售分户明细表及其他有关资料，重点审核销售明细表、房地产销售面积与项目可售面积的数据关联性，以核实计税收入；对销售合同所载商品房面积与有关部门实际测量面积不一致，而发生补、退房款的收入调整情况进行审核；对销售价格进行评估，审核有无价格明显偏低情况；开发项目中既有缴纳营业税也有缴纳增值税时，审核收入是否按照下列公式计算：土地增值税应税收入 = 营改增前转让房地产取得的收入 + 营改增后转让房地产取得的不含增值税收入。

（3）价外费用是否正确计税

房地产企业销售商品房时，通常代有关部门向购房者收取煤气（天然气）集资费、暖气集资费、商品房购销合同印花税、住房维修基金等。

土地增值税政策规定，对于县级及县级以上人民政府要求房地产开发企业在售房时代收的各种费用，如果代收费用是计入房价中向购买方一并收取的，可作为转让房地产所取得的收入计税；如果代收的费用未计入房价中，而是在房价之外单独收取的，可以不作为转让房地产的收入。对于代收费用作为转让收入计税的，在计算扣除项目金额时，可予以扣除，但不允许作为加计 20% 扣除的基数；对于代收费用未作为转让房地产的收入计税的，在计算增值额时不允许扣除代收费用。

在案头审核收入时，对于县级以上人民政府要求房地产开发企业在售房时代收的各项费用，审核其代收费用是否计入房价并向购买方一并收取，若纳税人售房时除发票外还使用财政票据、收款收据，同时财政票据、收款收据所填写的金额记入“其他应付款”，则可确认代收的各项费用未计入房价。否则，可认定代收费用已计入房价。也可以利用资产负债表中“其他应付款”期末余额填报情况，分析是否存在将代收费用计入房价的可能性。当确认代收费用已计入房价时，审核有无将代收费用加计扣除。

（4）特殊业务是否正确计税

①以房抵债

房地产开发企业前期建设投入资金多，后期销售时间跨度长，常使企业资金比较紧张，以商品房抵顶工程款、土地征用费、材料款、广告费、代销费等以房抵债比较普遍。通常房地产开发企业将一处商品房以高于市场价的价格抵做建筑施工企业的工程款、材料供应商的材料款、广告商或代理商的服务款等，双方签订了抵债协议后，一种情况是办理过户手续，将抵债房过户到债权人的名下再出售；另一种情况是不办理过户手续，仍在开发商名下，由债权人寻找购房人并通常以低于市场价格销售抵债房，并由开发企业直接与债权人指定的购房人按照债权人与购房人约定的低于市场价的价格签署商品房合同，开具销售发票并申报缴纳土地增值税。第二种抵债房的销售额有两个，一个是发票注明的销售额，另一个是核定的销售额。后者是依据下列土地增值税政策确认的销售额。

土地增值税政策规定，房地产开发企业将开发产品用于职工福利、奖励、对外投资、分配给股东或投资人、抵偿债务、换取其他单位和个人的非货币性资产等，发生所有权转移时应视同销售房地产，其收入按下列方法和顺序确认：一是按本企业在同一地区、同一年度销售的同类房地产的平均价格确定；二是由主管税务机关参照当地当年同类房地产的市场价格或评估价值确定。

因此，计算土地增值税时，应按照核定的销售额申报纳税而不是所开具发票注明的销售额。

在案头审核收入时，结合纳税人清算报送的商品房购销合同统计表，重点关注单价低的商品房。审核“应付账款”期初期末余额变动，分析存在以房抵债情况的可能性并通过核查“应付账款”明细账以及抵债合同，确认抵债行为。对照发票金额确认房地产开发企业是否依法足额申报收入。

②开发产品出租等自用

房地产开发企业遇到销售不好的情况下，为增加收入、回笼资金，将已完工的开发产品转为对外出租，收取租金或者房地产开发企业建造商业用房，然后用于商业经营或对外出租，取得相应收入。

土地增值税政策规定，房地产开发企业将开发的部分房地产转为企业自用或用于出租等商业用途时，如果产权未发生转移，不征收土地增值税，在税款清算时不列收入，不扣除相应的成本和费用。

案头分析时，在纳税人存在出租开发产品的情况下，主要审核在土地增值税清算时是否违规扣除出租开发产品相应的成本和费用。如何确认纳税人存在出租开发产品行为，可从纳税人的开发产品出租业务的会计处理入手。会计准则规定：

企业临时性出租开发产品，此时的开发产品还不符合投资性房地产的有关规定，应当设置“出租开发产品”科目，并在“出租开发产品”科目下设置“出租产品”和“出租产品摊销”两个明细科目，核算企业开发完成用于出租经管的土地和房屋的实际成本以及出租产品的摊销。

企业开发完成的用于出租的土地和房屋，应于签订出租合同、协议后，按土地和房屋的实际成本，借记“出租开发产品——出租产品”账户，贷记“开发产品”账户。

出租开发产品所取得的租赁收入，借记“应收账款”等科目，贷记“主营业务收入”或“其他业务收入”科目。

出租开发产品虽然不属于固定资产，但视同固定资产管理。企业应根据出租开发产品的原始价值、净残值和预计摊销年限，计算其损耗价值，并按月摊销计入其他业务成本。

企业按月计提的出租产品摊销额应计入出租产品的经营成本，借记“主营业务成本——出租产品经营成本”科目，贷记“出租开发产品——出租开发产品摊销”科目。

当出租的开发产品销售或转让，结转销售成本时，应扣除累计摊销额，按出租开发产品的原值减已提累计摊销后的净值借记“主营业务成本——商品房销售成本”账户，按已提累计摊销额借记“出租开发产品——出租产品摊销”账户，按出租开发产品的账面原值贷记“出租开发产品”账户。企业如已对出租开发产品计提减值准备，应同时结转已计提的减值准备。

期末，对于意图出售而暂时出租的开发产品的账面价值，应在资产负债表的“存货”项目内列示。对于以出租为目的的出租开发产品的账面价值，在资产负债表的“其他长期资产”项目中列示。同时，在会计报表附注中披露出租房地产的成本、租赁合同主要条款等内容。

因此，案头分析时，一是从企业所得税的《A101010 一般企业收入明细表》中的“出租固定资产收入”填报数据进行分析判断是否存在开发产品出租业务。二是从会计报表附注中获取出租开发产品的成本、租赁合同主要条款等相关数据、信息。

③产权调换的纳税评估

房地产开发中一些项目属于旧城改造，“拆一还一”既涉及收入也涉及成本费用扣除。

土地增值政策规定，房地产企业用建造的本项目房地产安置回迁户的，安置用房视同销售处理，按下列方法和顺序确认收入：一是按本企业在同一地区、同一年度销售的同类房地产的平均价格确定；二是由主管税务机关参照当地当年同类房地产的市场价格或评估价值确定。同时将确认的收入额作为房地产开发项目的拆迁补偿费。房地产开发企业支付给回迁户的补差价款，计入拆迁补偿费；回迁户支付给房地产开发企业的补差价款，应抵减本项目拆迁补偿费。

开发企业采取异地安置，异地安置的房屋属于自行开发建造的，房屋价值按下列方法和顺序计算：一是按本企业在同一地区、同一年度销售的同类房地产的平均价格确定；二是由主管税务机关参照当地当年、同类房地产的市场价格或评估价值确定。同时，将计算的房屋价值计入本项目的拆迁补偿费；异地安置的房屋属于购入的，以实际支付的购房支出计入拆迁补偿费。

货币安置拆迁的，房地产开发企业凭合法有效凭据计入拆迁补偿费。

案头分析时，结合纳税人报送的清算资料，确认纳税人是否存在拆迁安置业务以及安置的形式；重点审核回迁户支付给房地产开发企业的补差价款，是否抵减项目的拆迁补偿费，少缴纳土地增值税。

7. 如何对土地增值税清算的开发成本进行案头分析？

（1）取得土地使用权所支付的金额

土地增值税政策规定，取得土地使用权所支付的金额包括纳税人为取得土地使用权所支付的地价款和按国家统一规定缴纳的有关费用。其中，纳税人为取得土地使用权所支付的地价款，如果是以协议、招标、拍卖等出让方式取得土地使用权的，地价款为纳税人所支付的土地出让金；如果是以行政划拨方式取得土地使用权的，地价款为按照国家有关规定补交的土地出让金；如果是以转让方式取得土地使用权的，地价款为向原土地使用权人实际支付的地价款。

按国家统一规定缴纳的有关费用，是指纳税人在取得土地使用权过程中办理有关手续，按国家统一规定缴纳的有关登记、过户手续费。

对于纳税人成片受让土地使用权分期分批开发、转让房地产的，其扣除项目金额的确定，可以按转让土地使用权的面积与总面积的比例计算分摊，或按建筑面积计算分摊，也可以按税务机关确认的其他方式计算分摊。

房地产开发企业为取得土地使用权所支付的契税，应视为“按国家统一规定缴纳的有关费用”，计入“取得土地使用权所支付的金额”中扣除。

因此，案头审核取得土地使用权支付金额和土地征用及拆迁补偿费时，应结合纳税人报送的土地使用权证、土地使用权出（转）让合同或协议、土地出让金票据或土地转让发票、契税完税票、银行支付凭证及与政府相关部门的协议等，一是查看出让合同、土地收据和契税完税票三者之间在土地面积上是否一致。二是审核同一宗土地是否有多个开发项目或分期开发，是否予以分摊，是否根据某个项目的建筑面积或本期开发的建筑面积占总建筑面积的比例，计算开发项目的“取得土地使用权所支付的金额”并与纳税人申报数据比对。三是审核房地产开发企业是否逾期开发并缴纳土地闲置费以及是否将土地闲置费混入“取得土地使用权所支付的金额”进行扣除。四是是否存在将房地产开发费用记入取得土地使用权支付金额以及土地征用及拆迁补偿费的情形并进行加计扣除。

（2）开发土地和新建房及配套设施（以下简称房地产开发成本）

纳税人的房地产开发成本，包括土地征用及拆迁补偿费、前期工程费、建筑安装工程费、基础设施费、公共配套设施费、开发间接费用。

房地产开发成本案头审核要关注其与“取得土地使用权所支付的金额”的衔接。若取得土地使用权所支付的仅为出让金，房地产开发成本中还应包括政府收取市政基础设施建设费、开发商发生的土地征用及拆迁补偿费、通平费用；若取得土地使用权所支付的仅为毛地价，房地产开发成本中应包括开发商发生的通平费用；若取得土地使用权所支付的为熟地价，房地产开发成本中不应再包括土地征用及拆迁补偿费。

对于房地产开发项目开发成本的评估，适宜采用分部分项的评估方法。

①土地征用及拆迁补偿费

土地增值税政策规定，土地征用及拆迁补偿费，包括土地征用费、耕地占用税、劳动力安置费及有关地上、地下附着物拆迁补偿的净支出、安置动迁用房支出等。

案头审核时要重点审核：一是同一宗土地有多个开发项目，是否予以分摊，分摊办法是否合理、合规，具体金额的计算是否正确。二是是否存在将房地产开发费用记入土地征用及拆迁补偿费的情形并进行加计扣除。具体可结合“开发成本——土地征用及拆迁补偿”科目核算内容及相应凭证进行分析、判断。三是拆迁补偿费是否实际发生。具体可与拆迁办公室沟通，了解拆迁政策，查阅房屋拆迁许可证、房屋征收补偿协议、拆迁台账等资料，抽取部分拆迁户的资料，了解其补偿形式、补偿金额、支付方式、安置用房面积和安置地点，审核是否多列拆迁补偿费。因取得拆迁补偿款不属于发票开具范围，因此，应结合支付给个人的拆迁补偿款支付方式，重点审核支付的拆迁补偿金额、拆迁（回迁）合同和签收花名册或签收凭证是否一一对应。核查时应将现金日记账、银行存款日记账与银行对账单进行比对，必要时按照法定程序到有关银行查核企业银行存款账户、企业负责人和财务负责人、出纳等有关人员的储蓄账户，判定资金支付的真实性及有无资金回流情况。

②前期工程费

土地增值税政策规定，前期工程费包括规划、设计、项目可行性研究和水文、地质、勘察、测绘、“三通一平”等支出。

前期工程费一般发生在立项开工前，应严格审核相关票据，防止期间费用混入本项目。

案头审核时，要重点审核：一是前期工程费、基础设施费是否真实发生，是否存在虚列情形。具体实施可计算前期工程费占全部开发成本的比例，并与同期工程比较或与行业标准比较，一般来说，前期工程费占开发产品总成本比率为5%～10%。若发现有严重偏差，则可根据合同约定的内容、取得的合法票据及对应的款项进行比对审核。涉及设计费的要审核是否与开发项目相对应，对“三通一平”“七通一平”等支出要结合所用材料的购进情况进行分析、审核。二是否将房地产开发费用记入前期工程费。具体可结合“开发成本——前期工程费”科目核算内容及相应凭证进行分析、判断。三是多个（或分期）项目共同发生的前期工程费，是否按项目合理分摊。

③建筑安装工程费

土地增值税政策规定，建筑安装工程费，是指以出包方式支付给承包单位的建筑安装工程费、以自营方式发生的建筑安装工程费。

案头审核资料主要包括：建筑工程施工合同、建筑工程竣工决算书、房屋建筑工程竣工验收备案文档和市政基础设施工程竣工验收备案文档。

建筑工程施工合同主要审核开发商与建筑商签订的建筑工程施工合同中合同价款包含的具体内容，重点查看是否包括材料采购。

建筑工程竣工结算书主要审核纳税人与建筑商的竣工决算书的具体分部分项的最终决算造价，计算出分部分项的单位成本，重点查看是否存在做大决算规模、虚增决算造价的情形。对结算书中单项工程量过大、不合常理或单项工程结算单价过高的，应进行重点核查；在审核是否虚列工程项目、虚增工作量方面，可根据补充施工合同、施工现场鉴证材料和工程监理报告进行核对。工程项目、工作量与施工现场鉴证材料和工程监理报告不符的，应与纳税人在建设部门的备案材料进行甄别。

房屋建筑工程竣工验收备案文档和市政基础设施工程竣工验收备案文档，可用于确定每栋楼的建设单位名称，建筑面积，工程用途，竣工验收日期，合同总价款，建筑工程、给排水工程、建筑安装工程、通风与空调工程、电梯安装工程等竣工验收组织实施情况，竣工项目审查内容及审查情况等。

案头审核时，重点审核：一是发生的费用是否与决算报告、审计报告、工程结算报告、工程施工合同记载的内容相符。若发现实际发生额高于工程施工合同，应重点核查是否存在工程设计变更资料，施工现场鉴证资料、工程监理单位监理报告、房屋建筑工程和市政基础设施工程竣工验收备案文档，确认是否属于施工正常变更的结果。二是参照当地当期同类开发项目单位平均建筑安装成本或当地建设部门公布的单位定额成本，验证建筑安装工程费支出是否存在异常。如发现单位建筑安装工程成本明显高于当地建筑安装工程平均值，应要求纳税人提供书面说明及相关材料佐证（如独特设计的论证报备材料、新型建筑材料报备材料等）。三是计算建筑安装工程费占全部开发成本的比例，并与同期其他工程的比值比较或与行业标准值比较，一般来说，建筑安装工程费占开发产品总成本比率为50%～65%。四是房地产开发企业采用自营方式自行施工建设的，还应当关注有无虚列、多列施工人工费、材料费、机械使用费等情况。通常建筑业成本构成中人工费和钢筋、混凝土、地面砖、墙面砖等主要材料的消耗均有定额，由各省、市建设行政管理部门制定印发的《建筑工程量计算规则》《建筑工程消耗量定额》《建筑工程消耗量定额价目表》《建筑工程费用项目组成及计算规则》等文件进行规范。一般来说，在建筑工程成本中，人工费约占15%，材料费占60%～65%，机械费用、其他直接费用和间接费用占20%～25%。在材料费中，钢筋的消耗定额可通过查阅发包方向规划部门提交的工程结构施工图中有关项目的配筋图获得，其参考值是七层以下的普通住宅每平方米需钢筋30～35千克，小高层每平方米需钢筋50～60千克。同时还要审核是否存在关联交易并转移利润。五是开发企业为施工方代垫的水电费是否在建筑安装成本或开发间接费用中列支。六是房地产开发企业销售精装修商品房中是否包括电视机、电冰箱、沙发等家用电器和家具，这些电器和家具成本不能在“开发成本——建筑安装成本”当中列支，也不得加计扣除，但其装修费用可以计入房地产开发成本。七是核查时，重点审核营改增后，土地增值税纳税人接受建筑安装服务取得的增值税发票，在发票的备注栏是否注明建筑服务发生地县

（市、区）名称及项目名称，否则不得计入土地增值税扣除项目金额。

④基础设施费

土地增值税政策规定，基础设施费包括开发小区内道路、供水、供电、供气、排污、排洪、通讯、照明、环卫、绿化等工程发生的支出。

案头审核时，重点审核：一是计算基础设施建设费占全部开发成本的比例，并与同期其他工程的比值比较或与行业标准比较，一般来说，基础设施建设费占开发产品总成本比率为5%～10%。超过这一比例，存在多列、虚列的风险。二是获取项目概预算资料，比较、分析概预算费用与实际费用是否存在明显异常。三是审核各项基础设施费是否取得合法有效的凭证；是否含有以明显不合理的金额开具的各类凭证；有无预提未发生的基础设施费；是否含有其他企业的费用。四是如果有多个开发项目，基础设施费是否分项目核算，是否将应记入其他项目的费用记入了清算项目。五是审核是否将期间费用记入基础设施费。六是审核基础设施费应负担各项开发成本是否已经按规定分摊。

⑤公共配套设施费

公共配套措施是指房地产开发企业开发建造的与清算项目配套的、独立的、非营利性的、且产权属于全体业主或无偿赠与地方政府、政府公用事业单位的居委会和派出所用房、会所、停车场、物业管理场所、变电站、热力站、水厂、文体场馆、学校、幼儿园、托儿所、医院、邮电通信等不能有偿转让的开发小区内公共配套设施发生的支出。

土地增值税政策规定，公共配套设施费，包括不能有偿转让的开发小区内公共配套设施发生的支出。

案头审核时，重点审核：一是计算公共配套设施费占全部开发成本的比例，并与同期其他工程的比值比较或与行业标准比较，一般来说，公共配套设施费占开发产品总成本比率为2%～5%。超过这一比例，存在多列、虚列的风险。二是公共配套设施的界定是否准确。房地产开发企业开发并无偿提供物业管理等部门使用的经营性房产、设施，如全体业主实际享有占有、使用、收益和处分该房产、设施权利的，允许进入公共配套设施费。如房地产开发企业或物业管理部门实际享有占有、使用、收益或处分该房产设施权利的，则不允许进入公共配套设施费。三是公共配套设施费是否真实发生，有无预提的公共配套设施费情况。尚未建造或尚未完工的公共配套设施，可按照预算造价合理预提建造费用。此类公共配套措施，必须符合已在售房合同、协议或广告模型中明确承诺建造且不可撤销，或按照法律法规规定必须配套建造的条件。但在计算土地增值税时，房地产开发企业的预提费用，除另有规定外，不得扣除。四是否将房地产开发费用记入公共配套设施费，进行加计扣除。五是多个（或分期）项目共同发生的公共配套设施费，是否按项目合理分摊。

案头审核时，特别要注意审核地下车库的土地增值税处理是否正确。

开发商根据规划单独建造的其建筑面积未分摊的地下车库，产权应归开发商所有。此类地下车库作为营利性配套设施，应该单独核算开发成本。会计核算时将其在“开发成本——公共配套设施（地下车库）”科目核算，完工后结转至“开发产品——地下车库”

科目。房地产开发商若将此类地下车库对外出售，则应单独确认收入、增值额，按非普通住宅计征土地增值税。房地产开发商若将此类地下车库对外出租，则其取得的收入应确认为租赁收入而不计入房地产转让收入计征土地增值税。开发商自用具有产权的地下车库，在自用时将开发产品地下车库的转为固定资产，并计提折旧，不征收土地增值税。

开发商根据规划单独建造的其建筑面积已分摊到可售面积的地下车库，产权应归全体业主所有，属于非营利性的公共配套设施。开发商无权对地下车库进行处置、取得收益。会计核算时将其建造成本在“开发产品——公共配套设施费”核算，最后分摊至可售面积成本之中。对于非营利性的公共配套设施性质的地下车库，开发商无权与业主单独签订转让或者租赁协议，所签订的协议也应归于无效。如果小区业主需要购买或租赁该停车位使用权，应与小区业主委员会或经业主委员会授权委托的物业管理公司签订停车位使用权转让或租赁协议，转让停车位使用权或租赁收入也应归全体业主所有。如果开发商违法将该非营利公共配套设施地下车库进行销售，则应单独确认收入、增值额，按非普通住宅计征土地增值税；对外出租，则其取得的收入应确认为租赁收入而不计入房地产转让收入计征土地增值税。

开发商将地下人防设施作为地下车库。地下人防设施为国家所有，开发商在缴纳相应的地下人防设施使用费后，可以获得地下人防车位的相应收益权，但不能销售。如果商品房销售附送车位使用权。地下车位的价款实际已包含在房屋总价中，已按销售不动产统一开具了发票，并申报缴纳了土地增值税。如果单独转让车位使用权，分为有限年度内转让和法律规定年度内转让。前者实为租赁，不缴纳土地增值税；后者与销售已无实质区别，应计征土地增值税。

⑥开发间接费用

土地增值税政策规定，开发间接费用是指直接组织、管理开发项目发生的费用，包括工资、职工福利费、折旧费、修理费、办公费、水电费、劳动保护费、周转房摊销等。

案头审核时，重点审核：一是计算开发间接费用占全部开发成本的比例，并与同期其他工程的比值比较或与行业标准比较，一般来说，开发间接费用占开发产品总成本比率为3%~5%。二是是否存在将企业行政管理部门（总部）为组织和管理生产经营活动而发生的管理费用记入开发间接费用的情形。开发间接费用仅限于工程部负责工地现场的管理人员直接组织管理开发项目发生的费用。因此，应重点审核房地产开发企业是否存在将公司行政管理部门为组织和管理生产经营活动而发生的人员工资、福利费以及参观考察费等管理费用计入开发间接费用。三是开发间接费用是否真实发生，有无预提开发间接费用的情况，取得的凭证是否合法有效。四是是否将应计入“财务费用”科目核算的利息计入开发间接费用。土地增值税政策规定，凡能够按转让房地产项目计算分摊并提供金融机构证明的，允许据实扣除，但最高不能超过按商业银行同类同期贷款利率计算的金额。其他房地产开发费用，按取得土地使用权所支付的金额和开发成本之和的5%以内计算扣除。凡不能按转让房地产项目计算分摊利息支出或不能提供金融机构证明的，房地产开发费用按取得土地使用权所支付的金额和开发成本之和的10%以内计算扣除。土地增值税清算时，应将利息支出从房地产开发成本中调整至开发费用。不允许将利息支出计入开发间接费用重复扣除。五是是否存在将应计入“营业外支出”科目核算的行政部门罚款计入开发间接费用进行扣除。

8. 如何对土地增值税清算的开发费用进行案头分析？

房地产开发费用全称为开发土地和新建房及配套设施的费用，是指与房地产开发项目有关的销售费用、管理费用和财务费用。案头审核重点是财务费用中的利息支出。

土地增值税政策规定，财务费用中的利息支出，凡能够按转让房地产项目计算分摊并提供金融机构证明的，允许据实扣除，但最高不能超过按商业银行同类同期贷款利率计算的金额（利息的上浮幅度按国家的有关规定执行，超过上浮幅度的部分不允许扣除；超过贷款期限的利息部分和加罚的利息不允许扣除），其他房地产开发费用，在按照“取得土地使用权所支付的金额”与“房地产开发成本”金额之和的5%以内计算扣除。凡不能按转让房地产项目计算分摊利息支出或不能提供金融机构证明的，房地产开发费用在按“取得土地使用权所支付的金额”与“房地产开发成本”金额之和的10%以内计算扣除。

全部使用自有资金，没有利息支出的，按照以上方法扣除。

房地产开发企业既向金融机构借款，又有其他借款的，其房地产开发费用计算扣除时不能同时适用上述两种办法。

土地增值税清算时，已经计入房地产开发成本的利息支出，应调整至财务费用中计算扣除。

案头审核利息支出，重点审核：一是营改增后，通过增值税发票电子底账管理系统，查询并确认金融机构开具的发票并将其金额与申报利息支出数据比较，确定企业的有关费用支出确实发生。二是是否将利息支出从房地产开发成本中调整至开发费用。三是分期开发项目或者同时开发多个项目的，其取得的一般性贷款的利息支出，是否按照项目合理分摊。四是利用闲置专项借款对外投资取得收益，其收益是否冲减利息支出。

9. 土地增值税清算后销售尾房缴纳土地增值税的案头分析重点是什么？

土地增值税政策规定，在土地增值税清算时未转让的房地产，清算后销售或有偿转让的，纳税人应按规定进行土地增值税的纳税申报，扣除项目金额按清算时的单位建筑面积成本费用乘以销售或转让面积计算。

单位建筑面积成本费用＝清算时的扣除项目总金额÷清算的总建筑面积

案头审核时，针对土地增值税纳税申报表（四）（从事房地产开发的纳税人清算后尾盘销售适用）填报数据，与该项目的清算审核报告进行比对，确认“单位建筑面积成本费用”准确性。同时，结合清算审核报告内容，确认未销售面积并与土地增值税纳税申报表（四）（从事房地产开发的纳税人清算后尾盘销售适用）填报数据以及增值税发票电子底账管理系统中对外开具的发票数据进行比对，分析房地产开发企业是否存在尾房销售不及时申报纳税的问题。

10. 转让旧房及建筑物缴纳土地增值税的案头分析重点有哪些？

转让旧房应按房屋及建筑物评估价格、取得土地使用权所支付的地价款和按国家统一规定缴纳的有关费用以及在转让环节缴纳的税金作为扣除项目金额计征土地增值税。对取得土地使用权时未支付地价款或不能提供已支付的地价款凭据的，不允许扣除取得土地使用权所支付的金额。

旧房及建筑物的评估价格，是指在转让已使用的房屋及建筑物时，由政府批准设立的房地产评估机构评定的重置成本价乘以成新度折扣率的价格。评估价格须经当税务机关确认。

所谓重置成本价是指对旧房及建筑物，按转让时的建材价格及人工费用计算建造同样面积、同样层次、同样结构、同样标准的新房及建筑物所需花费的成本费用。所谓成新度折扣率是指按旧房或建筑物的新旧程度作一定折扣的比率。如某企业转让一座旧仓库，该仓库已使用了 10 年，10 年前的造价为 5 万元。现经房地产评估机构评估，这座仓库现在的重置成本价为 30 万元，成新度为 50%，则这座仓库的评估价格为 15 万元（30×50%）。这一评估价格须经当地税务机关确认后才能作为扣除项目。

旧房及建筑物的评估价格所包含的内容在包括房地产开发成本全部子项的基础上，还应包括开发土地和新建房及配套设施的费用（即与房地产开发项目有关的销售费用、管理费用、财务费用）和开发利润。

纳税人转让旧房及建筑物时因计算纳税需要而对房地产进行评估，其支付的评估费用允许在计算增值额时予以扣除。对纳税人隐瞒、虚报房地产成交价格等情形而按房地产评估价格计算征收土地增值税所发生的评估费用，不允许在计算土地增值税时扣除。

纳税人转让旧房及建筑物，凡不能取得评估价格，但能提供购房发票的，经当地税务部门确认，房屋及建筑物评估价格、取得土地使用权所支付的地价款两项的扣除金额，可按发票所载金额并从购买年度起至转让年度止每年加计 5% 计算。计算扣除项目时“每年”按购房发票所载日期起至售房发票开具之日止，每满 12 个月计一年；超过一年，未满 12 个月但超过 6 个月的，可以视同为一年。

需要注意的是，营改增后，纳税人转让旧房及建筑物，凡不能取得评估价格，但能提供购房发票的，房屋及建筑物评估价格、取得土地使用权所支付的地价款两项的扣除金额按照下列方法计算：

一是提供的购房凭据为营改增前取得的营业税发票的，按照发票所载金额（不扣减营业税）并从购买年度起至转让年度止每年加计5%计算。

二是提供的购房凭据为营改增后取得的增值税普通发票的，按照发票所载价税合计金额从购买年度起至转让年度止每年加计5%计算。

三是提供的购房发票为营改增后取得的增值税专用发票的，按照发票所载不含增值税金额加上不允许抵扣的增值税进项税额之和，并从购买年度起至转让年度止每年加计5%计算。其中，不允许抵扣的增值税进项税额确认比较复杂，尤其是用途发生改变过的房产。

《不动产进项税额分期抵扣暂行办法》规定了两种房产用途发生改变情形及其进项税额的处理。一种是已抵扣进项税额的不动产，发生非正常损失，或者改变用途，专用于简易计税方法计税项目、免征增值税项目、集体福利或者个人消费的，按照下列公式计算不得抵扣的进项税额：

不得抵扣的进项税额=(已抵扣进项税额+待抵扣进项税额)×不动产净值率

不动产净值率=(不动产净值÷不动产原值)×100%

不得抵扣的进项税额小于或等于该不动产已抵扣进项税额的，应于该不动产改变用途的当期，将不得抵扣的进项税额从进项税额中扣减。

不得抵扣的进项税额大于该不动产已抵扣进项税额的，应于该不动产改变用途的当期，将已抵扣进项税额从进项税额中扣减，并从该不动产待抵扣进项税额中扣减不得抵扣进项税额与已抵扣进项税额的差额。

另一种是按照规定不得抵扣进项税额的不动产，发生用途改变，用于允许抵扣进项税额项目的，按照下列公式在改变用途的次月计算可抵扣进项税额：

可抵扣进项税额=增值税扣税凭证注明或计算的进项税额×不动产净值率

可抵扣进项税额，应取得2016年5月1日后开具的合法有效的增值税扣税凭证。

按照本条规定计算的可抵扣进项税额，60%的部分于改变用途的次月从销项税额中抵扣，40%的部分为待抵扣进项税额，于改变用途的次月起第13个月从销项税额中抵扣。

案头审核时，对企事业单位和个人转让旧房地产扣除额的核查，首先应确定其土地的受让价格，查看政府土地管理部门收取的补缴土地出让费金额或转让取得土地使用权的支付金额，对不能提供已支付的地价款凭据的，不允许扣除取得土地使用权所支付的金额；其次，应确定其旧房的重置成本价和成新度，重点查看经税务部门认可的评估机构出具的房产评估报告的评估金额，并注意评估金额是否合理，评估报告中是否包含了房产土地的评估价值，对包括在内的，应予以剔除，以取得土地使用权的实际支付价款（即历史成本）计算土地的价值。最后，对以购房发票为基础按年计算扣除项目金额的，要审核年度确认是否正确、不允许抵扣的增值税进项税额确认是否正确。

第七章　个人所得税扣缴情况案头分析

1. 个人所得税与企业所得税的案头分析有何区别?

（1）对企业所得税纳税申报资料进行案头分析是针对纳税人自身的应纳税额是否足额、及时申报纳税进行的审核与分析。除了个体工商户、个人独资企业和合伙企业生产经营所得的个人所得税以及企事业单位承包承租所得的个人所得税外，对个人所得税的纳税申报资料进行案头分析主要是针对扣缴义务人是否依法代扣代缴个人所得税进行的审核与分析。

（2）从数量来看，虽然企业所得税纳税人数量远小于个人所得税纳税人数量，但企业所得税纳税人数量与个人所得税扣缴义务人数量基本相同，是对同一个主体的案头分析。

（3）不同于企业所得税案头分析涵盖收入、成本、费用、损失和税金等各个方面，个人所得税案头分析以纳税人取得收入为主，较少涉及扣除项目。只有对工资薪金所得，个体工商户、个人独资企业和合伙企业生产经营所得以及企事业单位承包承租所得进行案头分析时才需审核扣除项目。

（4）个体工商户、个人独资企业和合伙企业生产经营所得以及企事业单位承包承租所得案头审核与分析可比照企业所得税案头审核进行。其他各项个人所得，围绕扣缴个人所得税报告表，结合扣缴义务人的成本费用支出情况，分项目审核个人所得税扣缴是否准确。

（5）与企业所得税的收入比较，非货币性收入更多，更隐蔽，案头分析难度更大。

2. 案头分析以哪类人员为重点审核对象?

确定个人所得税案头审核重点对象可参考中国统计年鉴等统计数据确定地区、行业；也可参照网上公布的招聘信息进行确定。以下为近年来高收入人群，应作为重点审核分析对象。

（1）金融、保险、证券、烟草、铁路、电力、石油、石化、电信、房地产、建筑安装、医疗机构、中介机构（含二手车行业）、传媒公司、高校、培训、电商、IT互联网、宠物医院、医疗美容机构等高收入行业的企业中高层管理人员、行业精英人员。

（2）上市公司的高管人员。

（3）合资企业、外资企业的外籍个人。

（4）招聘平台BOSS直聘发布的《2018旺季人才趋势报告》显示，2018年十大平均月薪最高的行业，从高到低分别是互联网、金融、专业服务、房地产、通信电子/半导体、工程施工、医疗健康、交通运输、教育培训。

3. 案头分析时与扣缴个人所得税有关的资料有哪些？

（1）个人所得税基础信息表（A表）

该表由扣缴义务人办理全员全额扣缴明细申报时，对其支付所得的纳税人基础信息的填报。初次申报后，以后月份只需报送基础信息发生变化的纳税人的信息。该表采集的信息详见表2－11，该表中“姓名、国籍（地区）、身份证件类型、身份证件号码、是否残疾人/烈属/孤老”为所有纳税人的必填项。因此，审核该表可以迅速了解被扣缴个人所得税的纳税人的基本信息。

（2）扣缴个人所得税报告表（包括电子申报信息）、缴（扣）税凭证

该表由扣缴义务人办理全员全额扣缴个人所得税申报（包括向个人支付应税所得，但低于减除费用、不需扣缴税款情形的申报），特定行业职工工资、薪金所得个人所得税的月份申报。该表采集的信息详见表2－11。因此，审核该表可以迅速了解每一个员工每个月的收入、所得及个人所得税缴纳情况。

（3）《A105050职工薪酬纳税调整明细表》

《A105050职工薪酬纳税调整明细表》是扣缴义务人申报缴纳企业所得税报送的报表之一。为案头分析个人所得税提供数据参考。一是利用该表中工资薪金支出金额与扣缴个人所得税报告表中工资薪金汇总数据进行比对，分析扣缴个人所得税报告表是否存在少申报个人收入，少扣缴个人所得税的风险；二是将工资薪金变动与个人所得税变动进行配比分析，分析个人所得税扣缴是否合理；三是利用《A105050职工薪酬纳税调整明细表》计算人均工资薪金并以此测算企业扣缴个人所得税税额的合理范围，与扣缴个人所得税报告表中扣缴个人所得税额项比对，分析是否存在异常；四是确认企业是否存在股权激励工资并对其进行特殊事项评估。

（4）金税三期税收管理系统中个人所得税扣缴数据

在金税三期税收管理系统的一户式中可以查询到扣缴义务人扣缴个人所得税的全部税额信息；一户式中选择个人所得税完税证明开具功能，可以查询到某一具体纳税人在本地区缴纳个人所得税的全部数据。

4. 个人所得税纳税申报常见问题或错误有哪些?

(1) 所得项目或税目认定错误

个人所得因划分标准不同，设有11个所得项目以及税目，分别设置各自个人所得税政策。其中一些税目很容易混淆，如工资薪金所得与劳务报酬所得；特定人群的工资薪金所得与偶然所得、工资薪金所得与稿酬所得、工资薪金所得与股息红利所得。扣缴个人所得税时，可能出现界定税目错误少扣缴个人所得税的问题。

例如，工资薪金适用七级超额累进税率，税率为3% ~45%。当企业股东兼雇员的工资薪金收入额较大时，将适用较高的税率；股息红利所得适用20%的税率。扣缴个人所得税时，为帮助股东少缴个人所得税，可能将部分工资薪金按照股息红利申报扣缴个人所得税；反过来，当股东的工资薪金较少，税率未达到20%时，可能会将预计分配的股息红利以工资薪金形式列支、发放，按照工资薪金项目扣缴个人所得税。

又如，公司年会设置抽奖环节，员工抽到公司大奖，应按工资薪金所得扣缴个人所得税，如果当月工资薪金所得（包括全年一次性奖金）适用税率高于20%，扣缴个人所得税时可能按照偶然所得扣缴并申报。

(2) 收入额或所得额确认错误

个人所得税部分税目的收入额比较复杂，如工资薪金所得，不仅包括货币性收入，还包括单位为个人承担的餐费等福利性工资、工作服等实物性工资、股权等权益性工资以及以发票等报销方式变相取得的工资。扣缴个人所得税时仅就货币性工资薪金扣缴并申报，其他形式的工资薪金收入均未纳入收入额扣缴个人所得税。

工资薪金的所得额确认错误。个人所得税法及相关政策规定，按照国家规定标准，单位为个人缴付的基本养老保险费、基本医疗保险费、失业保险费、住房公积金，从个人的应纳税所得额中扣除。超过规定标准的部分应计入工资薪金所得额计算缴纳个人所得税。实际中，单位为个人缴纳的上述费用超标准的部分，往往没有计入工资薪金所得额。

劳务报酬、稿酬、特许权使用费等项目按次计算扣缴个人所得税。但在确认次的时候，为少扣缴个人所得税，违法将一次收入分解成若干次，既降低了收入额又分别扣除费用。如地税局对某公司评估时，发现该公司邀请某艺人为产品作形象代言人，在代扣代缴该代言人一次性广告代言收入的个人所得税时，将代言费分摊至全年12个月进行代扣代缴。

(3) 扣除费用额错误

个人所得税税目中除了股息、红利、利息所得，偶然所得和其他所得，其他税目在计算个人所得税时均允许扣除费用。定额扣除的如劳务报酬所得、稿酬所得、特许权使用费所得、财产租赁所得，每次收入不超过4 000元的，减除800元；4 000元以上的，减除收入的20%，以其余额为应纳税所得额。据实扣除的如财产转让所得，以转让财产的收入额减除财产原值和合理费用后的余额，为应纳税所得额。定额与据实扣除相结合的如工资薪金所得，每个月在扣除3 500元的基础上还可以扣除个人实际缴纳的基本养老保险费、基本医疗保险费、失业保险费、住房公积金、符合条件的商业保险。新个税改革方案中将允许扣除子女教育、大病医疗等专项费用。

扣除费用容易出现违规多扣除问题。如依据《住房公积金管理条例》《建设部　财政部　中国人民银行关于住房公积金管理若干具体问题的指导意见》（建金管〔2005〕5号）等规定，单位和个人分别在不超过职工本人上一年度月平均工资12%的幅度内，其实际缴存的住房公积金，允许在个人应纳税所得额中扣除。单位和职工个人缴存住房公积金的月平均工资不得超过职工工作地所在设区城市上一年度职工月平均工资的3倍。上述文件中强调的是"单位和个人分别在不超过上一年度月平均工资12%""实际缴存""月平均工资不得超过职工工作地所在设区城市上一年度职工月平均工资的3倍"。因此，表7－1所列案例扣除的住房公积金均是错误的。

表7－1　　住房公积金扣除案例汇总表　　单位：元

案例	实际扣除住房公积金	税前允许扣除住房公积金限额	应并入工资薪金所得的金额
某纳税人2016年7月缴纳住房公积金的工资基数为8 000元，其上年月平均工资7 000元，缴付住房公积金比例为：单位12%，个人12%，实际缴付住房公积金为：单位缴付960元，个人缴付960元。该市上一年度职工月平均工资的3倍为12 000元	1 920＝960＋960	1 680＝7 000×12%×2	240＝1 920－1 680
某纳税人2016年7月缴纳住房公积金的基数为8 000元，其上年月平均工资7 000元，缴付住房公积金比例为：单位18%，个人14%，实际缴付住房公积金为：单位缴付1 440元，个人缴付1 120元。该市上一年度职工月平均工资的3倍为6 000元	2 560＝1 440＋1 120	1 440＝6 000×12%×2	1 120＝2 560－1 440
某纳税人2016年7月缴纳住房公积金的基数为6 000元，其上年月平均工资7 000元，缴付住房公积金比例为：单位10%，个人10%，实际缴付住房公积金为：单位缴付600元，个人缴付600元。该市上一年度职工月平均工资的3倍为8 000元	1 200＝600＋600	因为1 400＝7 000×10%×2大于1 200，所以可以扣除1 200	0

续表

案例	实际扣除住房公积金	税前允许扣除住房公积金限额	应并入工资薪金所得的金额
某纳税人2016年7月缴纳住房公积金的基数为6 000元，其上年月平均工资5 000元，缴付住房公积金比例为：单位14%，个人10%，实际缴付住房公积金为：单位缴付840元，个人缴付600元。该市上一年度职工月平均工资的3倍为8 000元	1 440 = 840 + 600	1 100 = 5 000 × 12% + 5 000 × 10%	340 = 1 440 - 1 100

（4）适用税率错误

个人所得税税率有比例税率和超额累进税率两种，其中工资、薪金所得，适用3% ~ 45%的七档超额累进税率；个体工商户的生产、经营所得和对企事业单位的承包经营、承租经营所得，适用5% ~35%的五档超额累进税率；劳务报酬所得实际适用20% ~40%的三档超额累进税率；其余所得项目适用20%的比例税率。个人所得税扣缴时，适用税率错误主要发生在三个适用超额累进税率的所得项目，扣缴义务人按照低档税率为纳税人代扣代缴个人所得税。

【案例7-1】 按【案例3-1】，抽取B民爆器材有限公司2015年度纳税申报数据中扣缴个人所得税数据，详见表7-2。该纳税人2015年度纳税申报数据详见第九章案例2。

表7-2　　扣缴个人所得税一览表　　单位：元

税种	税目	税款所属期	计税依据	税率	已纳税款
个人所得税	工资薪金所得	2015.1—2015.12	5 486 847	3%	164 505.4

【案头分析】

表7-2数据显示，该公司2015年工资薪金所得为5 486 847元，税率为3%，扣缴个人所得税164 505.4元。首先依据表中数据重新计算如下：5 486 847 × 3% = 164 605.1（元），可见扣缴义务人是按照全部工资薪金所得计算扣缴个人所得税，而不是按照每个员工各月个人工资薪金所得计算扣缴的个人所得税。其次，按照35名员工测算每人平均月工资薪金所得：5 486 847 ÷ 35 ÷ 12 = 13 063.92（元），比照表7-3，税率应为20%或25%。显然该公司扣缴个人所得税时适用税率、计算方法均为错误，存在少扣缴个人所得税问题。

表 7－3　　工资薪金个人所得税税率表

级数	全月应纳税所得额（含税级距）	全月应纳税所得额（不含税级距）	税率（%）	速算扣除数
1	不超过 1 500 元	不超过 1 455 元的	3	0
2	超过 1 500 元至 4 500 元的部分	超过 1 455 元至 4 155 元的部分	10	105
3	超过 4 500 元至 9 000 元的部分	超过 4 155 元至 7 755 元的部分	20	555
4	超过 9 000 元至 35 000 元的部分	超过 7 755 元至 27 255 元的部分	25	1 005
5	超过 35 000 元至 55 000 元的部分	超过 27 255 元至 41 255 元的部分	30	2 755
6	超过 55 000 元至 80 000 元的部分	超过 41 255 元至 57 505 元的部分	35	5 505
7	超过 80 000 元的部分	超过 57 505 元的部分	45	13 505

（5）应纳税额计算错误

年终一次性奖金政策重复使用。《国家税务总局关于调整个人取得全年一次性奖金等计算征收个人所得税方法问题的通知》（国税发〔2005〕9 号）规定，对于雇员当月取得的全年一次性奖金，采取除以 12 个月，按其商数确定适用税率和速算扣除数的计税办法。在一个纳税年度内，对每一个纳税人，该计税办法只允许采用一次。季度奖、半年奖应并入当月工资薪金申报纳税。如果员工在年末一个月内分别取得年终奖和“双薪”，可以将两者合并作为全年一次性奖金按照规定计算缴纳个人所得税；如果是在不同月份发放或者全年一次性奖金分若干次在不同月份发放，则只能使用一次全年一次性奖金政策。但是，个人所得税征管实践中，经常发现扣缴义务人违规多次使用全年一次性奖金政策。

纳税人两处以上取得所得未自行申报补税。纳税人在相同所得期间内，从中国境内两处或者两处以上取得工资、薪金所得的，应当合并计算纳税，在取得所得后，选择并固定向其中一处单位所在地主管税务机关自行申报。

不含税所得按照含税所得计算扣缴个人所得税。工资薪金项目和劳务报酬项目在计算个人所得税时，所得额为含税所得。但是，有些纳税人与受聘单位签订的劳动合同、劳务合同中约定的是代付个人所得税。在扣缴个人所得税时，需使用税后所得的公式进行计算，但很多扣缴义务错用税前所得公式进行计算，造成少申报个人所得税。

5. 扣缴个人所得税的常见问题或错误有哪些?

（1）个人所得税案头分析应注意各项所得境内外划分的准确性

个人所得税法规定，下列所得，不论支付地点是否在中国境内，均为来源于中国境内的所得：①因任职、受雇、履约等而在中国境内提供劳务取得的所得；②将财产出租给承租人在中国境内使用而取得的所得；③转让中国境内的建筑物、土地使用权等财产或者在中国境内转让其他财产取得的所得；④许可各种特许权在中国境内使用而取得的所得；

⑤从中国境内的公司、企业以及其他经济组织或者个人取得的利息、股息、红利所得。

案头分析时，首先应针对每项所得判定是否为境内所得，支付所得的企业是否存在扣缴义务。其次，结合政策分析是否及时、足额扣缴个人所得税。

（2）要了解、熟悉扣缴义务人的基本情况和人员状况

个人所得税虽然大多是扣缴义务人代扣代缴，但扣缴的税款终究与扣缴义务人的业务存在直接的关系，无论工资薪金所得，还是利息、股息、红利所得，都与扣缴义务人的所属行业、经营规模、生产经营状况、产品类型、资本结构（所有制形式、是否为上市公司）、人员构成（外籍个人、高级专家、内退人员、中层以上人员数量等）、所聘任的高管人员情况（求学、从业经历）等密切相关，在进行个人所得税案头分析前，应当了解有关资料，掌握基本情况。上述信息可从《A000000 基础信息表》、个人所得税基础信息表（A 表）和互联网上获取。

（3）要深入了解扣缴义务人的有关财务、劳资、薪酬支付制度（是否执行计件工资、是否为企业代付个人所得税、是否执行年薪制度、年金制度）及其他与个人收入相关的资料、信息

通过掌握这些资料，在实施案头分析时，就能够有的放矢，切中问题的要害，寻找到突破口。上述信息可在日常管理时采集或者从以往纳税评估约谈记录、税务稽查的询问笔录中寻求。

（4）要密切关注其他与扣缴义务人关联的信息及其所处行业的相关信息

例如，某股份公司在媒体发布公告，召开股东大会，审议通过分红方案等与该单位个人所得税密切相关的信息，这些信息是分析扣缴税款的相关资料时重要的参考信息。上述信息可从互联网、电视等媒体上查获。

（5）要注意收集有关个人所得税的社会信息

进行案头分析，不仅就涉税资料、信息进行比对，还要结合社会经济统计信息、发展规划等宏观资料，掌握居民人均可支配收入情况和增长态势，了解所在地区城镇平均职工年工资水平等指标，作为评估分析的参考数据。上述信息可从各年度中国统计年鉴获取，也可以从互联网上查获。

（6）个人所得税案头分析以扣缴个人所得税报告表填报数据为主，结合其他报表相关填报事项进行分析。工资薪金、利息、股息、劳务费一方面是个人的收入，另一方面也是扣缴义务人的成本费用支出。因此，企业所得税申报表中的工资薪金支出总额和扣缴个人所得税报告表中的工资薪金所得存在勾稽关系；实物工资与“应付职工福利费”“管理费用”等项目存在密切关系；股息、红利所得与资产负债表的“应付股息”“未分配利润”“实收资本”“资本公积”“其他应收款”等报表项目存在勾稽关系；利息所得与资产负债表的“其他应付款”项目、利润表的“财务费用”项目、《A105000 纳税调整项目明细表》的“利息支出”项目存在勾稽关系；劳务报酬所得与《A104000 期间费用明细表》的“劳务费”“咨询顾问费”“董事会费”等存在密切关系；财产租赁所得与《A104000 期间费用明细表》的“租赁费”存在密切关系；财产转让所得与《A104000 期间费用明

细表》的“技术转让费”存在密切关系。

【案例7-2】税务人员6月对G中小商业企业纳税情况进行核查时，发现该企业2—4月的费用账中“差旅费”“午餐补贴”明显偏高。经查看原始凭证，发现所附单据为普通的支出领款单据，缺少相应的差旅费票证。最终财务人员承认，为了在春节期间给40名员工发放12 000元现金福利，分别于2月、3月、4月三个月在管理费用中以差旅费的名义记入9 000元，以午餐补助的名义记入3 000元，并且未扣缴个人所得税。

税务机关责令企业会计人员将2月、3月、4月计入的差旅费和误餐补贴共计12 000元并入2月工资，计算应纳个人所得税额。经计算2月应补扣缴个人所得税600元。

（7）个人所得税案头分析要结合扣缴义务人的收入变动进行配比分析

企业为了激发员工的积极性，尤其是关键岗位的员工，如生产部门、销售部门的员工，一般采取提成工资或计件工资。因此，企业营业收入增加的同时，员工的工资薪金应增加，在员工人数没有太大增加的情况下扣缴个人所得税额也应增加。利用这一规则，可将扣缴义务人的收入变动与扣缴个人所得税额变动进行配比分析。

【案例7-3】H汽车零部件有限公司成立于2007年，经济性质为其他有限责任公司，注册资本2 000万元，经营范围为：汽车座椅、门内饰板及汽车零部件的设计、制造、销售业务。属于增值税一般纳税人，企业所得税在国税局缴纳。地税局对该纳税人2017年度纳税评估时，发现该户在正常经营、从业人员数量没有变化的情况下，该纳税人2016年主营业务收入为2 518万元，2017年主营业务收入为3 745万元，扣缴个人所得税2016年为113 134.00元，2017年为124 539.00元。

【案头分析】

该公司主营业务收入2017年比2016年同比增长48.73%，但是扣缴个人所得税的同比增长只有10.08%，两者不是很匹配，存在未依法扣缴个人所得税的风险。

（8）个人所得税案头分析应关注重要月份个人所得税的扣缴情况

案头分析扣缴个人所得税时要注意某些重要月份，如春节、中秋节和端午节等节日所在的月份，扣缴个人所得税额是否高于其他月份。否则，存在隐匿实物工资未扣缴个人所得税的风险。由于每年12月，通常是发放年终奖金的月份，扣缴个人所得税额应高于其他月份，可与上一年度12月个人所得税扣缴数据进行比对。

（9）个人所得税案头分析应关注特定人员的个人所得税扣缴情况

首先，在境内工作的境外个人以及在境外工作的境内个人，均涉及工资薪金境内所得、境外所得的划分问题。尤其是在境内工作的境外个人，因在华时间不同，税收政策也不同。因此，要关注特定人员的个人所得税的扣缴情况。

其次，岗位职责相似的人，学历、职务相似的人，工资薪酬和缴纳的个人所得税具有可比性。因此，可将查询到的上述人员工资薪酬和扣缴的个人所得税数据进行比对。当工资薪酬和扣缴的个人所得税存在较大差异时，分析工资薪酬低和扣缴的个人所得税少的纳税人是否存在其他形式的工资收入并且未扣缴个人所得税，如报销房租、购买住房或车辆等。

6. 工资薪金个人所得税的案头分析指标有哪些，如何应用？

可以用来预警扣缴工资薪金个人所得税的指标包括工资总额变动率、月人均工资变动率、月人均工资差异率、扣缴工资薪金个人所得税变动率、人均扣缴工资薪金个人所得税变动率、最低应扣缴工资薪金个人所得税税额、某一具体人员工资薪酬变动率、某一具体人员工资薪酬变动额与扣缴个人所得税变动额配比分析、全年一次性奖金最低应扣缴工资薪金个人所得税税额等指标。其中，月人均工资 = 全年工资总额 ÷（年平均人数 ×12）。测算最低应扣缴工资薪金个人所得税税额 = [（月人均工资 - 扣除费用）× 税率 - 速算扣除数] × 人数。利用上述指标分析时，可从以下方面进行：

（1）从业人数变动与固定资产、能耗等配比分析

一般而言，扣缴义务人的从业人员数量较稳定。因此，在正常情况下，扣缴义务人的固定资产、原材料、物料消耗、能耗等没有大的变动，从业人数基本不会有太大变动。如果发生人数突增，又没有季节性用工等因素影响，可以初步确认扣缴义务人有虚增人员、摊薄应税工资的可能，需要结合纳税人申报的个人所得税基础信息表（A 表）确认新增人员并进行核实，确认是否进行虚增人员，少扣缴个人所得税问题。如果从业人数增加较多且固定资产、原材料、物料消耗、能耗等也随之增加，则虚增人员，少扣缴个人所得税的疑点较小。如果从业人数减少较多且固定资产、原材料、物料消耗、能耗等没有太大变动或增加，存在扣缴义务人用机器取代人工的可能性，此时月人均工资若增加，扣缴个人所得税额也应随之增加。否则，为疑点。

（2）从业人数变动与营业收入变动配比分析

企业经营形势好，收入越高，所需人员也越多。因此，可以利用从业人数变动与营业收入变动，分析企业是否存在虚增人数、分解工资，少扣缴个人所得税问题。如果从业人数增加、营业收入不变且扣缴个人所得税减少，存在虚增人数、摊薄工资，少扣缴个人所得税疑点。需要结合纳税人申报的个人所得税基础信息表（A 表）确认新增人员并进行核实，确认是否进行虚增人员，少扣缴个人所得税问题。如果从业人数未变或变化较小、营业收入增加且扣缴个人所得税未变或变化较小，排除调增免征额等税法改革等因素，存在少扣缴个人所得税疑点。

（3）利用月人均工资测算扣缴个人所得税的人数和最低扣缴税额

扣缴义务人月人均工资越高，应缴纳个人所得税的人数越多，扣缴税额也越多。因此，可利用月人均工资推算缴纳个人所得税的大致人数，并与扣缴义务人报送的《扣缴个人所得税报告表》所列纳税人数比对，如果前者大于后者且二者相差较大，则可以推测该单位存在不扣或少扣工资薪金所得个人所得税的疑点；利用月人均工资计算出最低扣缴个人所得税税额并与实际扣缴数比较，分析是否存在少扣缴税款的风险；利用月人均工资变动与扣缴个人所得税额变动趋势，分析是否存在工资增加但扣缴税额并未增加的风险。

【案例7－4】 某医院是非营利性的医疗机构，从事医疗服务业务，职工人数为1 255人。该医院2005—2007年的涉税信息见表7－4。

表7－4　　扣缴个人所得税相关数据一览表　　单位：元

年份	年度职工薪酬	月人均职工薪酬	年度已扣缴个人所得税金额	月人均扣缴个人所得税金额
2005	39 000 000	2 708.33	1 238 157	85.98
2006	41 000 000	2 805.15	1 405 078	96.13
2007	48 000 000	3 187.25	1 355 667	90.02

【案头分析】

表7－4数据显示，2005—2007年月人均职工薪酬逐年增加，年度已扣缴个人所得税额和月人均扣缴个人所得税额均先增后降，与前者趋势不完全相符。在分析扣缴个人所得税风险时，首先要考虑税收政策的调整对扣缴税款的影响。工资薪金所得的扣除额在2006年1月1日前每人每月扣除800元；2006年1月1日至2008年3月1日期间每人每月扣除1 600元；2008年3月1日至2011年9月1日期间每人每月扣除2 000元；2011年9月1日至今每人每月扣除3 500元。表7－4中数据，2005年与2006年费用扣除标准不同，在2006年测算月人均少缴个人所得税：800×5%＝40（元），全年为480元，该医院1 255人，少缴个人所得税602 400元。在月人均职工薪酬增加96.82元（2 805.15－2 708.33），因提升免征额800元预计少缴个人所得税602 400元的情况下，该医院扣缴个人所得税增加166 921元（1 405 078－1 238 157），可见，该医院2006年扣缴个人所得税，不存在明显的疑点。

2007年与2006年费用扣除标准相同均为每人每月1 600元，但是，数据显示2007年比2006年在职工薪酬增加7 000 000元（17.07%）、月人均薪酬增长382.1元（13.62%）的情况下，2007年扣缴个人所得税比2006年下降4 941元（10.35%）、月人均应扣个人所得税下降6.11元（0.63%）。相比2006年月人均职工薪酬增加96.82元，扣缴个人所得税增加166 921元且是在增加扣除额的前提下，2007年月人均薪酬增长382.1元，扣缴个人所得税增加额应更大，但该医院不但没有增加反而减少，显然是异常的，该医院可能在2007年少扣缴个人所得税。具体少扣缴个人所得税额，可利用2007年月人均工资进行测算如下：

月人均应扣个人所得税：(3 187.25 - 1 600) × 10% - 25 = 113.73（元）

月人均已扣个人所得税：90.02（元）

月人均少扣个人所得税：113.73 - 90.02 = 23.71（元）

最低全年少扣个人所得税：23.71 × 12 × 1 255 = 357 072.6（元）

【约谈和核查】

约谈获取如下信息，该医院奖金分为三部分，包括绩效奖、专项奖、劳务提成，由该医院分到各科室，再由各科室二次分配到个人。由于各科室二次分配表格上报不及时，致使各项奖金没有全部纳入工资表。部分奖金没有代扣个人所得税。

核查时从该医院的财务软件工资系统中调出2007年的工资表，从各科室调出奖金二次分配表格，把工资表和奖金二次分配表合并成一张电子表格，利用个人所得税计算公式，对该医院2007年的个人所得税代扣代缴情况重新计算。该医院2007年度应扣个人所得税2 263 776元，已扣个人所得税1 355 667元，少扣个人所得税908 109元，大于测算的357 072.6元，表明查补个人所得税额比较合理。

(4) 人均月工资薪金与同行业、同地区人均月工资比对分析

同一地区的同一行业，人均月工资薪金相差较小，因此可以将某企业的人均月工资薪金与同地区、同行业其他企业的人均月工资比对，出现较大差异时，存在隐匿工资薪金收入，少扣缴个人所得税的疑点。

【案例7-5】J公司成立于1983年，为国有企业，是增值税、营业税混合户，现有职工160人。该公司2016年实际发放工资及奖金总额为9 697 516元，已申报缴纳个人所得税1 150 609.2元，其中年收入12万元以上的高收入个人为18人，已申报个人所得税420 125元。

【案头分析】

J公司作为一个垄断企业，人均工资仅为60 609元，远低于该地区同行业其他企业的人均工资，可能存在未按规定及时足额代扣代缴个人所得税的风险。另外，该公司对于年收入在12万元以上的高收入个人数量也比该地区同行业其他企业的数量少，可能存在未按规定全员全额扣缴个人所得税的风险。

【约谈和核查】

约谈财务主管人员，表示工资薪金收入和年收入超过12万元以上人员均正确，没有少申报问题。税务人员要求提供实际发放的工资明细表。通过翻阅相关账册发现，该公司在“应付职工薪酬”科目仅发放了7 697 516元，但通过其他奖金类科目发放了8 584 810元，且应付福利费科目中福利性支出金额多达1 250 000元，都是以补贴等形式、以各科室为单位发放。经核查该公司员工人均年收入在10万元左右，年收入在12万元以上的高

收入个人为36人。经核实，该公司2016年应代扣代缴个人所得税1 703 941元，其中，高收入个人应代扣代缴个人所得税655 100元。最后，该公司应补申报个人所得税553 331元。

（5）某一具体人员工资薪酬变动额与扣缴个人所得税变动额比对分析

利用个人所得税基础信息表（A表）所列人员信息，锁定重点人员，然后在金税三期税收征管系统中查询该人缴纳个人所得税的数据，分析其工资薪酬变化情况，并将工资薪酬明显增加的月份填报相关数据与上月进行比对，即（本月工资薪金－上月工资薪金）×税率＝本月扣缴个人所得税－上月扣缴个人所得税。当公式成立时，没有疑点；当公式不成立时，尤其是（本月工资薪金－上月工资薪金）×税率＞（本月扣缴个人所得税－上月扣缴个人所得税），存在少扣缴个人所得税的疑点。

（6）全年一次性奖金最低应扣缴工资薪金个人所得税额比对分析

按照个人所得税政策规定，纳税人取得全年一次性奖金、年终加薪、年薪和绩效工资等单独作为一个月工资、薪金所得计算纳税，并按以下计税办法，由扣缴义务人发放时代扣代缴：①先将雇员当月内取得的全年一次性奖金，除以12个月，按其商数确定适用税率和速算扣除数。如果在发放年终一次性奖金的当月，雇员当月工资薪金所得低于税法规定的费用扣除额，应将全年一次性奖金减除“雇员当月工资薪金所得与费用扣除额的差额”后的余额，按上述办法确定全年一次性奖金的适用税率和速算扣除数。②将雇员个人当月内取得的全年一次性奖金，按上述确定的适用税率和速算扣除数计算征税。如果雇员当月工资薪金所得高于（或等于）税法规定的费用扣除额，应纳税额＝雇员当月取得全年一次性奖金×适用税率－速算扣除数；如果雇员当月工资薪金所得低于税法规定的费用扣除额，应纳税额＝（雇员当月取得全年一次性奖金－雇员当月工资薪金所得与费用扣除额的差额）×适用税率－速算扣除数。

因此，查询金税三期税收征管系统中扣缴义务人11月、12月支出的工资薪金总额，测算全年一次性奖金最低应扣缴工资薪金个人所得税税额，公式为：[（12月工资薪金总额－11月工资薪金总额）÷员工人数×适用税率－速算扣除数]×员工人数，将测算得出数据与12月扣缴个人所得税额－11月扣缴个人所得税额的差额进行比较，如果[（12月工资薪金总额－11月工资薪金总额）÷员工人数×适用税率－速算扣除数]×员工人数＞（12月扣缴个人所得税额－11月扣缴个人所得税额），为疑点，存在少扣缴个人所得税的风险。

7. 非货币性工资薪金收入个人所得税的案头分析要点有哪些？

个人所得税法规定，个人所得的形式，包括现金、实物、有价证券和其他形式的经济利益。所得为实物的，应当按照取得的凭证上所注明的价格计算应纳税所得额；无凭证的实物或者凭证上所注明的价格明显偏低的，参照市场价格核定应纳税所得额。所得为有价证券的，根据票面价格和市场价格核定应纳税所得额。所得为其他形式的经济利益的，参照市场价格核定应纳税所得额。

常见的非货币性工资薪金包括扣缴义务人发放的实物，提供的免费旅游、餐饮和住房，为员工购买住房或车辆，给予的股权激励等。

（1）实物工资

包括扣缴义务人将自己生产的产品或外购的商品发给员工，为员工发放的非工作必须穿戴的服装等。

扣缴义务人将自己生产的产品发给员工，依据增值税和企业所得税政策均属于视同销售。分析员工是否存在该项实物工资收入时，可依据扣缴义务人的《A105010 视同销售和房地产开发企业特定业务纳税调整明细表》中“用于职工奖励或福利视同销售收入”项的填报情况进行分析。

扣缴义务人将外购的商品发给员工，依据增值税政策属于不得抵扣进项税额，依据企业所得税政策属于视同销售。因此，分析员工是否存在该项实物工资收入时，一方面可依据扣缴义务人的《A105010 视同销售和房地产开发企业特定业务纳税调整明细表》中“用于职工奖励或福利视同销售收入”项的填报情况进行分析；另一方面，可依据增值税纳税申报表附列资料（二）中“本期进项税额转出额”栏的“集体福利、个人消费”项填报情况进行分析。再进行约谈和核查。

扣缴义务人为员工发放工作服有两种情况，一是工作服是为工作需要而特制的服装，是为安全生产和保证员工身心健康必须穿戴的。这类工作服的所有权属于扣缴义务人而不是员工个人，员工离职、退休需要将工作服留在单位。在会计核算和企业所得税政策中，这类工作服支出作为劳动保护支出在生产成本、管理费用中列支。二是工作服是作为扣缴义务人标识，展示单位文化而统一配备的服装。这类工作服的所有权属于员工个人，员工离职、退休可以将工作服带走。在会计核算和企业所得税政策中，这类工作服支出作为“应付职工薪酬——职工福利费”在生产成本、管理费用中列支。第一种情况，不属于工资薪金收入；第二种情况，应作为工资薪金收入扣缴个人所得税。因此，在分析员工是否存在该项实物工资收入时，可依据对扣缴义务人基本信息的日常采集以及《A105050 职工薪酬支出及纳税调整明细表》中“职工福利费支出”填报情况进行分析。再进行约谈和核查。

（2）扣缴义务人提供的免费旅游、餐饮和住房

扣缴义务人为鼓励员工或奖励员工好好工作，常采用以培训班、研讨会、工作考察等名义组织员工旅游活动，由单位支付相关费用。对此是否应扣缴个人所得税，目前没有单独政策文件进行明确。但是《财政部　国家税务总局关于企业以免费旅游方式提供对营销人员个人奖励有关个人所得税政策的通知》（财税〔2004〕11 号）规定，对商品营销活动中，企业和单位对营销业绩突出人员以培训班、研讨会、工作考察等名义组织旅游活动，通过免收差旅费、旅游费对个人实行的营销业绩奖励（包括实物、有价证券等），应根据所发生费用全

额计入营销人员应税所得，依法征收个人所得税，并由提供上述费用的企业和单位代扣代缴。其中，对企业雇员享受的此类奖励，应与当期的工资薪金合并，按照“工资、薪金所得”项目征收个人所得税。该政策虽然明确适用于营销业绩突出人员，但是政策制定的治税法理应该是个人所得税法规定的“个人所得的形式，包括现金、实物、有价证券和其他形式的经济利益”。据此可以推定，扣缴义务人为鼓励员工或奖励员工好好工作，常采用以培训班、研讨会、工作考察等名义组织员工旅游活动，由单位支付相关费用，应根据所发生费用全额计入该员工当期的工资薪金，按照“工资、薪金所得”项目征收个人所得税。因此，在分析员工是否存在该项实物工资收入时，可依据扣缴义务人的《A105050 职工薪酬支出及纳税调整明细表》中“职工教育经费支出”填报情况进行分析。再进行约谈和核查。

扣缴义务人为解决员工就餐问题，自设餐厅、食堂，然后采取企业拨款与个人负担相结合的方式，提供餐食服务，如每人每次餐食费 15 元，单位负担 13 元、个人负担 2 元。还有些扣缴义务人为解决员工住宿问题，自设员工宿舍或租赁住房作为员工宿舍并免费提供员工居住。对上述两项收入依据个人所得税法及实施条例规定不属于个人所得税法规定的免税福利费收入。《个人所得税法》第四条规定，福利费免纳个人所得税，《个人所得税法实施条例》第十四条规定，税法第四条第四项所说的福利费，是指根据国家有关规定，从企业、事业单位、国家机关、社会团体提留的福利费或者工会经费中支付给个人的生活补助费。因此，个人取得上述两项收入应当缴纳个人所得税。在案头分析时，应结合日常管理收集的信息以及扣缴义务人的《A105050 职工薪酬支出及纳税调整明细表》中“职工福利费支出”填报情况进行分析。再进行约谈和核查。

（3）扣缴义务人为员工购买住房或车辆等财产

单位为吸引人才，除了承诺给予高额的工资薪金之外，还可能承诺为员工购买住房或者是车辆。依据《财政部 国家税务总局关于企业为个人购买房屋或其他财产征收个人所得税问题的批复》（财税〔2008〕83 号）规定，符合以下情形的房屋或其他财产，不论所有权人是否将财产无偿或有偿交付企业使用，其实质均为企业对个人进行了实物性质的分配，应依法计征个人所得税：①企业出资购买房屋及其他财产，将所有权登记为企业其他人员的；②企业其他人员向企业借款用于购买房屋及其他财产，将所有权登记为企业其他人员，且借款年度终了后未归还借款的。对企业其他人员取得的上述所得，按照工资、薪金所得项目计征个人所得税。因此，扣缴义务人为员工购买住房、车辆等财产应按照工资、薪金所得扣缴个人所得税。案头分析时，依据个人所得税基础信息表（A 表）和扣缴个人所得税报告表填报情况，分析确认扣缴义务人聘用的高管人员，尤其是新聘请的高管人员，通过互联网等了解其从业经历，分析其薪酬的合理区间，并与相同或类似岗位的高管人员的薪酬进行比较，分析存在实物工资的概率。在核查时重点核查扣缴义务人与高管人员签订的劳动合同中是否涉及买房、买车，核查“其他应收款”科目是否存在高管人员的借款、是否超过一年未归还；核查“应付职工薪酬——职工福利费”“营业外支出”等科目是否存在用途不清的大额支出金额。

（4）给予的股权激励

扣缴义务人单位为吸引、留住人才或让员工更加努力工作，制定股权激励计划，在满足某一条件下授予员工股票或股权。

依据个人所得税政策规定，实施股票期权计划（包括股票增值权计划）的境内企业，应在股票期权计划实施之前，将企业的股票期权计划或实施方案、股票期权协议书、授权通知书等资料报送主管税务机关；应在员工行权之前，将股票期权行权通知书和行权调整通知书等资料报送主管税务机关。

实施限制性股票计划的境内上市公司，应在中国证券登记结算公司（境外为证券登记托管机构）进行股票登记，并经上市公司公示后15日内，将本公司限制性股票计划或实施方案、协议书、授权通知书、股票登记日期及当日收盘价、禁售期限和股权激励人员名单等资料报送主管税务机关备案。

扣缴义务人和自行申报纳税的个人在代扣代缴税款或申报纳税时，应在税法规定的纳税申报期限内，将个人接受或转让的股权以及认购的股票情况（包括种类、数量、施权价格、行权价格、市场价格、转让价格等）、股权激励人员名单、应纳税所得额、应纳税额等资料报送主管税务机关。

因此，案头分析时，可针对扣缴义务人报送的上述资料，结合股票期权、股权期权的税收政策进行案头分析，确认扣缴个人所得税是否准确。股票期权的税收政策比较多、比较复杂，在扣缴个人所得税时，单独作为股票期权形式的工资薪金所得缴纳个人所得税，可参考表7－5。

8. 劳务报酬个人所得税案头分析要点有哪些?

（1）代扣代缴劳务报酬个人所得税常见问题

①将劳务报酬所得按照工资薪金所得扣缴个人所得税

个人所得税法规定劳务报酬所得是指个人从事设计、装潢、安装、制图、化验、测验、医疗、法律、会计、咨询、讲学、新闻、广播、翻译、审稿、书画、雕刻、影视、录音、各种演出与表演、广告、展览、技术服务、介绍服务、经纪服务、代办服务以及其他劳务取得的所得。因为同属劳动所得，在实际工作中这部分所得与工资、薪金所得经常混淆。如果扣缴义务人与个人签订劳动合同，个人取得的所得属于工资、薪金所得；如果扣缴义务人与个人签订劳务合同或不签订合同，个人取得的所得属于劳务报酬所得。扣缴义务人支付劳务费时，对于按月为其提供劳务的个人，应要求其提供发票，提供劳务的个人在税务机关代开发票时应依法缴纳各种税，包括按照劳务报酬所得扣缴个人所得税；对于偶然为扣缴义务人提供劳务且未达增值税起征点（个人按次纳税的，起征点为每次或每日销售额300～500元）的个人，扣缴义务人可以内部凭证替代发票入账核算，无需扣缴个

表 7-5　《财政部　国家税务总局关于个人股票期权所得征收个人所得税问题的通知》（财税〔2005〕35 号）规定的计税方法及适用情况一览表

		股票期权所得 1	股票增值权所得 2	限制性股票所得 3	股权奖励 4	非上市公司授予本公司员工的股票期权、股权期权、限制性股票和股权奖励，凡不符合递延纳税条件	高新技术企业转化科技成果，给予本企业相关技术人员的股权奖励
授予股票期权时		一般不作为应税所得征税					
纳税时间	所得额	行权时： 股票期权形式的工资薪金应纳税所得额 =（行权股票的每股市场价 - 员工取得该股票期权支付的每股施权价）× 股票数量	兑现时： 股票增值权某次行权应纳税所得额 =（行权日股票价格 - 授权日股票价格）× 行权股票份数	归属于被激励对象（解禁）时： 应纳税所得额 =（股票登记日股票市价 + 本批次解禁股票当日市价）÷2 × 本批次解禁股票份数 - 被激励对象实际支付的资金总额 ×（本批次解禁股票份数 ÷ 被激励对象获取的限制性股票总份数）	同左 1. 2. 3		个人获得股权奖励时： 同左 1 1. 上市公司股票的公平市场价格，按照取得股票当日的收盘价确定。取得股票当日为非交易时间的，按照上一个交易日收盘价确定。 2. 非上市公司股权的公平市场价格，依次按照净资产法、类比法和其他合理方法确定。 计算股权奖励应纳税额时，规定月份数按员工在企业的实际工作月份数确定。员工在企业工作月份数超过 12 个月的，按 12 个月计算
	应纳税额	应纳税额 =（股票期权形式的工资薪金应纳税所得额 ÷ 规定月份数 × 适用税率 - 速算扣除数）× 规定月份数	同左	同左	同左	获得股票（权）时： 同左 1	
		应纳税款 =（本纳税年度内取得的股票期权形式工资薪金所得累计应纳税所得额 ÷ 规定月份数 × 适用税率 - 速算扣除数）× 规定月份数 - 本纳税年度内股票期权形式的工资薪金所得累计已纳税款	同左	同左	同左		

续表

	股票期权所得 1	股票增值权所得 2	限制性股票所得 3	股权奖励 4	非上市公司授予本公司员工的股票期权、股权期权、限制性股票和股权奖励，凡不符合递延纳税条件	高新技术企业转化科技成果，给予本企业相关技术人员的股权奖励
延长纳税期限	上市公司授予个人的股票期权、限制性股票和股权奖励，经向主管税务机关备案，个人可自股票期权行权、限制性股票解禁或取得股权奖励之日起，在不超过12个月的期限内缴纳个人所得税					个人一次缴纳税款有困难的，可根据实际情况自行制定分期缴税计划，在不超过5个公历年度内（含）分期缴纳
行权后的股票再转让时	财产转让所得					
参与企业税后利润分配取得的所得	利息、股息、红利所得					
适用对象	上市公司（含所属分支机构）和上市公司控股企业的员工，其中上市公司占控股企业股份比例最低为30%。 具有下列情形之一的股权激励所得，不适用优惠计税方法，直接计入个人当期所得征收个人所得税： 1. 除国税函〔2009〕461号第七条第（一）项规定之外的集团公司、非上市公司员工取得的股权激励所得。下列两种非上市公司员工取得的股权激励所得除外：《财政部 国家税务总局关于完善股权激励和技术入股有关所得税政策的通知》（财税〔2016〕101号）规定的全国中小企业股份转让系统挂牌公司中不符合递延纳税条件的公司；《财政部 国家税务总局关于将国家自主创新示范区有关税收试点政策推广到全国范围实施的通知》（财税〔2015〕116号）规定的转化科技成果给予本企业相关技术人员的股权奖励的高新技术企业。 2. 公司上市之前设立股权激励计划，待公司上市后取得的股权激励所得。依据《财政部 国家税务总局关于完善股权激励和技术入股有关所得税政策的通知》（财税〔2016〕101号）规定的全国中小企业股份转让系统挂牌公司除外。 3. 上市公司未按照国税函〔2009〕461号第七第规定向其主管税务机关报备有关资料的				（一）全国中小企业股份转让系统挂牌公司 （二）不同时满足以下条件非上市公司 1. 属于境内居民企业的股权激励计划。 2. 股权激励计划经公司董事会、股东（大）会审议通过。未设股东（大）会的国有单位，经上级主管部门审核批准。股权激励计划应列明激励目的、对象、标的、有效期、各类价格的确定方法、激励对象获取权益的条件、程序等。 3. 激励标的应为境内居民企业的本公司股权。股权奖励的标的可以是技术成果投资入股到其他境内居民企业所取得的股权。激励标的股票（权）包括通过增发、大股东直接让渡以及法律法规允许的其他合理方式授予激励对象的股票（权）。	上市公司 非上市公司

续表

	股票期权所得 1	股票增值权所得 2	限制性股票所得 3	股权奖励 4	非上市公司授予本公司员工的股票期权、股权期权、限制性股票和股权奖励，凡不符合递延纳税条件	高新技术企业转化科技成果，给予本企业相关技术人员的股权奖励
适用对象					4. 激励对象应为公司董事会或股东（大）会决定的技术骨干和高级管理人员，激励对象人数累计不得超过本公司最近6个月在职职工平均人数的30%。 5. 股票（权）期权自授予日起应持有满3年，且自行权日起持有满1年；限制性股票自授予日起应持有满3年，且解禁后持有满1年；股权奖励自获得奖励之日起应持有满3年。上述时间条件须在股权激励计划中列明。 6. 股票（权）期权自授予日至行权日的时间不得超过10年。 7. 实施股权奖励的公司及其奖励股权标的公司所属行业均不属于《股权奖励税收优惠政策限制性行业目录》范围。公司所属行业按公司上一纳税年度主营业务收入占比最高的行业确定	

人所得税。但是，实际工作中，很多提供劳务的个人不能或无法提供代开的发票，扣缴义务人将其作为员工处理，按照职工薪酬在企业所得税前列支，同时按照工资薪金所得扣缴个人所得税。因工资薪金所得个人所得税计算时扣除费用标准高于劳务报酬，因此少缴纳个人所得税。

需要注意的是，现实中也有将工资薪金所得错误当作劳务报酬所得缴纳个人所得税的情况。如个人所得税政策规定，凡与中等职业学校和高等院校签订三年以上期限合作协议的企业，支付给学生实习期间的报酬，准予在计算缴纳企业所得税税前扣除。依据《国家税务总局关于企业所得税应纳税所得额若干税务处理问题的公告》（国家税务总局公告2012 年第 15 号）规定，企业因雇用实习生所实际发生的费用，应作为工资薪金支出，在企业所得税前扣除。对中等职业学校和高等院校实习生取得的符合我国个人所得税法规定的报酬，企业应代扣代缴其相应的个人所得税款。依据企业所得税政策规定以及工作实质，这里代扣代缴的个人所得税应按照工资薪金所得而不是劳务报酬所得缴纳个人所得税。但因实习生与雇佣单位只能签订就业协议或实习协议，不能签订劳动合同，而被按照劳务报酬扣缴个人所得税。

②未依法加成征收，从低适用税率

个人所得税法规定，劳务报酬所得按照以下规定确认：每次劳务报酬收入不超过 4 000 元的扣除 800 元，每次收入超过 4 000 元的扣除收入的 20%。对个人一次取得劳务报酬，应纳税所得额超过 2 万元至 5 万元的部分，依照税法规定计算应纳税额后再按照应纳税额加征五成；超过 5 万元的部分，加征十成。因此，劳务报酬所得实际执行的是三档超额累进税率，详见表 7 -6。

表 7 -6　劳务报酬所得超额累进税率表

级数	每次含税应纳税所得额	每次不含税应纳税所得额	税率	速算扣除数
1	不超过 20 000 元	不超过 21 000 元	20%	0
2	20 000 ~ 50 000 元	21 000 ~ 49 500 元	30%	2 000
3	超过 50 000 元	超过 49 500 元	40%	7 000

税收检查中，经常发现扣缴义务人在劳务提供者的所得额超过 20 000 元的情况下，仍按照 20% 扣缴个人所得税，少申报缴纳个人所得税。

③错误判定“次”，少代扣个人所得税

劳务报酬个人所得税以每一次收入为单位计征。劳务报酬所得，属于一次性收入的，以取得该项收入为一次；属于同一项目连续性收入的，以一个月内取得的收入为一次。《国家税务总局关于个人所得税偷税案件查处中有关问题的补充通知》（国税函发〔1996〕602 号）进一步规定，针对“属于同一项目连续性收入的，以一个月内取得的收入为一次”，考虑属地管辖与时间划定有交叉的特殊情况，统一规定以县（含县级市、区）为一地，其管辖内的一个月内的劳务服务为一次；当月跨县地域的，则应分别计算。

上述关于“次”的判定，容易出现错误的是“一次性收入”和“同一项目连续性收入”。“一次性收入”是指做一次就可以完成的劳务，整个过程中没有重复的工作，如房屋的装修工程。“同一项目连续性收入”是指连续不断地提供同一劳务，没有明显代表完成或结束的标识，如个人每天在酒吧驻唱。《国家税务总局关于个人举办各类学习班取得的收入征收个人所得税问题的批复》（国税函〔1996〕658 号）规定：“个人无须经政府有关部门批准并取得执照举办学习班、培训班的，其取得的办班收入属于‘劳务报酬所得’应税项目，应按税法规定计征个人所得税。其中，办班者每次收入按以下方法确定：一次收取学费的，以一期取得的收入为一次；分次收取学费的，以每月取得的收入为一次。”也证实上述判定标准。

税收检查中经常发现因错误判定“次”，少代扣个人所得税的情况，详见表 7－7。

表 7－7　　错误判定劳务报酬的“次”少缴个人所得税案例汇总表　　单位：元

案例	按错误的“次”扣税	按正确的“次”扣税
张某为某企业装修办公室，工程两个月完工，第一个月支付张某 15 000 元，第二个月支付张某 20 000 元	按照两次扣缴个人所得税 第一次：15 000 ×（1 －20%）×20% ＝2 400 第二次：20 000 ×（1 －20%）×20% ＝3 200 合计：5 600	应按照一次自行申报个人所得税 35 000 ×（1 －20%）×30% －2 000 ＝6 400
张某每天分别在某县 A 歌厅和 B 歌厅驻唱，每个歌厅每月各自支付 700 元	按照两次劳务报酬所得对待，均未超过费用扣除额 800 元，所以不需要扣缴个人所得税	应按照一次自行申报个人所得税 （1 400 × －800）×20% ＝120
张某为 C 企业讲学，授课费 8 000 元，同时出考题 2 000 元	按照一次扣缴个人所得税 10 000 ×（1 －20%）×20% ＝1 600	按照两次分别扣缴个人所得税 第一次：8 000 ×（1 －20%）×20% ＝1 280 第二次：（2 000 －800）×20% ＝240 合计：1 520

案头分析扣缴义务人是否依法扣缴劳务报酬个人所得税，最主要的是确认扣缴义务人是否支付劳务费，然后与扣缴个人所得税报告表填报情况进行比对分析，最后结合劳务合同协议内容审核是否依法扣缴。确认扣缴义务人是否支付劳务费可从《A104000 期间费用明细表》的“劳务费”“咨询顾问费”“董事会费”填报数据进行分析确认。

【案例 7－6】 接【案例 2－1】，抽取 A 公司 2013 年、2014 年和 2015 年的企业所得税年度纳税申报表中与扣缴劳务报酬个人所得税相关的数据，汇总生成表 7－8。A 公司原始的、全部的纳税申报数据详见第九章案例 1。

表 7－8　　与扣缴劳务报酬个人所得税相关的数据汇总表　　单位：元

项目	销售费用	其中：境外支付	管理费用	其中：境外支付	财务费用
	1	2	3	4	5
劳务费（2014 年）	8 676 632.30	0.00	1 398 632.86	0.00	0.00
劳务费（2015 年）	7 502 177.98	0.00	1 780 008.70	0.00	0.00
咨询顾问费（2014 年）	0.00	0.00	19 093 797.89	5 963 511.79	0.00
咨询顾问费（2015 年）	360 107.91	49 874.34	21 661 248.25	7 637 922.85	0.00

【案头分析】

表 7－8 数据显示，该家居公司劳务费 2014 年、2015 年两年发生额分别为 10 075 265.2 元、9 282 186.68 元，金额很大。应进一步获取扣缴个人所得税报告表相关数据，将报告表中劳务报酬项目的合计金额与上述数据比对，分析所支付的劳务费是支付给个人还是支付给劳务派遣公司，对于支付给个人的劳务费，结合所签订的劳务合同审核是否依法扣缴个人所得税。咨询顾问费 2014 年、2015 年两年发生额分别为 19 093 797.89 元、21 661 248.25 元。其中境外支付分别为 5 963 511.79 元、7 637 922.85 元。境内支付、境外支付金额均很大，一般来说，咨询顾问费通常付给咨询公司，很少付给个人，而且支付给境外的咨询顾问费无论是扣缴个人所得税还是企业所得税，均要求咨询劳务发生地在境内，否则不属于境内所得，不缴所得税。因此，在案头分析时针对咨询顾问费，应在税务约谈、核查环节进一步确认支付对象是否为个人，审核是否存在扣缴个人所得税的义务。

④将代付个人所得税的劳务报酬所得按照代扣个人所得税计算缴纳税额

单位或个人为纳税人代付税款的，应当将单位或个人支付给纳税人的不含税支付额（或称纳税人取得的不含税收入额）换算为应纳税所得额，然后按规定计算应代付的个人所得税款。计算公式有两种：一是不含税收入额不超过 3 360 元的。应纳税所得额＝（不含税收入额－800）÷（1－税率），应纳税额＝应纳税所得额×适用税率。二是不含税收入额超过 3 360 元的，应纳税所得额＝（不含税收入额－速算扣除数）×（1－20%）÷［1－税率×（1－20%）］，应纳税额＝应纳税所得额×适用税率－速算扣除数。公式中的税率，是依照不含税劳务报酬收入适用税率表中的税率确认。不含税劳务报酬收入适用税率详见表 7－6。

对扣缴个人所得税报告表进行案头分析时，应重新计算并确定所扣缴税款是代扣税款还是代付税款。然后在核查中结合劳务合同内容确认税款支付方式，确定扣缴义务人是否依法扣缴个人所得税。

（2）重点审核的纳税人及项目

①个人担任董事、监事，且不在公司任职、受雇的情形，属于劳务报酬性质，按劳务报酬所得征税。

②对商品营销活动中，企业和单位对营销业绩突出的非雇员以培训班、研讨会、工作考察等名义组织旅游活动，通过免收差旅费、旅游费对个人实行营销业绩奖励（包括实物、有价证券等），应根据所发生费用的全额作为该营销人员当期的劳务收入，按照劳务报酬所得项目征收个人所得税，并由提供上述费用的企业和单位代扣代缴。

③个人兼职取得的收入，应按照劳务报酬所得缴纳个人所得税。

④个人无须经政府有关部门批准并取得执照举办学习班、培训班的，其取得的办班收入属于“劳务报酬所得”应税项目，应按税法规定计征个人所得税。其中，办班者每次收入按以下方法确定：一次收取学费的，以一期取得的收入为一次；分次收取学费的，以每月取得的收入为一次。

⑤保险营销员的佣金由展业成本和劳务报酬构成。按照税法规定，对佣金中的展业成本，不征收个人所得税；对劳务报酬部分，扣除实际缴纳的营业税金及附加后，依照税法有关规定计算征收个人所得税。根据目前保险营销员展业的实际情况，佣金中展业成本的比例暂定为40%。

营改增后，个人保险代理人以其取得的佣金、奖励和劳务费等相关收入（以下简称佣金收入，不含增值税）减去地方税费附加及展业成本，按照规定计算个人所得税。展业成本，为佣金收入减去地方税费附加余额的40%。

9. 利息、股息、红利所得个人所得税的案头分析要点有哪些？

（1）利息的个人所得税案头分析要点

资产负债表中的“其他应付款”项目核算与个人的往来款。《A105000 纳税调整项目明细表》中“利息支出”项的账载金额填报纳税人向非金融企业借款，会计核算计入当期损益的利息支出的金额。

案头分析时，若“其他应付款”项目的期末余额较大，同时《A105000 纳税调整项目明细表》中“利息支出”项填报了数据，表明扣缴义务人存在向自然人或其他非金融企业的借款。若扣缴义务人误将所有利息支出填报在《A105000 纳税调整项目明细表》中“利息支出”项，则用“利息支出”的账载金额数除以资产负债表中的“长期借款”“短期借款”两个报表项目的平均余额合计数，测算得出的利率大于银行一年期贷款利率且“其他应付款”项目的期末余额较大，也表明扣缴义务人存在向自然人或其他非金融企业的借款。此时应结合扣缴个人所得税报告表以及个人所得税的申报数据，确认扣缴义务人是否扣缴利息的个人所得税。未发现代扣利息的个人所得税或代扣税额明显小于测算结果的情况下，应进一步查证利息支出的票据。一般来说，扣缴义务人支付利息取得税务机关代开的发票，该利息的个人所得税在代开时已申报纳税，则不存在少缴个人所得税问题。

扣缴义务人支付利息未取得税务机关代开的发票，则需代扣个人所得税，同时依据企业所得税法规定，该利息支出不得在税前扣除（个人取得的利息收入未达增值税起征点除外）。

【案例7－7】接【案例3－1】，抽取B民爆器材有限公司申报数据中与利息个人所得税相关数据，汇总生成表7－9。该纳税人2015年度纳税申报数据详见第九章案例2。

表7－9　与利息个人所得税相关数据汇总表　单位：元

其他应收款	年初数：－2 629 028.30	年末数：－1 936 553.00
其他应付款	年初数：722 124.38	年末数：－1 327 855.2
短期借款	年初数：0	年末数：0
长期借款	年初数：0	年末数：0
未分配利润	年初数：1 962 218.7	年末数：613 266.43
财务费用		本年数：1 095 906.67
四：净利润	年初数：71 542.60	年末数：525 266.14
个人所得税——利息、股息、红利所得	计税依据：4 039 550	已纳税额：807 910

【案头分析】

表7－7数据显示，“其他应收款”“其他应付款”期末余额均为负数，不属于正常情况。但可将“其他应收款”负数的期末余额视为“其他应付款”项目的期末余额，即“其他应付款”的期末余额为1 936 553.00元，表明B民爆器材有限公司存在向自然人或企业单位借款的可能性。“短期借款”“长期借款”期初、期末余额为零，“财务费用”本年发生额为1 095 906.67元，表明该公司没有向银行借款，但有向非金融企业的借款。本年净利润为525 266.14元，未分配利润年末数比年初数小，表明B民爆器材有限公司2015年进行利润分配，共计分配2 426 218.41元（1 962 218.7＋525 266.14－613 266.43）。因该公司股东为31名自然人，因此均需扣缴个人所得税，利息、股息、红利所得计征个人所得税的计税依据为4 039 550元，扣除分配的股息2 426 218.41元，可推算出支付个人的利息＝4 039 550－2 426 218.41＝1 613 331.59（元）。至此，可确认该公司确实存在向自然人借款并支付利息、扣缴个人所得税的事实，需核实的是借款本金及资金来源是否合理、是否为账外隐匿的收入以借款方式回流企业；需核对利息支出金额与计算扣缴个人所得税的金额是否一致、是否多列利息费用或少扣缴个人所得税。

（2）股息、红利的个人所得税案头分析要点

股息、红利指个人对企业进行投资拥有股权而取得的收入。

①股份有限公司分配股息、红利或以未分配利润、盈余公积和除股票溢价发行外的其他资本公积转增注册资本和股本的，要按照“利息、股息、红利所得”项目，计征

个人所得税。涉及的会计科目包括“应付股利”“未分配利润”“盈余公积”“资本公积”“股本”。

案头分析时，利用上述科目余额变化推算分配的股息、红利，利用《A000000 企业基础信息表（2014 版）》中“企业主要股东”推算分配给个人的股息、红利并与扣缴个人所得税报告表中股息、红利的填报数据比对；利用上述科目余额变化推算分配的股息、红利并与《A000000 企业基础信息表（2017 版）》中“企业主要股东及分红情况”比对，确认股息、红利金额是否正确，再与扣缴个人所得税报告表中股息、红利的填报数据比对。分析是否存在少扣缴个人所得税问题。

应纳税的红利所得 = 本年已分配利润 - 提取的法定盈余公积 - 提取的任意盈余公积 - 提取的法定公益金。其中，本年已分配利润 = 年初未分配利润 + 本年净利润 - 年末未分配利润。

在本期盈余公积金（包括法定盈余公积、任意盈余公积、法定公益金）未使用的情况下，盈余公积本期增加数就是本期已分配利润中可以不代扣个人所得税的扣除额，除此之外的已分配利润都应扣缴个人所得税。

在本年未发生利润分配的情况下，并不说明企业未发生支付投资者的红利所得，有可能对往年转入“盈余公积”过渡的已分配利润在本年发生实质性分配。“盈余公积”科目的借方发生额一般有四种情形：一是用盈余公积弥补亏损；二是将“盈余公积——法定公益金”用于集体福利设施；三是经董事会或类似机构决议，用盈余公积分配现金股利或利润；四是用盈余公积转增资本。后两种情形在实际发生时，除特殊情况外，应当按规定扣缴红利所得的个人所得税。所以，在未发生利润分配，而“盈余公积”项目期末数比期初数减少，同时，“实收资本”项目或“应付利润”“应付股息”项目出现等额增加，则可以断定这部分盈余公积的期末减少数就是应扣缴个人所得税的红利、股息所得。

上述“特殊情况”是指《国家税务总局关于个人投资者收购企业股权后将原盈余积累转增股本个人所得税问题的公告》（国家税务总局公告 2013 年第 23 号）规定的情况：1 名或多名个人投资者以股权收购方式取得被收购企业 100% 股权，股权收购前，被收购企业原账面金额中的“资本公积、盈余公积、未分配利润”等盈余积累未转增股本，而在股权交易时将其一并计入股权转让价格并履行了所得税纳税义务。股权收购后，企业将原账面金额中的盈余积累向个人投资者（新股东，下同）转增股本，若新股东以不低于净资产价格收购股权的，企业原盈余积累已全部计入股权交易价格，新股东取得盈余积累转增股本的部分，不征收个人所得税。若新股东以低于净资产价格收购股权的，企业原盈余积累中，对于股权收购价格减去原股本的差额部分已经计入股权交易价格，新股东取得盈余积累转增股本的部分，不征收个人所得税；对于股权收购价格低于原所有者权益的差额部分未计入股权交易价格，新股东取得盈余积累转增股本的部分，应按照“利息、股息、红利所得”项目征收个人所得税。

【案例7-8】K石油工程集团成立于2002年，是中国石油集团、中国石化集团重要物资供应商和技术服务商。2013年完成股份制改造，形成了国有股、社会法人股、员工股共存的股份制企业。该企业注册资本6 000万元；现有六个股东，分别是崔××、章××、××投资股份有限公司、上海××股权投资基金合伙企业、××创业投资有限公司、××股权投资合伙企业；下设八个分支机构；公司地址为××区工业园。

查询企业工商登记变更互联网信息，发现企业于2014年11月28日将实收资本从6 000万元增至6 740万元，同时企业由自然人股东和职工持股，可能存在资本公积、未分配利润转增资本或个人非货币性资产投资，未申报缴纳印花税、个人所得税问题。

【核实情况】

经约谈企业财务经理，企业财务人员提供企业董事会（股东会决议）、工商登记变更情况表、税款申报缴纳凭证等资料确认，企业2014年11月28日将实收资本从60 000万元增至67 400万元，全部是企业股东货币增资。企业实际收到货币资金投资7 400万元，按照10元/股，折合计算计入股本740万元，6 660万元计入资本公积。根据税法规定，企业应缴纳资金账簿印花税=74 000 000×5÷10 000=37 000（元），企业已缴纳印花税37 000元，疑点排除。

同时又发现，企业股东崔××于2013年7月，将其所持有的107.46万元股权转让给××投资有限公司，将其所持有的83.34万元股权转让给新股东上海××股权投资基金合伙企业（有限合伙），查询金税三期系统数据，未发现申报缴纳个人所得税。根据2013年7月企业资产负债表计算每股净资产=112 249 727.91÷25 003 200=4.48941447（元/股），计算应补缴个人所得税=[（1 074 600+833 400）×4.48941447－（1 074 600+833 400）]×20%=1 331 560.56（元）。

企业于2013年用资本公积转增实收资本34 996 800元，注册资本由25 003 200元增至60 000 000元。根据税法规定，企业应缴纳资金账簿印花税=34 996 800×5/10 000=17 498.4（元），企业已缴纳；根据《国家税务总局关于股份制企业转增股本和派发红股征免个人所得税的通知》（国税发〔1997〕198号）规定“股份制企业用资本公积金转增股本不属于股息、红利性质的分配，对个人取得的转增股本数额，不作为个人所得，不征收个人所得税”。

2013年3月31日决定派发现金股息9 600 000元，涉及向个人股东派发现金股息7 135 900.8元，应于实际支付环节扣缴“股息红利所得”个人所得税1 427 180.16元。查询金税三期系统和企业记账凭证，企业已实际支付现金股息5 632 905.6元，个人所得税已申报缴纳1 126 581.12元[崔××1 068 988.8元（5 344 944.00×20%），章××57 592.32元（287 961.60×20%）]。建议主管税务机关应追踪监控未实际支付股息1 502 995.20元的个人所得税的缴纳情况（某公司代职工持股）1 502 995.20×20%=300 599.04（元）。

②投资者本人、家庭成员及相关人员从法人企业列支消费性支出；企业出资购买房屋及其他财产，将所有权登记为该企业投资者个人、投资者家庭成员或企业其他人员；纳税年度内个人投资者从其投资企业（个人独资企业、合伙企业除外）借款，在该纳税年度终了后既不归还，又未用于企业生产经营。上述业务中列支消费性支出、购买房屋及其他财产的资金、未归还的借款可视为企业对个人投资者的红利分配，依照“利息、股息、红利所得”项目计征个人所得税。上述业务涉及的会计科目包括“其他应收款”“职工福利费”“营业外支出”。

因此，在案头分析时，若扣缴义务人连续盈利且不分配股息、红利，应结合资产负债表“其他应收款”项目的填报情况，分析是否存在个人投资者借款应缴纳个人所得税的行为并进一步核查。若扣缴义务人连续盈利且不分配或分配较少的股息、红利，应结合《A105050 职工薪酬支出及纳税调整明细表》中“职工福利费支出”项的填报情况、《A102010 一般企业成本支出明细表》中“营业外支出”项填报情况，分析是否存在企业出资为个人投资者购买房屋及其他财产的行为并进一步核查。对于投资者本人、家庭成员及相关人员从法人企业列支消费性支出，则需在核查“管理费用”明细账时，注意审核取得的发票“商品或应税劳务、服务名称”填写的内容，凡是与该企业生产经营无关或关系不密切的支出，结合领款人等签字，分析确认是否应纳入投资者“利息、股息、红利所得”项目，计征个人所得税的情况。

③对连续盈利且不分配股息、红利，在企业正常经营过程中不计征个人所得税。但是当企业注销时，通过对个人投资者税收清算征收这部分个人所得税。

10. 股权转让个人所得税的案头分析重点有哪些？

（1）股权转让及分类

股权转让属于财产转让的一种，按照财产转让所得缴纳个人所得税。现行股权转让包括常规股权转让、非常规股权转让两种。

常规股权是指自然人股东（以下简称个人）投资于在中国境内成立的企业或组织（不包括个人独资企业和合伙企业）的股权或股份。

常规股权转让是指个人将股权转让给其他个人或法人的行为，包括以下情形：①出售股权；②公司回购股权；③发行人首次公开发行新股时，被投资企业股东将其持有的股份以公开发行方式一并向投资者发售；④股权被司法或行政机关强制过户；⑤以股权对外投资或进行其他非货币性交易；⑥以股权抵偿债务；⑦其他股权转移行为。

非常规股权是指符合条件的享受递延纳税政策的非上市公司（包括全国中小企业股份转让系统挂牌公司）股票期权、股权期权、限制性股票和股权奖励。这里所称股票（权）期权是指公司给予激励对象在一定期限内以事先约定的价格购买本公司股票（权）的权利；所称限制性股票是指公司按照预先确定的条件授予激励对象一定数量的本公司股权，激励对象只有工作年限或业绩目标符合股权激励计划规定条件的才可以处置该股权；所称股权奖励是指企业无偿授予激励对象一定份额的股权或一定数量的股份。所称“符合条件”是指同时满足下列条件：①属于境内居民企业的股权激励计划。②股权激励计划经公司董事会、股东（大）会审议通过。未设股东（大）会的国有单位，经上级主管部门审核批准。股权激励计划应列明激励目的、对象、标的、有效期、各类价格的确定方法、激励对象获取权益的条件、程序等。③激励标的应为境内居民企业的本公司股权。股权奖励的标的可以是技术成果投资入股到其他境内居民企业所取得的股权。激励标的股票（权）包括通过增发、大股东直接让渡以及法律法规允许的其他合理方式授予激励对象的股票（权）。④激励对象应为公司董事会或股东（大）会决定的技术骨干和高级管理人员，激励对象人数累计不得超过本公司最近6个月在职职工平均人数的30%。⑤股票（权）期权自授予日起应持有满3年，且自行权日起持有满1年；限制性股票自授予日起应持有满3年，且解禁后持有满1年；股权奖励自获得奖励之日起应持有满3年。上述时间条件须在股权激励计划中列明。⑥股票（权）期权自授予日至行权日的时间不得超过10年。⑦实施股权奖励的公司及其奖励股权标的公司所属行业均不属于《股权奖励税收优惠政策限制性行业目录》范围。公司所属行业按公司上一纳税年度主营业务收入占比最高的行业确定。

非常规股权转让所得实质是工资薪金所得，国家为鼓励这部分人的积极性，将纳税时间由行权日递延到股权转让时间，所得性质也由工资薪金所得改为财产转让所得，按照20%的税率缴纳个人所得税。非常规股权转让情形同常规股权转让情形，共计七种。

（2）案头分析所依据的信息及获取信息的途径

①常规股权转让

《股权转让所得个人所得税管理办法（试行）》规定：

扣缴义务人应于股权转让相关协议签订后5个工作日内，将股权转让的有关情况报告主管税务机关。被投资企业应当详细记录股东持有本企业股权的相关成本，如实向税务机关提供与股权转让有关的信息，协助税务机关依法执行公务。

被投资企业应当在董事会或股东会结束后5个工作日内，向主管税务机关报送与股权变动事项相关的董事会或股东会决议、会议纪要等资料。

被投资企业发生个人股东变动或者个人股东所持股权变动的，应当在次月15日内向主管税务机关报送含有股东变动信息的《个人所得税基础信息表（A表）》及股东变更情况说明。

纳税人、扣缴义务人向主管税务机关办理股权转让纳税（扣缴）申报时，报送下列资料：a. 股权转让合同（协议）；b. 股权转让双方身份证明；c. 按规定需要进行资产评估的，需提供具有法定资质的中介机构出具的净资产或土地房产等资产价值评估报告；d. 计税依据明显偏低但有正当理由的证明材料；e. 主管税务机关要求报送的其他材料。

税务机关应当建立股权转让个人所得税电子台账，将个人股东的相关信息录入征管信息系统，对每次股权转让间股权转让收入和股权原值的逻辑进行审核。

因此，在案头分析时，可利用扣缴义务人报送给税务机关的上述资料，结合税收政策进行审核并与扣缴个人所得税款进行比对。

②非常规股权转让

非上市公司（包括全国中小企业股份转让系统挂牌公司）实施符合条件的股权激励，个人选择递延纳税的，非上市公司应于股票（权）期权行权、限制性股票解禁、股权奖励获得之次月 15 日内，向主管税务机关报送《非上市公司股权激励个人所得税递延纳税备案表》、股权激励计划、董事会或股东大会决议、激励对象任职或从事技术工作情况说明等。实施股权奖励的企业同时报送本企业及其奖励股权标的企业上一纳税年度主营业务收入构成情况说明。

因此，在案头分析时，可利用非上市公司、实施股权奖励的企业报送给税务机关的上述资料，结合税收政策进行审核并与扣缴个人所得税款进行比对。

（3）常规股权转让案头分析重点

《股权转让所得个人所得税管理办法（试行）》规定了常规股权转让中收入确认时间和所得额确认，案头分析时，围绕下列政策，审核扣缴个人所得税是否存在问题。

①收入确认时间

具有下列情形之一的，扣缴义务人、纳税人应当依法在次月 15 日内向主管税务机关申报纳税：a. 受让方已支付或部分支付股权转让价款的；b. 股权转让协议已签订生效的；c. 受让方已经实际履行股东职责或者享受股东权益的；d. 国家有关部门判决、登记或公告生效的；e. 本办法第三条第四至第七项行为已完成的；f. 税务机关认定的其他有证据表明股权已发生转移的情形。

②所得额确认

个人转让股权，以股权转让收入减除股权原值和合理费用后的余额为应纳税所得额，按“财产转让所得”缴纳个人所得税。

合理费用是指股权转让时按照规定支付的有关税费。

股权转让收入是指转让方因股权转让而获得的现金、实物、有价证券和其他形式的经济利益。转让方取得与股权转让相关的各种款项，包括违约金、补偿金以及其他名目的款项、资产、权益等，均应当并入股权转让收入。纳税人按照合同约定，在满足约定条件后取得的后续收入，应当作为股权转让收入。

符合下列情形之一的，主管税务机关可以核定股权转让收入：a. 申报的股权转让收入明显偏低且无正当理由的；b. 未按照规定期限办理纳税申报，经税务机关责令限期申报，逾期仍不申报的；c. 转让方无法提供或拒不提供股权转让收入的有关资料；d. 其他应核定股权转让收入的情形。

符合下列情形之一，视为股权转让收入明显偏低：a. 申报的股权转让收入低于股权对应的净资产份额的。其中，被投资企业拥有土地使用权、房屋、房地产企业未销售房产、知识产权、探矿权、采矿权、股权等资产的，申报的股权转让收入低于股权对应的净资产公允价值份额；b. 申报的股权转让收入低于初始投资成本或低于取得该股权所支付的价款及相关税费的；c. 申报的股权转让收入低于相同或类似条件下同一企业同一股东或其他股东股权转让收入的；d. 申报的股权转让收入低于相同或类似条件下同类行业的企业股权转让收入的；e. 不具合理性的无偿让渡股权或股份；f. 主管税务机关认定的其他情形。

符合下列条件之一的股权转让收入明显偏低，视为有正当理由：a. 能出具有效文件，证明被投资企业因国家政策调整，生产经营受到重大影响，导致低价转让股权；b. 继承或将股权转让给其能提供具有法律效力身份关系证明的配偶、父母、子女、祖父母、外祖父母、孙子女、外孙子女、兄弟姐妹以及对转让人承担直接抚养或者赡养义务的抚养人或者赡养人；c. 相关法律、政府文件或企业章程规定，并有相关资料充分证明转让价格合理且真实的本企业员工持有的不能对外转让股权的内部转让；d. 股权转让双方能够提供有效证据证明其合理性的其他合理情形。

主管税务机关应依次按照下列方法核定股权转让收入：a. 股权转让收入按照每股净资产或股权对应的净资产份额核定。被投资企业的土地使用权、房屋、房地产企业未销售房产、知识产权、探矿权、采矿权、股权等资产占企业总资产比例超过20%的，主管税务机关可参照纳税人提供的具有法定资质的中介机构出具的资产评估报告核定股权转让收入。6个月内再次发生股权转让且被投资企业净资产未发生重大变化的，主管税务机关可参照上一次股权转让时被投资企业的资产评估报告核定此次股权转让收入。b. 参照相同或类似条件下同一企业同一股东或其他股东股权转让收入核定；参照相同或类似条件下同类行业企业股权转让收入核定。c. 其他合理方法。主管税务机关采用以上方法核定股权转让收入存在困难的，可以采取其他合理方法核定。

个人转让股权的原值依照以下方法确认：a. 以现金出资方式取得的股权，按照实际支付的价款与取得股权直接相关的合理税费之和确认股权原值；b. 以非货币性资产出资方式取得的股权，按照税务机关认可或核定的投资入股时非货币性资产价格与取得股权直接相关的合理税费之和确认股权原值；c. 通过无偿让渡方式取得股权，具备本办法第十三条第二项所列情形的，按取得股权发生的合理税费与原持有人的股权原值之和确认股权原值；d. 被投资企业以资本公积、盈余公积、未分配利润转增股本，个人股东已依法缴纳个人所得税的，以转增额和相关税费之和确认其新转增股本的股权原值；e. 除以上情形外，由主管税务机关按照避免重复征收个人所得税的原则合理确认股权原值。

股权转让人已被主管税务机关核定股权转让收入并依法征收个人所得税的，该股权受让人的股权原值以取得股权时发生的合理税费与股权转让人被主管税务机关核定的股权转让收入之和确认。

个人转让股权未提供完整、准确的股权原值凭证，不能正确计算股权原值的，由主管税务机关核定其股权原值。

对个人多次取得同一被投资企业股权的，转让部分股权时，采用“加权平均法”确定其股权原值。

（4）非常规股权转让案头分析重点

《财政部　国家税务总局关于完善股权激励和技术入股有关所得税政策的通知》（财税〔2016〕101号）规定了非常规股权转让中收入确认时间和所得额确认。案头分析时，围绕下列政策，审核扣缴个人所得税是否存在问题。

①收入确认时间

非上市公司授予本公司员工的股票期权、股权期权、限制性股票和股权奖励，符合规定条件的，经向主管税务机关备案，可实行递延纳税政策，即员工在取得股权激励时可暂不纳税，递延至转让该股权时纳税。

②所得额确认

股权转让时，按照股权转让收入减除股权取得成本以及合理税费后的差额，适用“财产转让所得”项目，按照20%的税率计算缴纳个人所得税。

个人转让股权时，视同享受递延纳税优惠政策的股权优先转让。股票（权）期权取得成本按行权价确定，限制性股票取得成本按实际出资额确定，股权奖励取得成本为零。多次取得递延纳税的股权时，成本按照加权平均法计算，不与其他方式取得的股权成本合并计算。

持有递延纳税的股权期间，因该股权产生的转增股本收入，以及以该递延纳税的股权再进行非货币性资产投资的，应在当期缴纳税款。

11. 个人非货币性资产投资个人所得税的案头分析重点有哪些？

（1）个人非货币性资产投资缴纳个人所得税的税目

个人以股权、不动产、技术发明成果以及其他形式的非货币性资产对外进行下列活动：一是以非货币性资产出资设立新的企业；二是以非货币性资产出资参与企业增资扩股、定向增发股票、股权置换、重组改制等投资行为，属于个人转让非货币性资产和投资同时发生。对个人转让非货币性资产的所得，应按照“财产转让所得”项目，依法计算缴纳个人所得税。

（2）案头分析所依据的信息及获取信息的途径

被投资企业应将纳税人以非货币性资产投入本企业取得股权和分期缴税期间纳税人股权变动情况，分别于相关事项发生后15日内向主管税务机关报告，并协助税务机关执行公务。

纳税人非货币性资产投资需要分期缴纳个人所得税的，应于取得被投资企业股权之日的次月15日内，自行制定缴税计划并向主管税务机关报送《非货币性资产投资分期缴纳个人所得税备案表》、纳税人身份证明、投资协议、非货币性资产评估价格证明材料、能够证明非货币性资产原值及合理税费的相关资料。

（3）收入确认时间

个人以非货币性资产投资，应于非货币性资产转让、取得被投资企业股权时，确认非货币性资产转让收入的实现。

（4）所得额确认

个人以非货币性资产投资，应按评估后的公允价值确认非货币性资产转让收入。非货币性资产转让收入减除该资产原值及合理税费后的余额为应纳税所得额。

非货币性资产原值为纳税人取得该项资产时实际发生的支出。纳税人无法提供完整、准确的非货币性资产原值凭证，不能正确计算非货币性资产原值的，主管税务机关可依法核定其非货币性资产原值。

合理税费是指纳税人在非货币性资产投资过程中发生的与资产转移相关的税金及合理费用。

纳税人以股权投资的，该股权原值确认等相关问题依照《股权转让所得个人所得税管理办法（试行）》有关规定执行。

（5）税款缴纳

非货币性资产投资个人所得税由以非货币性资产投资的个人向主管税务机关自行申报缴纳。个人应在发生非货币性资产投资的次月15日内向主管税务机关申报纳税。纳税人一次性缴税有困难的，可合理确定分期缴纳计划并报主管税务机关备案后，自发生上述应税行为之日起不超过5个公历年度内（含）分期缴纳个人所得税。

个人以非货币性资产投资交易过程中取得现金补价的，现金部分应优先用于缴税；现金不足以缴纳的部分，可分期缴纳。

纳税人在分期缴税期间转让股权的，应于转让股权之日的次月15日内向主管税务机关申报纳税。取得现金收入的，该现金收入应优先用于缴纳尚未缴清的税款。

（6）有特殊规定的个人以非货币性资产投资业务

依据《财政部　国家税务总局关于完善股权激励和技术入股有关所得税政策的通知》（财税〔2016〕101号）规定，个人以专利技术（含国防专利）、计算机软件著作权、集成电路布图设计专有权、植物新品种权、生物医药新品种，以及科技部、财政部、国家税务总局确定的其他技术成果投资入股到境内居民企业，被投资企业支付的对价全部为股票（权）的，个人可选择上述（1）~（5）税收政策执行，也可选择适用递延纳税优惠政策。

选择技术成果投资入股递延纳税政策的，经向主管税务机关备案，投资入股当期可暂不纳税，允许递延至转让股权时，按股权转让收入减去技术成果原值和合理税费后的差额计算缴纳所得税。

个人以技术成果投资入股，以取得技术成果的企业为个人所得税扣缴义务人。递延纳税期间，扣缴义务人应在每个纳税年度终了后向主管税务机关报告递延纳税有关情况。

个人以技术成果投资入股境内公司并选择递延纳税的，被投资公司应于取得技术成果并支付股权之次月15日内，向主管税务机关报送《技术成果投资入股个人所得税递延纳税备案表》、技术成果相关证书或证明材料、技术成果投资入股协议、技术成果评估报告等资料。

个人以技术成果投资入股取得的股票（权），实行递延纳税期间，扣缴义务人应于每个纳税年度终了后30日内，向主管税务机关报送《个人所得税递延纳税情况年度报告表》（附件4）。

递延纳税股票（权）转让、办理纳税申报时，扣缴义务人、个人应向主管税务机关一并报送能够证明股票（权）转让价格、递延纳税股票（权）原值、合理税费的有关资料，具体包括转让协议、评估报告和相关票据等。资料不全或无法充分证明有关情况，造成计税依据偏低，又无正当理由的，主管税务机关可依据税收征管法有关规定进行核定。

案头分析时，对于个人以专利技术（含国防专利）、计算机软件著作权、集成电路布图设计专有权、植物新品种权、生物医药新品种，以及科技部、财政部、国家税务总局确定的其他技术成果投资入股到境内居民企业，应以被投资企业报送的《技术成果投资入股个人所得税递延纳税备案表》、技术成果相关证书或证明材料、技术成果投资入股协议、技术成果评估报告、《个人所得税递延纳税情况年度报告表》等资料为切入点，审核确认以技术成果投资入股的个人是否申报缴纳个人所得税、是否正确申报缴纳个人所得税。

第八章　房产税、城镇土地使用税、契税案头分析

房产税、土地使用税、契税是与不动产相关的三个税种。房产税在城市、县城、建制镇和工矿区征收，由产权所有人缴纳。城镇土地使用税在城市、县城、建制镇、工矿区征收，由使用国家所有和集体所有的土地的单位和个人缴纳。契税在我国境内转移土地、房屋权属，承受的单位和个人应缴纳契税。

1. 房产税纳税申报常见问题有哪些？

（1）房产出租后仍按房产原值计提缴纳房产税

房产税政策规定，房产税依照房产原值一次减除10%至30%后的余值计算缴纳。房产出租的，以房产租金收入为房产税的计税依据。

（2）既出租又自用的房产，按房产原值缴纳房产税

房产税政策规定，自有房产按房产余值缴纳房产税，出租房屋按租金收入缴纳房产税。对于同一房屋部分自用、部分出租的情况，房产税如何缴纳，国家税务总局没有统一的明确规定。但依据房产税计税原理，应分别按原值和租金计征房产税。在实务中，一些省市对此作出了详细规定。如重庆市地方税务局规定，纳税人的房屋部分出租、部分自用的，应分别计算缴纳出租部分和自用部分的房产税。自用部分的房产原值，按以下公式计算确定：自用部分的房产原值＝自用部分的建筑面积/（自用部分的建筑面积＋出租部分的建筑面积）×房产原值。河北省地方税务局规定，对分割出租房产的，包括出租柜台、铺位、场地等，以租金收入为计税依据征收房产税。对房产部分自用、部分出租的，按自用与出租所占比例分别确定按原值或租金收入征收房产税，无法划分的按房产原值征收房产税。

（3）无产权的房产未申报缴纳房产税

房产税政策规定，房产税应由产权所有人缴纳。产权所有人、承典人不在房产所在地的，或者产权未确定及租典纠纷未解决的，由房产代管人或者使用人缴纳。

（4）企业停产，房产闲置未缴纳房产税

《财政部税务总局关于房产税若干具体问题的解释和暂行规定》（财税地字〔1986〕8号）规定，企业停产、撤销后，对其原有的房产闲置不用的，经省、自治区、直辖市税务

局批准可暂不征收房产税；如果这些房产转给其他征税单位使用或者企业恢复生产的时候，应依照规定征收房产税。该文在2004年8月19日颁布的《财政部　国家税务总局关于调整房产税有关减免税政策的通知》（财税〔2004〕140号）的规定中已经作废。因此，房产处于闲置不用状态，也应正常申报缴纳房产税。纳税人纳税确有困难的，可由省、自治区、直辖市人民政府确定，定期减征或者免征房产税。

（5）免租金期间的房产未缴纳房产税

房产税政策规定，对出租房产，租赁双方签订的租赁合同约定有免收租金期限的，免收租金期间由产权所有人按照房产原值缴纳房产税。

（6）地下建筑未缴纳房产税

房产税政策规定，自用的地下建筑，如果是工业用途房产，以房屋原价的50%～60%作为应税房产原值。应纳房产税的税额＝应税房产原值×（1－30%）×1.2%。如果是商业和其他用途房产，以房屋原价的70%～80%作为应税房产原值。应纳房产税的税额＝应税房产原值×（1－30%）×1.2%。对于与地上房屋相连的地下建筑，如房屋的地下室、地下停车场、商场的地下部分等，应将地下部分与地上房屋视为一个整体按照地上房屋建筑的有关规定计算征收房产税。

（7）购买土地并自建房屋，土地单独记账，房产原值计算错误

房产税政策规定，房产原值是指纳税人按照会计制度规定，在账簿“固定资产”科目中记载的房屋原价。房屋原价应根据国家有关会计制度规定进行核算。对按照房产原值计税的房产，无论会计上如何核算，房产原值均应包含地价，包括为取得土地使用权支付的价款、开发土地发生的成本费用等。宗地容积率低于0.5的，按房产建筑面积的2倍计算土地面积并据此确定计入房产原值的地价。

（8）房屋的附属设备和配套设施未记入房产原价计算房产税

房产税政策规定，为了维持和增加房屋的使用功能或使房屋满足设计要求，凡以房屋为载体，不可随意移动的附属设备和配套设施，如给排水、采暖、消防、中央空调、电气及智能化楼宇设备等，无论在会计核算中是否单独记账与核算，都应计入房产原值，计征房产税。

（9）房产达到使用状态，未申报缴纳房产税

房产税政策规定，纳税人自建的房屋，自建成之次月起征收房产税。纳税人委托施工企业建设的房屋，从办理验收手续之次月起征收房产税。纳税人在办理验收手续前已使用或出租、出借的新建房屋，应按规定征收房产税。

2. 城镇土地使用税纳税申报常见问题有哪些？

（1）新征用土地未按规定时间缴纳城镇土地使用税

城镇土地使用税政策规定，新征用的土地若是耕地，应自批准征用之日起满1年开始

缴纳城镇土地使用税；新征用的土地若是非耕地，应自批准征用之次月起开始缴纳城镇土地使用税。

（2）只对已实际使用的面积申报缴纳城镇土地使用税

城镇土地使用税政策规定，土地使用税以纳税人实际占用的土地面积为计税依据。

（3）企业厂区内的荒山和林地未缴纳城镇土地使用税

城镇土地使用税政策规定，自 2014 年 1 月 1 日至 2015 年 12 月 31 日，按应纳税额减半征收城镇土地使用税；自 2016 年 1 月 1 日起，全额征收城镇土地使用税。

（4）未取得地下土地使用权证的，未缴纳城镇土地使用税

城镇土地使用税政策规定，对在城镇土地使用税征税范围内单独建造的地下建筑用地，按规定征收城镇土地使用税。其中，已取得地下土地使用权证的，按土地使用权证确认的土地面积计算应征税款；未取得地下土地使用权证或地下土地使用权证上未标明土地面积的，按地下建筑垂直投影面积计算应征税款。所以未取得地下土地使用权证的，应按地下建筑垂直投影面积计算应征税款。

（5）计税面积不准确或税率适用错误

3. 契税纳税申报常见问题有哪些？

（1）未按纳税义务发生时间申报缴纳契税

契税政策规定，契税的纳税义务发生时间，为纳税人签订土地、房屋权属转移合同的当天，或者纳税人取得其他具有土地、房屋权属转移合同性质凭证的当天。纳税人应当自纳税义务发生之日起 10 日内，向土地、房屋所在地的契税征收机关办理纳税申报，并在契税征收机关核定的期限内缴纳税款。

部分纳税人将契税纳税义务时间错误理解为土地交付确认的时间。

（2）补充协议金额漏算，少缴契税

由于面积变动等原因，纳税人签订补充协议合同，补充了地价及相关费用。纳税人在缴纳契税时未提供补充协议合同，隐瞒了补充的地价及相关费用，导致契税计税依据不准确，少缴纳契税。

4. 房产税、城镇土地使用税、契税案头审核要点有哪些？

（1）房产税纳税申报表、城镇土地使用税纳税申报表、契税纳税申报表与其他税种纳税申报表逻辑审核

房产税、城镇土地使用税、契税相关政策规定，房产税按年征收、分期缴纳。纳税期

限由省、自治区、直辖市人民政府规定。土地使用税按年计算，分期缴纳。缴纳期限由省、自治区、直辖市人民政府确定。契税的纳税义务发生时间，为纳税人签订土地、房屋权属转移合同的当天，或者纳税人取得其他具有土地、房屋权属转移合同性质凭证的当天。纳税人应当自纳税义务发生之日起10日内，向土地、房屋所在地的契税征收机关办理纳税申报，并在契税征收机关核定的期限内缴纳税款。

在一个公历年度内，如果增值税纳税申报表附列资料（四）“出租不动产预征缴纳税款”项填报了数据，但房产税纳税申报表和从租计征房产税税源明细表没有填报出租房屋信息和税款，存在出租房产仍按房屋原值未按租金收入缴纳房产税的风险；金额比对方面，如果预收租金并开具发票，增值税就收到预收租金同时进行预缴增值税申报和纳税申报，房产税纳税义务发生时间为自交付出租、出借房产之次月起计征房产税，但何时申报纳税国家税务总局没有明确规定，应根据本省税务机关的文件规定确认可否进行金额一致性比对。如江苏省规定按租金收入计征房产税的，纳税人应于实际收取租金收入的次月15日内申报纳税，据此，在江苏省案头分析时，增值税纳税申报表附列资料（四）“出租不动产预征缴纳税款”项填报税额除以5%后的数额应等于或小于（当纳税人另有出租与机构所在地在同一县市的不动产，不需要预缴增值税时）房产税纳税申报表“本期申报租金收入”项填报数据，或者等于或小于（当纳税人另有出租与机构所在地在同一县市的不动产，不需要预缴增值税时）新增加的从租计征房产税税源明细表中“申报租金收入”项填报数据。

如果增值税纳税申报表附列资料（二）中“购建不动产的进项税额”项填报数据且资产负债表中“在建工程”没有发生额或余额未发生变化，或者通过增值税发票电子底账管理系统，查询“货物或应税劳务、服务名称”项填报“不动产”的发票，表明纳税人购进房产。此时房产税纳税申报表、从价计征房产税税源明细表未增加新房产，该纳税人存在新增房产未申报缴纳房产税的风险。金额比对方面，因新建房屋初次装修费用，应计入房产原值征收房产税，所以不论是否进行装修，增值税纳税申报表附列资料（二）中“购建不动产的进项税额”项填报金额与新增加的从价计征房产税税源明细表中的“房产原值”填报数据应一致。

如果《A105080资产折旧、摊销及纳税调整明细表》中“房屋、建筑物”的“资产账载金额”项填报数据与房产税纳税申报表“房产原值”项的合计数不一致，存在少缴纳房产税的风险。

如果纳税人填报土地增值税纳税申报表（三）（非从事房地产开发的纳税人适用），该表中“购房发票金额”填报数据与房产税纳税申报表的“从价计征房产税”部分“房产原值”的减少金额不一致，并且后者大于前者，存在少缴纳房产税的风险。

如果从价计征房产税税源明细表中“房屋坐落地址”与城镇土地使用税税源明细表中“土地坐落地址”不一致，有房没地，存在少缴城镇土地使用税的风险；有地无房，存在少缴房产税的风险。

如果从租计征房产税税源明细表中“房屋坐落地址”与城镇土地使用税税源明细表中“土地坐落地址”不一致，有房没地，存在少缴城镇土地使用税的风险；有地无房，存在少缴房产税的风险。

印花税纳税申报表中“产权转移书据”的“计税金额或件数”项与房产税纳税申报表中“从价计征房产税”部分“房产原值”项存在勾稽关系。如果房产税纳税申报表的“从价计征房产税”部分“房产原值”项金额增加但印花税纳税申报表的“产权转移书据”的“计税金额或件数”项没有填报数据，存在少缴印花税的风险。如果房产税纳税申报表中“从价计征房产税”部分“房产原值”项金额减少但印花税纳税申报表的“产权转移书据”的“计税金额或件数”项没有填报数据，存在少缴印花税或少缴房产税的风险。

在确认没有其他财产出租的情况下，如果从租计征房产税税源明细表中“合同租金总收入”项的填报数据小于印花税纳税申报表中“财产租赁合同”的“计税金额或件数”项填报数据，存在少缴房产税的风险。

如果增值税纳税申报表附列资料（一）中“11%税率的服务、不动产和无形资产”（2018年5月1日后，调整为10%税率的服务、不动产和无形资产）项填报了数据且资产负债表中“固定资产”或“无形资产”项目的期末余额减少。表明纳税人转让了土地使用权，城镇土地使用税申报税额减少属于正常情况。如果纳税人未发生转让土地使用权行为，城镇土地使用税申报税额减少，则存在少缴城镇土地使用税的风险。

在增值税发票电子底账管理系统中查询纳税人取得的“货物或应税劳务、服务名称”项简称填写为“不动产”或商品编码为4050102000000000000简称填写为“无形资产”的发票，表明该纳税人购进不动产或土地使用权，若城镇土地使用税税源明细表未填报该信息，存在少缴城镇土地使用税的风险。

在2016年5月至2017年12月期间，如果本期抵扣进项税额结构明细表“受让土地使用权的进项”填报了数据，但城镇土地使用税税源明细表未填报该不动产的信息，存在少缴城镇土地使用税的风险。

在增值税发票电子底账管理系统中查询纳税人取得的“货物或应税劳务、服务名称”项填写“不动产”或商品编码为4050102000000000000简称填写为“无形资产”的发票，表明该纳税人购进不动产或土地使用权，若未报送契税纳税申报表，存在少缴契税的风险。

如果《A105080资产折旧、摊销及纳税调整明细表》中“房屋、建筑物”的“资产账载金额”项与上年度相比较的新增金额大于契税纳税申报表的“成交价格”项填报数据，存在少缴契税的风险。

新增加的从价计征房产税税源明细表中“房屋坐落地址”项填报内容与新增加的契税纳税申报表中“土地房屋坐落地址”项填报内容应一致；同时“房产原值”项填报数据应等于契税纳税申报表中“成交价格”项填报数据。如果“房产原值”项填报数据大于契税纳税申报表中“成交价格”项填报数据，存在少缴契税的风险。

【案例8－1】 L勘察设计公司为私营企业，某市地税局查询该公司在征管系统中2005—2013年房产税和土地使用税入库数据，汇总生成表8－1。

表8－1　　房产税和城镇土地使用税入库数据明细表　　单位：元

年度	房产税入库金额	城镇土地使用税入库金额
2005	27 953.38	17 268.48
2006	27 953.38	17 268.48
2007	27 953.38	34 536.96
2008	27 953.38	34 536.96
2009	27 953.38	34 536.96
2010	20 905.05	25 902.72
2011	27 953.38	34 536.96
2012	27 953.38	61 439.46
2013	27 953.38	142 146.96

【案头分析】

表8－1数据显示，该公司房产税在2005—2013年9年期间，只有2010年比上一年减少7 048.33元，同时土地使用税在该年也比上一年度减少8 634.24元，并且在2011年房产税和城镇土地使用税均增加到原来的纳税金额。上述数据变动表明，2010年房产税和城镇土地使用税同时减少既不是销售房产造成的，也不是出租房屋造成的，出租房屋不影响土地使用税的缴纳，房产税由按房产原值计征改为按租金计征，通常房产税额会增加。因此，可能是错误申报、少缴纳房产税和城镇土地使用税的结果。

该勘察设计公司在2011—2013年3年期间，房屋原值没有变化，但土地使用税却在2012年、2013年翻倍增加，表明该纳税人购进了很多土地，扩大经营规模，但土地的增加没有带来房产税的增加，第一种可能是该企业在新购进的土地上正在建造房屋，截至2013年尚未完工，尚未产生房产税纳税义务；第二种可能是该企业少缴房产税。因此，需结合城镇土地使用税税源明细表填报情况、资产负债表中"在建工程"项目的填报情况分析、确认纳税人购进土地的情况，判定房产税是否存在少缴的风险。

【案例8－2】 接【案例3－1】，抽取民用爆破器材公司的房产税、城镇土地使用税申报数据，汇总生成表8－2。该纳税人2015年度纳税申报数据详见第九章案例2。

表8－2　　与房产税、城镇土地使用税相关数据汇总表　　单位：元

税种	税目	税款所属期	计税依据	税率	已纳税款	备注
房产税	房产余值	2015.1—2015.12	55 027.01	1.20%	660.32	纳税申报数据
土地使用税	县三等	2015.1—2015.12	79	3	235.02	

续表

税种	税目	税款所属期	计税依据	税率	已纳税款	备注
自用产权书号 8240034	房屋坐落	房产原值	其中应税原值	税率	年应纳税额	房产登记信息
	××小区	78 609.32	78 609.32	0.012	660.32	
自用土地证号 65582	坐落地	土地面积	应税面积	免税面积	每平方米税额	年应纳税额
	××民爆器材有限公司	100	100	0	2.5	250

【案头分析】

表8－2数据显示，房产税计税依据为55 027.01元，按照30%的扣除率测算房产原值＝55 027.01÷(1－30%)＝78 610.01（元），与房产登记的78 609.32元基本相同且已纳税额均为660.32元。可见，该公司缴纳的房产税就是自用产权书号为8 240 034的房产。但是申报的土地使用税相关信息与土地登记信息不同，前者面积为79平方米、税额为每平方米3元，申报缴纳税额为235.02元，后者面积为100平方米、税额为每平方米2.5元，申报缴纳税额为250元。可见，申报土地使用税的土地与土地登记信息中的土地不是一块地。同时，房产坐落地为××小区，该公司为危险品经销企业，按照《民用爆炸物品安全管理条例》规定，应设置专门库房。该库房不允许设在居民小区。据此，可以判定该公司申报房产税的房产应属于办公用房。结合城镇土地使用税分析结果，也就是该公司只就一房一地申报纳税，但其实际有两块地，其中一块土地未申报城镇土地使用税并且其中一块地没有房产税申报，即没有对专门库房申报缴纳房产税。因此，该纳税人存在一房一地未申报缴纳房产税、土地使用税的风险。

（2）利用资产负债表和现金流量表相关数据分析房产税

房产税政策规定，纳税人委托施工企业建设的房屋，从办理验收手续之次月起征收房产税。纳税人在办理验收手续前已使用或出租、出借的新建房屋，应按规定征收房产税。分析纳税人在办理验收手续前是否已经使用房屋可以通过资产负债表中“在建工程”项目的期末余额变化进行分析，也可以通过现金流量表中“购建固定资产、无形资产和其他长期资产所支付的现金”项的填报数据进行分析。

【案例8－3】M超市有限公司是×县较大的一家商品流通企业。该公司成立于1999年4月，集体企业，注册资本80万元，经营方式为零售，企业所得税鉴定为查账征收，现有职工64人，2016年销售收入1 002万元，商品销售成本825万元，管理费用108万元，利润11万元。2016年第二季度、第四季度资产负债表部分数据见表8－3。

表 8－3　　第二季度、第四季度资产负债表比对表　　单位：万元

资产	行次	年初数	第二季度末数	第四季度末数	负债及所有者权益	行次	年初数	第二季度末数	第四季度期末数
一、流动资产：					一、流动负债：				
货币资金	1	30	60	41	短期借款	30	50	70	60
短期投资	2				应付票据	31			
应收票据	3				应付账款	32	283	298	318
应收账款	4				预收账款	33			
减：坏账准备	5				其他应付款	34			
应收账款净额	6				应付工资	35	5	9	4
预付账款	7	12	15	32	应付福利费	36	3.5	5	7
应收补贴款	8				未缴税金	37	1.5	1	2
其他应收款	9	10	10	10	未付利润	38			
存货	10	220	240	270	其他未缴款	39			
待摊费用	11	5	6	4	预提费用	40			
待处理流动资产净损失	12				一年期到期的长期负债	41			
一年内到期的长期债券投资	13				其他流动负债	42			
其他流动资产	14				流动负债合计	43	343	383	391
流动资产合计	15	277	331	357					
二、长期投资：					二、长期负债：				
长期投资	16				长期借款	44			
三、固定资产：					应付债券	45			
固定资产原价	17	350	350	338	长期应付款	46			
减：累计折旧	18	70	80	90	其他长期负债	47			
固定资产净值	19	280	270	248	其中：住房周转金	48			
固定资产清理	20				长期负债合计	49			
在建工程	21	28	28	28	三、递延税项				
待处理固定资产净损失	22				递延税款贷项	50			
固定资产合计	23	308	298	276	负债合计	51			
四、无形资产及递延资产：					四、所有者权益：				
无形资产	24				实收资本	52	230	230	230

续表

资产	行次	年初数	第二季度末数	第四季度末数	负债及所有者权益	行次	年初数	第二季度末数	第四季度期末数
递延资产	25				资本公积	53			
无形资产及递延资产合计	26				盈余公积	54	4	5	5
其他长期资产:					其中：公益金	55			
其他长期资产	27				未分配利润	56	8	11	7
五、递延税项:					所有者权益合计	57	242	246	242
递延税款借项	28								
资产总计	29	585	629	633	负债及所有者权益总计	58	585	629	633

【案头分析】

表 8－3 数据显示，M 超市有限公司的“在建工程”项目年初余额、年末余额均为 28 万元，没有发生变化。对超市而言，“在建工程”一般为在建的房屋，在建的房屋账面价值 28 万元不再增加，表明该房屋已经完工，只是未办理竣工结算。因此，需进一步核查，该纳税人是否将该房屋已经实际投入使用，是否已经申报缴纳房产税。

（3）利用房产税、城镇土地使用税、契税税额变动分析

【案例 8－4】接【案例 7－8】，税务部门查询金税三期系统石油工程集团入库税款信息，发现土地使用税、房产税季度入库税款不均衡，房产登记信息、土地登记信息有人为改动痕迹，可能存在延期缴纳税款或少缴纳税款问题。

核实情况：经约谈企业财务经理，企业财务人员提供企业土地出让合同、土地使用证、《写字楼订购合同》、房屋建筑物明细账、应交税金明细账等资料确认，企业在××开发区、××工业园均有土地和房产。××开发区的 1 宗土地属于独立核算的子公司××化工有限公司，由其在当地分局申报纳税，××工业园的 3 宗土地属于 K 石油工程集团，由其在当地税务机关申报纳税。

1. 现办公区：土地、房产各 2 宗，企业现金购买，因开发商还未进行土地分割，未办理土地使用证和房产证，暂按建筑面积估算占地面积 2 161.43 平方米，购买单价分别为 4 400 元/平方米、3 519 元/平方米，房价分别为 15 924 661.67 元、29 947 492.834 元，分别于 2012 年 5 月 11 日、12 日签订《写字楼订购合同》，2013 年 12 月底达到可使用状态。根据税法规定，应从 2012 年 6 月起缴纳土地使用税，2014 年 1 月起缴纳房产税。

应缴纳土地使用税：2 161.43 × 16 × 42/12 = 45 390.03（元）

应缴纳房产税：[（15 924 661.67 +29 947 492.83）+2 161.43 ×(4 400 +3 519)/2 ×2] ×70% ×1.2% ×2 =1 058 207.11（元）

2. 老厂区：占地1宗，面积9 923.9平方米，土地价款1 637 448.45元，土地出让合同约定2005年4月11日交付，2014年7月1日发放土地使用证。房屋建筑物原值6 638 542.71元，建筑面积3 442平方米，容积率0.34，其中：2005年11月达到可使用状态34 808元，2006年4月达到可使用状态230 000元，2006年12月达到可使用状态507 511.4元，2008年7月达到可使用状态72 756.86元，2008年12月达到可使用状态1 621 748.61元，2012年4月达到可使用状态37 500元，2012年8月达到可使用状态2 305 308.60元，2013年7月达到可使用状态437 160.63元。根据税法规定，应从2005年5月起缴纳土地使用税，应从房产实际使用月份次月起缴纳房产税。

2013—2015年应缴纳土地使用税：9 923.9平方米 ×12 ×3 =357 260.4（元）

2013—2015年应缴纳房产税：437 160.63 ×70% ×1.2% ×5/12 +6 638 542.71 ×70% ×1.2% ×2 =113 057.58（元）

查询金税三期系统，发现企业2013年入库房产税39 752.93元，2014年入库房产税213 261.05元，2015年入库房产税676 270.68元。2013年入库土地使用税119 087.16元，2014年入库土地使用税128 709.26元，2015年入库土地使用税153 670.04元。

应补缴土地使用税：（45 390.03 +357 260.4）-（119 087.16 +128 709.26 +153 670.04）=1 183.97（元）

应补缴房产税：（1 058 207.11 +113 057.58）-（39 752.93 +213 261.05 +676 270.68）=241 980.03（元）

建议主管税务机关核实企业入库税款所属期间，进一步确定应补缴税款确切金额。

（4）加强与国土、房管等多个部门的合作，获取第三方数据、信息，用于纳税申报数据的比对，及时发现异常不符的情况，堵塞征管漏洞。

第四篇　综合分析

本篇以商业、物流服务和工业制造等行业的四个企业的纳税申报数据为例，运用前八章所述内容，对企业的纳税申报数据进行全面、综合的案头分析。帮助读者更好地理解、掌握案头分析的整体思路、方法和技巧，提升案头分析能力。

第九章　案例分析

案例1　A公司的案头分析

A公司2007年设立，查询《A000000企业基础信息表》获取以下信息：该公司由在我国境内注册的企业投资设立，非汇总纳税企业，非上市公司。注册资本2014年为18 725.31万元、2015年为26 225.31万元；从业人数2014年为337人、2015年为265人；资产总额2014年为40 319.81万元、2015年为37 584.83万元；有境外关联交易。采用一般会计准则进行核算，会计档案存放在北京，采用财务软件进行会计核算，固定资产折旧方法为平均年限法，存货核算方法为先进先出法，采用备抵法核算坏账损失，所得税计算方法采用资产负债表债务法。

查询该企业网页，获取以下信息：A公司是一家私有零售企业。出售家具、配件、浴室和厨房用品等商品；41 000平方米的营业面积；销售主要包括座椅/沙发系列，办公用品，卧室系列，厨房系列，照明系列，纺织品，炊具系列，房屋储藏系列，儿童产品系列等约10 000个产品；600多个座位的餐厅提供美食；1 100多个汽车车位。有偿提供送货服务、安装服务、拆除服务；付款方式，接受现金、转账支票及有银联、VISA和MASTER标记的储蓄卡、借记卡及信用卡。

该公司2013—2015年纳税申报数据如表9－1至表9－17所示。

表9－1　　**资产负债表汇总表（节选）**　　单位：元

	2012年末数	2013年末数	2014年末数	2015年末数
流动资产				
货币资金	11 624 315.47	13 921 259.07	3 011 096.95	2 848 670.41
应收账款	631 848.05	470 191.15	1 134 968.28	903 726.82
其他应收款	2 499 086.20	2 408 781.29	2 621 242.65	1 348 052.19
预付账款	1 253 290.89	2 896 163.57	2 592 555.04	1 181 049.79
存货	42 000 006.97	47 175 475.25	46 387 905.96	37 934 053.42

续表

	2012 年末数	2013 年末数	2014 年末数	2015 年末数
流动资产合计	58 008 547.58	66 871 870.33	55 747 768.88	44 215 552.63
固定资产原价	340 044 507.05	347 970 113.00	359 326 568.43	362 532 221.75
减：累计折旧	71 476 420.28	89 718 725.22	0	
固定资产净值	268 568 086.77	258 251 387.78	0	
减：固定资产减值准备	0	0	0	
固定资产净额	268 568 086.77	258 251 387.78	254 718 211.5	244 200 328.15
在建工程	279 441.00	0	971 188.49	424 770.00
固定资产清理	0	0	0	
固定资产合计	268 847 527.77	258 251 387.78	0	
无形资产	95 751 630.69	92 528 628.61	89 748 014.17	87 007 616.79
无形资产及递延资产合计	95 751 630.69	92 528 628.61		
非流动资产合计			345 437 414.2	331 632 714.94
资产总计	422 607 706.04	417 651 886.72	401 185 183.1	375 848 267.57
短期借款	501 186 845.56	269 994 850.29	305 675 198.4	238 557 777.23
应付账款	17 883 187.72	26 568 957.07	19 155 958.34	20 137 755.63
预收账款	1 494 923.18	1 575 858.35	1 460 846.57	2 535 034.08
应付工资	1 412 449.38	2 045 582.19	3 990 640.83	4 843 438.91
应付利息	2 146 850.83		4 519 823.11	5 512 161.21
应交税金	1 046 802.56	2 828 596.37	3 147 911.32	2 112 381.56
其他应付款	17 287 051.32	17 001 707.44	17 905 143.92	15 478 448.18
一年内到期的长期负债	2 146 850.83	6 404 806.08		
流动负债合计	542 458 110.55	326 420 357.79	355 855 522.5	289 176 996.80
长期借款	0	260 000 000.00	260 000 000.00	260 000 000.00
长期负债合计		260 000 000.00		
负债合计	542 458 110.55	586 420 357.79	615 855 522.5	549 176 996.80
实收资本（或股本）	187 253 050.00	187 253 050.00	187 253 050	262 253 050.00
未分配利润	-307 103 454.51	-356 021 521.07	-401 923 389.4	-435 581 779.23
所有者权益（或股东权益）合计	-119 850 404.51	-168 768 471.07	-214 670 339.44	-173 328 729.23
负债及所有者权益（或股东权益）总计	422 607 706.04	417 651 886.72	401 185 183.1	375 848 267.57

注：表中未列示的报表项目，年初余额、年末余额均为0。

表 9-2　　利润表汇总表　　单位：元

	2013 年	2014 年	2015 年
一、主营业务收入	336 391 873.24	355 851 126.9	352 676 456.54
减：主营业务成本	235 303 007.71	246 655 027.8	234 632 282.66

续表

	2013 年	2014 年	2015 年
主营业务税金及附加	3 657 655.56	3 898 284.2	5 076 595.75
二、主营业务利润	97 431 209.97		
加：其他业务利润	0		
减：营业费用	57 309 412.09	61 308 016.04	52 383 053.44
管理费用	69 385 677.17	68 506 372.69	72 561 914.29
财务费用	20 992 570.47	20 840 488.89	21 614 761.16
资产减值损失		1 348 000.00	224 000.00
三、营业利润	-50 256 449.76	-46 705 062.66	-33 816 150.76
加：投资收益	0		
补贴收入	0		
营业外收入	1 366 563.42	803 494.48	342 984.11
减：营业外支出	28 180.22	300.19	185 223.14
其中：非流动资产处置损失		0	148 344.04
四、利润总额	-48 918 066.56	-45 901 868.37	-33 658 389.79
减：所得税	0		
净利润	-48 918 066.56	-45 901 868.37	-33 658 389.79

表 9-3　　　　现金流量表汇总表　　　　单位：元

项目	2013 年	2014 年	2015 年
一、经营活动产生的现金流量：		0	0
销售商品、提供劳务收到的现金	386 612 040.03	407 660 082.04	406 122 561.6
收到的税费返还	0	0	
收到的其他与经营活动有关的资金	1 562 242.73	823 861.09	362 972.84
现金流入小计	388 174 282.76	408 483 943.13	406 485 534.4
购买商品、接受劳务支付的现金	271 053 749.55	296 936 731.92	262 980 916.5
支付给职工以及为支付的现金	23 488 986.02	27 857 573.51	30 518 003.37
支付的各项税费	15 978 914.83	17 695 351.31	23 309 253.74
支付的其他与经营活动有关的现金	78 119 362.76	73 414 687.48	69 167 559.04
现金流出小计	388 641 013.16	415 904 344.22	385 975 732.7
经营活动产生的现金流量净额	-466 730.40	-7 420 401.09	20 509 801.73
二、投资活动产生的现金流量：			
收回投资所收到的现金	0		
取得投资收益所收到的现金	0		

续表

项目	2013 年	2014 年	2015 年
处置固定资产、无形资产和其他长期资产所收回的现金净额	48 359.87	824.5	2 564.1
收到的其他与投资活动有关的现金	0		
现金流入小计	48 359.87	824.5	2 564.1
购建固定资产、无形资产和其他长期资产所支付的现金	10 186 705.10	16 833 699.82	7 598 029.13
投资所支付的现金	0		
支付的其他与投资活动有关的现金	0		
现金流出小计	10 186 705.10	16 833 699.82	7 598 029.13
投资活动产生的现金流量净额	-10 138 345.23		
三、筹资活动所产生的现金流量：			
吸收投资所收到的现金	0		75 000 000.00
借款所收到的现金	260 000 000.00	335 675 198.41	238 557 777.2
收到的其他与筹资活动有关的现金	0	0	0
现金流入小计	260 000 000.00	335 675 198.41	313 557 777.2
偿还债务所支付的现金	231 191 995.27	0	305 675 198.4
分配股利、利润或偿付利息所支付的现金	15 905 898.22	22 337 233.83	20 959 342.06
支付的其他与筹资活动有关的现金	0	299 994 850.29	0
现金流出小计	247 097 893.49	322 332 084.12	326 634 540.5
筹资活动产生的现金流量净额	12 902 106.51	13 343 114.29	-13 076 763.24
四、汇率变动对现金的影响	-87.28	0	0
五、现金及现金等价物净增加额	2 296 943.60	-10 910 162.12	-162 426.54
加：期初现金及现金等价物余额	11 624 315.47	13 921 259.07	3 011 096.95
六、期末现金及现金等价物余额	13 921 259.07	3 011 096.95	2 848 670.41
补充资料	2013 年	2014 年	2015 年
1. 将净利润调节为经营活动现金流量：	0	0	0
净利润	-48 918 066.56	-45 901 868.37	-33 658 389.79
加：资产减值准备	0	1 348 000.00	224 000.00
固定资产折旧、油气资产折耗、生产性生物资产折旧	18 393 207.56	15 024 836.49	15 598 774.75
无形资产摊销	3 223 002.08	2 780 614.44	2 740 397.38
长期待摊费用摊销	0	0	0
处置固定资产、无形资产和其他长期资产的损失（收益以“-”号填列）	28 080.22	-824.5	145 779.94

续表

项目	2013 年	2014 年	2015 年
固定资产报废损失（收益以“-”号填列）	0	0	0
公允价值变动损失（收益以“-”号填列）	0	0	0
财务费用（收益以“-”号填列）	20 163 940.75	20 452 250.86	21 951 680.16
投资损失（收益以“-”号填列）	0	0	0
递延所得税资产减少（增加以“-”号填列）	0	0	0
递延所得税负债增加（减少以“-”号填列）	0	0	0
存货的减少（增加以“-”号填列）	-5 175 468.28	-560 430.71	8 229 852.54
经营性应收项目的减少（增加以“-”号填列）	-1 390 910.87	-573 629.96	2 461 563.29
经营性应付项目的增加（减少以“-”号填列）	13 209 484.7	10 650.66	2 816 143.46
其他	0	0	0
经营活动产生的现金流量净额	-466 730.4	-7 420 401.09	20 509 801.73
2. 不涉及现金收支的重大投资和筹资活动：	0	0	0
债务转为资本	0	0	0
一年内到期的可转换公司债券	0	0	0
融资租入固定资产	0	0	0
3. 现金及现金等价物净变动情况：	0	0	0
现金的期末余额	13 921 259.07	3 011 096.95	2 848 670.41
减：现金的期初余额	11 624 315.47	13 921 259.07	3 011 096.95
加：现金等价物的期末余额	0	0	0
减：现金等价物的期初余额	0	0	0
现金及现金等价物净增加额	2 296 943.6	-10 910 162.12	-162 426.54

表 9-4　　增值税纳税申报表汇总表（一般纳税人适用）　　单位：元

项目		一般货物及劳务和应税服务			
		本月数	2013 年	2014 年	2015 年
销售额	（一）按适用税率计税销售额	29 818 864.84	293 985 734.02	309 602 002.7	306 850 318.22
	其中：应税货物销售额	0	216 050 849.69	162 908 456.00	306 633 245.41
	应税劳务销售额	0	0	98 257.01	217 072.81
	纳税检查调整的销售额	0	0	0	0
	（二）按简易征收办法计税销售额	0	0	0	0
	其中：纳税检查调整的销售额	0	0	0	0
	（三）免、抵、退办法出口销售额	0	0	0	0

续表

项目		一般货物及劳务和应税服务			
		本月数	2013 年	2014 年	2015 年
销售额	（四）免税销售额	0	0	0	0
	其中：免税货物销售额	0	0	0	0
	免税劳务销售额	0	0	0	0
税款计算	销项税额	5 069 207.00	49 977 574.72	52 588 744.08	52 140 676.07
	进项税额	3 589 661.15	39 890 041.91	42 471 253.64	43 674 419.18
	上期留抵税额	147 398.06	0	0	0
	进项税额转出	6 986.37	435 455.05	389 551.33	872 121.60
	免、抵、退应退税额	0	0	0	0
	按适用税率计算的纳税检查应补缴税额	0	0	0	91 999.04
	应抵扣税额合计	3 730 072.84	—	—	—
	实际抵扣税额	3 730 072.84	0	0	0
	应纳税额	1 339 134.16	10 522 987.86	10 507 041.77	12 910 686.01
	期末留抵税额	0	0	0	0
	简易计税办法计算的应纳税额	0	0	0	0
	按简易计税办法计算的纳税检查应补缴税额	0	0	0	0
	应纳税额减征额	0	407	814	0
	应纳税额合计	1 339 134.16	10 522 580.86	10 506 227.77	12 910 686.01
税款缴纳	期初未缴税额（多缴为负数）	0	0	0	1 075 209.38
	实收出口开具专用缴款书退税额	0	0	0	0
	本期已缴税额	0	9 699 513.07	10 266 158.06	14 142 917.26
	①分次预缴税额	0	—	—	—
	②出口开具专用缴款书预缴税额	0	—	—	—
	③本期缴纳上期应纳税额	0	9 699 513.07	10 266 158.06	14 142 917.26
	④本期缴纳欠缴税额	0	0	0	0
	期末未缴税额（多缴为负数）	1 339 134.16	0	0	346 972.62
	其中：欠缴税额（≥0）	0	—	—	—
	本期应补（退）税额	1 339 134.16	—	—	—
	即征即退实际退税额	—	—	—	—
	期初未缴查补税额	0	0	0	0
	本期入库查补税额	0	0	0	91 999.04
	期末未缴查补税额	0	0	0	0

表 9－5　**12 月增值税纳税申报表附列资料（一）汇总表（节选）**　单位：元

项目及栏次				开具税控增值税专用发票		开具其他发票		未开具发票		合计	
				销售额	销项（应纳）税额	销售额	销项（应纳）税额	销售额	销项（应纳）税额	销售额	销项（应纳）税额
				1	2	3	4	5	6	9＝1＋3＋5＋7	10＝2＋4＋6＋8
一、一般计税方法征税	全部征税项目	17%税率的货物及加工修理修配劳务	2013 年	2 744 352. 89	466 540. 01	6 018 595. 38	1 023 161. 22	21 055 916. 57	3 579 505. 77	29 818 864. 84	5 069 207. 00
			2014 年	589 410. 04	100 199. 71	0	0	20 457 487. 14	3 477 772. 81	21 046 897. 18	3 577 972. 52
			2015 年	112 798. 69	19 175. 81	0	0	23 193 663. 44	3 942 922. 76	23 306 462. 13	3 962 098. 57
		6%税率	2013 年								
			2014 年	0	0	0	0	56 424. 88	3 385. 49	56 424. 88	3 385. 49
			2015 年	56. 6	3. 4	0	0	24 552. 26	1 473. 12	24 608. 86	1 476. 52
二、简易计税方法		3%征收率的应税服务	2013 年	0	0	0	0	0	0	0	0
			2014 年	0	0	0	0		74. 72	0	0
			2015 年	0	0	0	0	0	0	0	0
	其中：即征即退项目	即征即退货物及加工修理修配劳务	2014 年	—	—	—	—	—	—	0	0
		即征即退应税服务	2015 年	—	—	—	—	—	—	0	0

表9－6　　　　12月增值税纳税申报表附列资料（二）汇总表　　　　单位：元

一、申报抵扣的进项税额		2013年	2014年	2015年
项目	份数	税额	税额	税额
（一）认证相符的防伪税控增值税专用发票	20	3 189 892.89	1 819 940.45	3 484 481.00
其中：本期认证相符且本期申报抵扣	20	3 189 892.89	1 819 940.45	3 484 481.00
前期认证相符且本期申报抵扣	0	0	0	0
（二）其他抵扣凭证	1	399 768.26	0	179 825.3
其中：海关进口增值税专用缴款书	1	399 768.26	0	179 825.3
农产品收购发票或者销售发票	0	0	0	0
扣代缴税收通用缴款书	0	0	0	0
运输费用结算单据	0	0	0	0
	—	—	—	—
	—	—	—	—
（三）外贸企业进项税额抵扣证明	—	0	0	0
当期申报抵扣进项税额合计	21	3 589 661.15	1 819 940.45	3 664 307.00
二、进项税额转出额				
项目		2013年	2014年	2015年
本期进项税转出额		6 986.37	28 547.39	47 704.09
其中：免税项目用		0	0	
非应税项目用、集体福利、个人消费		6 986.37	28 547.39	47 704.09
非正常损失		0		
简易计税方法征税项目用		0		
免抵退税办法不得抵扣的进项税额		0		
纳税检查调减进项税额		0		
红字专用发票通知单注明的进项税额		0		
上期留抵税额抵减欠税		0		
上期留抵税额退税		0		
其他应做进项税额转出的情形		0		
三、待抵扣进项税额				
项目	份数	2013年	2014年	2015年
（一）认证相符的税控增值税专用发票	—	—	—	
期初已认证相符但未申报抵扣	0	0	0	
本期认证相符且本期未申报抵扣	0	0	0	
期末已认证相符但未申报抵扣	0	0	0	
其中：按照税法规定不允许抵扣	0	0	0	

续表

三、待抵扣进项税额				
项目	份数	2013 年	2014 年	2015 年
（二）其他抵扣凭证	0	0	0	
其中：海关进口增值税专用缴款书	0	0	0	
农产品收购发票或者销售发票	0	0	0	
代扣代缴税收通用缴款书	0	0	0	
运输费用结算单据	0	0	0	

表 9－7　A100000 中华人民共和国企业所得税年度纳税申报汇总表（A 类）　单位：元

类别	项目	2013 年	2014 年	2015 年
利润总额计算	一、营业收入（填写 A101010 \ 101020 \ 103000）	336 391 873.24	355 851 126.91	352 676 456.54
	减：营业成本（填写 A102010 \ 102020 \ 103000）	235 303 007.71	246 655 027.75	234 632 282.66
	营业税金及附加	3 657 655.56	3 898 284.20	5 076 595.75
	销售费用（填写 A104000）	57 309 412.09	61 308 016.04	52 383 053.44
	管理费用（填写 A104000）	69 385 677.17	68 506 372.69	72 561 914.29
	财务费用（填写 A104000）	20 992 570.47	20 840 488.89	21 614 761.16
	资产减值损失		1 348 000.00	224 000.00
	加：公允价值变动收益		0.00	0.00
	投资收益		0.00	0.00
	二、营业利润	－50 256 449.76	－46 705 062.66	－33 816 150.76
	加：营业外收入（填写 A101010 \ 101020 \ 103000）	1 366 563.42	803 494.48	342 984.11
	减：营业外支出（填写 A102010 \ 102020 \ 103000）	28 180.22	300.19	185 223.14
	三、利润总额（10＋11－12）	－48 918 066.56	－45 901 868.37	－33 658 389.79
应纳税所得额的计算	减：境外所得（填写 A108000、A108010）		0.00	0.00
	加：纳税调整增加额（填写 A105000）	1 607 981.60	3 647 198.55	1 715 927.71
	减：纳税调整减少额（填写 A105000）	12 354 722.32	2 195 653.69	322 087.39
	减：免税、减计收入及加计扣除（填写 A107010）		0.00	0.00
	加：境外应税所得抵减境内亏损（填写 A108000）		0.00	0.00
	四、纳税调整后所得	－59 664 807.28	－44 450 323.51	－32 264 549.47
	减：所得减免（填写 A107020）		0.00	0.00
	减：抵扣应纳税所得额（填写 A107030）		0.00	0.00
	减：弥补以前年度亏损（填写 A106000）		0.00	0.00
	五、应纳税所得额		0.00	0.00

续表

类别	项目	2013 年	2014 年	2015 年
应纳税额计算	税率（25%）	25%	25%	25%
	六、应纳所得税额（23×24）	0.00	0.00	0.00
	减：减免所得税额	0.00	0.00	0.00
	减：抵免所得税额	0.00	0.00	0.00
	七、应纳税额	0.00	0.00	0.00
	加：境外所得应纳所得税额	0.00	0.00	0.00
	减：境外所得抵免所得税额	0.00	0.00	0.00
	八、实际应纳所得税额	0.00	0.00	0.00
	减：本年累计实际已预缴的所得税额	0.00	0.00	0.00
	九、本年应补（退）所得税额	0.00	0.00	0.00
	其中：总机构分摊本年应补（退）所得税额（填写A109000）	0.00	0.00	0.00
	财政集中分配本年应补（退）所得税额（填写A109000）	0.00	0.00	0.00
	总机构主体生产经营部门分摊本年应补（退）所得税额（填写A109000）	0.00	0.00	0.00
附列资料	以前年度多缴的所得税额在本年抵减额	0.00	0.00	0.00
	以前年度应缴未缴在本年入库所得税额	0.00	0.00	0.00

表 9－8　　A101010 一般企业收入明细汇总表　　单位：元

项目	2013 年	2014 年	2015 年
一、营业收入（2+9）	336 391 873.24	355 851 126.91	352 676 456.54
（一）主营业务收入（3+5+6+7+8）	336 113 383.27	354 907 348.22	352 381 275.70
1. 销售商品收入	293 558 292.30	308 003 378.46	305 309 715.68
其中：非货币性资产交换收入		0.00	0.00
2. 提供劳务收入	42 555 090.97	46 903 969.76	47 071 560.02
3. 建造合同收入		0.00	0.00
4. 让渡资产使用权收入		0.00	0.00
5. 其他		0.00	0.00
（二）其他业务收入（10+12+13+14+15）	278 489.97	943 778.69	295 180.84
1. 销售材料收入		0.00	0.00
其中：非货币性资产交换收入		0.00	0.00
2. 出租固定资产收入		0.00	0.00
3. 出租无形资产收入		0.00	0.00
4. 出租包装物和商品收入		0.00	0.00

续表

项目	2013 年	2014 年	2015 年
5. 其他	278 489. 97	943 778. 69	295 180. 84
二、营业外收入（17 +18 +19 +20 +21 +22 +23 +24 +25 +26）	1 366 563. 42	803 494. 48	342 984. 11
（一）非流动资产处置利得		824. 50	2 564. 10
（二）非货币性资产交换利得		0. 00	0. 00
（三）债务重组利得		0. 00	0. 00
（四）政府补助利得	950 000. 00	422 019. 16	34 821. 52
（五）盘盈利得		0. 00	0. 00
（六）捐赠利得		0. 00	0. 00
（七）罚没利得		0. 00	0. 00
（八）确实无法偿付的应付款项		0. 00	0. 00
（九）汇兑收益		0. 00	0. 00
（十）其他	416 563. 42	380 650. 82	305 598. 49

表 9 – 9　　A102010 一般企业成本支出明细汇总表　　单位：元

项目	2013 年	2014 年	2015 年
一、营业成本（2 +9）		246 655 027. 75	234 632 282. 66
（一）主营业务成本（3 +5 +6 +7 +8）	235 253 609. 69	246 305 553. 81	234 509 205. 58
1. 销售商品成本	211 233 184. 96	218 889 305. 49	207 001 603. 95
其中：非货币性资产交换成本		0. 00	0. 00
2. 提供劳务成本	24 020 424. 73	27 416 248. 32	27 507 601. 63
3. 建造合同成本		0. 00	0. 00
4. 让渡资产使用权成本		0. 00	0. 00
5. 其他		0. 00	0. 00
（二）其他业务成本（10 +12 +13 +14 +15）	49 398. 02	349 473. 94	123 077. 08
1. 材料销售成本		0. 00	0. 00
其中：非货币性资产交换成本		0. 00	0. 00
2. 出租固定资产成本		0. 00	0. 00
3. 出租无形资产成本		0. 00	0. 00
4. 包装物出租成本		0. 00	0. 00
5. 其他	49 398. 02	349 473. 94	123 077. 08
二、营业外支出（17 +18 +19 +20 +21 +22 +23 +24 +25 +26）	28 180. 22	300. 19	185 223. 14
（一）非流动资产处置损失	28 080. 22	0. 00	148 344. 04
（二）非货币性资产交换损失		0. 00	0. 00
（三）债务重组损失		0. 00	0. 00
（四）非常损失		0. 00	0. 00

续表

项目	2013 年	2014 年	2015 年
（五）捐赠支出		0.00	0.00
（六）赞助支出		0.00	0.00
（七）罚没支出	100	300.19	36 459.10
（八）坏账损失		0.00	0.00
（九）无法收回的债券股权投资损失		0.00	0.00
（十）其他		0.00	

表 9-10　　A104000 期间费用明细汇总表　　单位：元

项目	2013 年	2014 年	2015 年
一、职工薪酬	—	30 813 115.06	31 724 911.80
二、劳务费	—	10 075 265.2	9 282 186.68
三、咨询顾问费	—	19 093 797.89	22 021 356.16
四、业务招待费	1 057	37 663.07	19 169.04
五、广告费和业务宣传费	15 647 808.79	19 211 354.50	11 761 805.60
六、佣金和手续费	—	995 080.44	976 743.24
七、资产折旧摊销费	—	17 805 450.93	18 339 172.13
八、财产损耗、盘亏及毁损损失	—	0	0
九、办公费	—	8 073 919.82	9 783 115.1
十、董事会费	—	0	0
十一、租赁费	—	-209.13	15 852.87
十二、诉讼费	—	0	0
十三、差旅费	—	950 853.17	856 370.3
十四、保险费	—	645 207.65	726 308.01
十五、运输、仓储费	—	1 471 216.17	379 463.20
十六、修理费	—	0	3 919 371.42
十七、包装费	—	0	0
十八、技术转让费	—	11 925 957.03	11 829 443.18
十九、研究费用	—	0	0
二十、各项税费	—	4 468 587.96	4 286 442.24
二十一、利息收支	0	20 431 059.75	21 929 127.33
二十二、汇兑差额	—	-585 651.30	-1 291 109.41
二十三、现金折扣	—	0	0
二十五、其他	—	5 242 209.45	0

表 9－11　　**A105000 纳税调整项目明细汇总表**　　单位：元

项目		账载金额	税收金额	调增金额	调减金额
		1	2	3	4
一、收入类调整项目	2013 年	0.00	0.00	82 628.00	0.00
	2014 年	0.00	0.00	261 304.64	0.00
	2015 年	0.00	0.00	214 671.03	0.00
（一）视同销售收入（填写 A105010）	2013 年	0.00	82 628.00	82 628.00	0.00
	2014 年	0.00	150 304.64	150 304.64	0.00
	2015 年	0.00	209 671.03	209 671.03	0.00
（七）不征税收入：专项用途财政性资金（填写 A105040）	2013 年	0.00	0.00	0.00	0.00
	2014 年	0.00	0.00	0.00	0.00
	2015 年	0.00	0.00	0.00	0.00
（八）销售折扣折让和退回	2013 年	0.00	0.00	0.00	0.00
	2014 年	111 000.00	0.00	111 000.00	0.00
	2015 年	5 000.00	0.00	5 000.00	0.00
二、扣除类调整项目	2013 年	0.00	82 628.00	0.00	82 628.00
	2014 年	0.00	0.00	2 037 893.91	150 304.64
	2015 年	0.00	0.00	1 128 912.64	320 109.47
（一）视同销售成本（填写 A105010）	2013 年	0.00	82 628.00	0.00	82 628.00
	2014 年	0.00	150 304.64	0.00	150 304.64
	2015 年	0.00	209 671.03	0.00	209 671.03
（二）职工薪酬（填写 A105050）	2013 年	66 199 543.85	70 576 785.6	1 656 327.76	0.00
	2014 年	28 006 392.00	27 852 405.01	153 986.99	0.00
	2015 年	31 370 801.45	31 481 239.89	0.00	110 438.44
（三）业务招待费支出	2013 年	1 057	634.2	422.8	0.00
	2014 年	37 663.07	22 597.84	15 065.23	0.00
	2015 年	19 169.04	11 501.42	7 667.62	0.00
（五）捐赠支出（填写 A105070）	2013 年	13 200.00	0.00	13 200.00	0.00
	2014 年	0.00	0.00	0.00	0.00
	2015 年	0.00	0.00	0.00	0.00
（六）利息支出	2013 年	—			
	2014 年	20 452 250.86	20 452 250.86	0.00	0.00
	2015 年	21 951 680.16	21 951 680.16	0.00	0.00
（七）罚金、罚款和被没收财物的损失	2013 年	161 676.88	0.00	161 676.88	0.00
	2014 年	0.00	0.00	0.00	0.00
	2015 年	0.00	0.00	0.00	0.00

续表

项目		账载金额	税收金额	调增金额	调减金额
		1	2	3	4
（八）税收滞纳金加收利息	2013 年	0.00	0.00	0.00	0.00
	2014 年	300.19	0.00	300.19	0.00
	2015 年	36 459.10	0.00	36 459.10	0.00
（十一）佣金和手续费支出	2013 年	0.00	0.00	0.00	0.00
	2014 年	0.00	0.00	0.00	0.00
	2015 年	976 743.24	976 743.24	0.00	0.00
（十六）其他	2013 年	0.00	0.00	0.00	1 458 422.36
	2014 年	4 550 604.44	2 682 062.94	1 868 541.50	0.00
	2015 年	2 134 652.17	1 049 866.25	1 084 785.92	0.00
三、资产类调整项目（31 +32 +33 +34）	2013 年	—			
	2014 年	0.00	0.00	1 348 000.00	2 045 349.05
	2015 年	0.00	0.00	372 344.04	1 977.92
（一）资产折旧摊销（填写 A105080）	2013 年	—			
	2014 年	17 805 450.93	19 850 799.98	0.00	2 045 349.05
	2015 年	18 339 172.13	18 341 150.05	0.00	1 977.92
（二）资产减值准备金	2013 年	0.00	1 004 798.03	0.00	1 004 798.03
	2014 年	1 348 000.00	0.00	1 348 000.00	0.00
	2015 年	224 000.00	0.00	224 000.00	0.00
（三）资产损失（填写 A105090）	2013 年	5 649 575.73	5 644 542.67	5 033.06	0.00
	2014 年	0.00	0.00	0.00	0.00
	2015 年	148 344.04	0.00	148 344.04	0.00
合计	2014 年	0.00	0.00	3 647 198.55	2 195 653.69
	2015 年	0.00	0.00	1 715 927.71	322 087.39

注：表中未列示项目均填报 0。

表 9－12　　A105010 视同销售和房地产开发企业特定业务纳税调整明细汇总表　　单位：元

项目	纳税调整金额		
	2013 年	2014 年	2015 年
一、视同销售（营业）收入（2 +3 +4 +5 +6 +7 +8 +9 +10）	82 628.00	150 304.64	209 671.03
（一）非货币性资产交换视同销售收入	0.00	0.00	0.00
（二）用于市场推广或销售视同销售收入		150 304.64	209 671.03
（三）用于交际应酬视同销售收入	0.00	0.00	0.00
（四）用于职工奖励或福利视同销售收入	0.00	0.00	0.00
（五）用于股息分配视同销售收入	0.00	0.00	0.00

续表

项目	纳税调整金额		
	2013 年	2014 年	2015 年
（六）用于对外捐赠视同销售收入	0.00	0.00	0.00
（七）用于对外投资项目视同销售收入	0.00	0.00	0.00
（八）提供劳务视同销售收入	0.00	0.00	0.00
（九）其他（货物、财产、劳务视同销售收入）	82 628.00	0.00	0.00
二、视同销售（营业）成本	-82 628.00	-150 304.64	-209 671.03
（一）非货币性资产交换视同销售成本	0.00	0.00	0.00
（二）用于市场推广或销售视同销售成本	0.00	-150 304.64	-209 671.03
（三）用于交际应酬视同销售成本	0.00	0.00	0.00
（四）用于职工奖励或福利视同销售成本	0.00	0.00	0.00
（五）用于股息分配视同销售成本	0.00	0.00	0.00
（六）用于对外捐赠视同销售成本	0.00	0.00	0.00
（七）用于对外投资项目视同销售成本	0.00	0.00	0.00
（八）提供劳务视同销售成本	0.00	0.00	0.00
其他（货物、财产、劳务视同销售收入）	-82 682	0.00	0.00

注：表中未列示项目均填报 0。

表 9-13　A105050 职工薪酬纳税调整明细汇总表　　单位：元

项目		账载金额	税收规定扣除率	以前年度累计结转扣除额	税收金额	纳税调整金额	累计结转以后年度扣除额
		1	2	3	4	5（1-4）	6（1+3-4）
工资薪金支出	2013 年	49 891 983.26			48 235 655.5	1 656 327.76	
	2014 年	19 568 163.18	0	0	19 445 515.79	122 647.39	0
	2015 年	20 990 322.47	0	0	21 888 856.69	-898 534.22	0
其中：股权激励	2013 年	0	0	0	0	0	0
	2014 年						
	2015 年						
职工福利费支出	2013 年	841 350.73			6 752 991.77		
	2014 年	1 973 583.31	0.14	0	1 973 583.31	0	0
	2015 年	2 751 179.9	0.14	0	2 751 179.9	0	0
职工教育经费支出	2013 年	2 768.2			2 768.20		
	2014 年	48 268.17	0	0	48 268.17	0	0
	2015 年	57 015.19	0	0	57 015.19	0	0
其中：按税收规定比例扣除的职工教育经费	2013 年	2 768.2			2 768.2		0
	2014 年	48 268.17	0.025	0	48 268.17	0	
	2015 年	57 015.19	0.025	0	57 015.19	0	0

续表

项目		账载金额	税收规定扣除率	以前年度累计结转扣除额	税收金额	纳税调整金额	累计结转以后年度扣除额
		1	2	3	4	5（1－4）	6（1+3－4）
按税收规定全额扣除的职工培训费用	2013 年	0	1	0	0	0	0
	2014 年	0	1	0	0	0	0
	2015 年	0	1	0	0	0	0
工会经费支出	2013 年	842 784. 64			842 784. 64		
	2014 年	394 078. 82	0. 02	0	388 910. 32	5 168. 5	0
	2015 年	385 202. 41	0. 02	0	385 202. 41	0	0
各类基本社会保障性缴款	2013 年	11 533 023. 77			11 533 023. 77		
	2014 年	4 227 380. 1	0	0	4 227 380. 1	0	0
	2015 年	4 374 535. 7	0	0	4 374 535. 7	0	0
住房公积金	2013 年	3 087 633. 25			3 087 633. 25		
	2014 年	1 542 729. 2	0	0	1 542 729. 2	0	0
	2015 年	1 628 736. 5	0	0	1 628 736. 5	0	0
补充养老保险	2013 年						0
	2014 年	252 189. 22	0	0	226 018. 12	26 171. 1	0
	2015 年	369 542. 4	0	0	395 713. 5	－26 171. 1	0
补充医疗保险	2013 年	0	0. 05	0	0	0	0
	2014 年						
	2015 年						
其他	2013 年	0	0	0	0	0	0
	2014 年	0	0	0	0	0	0
	2015 年	814 266. 88	0	0	0	814 266. 88	814 266. 88
合计	2013 年	66 199 543. 85			70 576 785. 6	1 656 327. 76	
	2014 年	28 006 392	0	0	27 852 405. 01	153 986. 99	0
	2015 年	31 370 801. 45	0	0	31 481 239. 89	－110 438. 44	814 266. 88

表 9－14　　A105060 广告费和业务宣传费跨年度纳税调整明细表　　单位：元

项目	2013 年	2014 年	2015 年
一、本年广告费和业务宣传费支出	15 647 808. 79	19 211 354. 5	11 761 805. 6
减：不允许扣除的广告费和业务宣传费支出		0	0
二、本年符合条件的广告费和业务宣传费支出	15 647 808. 79	19 211 354. 5	11 761 805. 6
三、本年计算广告费和业务宣传费扣除限额的销售（营业）收入	336 474 501. 24	356 001 431. 6	352 886 127. 6
税收规定扣除率		0. 15	0. 15
四、本企业计算的广告费和业务宣传费扣除限额	50 471 175. 19	53 400 214. 73	52 932 919. 14

注：表中未列示项目均填报 0。

表 9－15 A105080 资产折旧、摊销情况及纳税调整明细表

单位：元

项目		账载金额			税收金额					纳税调整	
		资产账载金额	本年折旧、摊销额	累计折旧、摊销额	资产计税基础	按税收一般规定计算的本年折旧、摊销额	本年加速折旧额	其中：2014 年及以后年度新增固定资产加速折旧额	累计折旧、摊销额	金额	调整原因
		1	2	3	4	5	6	7	8	9（2－5－6）	10
固定资产	2013 年	—									
	2014 年	359 326 568. 43	15 024 836. 49	104 608 356. 91	359 326 568. 43	15 024 836. 49	0	0	104 608 356. 91	0	
	2015 年	362 532 221. 75	15 598 774. 75	118 331 893. 60	362 680 565. 79	15 600 752. 67	0	0	118 331 893. 60	－1 977. 92	
房屋、建筑物	2013 年	347 970 113. 00	18 393 207. 56		347 970 113. 00	18 393 207. 56					
	2014 年	317 956 422. 15	12 649 915. 27	71 395 645. 98	317 956 422. 15	12 649 915. 27	0	0	71 395 645. 98	0	
	2015 年	318 881 746. 15	12 873 969. 74	84 216 587. 76	319 030 090. 19	12 875 947. 66	0	0	84 216 587. 76	－1 977. 92	
与生产经营活动有关的器具、工具、家具等	2013 年	29 393 019. 24	5 073 337. 27		29 393 019. 24	5 073 337. 27					
	2014 年	33 497 807. 57	1 760 908. 37	27 283 605. 79	33 497 807. 57	1 760 908. 37	0	0	27 283 605. 79	0	
	2015 年	34 623 352. 08	1 697 023. 59	27 496 996. 28	34 623 352. 08	1 697 023. 59	0	0	27 496 996. 28	0	
飞机、火车、轮船以外的运输工具	2013 年	3 666 979. 94	84 828. 78		3 666 979. 94	84 828. 78					
	2014 年	3 869 312. 00	484 968. 33	2 506 102. 27	3 869 312. 00	484 968. 33	0	0	2 506 102. 27	0	
	2015 年	3 936 662. 42	498 268. 79	3 004 371. 06	3 936 662. 42	498 268. 79	0	0	3 004 371. 06	0	
电子设备	2013 年	3 395 745. 31	84 828. 78		3 395 745. 31	84 828. 78					
	2014 年	4 003 026. 71	129 044. 52	3 423 002. 87	4 003 026. 71	129 044. 52	0	0	3 423 002. 87	0	
	2015 年	5 090 461. 10	529 512. 63	3 613 938. 50	5 090 461. 10	529 512. 63	0	0	3 613 938. 50	0	
无形资产	2013 年	108 375 055. 53	3 223 002. 08		108 375 055. 53	3 223 002. 08					
	2014 年	108 375 055. 53	2 780 614. 44	18 627 041. 36	108 375 055. 53	2 780 614. 44	0	0	18 627 041. 36	0	
	2015 年	108 375 055. 53	2 740 397. 38	21 367 438. 74	108 375 055. 53	2 740 397. 38	0	0	21 367 438. 74	0	

续表

项目		账载金额			税收金额					纳税调整	
		资产账载金额	本年折旧、摊销额	累计折旧、摊销额	资产计税基础	按税收一般规定计算的本年折旧、摊销额	本年加速折旧额	其中：2014年及以后年度新增固定资产加速折旧额	累计折旧、摊销额	金额	调整原因
		1	2	3	4	5	6	7	8	9（2－5－6）	10
土地使用权	2013年					—					
	2014年	105 962 032.00	2 740 397.38	16 214 017.83	105 962 032.00	2 740 397.38	0	0	16 214 017.83	0	
	2015年	105 962 032.00	2 740 397.38	18 954 415.21	105 962 032.00	2 740 397.38	0	0	18 954 415.21	0	
特许权使用费	2013年					—					
	2014年	2 413 023.53	40 217.06	2 413 023.53	2 413 023.53	40 217.06	0	0	2 413 023.53	0	
	2015年	2 413 023.53	0	2 413 023.53	2 413 023.53	0	0	0	2 413 023.53	0	
	（七）其他	0	0	0	0	0	0	0	0	0	
长期待摊费用——开办费	2013年				61 360 471.59	12 272 094.32				－12 272 094.32	
	2014年	0	0	0	61 360 471.59	2 045 349.05	0	0	61 360 471.59	－2 045 349.05	
	2015年	0	0	0	0	0	0	0	0	0	
合计	2013年	492 800 913	27 300 491.26		554 161 381.6	39 572 585.58				－12 272 094.32	
	2014年	467 701 623.96	17 805 450.93	123 235 398.27	529 062 095.55	19 850 799.98	0	0	184 595 869.86	－2 045 349.05	
	2015年	470 907 277.28	18 339 172.13	139 699 332.34	471 055 621.32	18 341 150.05	0	0	139 699 332.34	－1 977.92	

注：表中未列示项目填报数据为0。

表 9-16　**A106000 企业所得税弥补亏损明细表（一）**　单位：元

项目	年度	纳税调整后所得	合并、分立转入（转出）可弥补亏损额	当年可弥补的亏损额	以前年度亏损已弥补额					本年度实际弥补的以前年度亏损额	可结转以后年度弥补的亏损额
					前四年度	前三年度	前二年度	前一年度	合计		
	1	2	3	4	5	6	7	8	9	10	11
前五年度	2009	-75 097 765.24	0	-75 097 765.24	0	0	0	0	0	0	-75 097 765.24
前四年度	2010	-69 641 675.69	0	-69 641 675.69	0	0	0	0	0	0	-69 641 675.69
前三年度	2011	-74 690 523.73	0	-74 690 523.73	0	0	0	0	0	0	-74 690 523.73
前二年度	2012	-68 422 560.9	0	-68 422 560.9	0	0	0	0	0	0	-68 422 560.9
前一年度	2013	-59 664 807.28	0	-59 664 807.28	0	0	0	0	0	0	-59 664 807.28
本年度	2014	-44 450 323.51	0	-44 450 323.51	0	0	0	0	0	0	-44 450 323.51
可结转以后年度弥补的亏损额合计											-316 869 891.1

表 9-17　**A106000 企业所得税弥补亏损明细表（二）**　单位：元

项目	年度	纳税调整后所得	合并、分立转入（转出）可弥补亏损额	当年可弥补的亏损额	以前年度亏损已弥补额					本年度实际弥补的以前年度亏损额	可结转以后年度弥补的亏损额
					前四年度	前三年度	前二年度	前一年度	合计		
	1	2	3	4	5	6	7	8	9	10	11
前五年度	2010	-69 641 675.69	0	-69 641 675.69	0	0	0	0	0	0	-69 641 675.69
前四年度	2011	-74 690 523.73	0	-74 690 523.73	0	0	0	0	0	0	-74 690 523.73
前三年度	2012	-68 422 560.9	0	-68 422 560.9	0	0	0	0	0	0	-68 422 560.9
前二年度	2013	-59 664 807.28	0	-59 664 807.28	0	0	0	0	0	0	-59 664 807.28
前一年度	2014	-44 450 323.51	0	-44 450 323.51	0	0	0	0	0	0	-44 450 323.51
本年度	2015	-32 264 549.47	0	-32 264 549.47	0	0	0	0	0	0	-32 264 549.47
可结转以后年度弥补的亏损额合计											-279 492 764.9

【案头分析】

（一）基础信息分析

A公司2007年设立，截至2015年已经9年，是处于成熟期的企业，若出现亏损经营，属于不正常的现象，存在偷（逃）税风险。

A公司由在我国境内注册的企业投资设立，不用考虑股息、红利的个人所得税纳税风险。但需关注境外关联交易，是否存在避税风险。

非汇总纳税企业，不用考虑汇总纳税的风险；非上市公司，有较强的主观偷（逃）税意愿，纳税风险较大。

注册资本2014年为18 725.31万元、2015年为26 225.31万元，表明投资者追加了投资，对企业现状满意、对未来充满信心，但如果是在公司亏损情况下发生追加投资，则存在人为造成虚假亏损的风险。同时，注册资本增加的金额应核实是否申报缴纳印花税。

从业人数2014年为337人、2015年为265人，资产总额2014年为40 319.81万元、2015年为37 584.83万元，表明A公司规模在缩小。但这一结论与注册资本增加的结论是矛盾的，作为疑点需核实相关信息。同时，需审核平均工资变化，若人均工资增加，则审核代扣代缴个人所得税是否同幅度增加。

采用一般会计准则进行核算，该信息提示审核资产负债表、企业所得税年度纳税申报表时，要依据会计准则分析会计报表项目正常与否。

会计档案存放在北京，采用财务软件进行会计核算，该信息提示多套账的风险很大，在核查时，需对计算机系统、财务软件系统进行全面检测，确认是否存在多套账后，再对会计核算资料进行核查。

固定资产折旧方法为平均年限法，表明：一是在固定资产原价没有变化的情况下，各年计提的折旧额是均等的；二是将每类固定资产的折旧率与按税法测算的最高折旧率进行比较，分析是否存在多提折旧的风险。

采用备抵法核算坏账损失，该信息提示需关注预提的坏账准备是否在企业所得税前进行调增处理。

A公司是一家私有零售企业；付款方式，接受现金、转账支票及有银联、VISA和MASTER标记的储蓄卡、借记卡及信用卡。该信息提示该公司存在大量销售不开票业务，存在隐瞒销售额、收入额的风险。

销售办公用品、厨房系列、纺织品、炊具系列等产品，该信息提示可能发生视同销售业务，需审核是否如实申报缴纳增值税、企业所得税。

41 000平方米的营业面积，表明该公司规模很大；同时作为商业零售企业，经营地点应处于繁华地区，该信息提示可能存在广告费收入。同时，审核该企业是否存在出租房产情况，若存在是否按照房租租金收入申报缴纳房产税。

600多个座位的餐厅提供美食，表明该公司在2013—2015年存在兼营增值税、营业税的业务，该信息提示需审核用于餐饮的购进货物，其进项税额是否依法转出。

1 100多个汽车车位，表明该公司在2013—2015年存在营改增业务，停车服务应按“货运客运场站服务”，依6%税率缴纳增值税；不可选择适用简易计税方法，缴纳增值税。2016年5月1日后按照“不动产经营租赁服务”依11%税率缴纳增值税；可选择适用简易计税方法，依5%税率缴纳增值税。该信息提示一是该公司增值税申报不仅包括货物还包含服务；二是停车位服务不可选择适用简易计税方法，需审核停车场是否按照简易方法计税。

有偿提供送货服务、安装服务、拆除服务。该信息提示：一是上述业务应属于混合销售，取得收入应申报缴纳增值税，需审核纳税人是否依法纳税。二是审核从事送货、安装、拆除的人员是否为该单位职工，若为劳务人员，个人所得税是否按照劳务报酬所得扣缴；企业所得税列支的凭证是否合法。三是核实确认拆除下来的材料是否归属该企业，若归属该企业是否销售并已纳缴纳增值税、企业所得税。

（二）亏损经营分析

抽取A公司与经营成果相关的数据，汇总生成表9－18。

表9－18　A公司与经营成果相关数据一览表　　单位：元

项目	2013年	2014年	2015年
实收资本（或股本）：	187 253 050	187 253 050	262 253 050
减：已归还投资	0		
实收资本（或股本）净额	187 253 050		
资本公积	0		
盈余公积	0		
其中：法定公益金			
未分配利润	－356 021 521.1	－401 923 389.4	－435 581 779.2
所有者权益（或股东权益）合计	－168 768 471.1	－214 670 339.4	－173 328 729.2
负债及所有者权益（或股东权益）总计	417 651 886.7	401 185 183.1	375 848 267.6
利润总额	－48 918 066.56	－45 901 868.37	－33 658 389.79
本年计提的折旧额	27 300 491.26	17 805 450.93	18 339 172.13
扣除折旧额后的利润总额	－21 617 575.3	－28 096 417.44	－15 319 217.66

项目	年度	纳税调整后所得	合并、分立转入（转出）可弥补的亏损额	当年可弥补的亏损额
	1	2	3	4
	2009年	－75 097 765.24	0	－75 097 765.24
前五年度	2010年	－69 641 675.69	0	－69 641 675.69

续表

项目	年度	纳税调整后所得	合并、分立转入（转出）可弥补的亏损额	当年可弥补的亏损额
	1	2	3	4
前四年度	2011 年	-74 690 523.73	0	-74 690 523.73
前三年度	2012 年	-68 422 560.9	0	-68 422 560.9
前二年度	2013 年	-59 664 807.28	0	-59 664 807.28
前一年度	2014 年	-44 450 323.51	0	-44 450 323.51
本年度	2015 年	-32 264 549.47	0	-32 264 549.47
合计		-424 232 205.8	0	-424 232 205.8

表9-18数据显示，A公司2009—2015年7年连续亏损经营，亏损额累计424 232 205.8元，小于2015年“未分配利润”项目的期末余额435 581 779.2元。表明除去两者数据口径不一致导致的结果外，该公司2008年、2007年也处于亏损经营状态。也就是说该公司从设立开始，一直亏损经营。

1. 从设立时间分析

一般来说，企业设立初期因企业知名度不高、客户有限等因素出现亏损，属于合理的现象。但该公司设立于2007年，截至2015年已经运营9年，仍然处于亏损经营状态，不符合常理。

2. 从登记注册类型分析

A公司由在我国境内注册的企业设立，非国有企业，截至2015年，累计亏损424 232 205.8元，远超出其投入资本金262 253 050元。而且在该公司连续9年亏损经营的情况下，投资者在2015年追加投资75 000 000元（262 253 050-187 253 050），有悖常理。显然，亏损经营属于不合理情况，是人为造成的亏损。

3. 从行业经营特点分析

A公司从事商业零售业务，从商品购进到销售，受市场供需影响较小，稳定地赚取差价，出现亏损仍继续经营比较异常。

4. 从报表间的逻辑关系分析

A公司从亏损额中剔除各年计提的折旧额后2013—2015年亏损额分别为21 617 575.3元、28 096 417.44元、15 319 217.66元，仍然亏损。表明该公司的销售收入无法补偿变动成本。因此，从这一角度分析A公司的亏损乃人为制造，意在少缴税款。

综合四方面的分析，该公司亏损经营属于不合理现象，存在偷漏税风险。

（三）销售额或收入报表间的比对分析

抽取A公司各种申报表中与销售额、收入相关数据，汇总生成表9-19。

表 9－19　与企业销售额、收入相关数据汇总表　单位：元

	2013 年	2014 年	2015 年
1. 按适用税率计税销售额	293 985 734.00	309 602 002.7	306 850 318.22
2. 销售商品收入	293 558 292.3	308 003 378.46	305 309 715.68
3. 营业收入	336 391 873.24	355 851 126.91	352 676 456.54
4. 销售商品、提供劳务收到的现金	386 612 040	407 660 082	406 122 561.6
差额 1（4－3）	50 220 166.79	51 808 955.09	53 446 105.06
5. 应收账款	470 191.15	1 134 968.28	903 726.82
6. 预收账款	1 575 858.35	1 460 846.57	2 535 034.08
7. 销项税额	49 977 574.72	52 588 744.08	52 140 676.07
差额 2（4＋5－6－7－3）	－863 075.72	－1 105 667.08	－25 878.07

表 9－19 中“按适用税率计税销售额”取自增值税纳税申报表；“销售商品收入”取自企业所得税年度纳税申报表；“营业收入”取自企业所得税年度纳税申报表、利润表；“销售商品、提供劳务收到的现金”取自现金流量表。

表 9－19 数据显示，2013—2015 年销售额、收入额的数据逻辑关系为销售商品、提供劳务收到的现金＞营业收入＞按适用税率计算销售额＞销售商品收入。A 公司基础信息显示，其经营范围包括家具、配件、浴室和厨房用品等商品；600 多个座位的餐厅提供美食；1 100 多个汽车车位；提供送货服务、安装服务、拆除服务。在上述经营范围中，既有增值税业务也有营业税业务。增值税业务中属于货物销售的是家具、配件、浴室和厨房用品等商品，销售应税行为的是 1 100 多个汽车车位的收入、送货服务和安装服务的收入；营业税业务是餐饮收入。因此，营业收入＞按适用税率计算销售额＞销售商品收入，这一数据逻辑关系符合经营范围。同时，因包含销项税额在内，销售商品、提供劳务收到的现金＞营业收入这一逻辑关系也是合理的，只需对两者的差额进行分析。

表 9－19 数据显示，2013—2015 年销售商品提供劳务收到的现金与营业收入相比较，差额分别为 50 220 166.79 元、51 808 955.09 元、53 446 105.06 元。对于这一差额，首先分析营业收入与销售商品、提供劳务收到现金二者可比性。考虑该公司属于商业零售企业，通常采取直接收款方式销售货物，权责发生制下的收入额与收付实现制下的现金差异较小。因此，可以将二者进行比较，但同时要考虑往来账和销项税额的两个因素对比较结果的影响。经重新计算后，虽然仍有差额但在缩小，分别为－863 075.72 元、－1 105 667.08 元、－25 878.07 元。考虑到数据调整与比对中，“应收账款”“预收账款”两个科目使用的是期末余额非发生额，具有一定的不确定性。因此，差额在合理范围之内，不存在少计、不计收入的风险。

通过上述分析，A 公司在增值税纳税申报表、企业所得税年度纳税申报表、利润表以及现金流量表上与销售额、收入相关的申报数据基本逻辑关系正确，不存在明显的错误或

疑点。但并不表明该纳税人不存在偷（逃）税风险。

（四）销售额、收入结构分析

抽取A公司2013年、2014年和2015年12月的增值税纳税申报表附列资料（一）的数据，汇总生成12月增值税销售情况明细汇总表，如表9－20所示；抽取《A101010一般企业收入明细表》的数据，汇总生成企业所得税收入明细汇总表（一），如表9－21所示。

表9－20　　12月增值税销售情况明细汇总表　　单位：元

项目及栏次		开具税控增值税专用发票		开具其他发票		未开具发票	
		销售额	销项（应纳）税额	销售额	销项（应纳）税额	销售额	销项（应纳）税额
		1	2	3	4	5	6
17%税率的货物及加工修理修配劳务	2013年	2 744 352.89	466 540.01	6 018 595.38	1 023 161.22	21 055 916.57	3 579 505.77
	2014年	589 410.04	100 199.71	0	0	20 457 487.14	3 477 772.81
	2015年	112 798.69	19 175.81	0	0	23 193 663.44	3 942 922.76
6%税率	2013年						
	2014年	0	0	0	0	56 424.88	3 385.49
	2015年	56.6	3.4	0	0	24 552.26	1 473.12
3%征收率的应税服务	2013年	0	0	0	0	0	0
	2014年	0	0	0	0		74.72
	2015年	0	0	0	0	0	0

表9－21　　企业所得税收入明细汇总表（一）　　单位：元

项目	2013年	2014年	2015年
一、营业收入（2+9）	336 391 873.24	355 851 126.91	352 676 456.54
（一）主营业务收入（3+5+6+7+8）	336 113 383.27	354 907 348.22	352 381 275.70
1. 销售商品收入	293 558 292.30	308 003 378.46	305 309 715.68
其中：非货币性资产交换收入		0.00	0.00
2. 提供劳务收入	42 555 090.97	46 903 969.76	47 071 560.02
3. 建造合同收入		0.00	0.00
4. 让渡资产使用权收入		0.00	0.00
5. 其他		0.00	0.00
（二）其他业务收入（10+12+13+14+15）	278 489.97	943 778.69	295 180.84
1. 销售材料收入		0.00	0.00

续表

项目	2013 年	2014 年	2015 年
其中：非货币性资产交换收入		0.00	0.00
2. 出租固定资产收入		0.00	0.00
3. 出租无形资产收入		0.00	0.00
4. 出租包装物和商品收入		0.00	0.00
5. 其他	278 489.97	943 778.69	295 180.84

尽管本案例中，只取得 12 月增值税的销售情况明细表，但是本着“窥一斑而知全豹”，通过对 12 月发票口径、税率口径的销售额进行分析，进而分析该企业全年的销售额的构成。首先，从税率口径看销售额的构成，纳税人销售额主要按照 17% 申报纳税，按照 6%、3% 申报纳税的销售额金额很小、所占比变动率虽然很大但占比本身很低，因此该企业不存在将适用高税率的销售额申报为适用低税率的销售额的风险。其次，从发票口径看销售额的构成，开具增值税专用发票的销售额、开具其他发票的销售额和未开具发票的销售额均有填报，但主要集中在未开具发票部分。在没有发票制约的情况下，存在着不开票，不申报、少申报销售额的风险。

通过表 9 – 21 企业所得税收入明细汇总表填报数据可见，该企业既有主营业务收入也有其他业务收入。主营业务收入有销售商品收入和提供劳务收入两项，与企业的经营范围（货物销售、餐饮服务、停车服务等）相一致。商品销售收入是纳税人的主要收入，占比很大，结合表 9 – 19，商品销售收入略小于增值税销售额，逻辑关系正常，无明显申报风险。该企业劳务收入主要为营业税范畴的收入，以 2013 年为例进行推算，营业税范畴的收入 = 提供劳务收入 –（按适用税率计税销售额 – 销售商品收入）= 42 555 090.97 –（293 985 734 – 293 558 292.3）= 42 127 649.27（元），这与 A 公司以家居用品销售为主的经营范围相符。提供劳务收入占比 3 年分别为 12.65%、13.18%、13.35%，占比较小并且未出现异常变动，无明显申报风险。其他业务收入占营业收入的比例 3 年分别为 0.08%、0.27%、0.08%，相对主营业务收入而言金额也很小，但是鉴于该企业的其他业务收入并非来自销售材料收入、出租固定资产收入、出租无形资产收入、出租包装物和商品收入，因此，应将其作为疑点进一步核实。

（五）收入变动分析

抽取 A 公司 2013 年、2014 年和 2015 年的利润表、《A101010 一般企业收入明细表》的数据，汇总生成表 9 – 22。

表 9 – 22　　企业所得税收入明细汇总表（二）　　单位：元

项目	2013 年	2014 年	2015 年
营业收入	336 391 873.24	355 851 126.91	352 676 456.54
主营业务收入	336 113 383.27	354 907 348.22	352 381 275.70

续表

项目	2013 年	2014 年	2015 年
销售商品收入	293 558 292.30	308 003 378.46	305 309 715.68
利润总额	-48 918 066.56	-45 901 868.37	-33 658 389.79

表 9-22 数据显示，A 公司 2013—2015 年的营业收入、主营业务收入、销售商品收入，2014 年的三项收入均比 2013 年的三项收入增长，而 2015 年的三项收入均比 2014 年的三项收入略有下降。但是，不能认定 2013 年、2014 年的收入不存在疑点，2015 年的收入存在不计、少计的风险。首先，该纳税人 2013—2015 年，均处于亏损状态，均存在不计、少计收入的风险；其次，该纳税人 2013—2015 年，影响收入的因素可能有所变化，在没有进行核实前，不可得出 2015 年收入异常的结论。

（六）利用收入与成本配比对收入或销售额进行分析

抽取 A 公司 2013 年、2014 年和 2015 年的一般企业收入明细表和一般企业成本支出明细表相关成本、收入数据并进行计算分析汇成表 9-23。

表 9-23　　收入与成本配比分析汇总表　　单位：元

项目	2013 年	2014 年	2015 年
1. 商品收入	293 558 292.30	308 003 378.46	305 309 715.68
2. 商品成本	211 233 184.96	218 889 305.49	207 001 603.95
3. 占比（2÷1）	71.96%	71.07%	67.80%
4. 毛利率［(1-2)÷1］	29.04%	29.93%	32.20%
5. 提供劳务收入	42 555 090.97	46 903 969.76	47 071 560.02
6. 提供劳务成本	24 020 424.73	27 416 248.32	27 507 601.63
7. 占比（6÷5）	56.45%	58.45%	58.43%
8. 毛利率［(5-6)÷5］	43.55%	41.55%	41.57%

表 9-23 数据显示，销售商品的收入成本配比 2013—2015 年分别为 71.96%、71.07%、67.80%，对应的毛利率分别为 29.04%、29.93%、32.20%。虽然变动不大，但还需与同行业收入成本配比、毛利率进行比对分析。受采集数据限制，不能从金税三期系统获取行业数据，退而求其次，一是查询互联网，获取以下信息：大宗批发税后毛利率在 15%～20% 比较合理，常规流通企业税后毛利率 30% 左右为合理，零售企业税后毛利率在 45% 左右比较合理。二是选取亚振家居、大连友谊两家上市公司 2015 年的毛利率作为参照，主要考虑的是亚振家居与 A 公司同为销售家具但前者为生产销售不是零售，大连友谊与 A 公司同为商业零售企业但经营商品不同。因此，两家上市公司的毛利率仅能参照，不能作为评析的标准值。经查询两家公司 2015 年年报，亚振家居毛利率为 58.99%，

大连友谊毛利率为22.96%。综合上述信息，分析认为A公司商品销售成本占收入比例、毛利率不能确认但也不能排除有少计收入、多列成本疑点，需结合其他因素进一步分析收入，结合与成本相应的发票情况进一步分析成本。

同时，A公司提供劳务（主要是餐饮收入）的成本占收入比例低于商品的这一比例，2013—2015年分别为56.45%、58.45%、58.43%；劳务（主要是餐饮收入）的毛利率高于商品的毛利率，2013—2015年分别为43.55%、41.55%、41.57%。查询互联网获取以下信息：宾馆饭店的毛利率为50%～55%、酒楼的毛利率为40%～55%、快餐小吃的毛利率为35%～70%。综合上述信息，分析认为A公司提供劳务的成本占收入比例偏高、毛利率偏低，存在少计收入、多列成本疑点，需结合会计资料进一步核实确认。

（七）利用固定资产对收入或销售额进行分析

抽取A公司2013年、2014年和2015年的一般企业收入明细表，资产折旧、摊销及纳税调整明细表和现金流量表中收入、固定资产数据并进行计算，汇总生成表9-24。

表9-24　收入与固定资产配比分析汇总表　单位：元

	2013年	2014年	2015年
商品收入	293 558 292.3	308 003 378.5	305 309 715.7
（一）房屋、建筑物	347 970 113	317 956 422.2	318 881 746.2
（三）与生产经营活动有关的器具、工具、家具等	29 393 019.24	33 497 807.57	34 623 352.08
（四）飞机、火车、轮船以外的运输工具	3 666 979.94	3 869 312	3 936 662.42
（五）电子设备	3 395 745.31	4 003 026.71	5 090 461.1
合计	492 800 913.02	467 701 623.96	470 907 277.28
收入与固定资产倍数	0.60	0.66	0.65
购建固定资产、无形资产和其他长期资产所支付的现金	10 186 705.10	16 833 699.82	7 598 029.13

表9-24数据显示，A公司2013—2015年的营业收入分别是固定资产总值的0.60倍、0.66倍和0.65倍，即便选取与营业收入关系最紧密的房屋、建筑物进行配比，收入与固定资产倍数也小于1。这一配比关系是否异常，应参照同行业相关纳税人的数据进行比对。受采集数据限制，不能从金税三期系统获取行业数据，退而求其次选取大连友谊、亚振家居两家上市公司2013—2015年的收入与固定资产倍数作为参照，详见表9-25。从表9-25数据可见，大连友谊2013—2015年的收入与固定资产倍数处于1.5～3倍之间，亚振家居2013—2015年的收入与固定资产倍数处于2.6～3倍之间。尽管两家上市公司与A公司存在差异，但是，A公司与其差异很大，显然A公司存在不计、少计收入、销售额的疑点。

表 9 - 25　　部分上市公司收入与固定资产配比分析表

1. 大连友谊	2015 年	2014 年	2013 年
营业总收入（万元）	279 384	359 696	363 200
固定资产原值（万元）	184 808	148 200	120 335
收入与固定资产倍数	1.51	2.42	3.02
2. 亚振家居	2015 年	2014 年	2013 年
营业总收入（万元）	58 340	56 315	54 083
固定资产原值（万元）	22 445	18 802	20 448
收入与固定资产倍数	2.60	3.0	2.64

（八）利用工资对收入或销售额进行分析

抽取 A 公司 2013 年、2014 年和 2015 年的一般企业收入明细表，纳税调整项目明细表、资产负债表和现金流量表中收入、工资等数据并进行计算，汇总生成表 9 - 26。

表 9 - 26　　收入与职工薪酬配比分析汇总表　　单位：元

	2013 年	2014 年	2015 年
营业收入	336 391 873.2	355 851 126.9	352 676 456.5
职工薪酬	66 199 543.85	28 006 392.00	31 370 801.45
支付给职工以及为职工支付的现金	23 488 986.02	27 857 573.51	30 518 003.37
测算应付职工薪酬（应付工资期末余额 ×12）	2 045 582.19	3 990 640.83	4 843 438.91
单位工资收益	14.32	12.77	11.55

表 9 - 26 数据显示，《A105000 纳税调整项目明细表》的“职工薪酬”、现金流量表的“支付给职工以及为职工支付的现金”以及利用资产负债表“应付职工薪酬”期末余额测算的全年数据，三者差异非常大。鉴于测算的“应付职工薪酬”具有不准确性，同时 2013 年的“职工薪酬”总额与 2014 年、2015 年两年的数据相比较，明显异常。因此，选择“支付给职工以及为职工支付的现金”作为分析收入的数据并与收入进行配比分析。

计算结果显示，该公司单位工资收益 2013—2015 年分别为 14.32 元、12.77 元和 11.55 元，逐年下降。同时鉴于以下原因：一是纳税人的从业人数 2014 年为 337 人、2015 年为 265 人，工资薪酬 2014 年为 27 857 573.51 元、2015 年为 30 518 003.37 元，计算得出人均工资薪酬由 82 663.42 元上升到 115 162.28 元。二是商业零售业通常采取提成工资制度，销售收入越多，个人工资也越多。纵观该企业收入、工资数据，人均工资增加，单位工资收益却下降，不符合经营常规。因此，认为该纳税人申报收入存在不计、少计的风险。

（九）利用资金流对收入或销售额进行分析

抽取 A 公司 2013 年、2014 年和 2015 年的资产负债表、现金流量表和利润表中与资金增加相关的科目及数据并进行计算，汇总生成表 9－27。

表 9－27　　与收入相关资金流汇总表　　单位：元

	2013 年	2014 年	2015 年
1. 短期借款	269 994 850.29	305 675 198.4	238 557 777.23
2. 长期借款	260 000 000.00	260 000 000	260 000 000.00
3. 长短期借款合计（1＋2）	529 994 850.3	565 675 198.4	498 557 777.2
4. 利息支出		20 452 250.86	21 951 680.16
5. 利率测算 1（4÷3）		3.62%	4.40%
6. 分配股利、利润或偿付利息所支付的现金	15 905 898.22	22 337 233.83	20 959 342.06
7. 利率测算 2（6÷3）	3.00%	3.95%	4.20%
固定资产原值	347 970 113	359 326 568.43	362 532 221.75
无形资产	92 528 628.61	89 748 014.17	87 007 616.79
存货	47 175 475.25	46 387 905.96	37 934 053.42
预收账款	1 575 858.35	1 460 846.57	2 535 034.08
应收账款	470 191.15	1 134 968.28	903 726.82
其他应收款	2 408 781.29	2 621 242.65	1 348 052.19
其他应付款	17 001 707.44	17 905 143.92	15 478 448.18
实收资本	187 253 050.00	187 253 050.00	262 253 050.00
利润总额	－48 918 066.56	－45 901 868.37	－33 658 389.79

表 9－27 数据显示，2013—2015 年该纳税人长、短期借款合计分别为 529 994 850.3 元、565 675 198.4 元、498 557 777.2 元。尤其短期借款核算的是一年内归还的借款，该纳税人却每年都有 2 亿多元短期借款，存在假借款真货款的风险。借款是否真实，可以从两个方面进行分析：一是借款的利息支出。表 9－27 中“利息支出”取自《A105000 纳税调整项目明细表》，以此为基数测算的利率 2014 年为 3.62%、2015 年为 4.40%。表 9－27 中“分配股利、利润或偿付利息所支付的现金”取自现金流量表，因纳税人亏损，没有股利、利润分配，所有这一项目所列的金额为偿付利息所支付的现金，以此为基数测算的利率 2013 年为 3.00%、2014 年为 3.95%、2015 年为 4.20%。无论采取何种报表上的利息支出额进行测算，利率都低于银行一年期贷款利率。表明纳税人的长、短期借款中有不用支付利息的本金。不符合常规的借款，预示着名为借款实为营业收入，账外收入以借款名义回流纳税人账上，存在不计、少计收入，少缴增值税和企业所得税的风险。二是借款用途。2013—2015 年，纳税人的固定资产原值虽有增加但与借款总额比较，相差很远；无形资产没有增加，说明借款未用于购置无形资产；存货期末余额相对借款总额而言，金额不大而且三年呈递减状态。也就是说，纳税人的巨额借款，没有合理用途，纳税人存在假借款真收入，偷（逃）增值税和企业所得税的风险。

“预收账款”“应收账款”是与销售直接相关的科目。本例中该纳税人为商业零售企业，一般没有赊销业务，不应使用“应收账款”科目。因此，应结合明细账、合同协议等资料对A公司的“应收账款”余额进行审核。“预收账款”科目一般在依据订单组织生产销售的企业或者销售预付卡的企业使用，A公司的“预收账款”科目金额是否存在问题，需结合企业销售方式、明细账、合同协议等资料进一步审核。“其他应收款”和“其他应付款”两个科目核算纳税人与个人之间的往来业务，该企业“其他应付款”科目余额较大，需要结合明细账确认是否存在向个人的借款，尤其是向股东、财务等人员的借款并进一步分析是否存在将账外收入以向个人借款的名义回流到账上的风险。

实收资本核算股东投入公司的资本金。表9－27的数据显示，2015年纳税人新增7 500万元实收资本。在常年亏损的情况下，股东继续追加投资有悖常理。存在真盈利假亏损的风险，也就是存在不计、少计收入，少缴增值税和企业所得税的风险。

综上，该企业的“长期借款”“短期借款”“其他应付款”“实收资本”等与资金来源有关的科目余额的变化，表明该企业存在账外隐匿收入，少缴纳增值税、企业所得税的风险。

（十）利用货物流对收入或销售额进行分析

抽取A公司2013年、2014年和2015年的资产负债表、企业所得税纳税申报表中与存货相关的科目及数据，汇总生成表9－28。

表9－28　与收入相关货物流汇总表　单位：元

	2013年	2014年	2015年
存货	47 175 475.25	46 387 905.96	37 934 053.42
房屋、建筑物资产原值	347 970 113.00	317 956 422.2	318 881 746.2
商品收入	293 558 292.30	308 003 378.46	305 309 715.68
商品成本	211 233 184.96	218 889 305.49	207 001 603.95
毛利率	28.04%	28.93%	32.2%
存货周转率	4.48	4.72	5.46

表9－28数据显示，A公司2013—2015年存货的余额逐年减少，而房屋、建筑物资产原值虽有波动，但并不能表明存货减少是由于固定资产规模缩减造成的；同时，存货的余额逐年减少、毛利率逐年小幅增加，表明该公司应该未采取不记营业收入，相应的成本也不结转，一直留在存货账面这种手法隐匿收入；对于纳税人是否采取将收入记入银行存款，直接冲减存货不结转成本这种手法隐匿收入，由于本例中“存货”数额为年末时点的余额，不是全年的发生额，受案头数据限制无法得出较为明晰的结论。

同时该公司2013—2015年存货周转率分别为4.48、4.72、5.46，明显高于2家上市公司的存货周转率，其中亚振家居2013—2015年存货周转率分别为1.61、1.39、1.23，大连友谊2013—2015年存货周转率分别为0.39、0.44、0.43。这表明A公司销售状况良好，与该公司利润表上连续亏损经营的状况不符。

（十一）对收入的税会差异进行分析

抽取A公司2013年、2014年和2015年的纳税调整项目明细表与收入相关的数据，汇总生成表9－29。

表9－29　　与收入相关税会差异汇总表　　单位：元

项目	纳税调整金额		
	2013年	2014年	2015年
一、视同销售（营业）收入	82 628.00	150 304.64	209 671.03
（二）用于市场推广或销售视同销售收入		150 304.64	209 671.03
二、视同销售（营业）成本	－82 628.00	－150 304.64	－209 671.03
（二）用于市场推广或销售视同销售成本	0	－150 304.64	－209 671.03

表9－29数据显示，2013—2015年纳税人均发生了"用于市场推广或销售"的视同销售行为，符合该纳税人的经营范围和特点。

从金额来看，三年分别为82 628.00元、150 304.64元、209 671.03元，逐年增加；从金额变动分析，看似不存在风险，但是考虑该纳税人每年收入规模在3亿元以上，经销产品为家具、配件、浴室和厨房用品等商品，应进一步核实用于市场推广或销售的货物种类、金额，确认纳税人是否足额进行调增。

从视同销售收入与成本数额来看，两者相等，视同销售的应纳税所得额为0。依据2013—2015年政策规定，发生视同销售，属于企业自制的资产，应按企业同类资产同期对外销售价格确定销售收入；属于外购的资产，可按购入时的价格确定销售收入。所谓"按购入时的价格确定销售收入"，是指企业处置该项资产不是以销售为目的，而是具有替代职工福利等费用支出性质，且购买后一般在一个纳税年度内处置。因此，应结合上述政策规定，对发生视同销售的货物，核实其购入以及用于推广的时间，以确认其填报收入、成本是否准确。

将前文分析所采用指标及结论，整理、汇总为指标分析汇总表（一），如表9－30所示。

表9－30　　指标分析汇总表（一）

收入分析指标体系	案例分析结论
销售额或收入报表间的比对分析	增值税纳税申报表、企业所得税纳税申报表、利润表以及现金流量表上有关销售额、收入的申报基本逻辑关系正确，不存在明显的错误或疑点
销售额或收入的结构分析	销售额主要集中在未开具发票部分，存在着不开票，不申报、少申报销售额的风险

续表

收入分析指标体系	案例分析结论
收入变动分析	不能认定2013年、2014年的收入不存在疑点，2015年的收入存在不计、少计的风险
利用收入与成本配比对收入或销售额进行分析	商品销售成本占收入比例、毛利率不能确认但也不能排除有少计收入、多列成本疑点
利用固定资产对收入或销售额进行分析	存在不计、少计收入、销售额的疑点
利用工资对收入或销售额进行分析	企业收入、工资数据，人均工资增加，单位工资收益却下降，不符合经营常规，存在不计、少计的风险
利用资金流对收入或销售额进行分析	存在账外隐匿收入，少缴纳增值税、企业所得税的风险
利用货物流对收入或销售额进行分析	受案头数据限制无法得出较为明晰的结论
对收入的税会差异进行分析	应进一步核实用于市场推广或销售的货物种类、金额等，确认纳税人是否足额进行调增；核实其购入以及用于推广的时间，以确认其填报收入、成本是否准确

从表9－30可见，指标体系中的利用资金流对收入或销售额进行分析，利用固定资产对收入或销售额进行分析，利用工资对收入或销售额进行分析，销售额或收入的结构分析四项指标表明该纳税人存在不计、少计收入，少缴纳增值税、企业所得税的风险；销售额或收入变动分析，利用收入与成本配比对收入或销售额进行分析，利用货物流对收入或销售额进行分析，对收入的税会差异进行分析四项指标指向不清，需结合其他指标或核查得出结论；销售额或收入报表间的比对分析这一指标显示已申报的数据之间不存在差错，但并没有排除纳税人可能存在账外隐瞒收入等疑点。综上各项指标分析，可以确认该纳税人存在账外经营，不计、少计收入、销售额的疑点。

（十二）非流动资产处置案头分析

抽取A公司2013年、2014年和2015年的企业所得税年度纳税申报表、现金流量表、增值税申报表中与非流动资产处置相关的项目及数据，汇总生成表9－31。

表9－31　与非流动资产处置相关的项目及数据汇总表　单位：元

	2013年	2014年	2015年
非流动资产处置利得		824.50	2 564.10
非流动资产处置损失	28 080.22	0	148 344.04
处置固定资产、无形资产和其他长期资产所收回的现金净额	48 359.87	824.5	2 564.10
处置固定资产、无形资产和其他长期资产的损失（收益以“－”号填列）	28 080.22	－824.5	145 779.94

续表

	2013 年	2014 年	2015 年
房屋、建筑物的账载金额	347 970 113.00	317 956 422.15	318 881 746.15
与生产经营活动有关的器具、工具、家具等的账载金额	29 393 019.24	33 497 807.57	34 623 352.08
飞机、火车、轮船以外的运输工具的账载金额	3 936 662.42	3 869 312.00	3 666 979.94
电子设备的账载金额	3 395 745.31	4 003 026.71	5 090 461.10
无形资产的账载金额	108 375 055.53	108 375 055.53	108 375 055.53
按简易征收办法计税销售额	0	0	0

表 9－31 数据显示，“非流动资产处置利得”项填报数据、“非流动资产处置损失”项填报数据与“处置固定资产、无形资产和其他长期资产的损失（收益以‘－’号填列）”项填报数据比对，2015 年的填报数据不一致，纳税人填报错误，但不影响应纳税所得额。

无形资产的账载金额在 2013—2015 年未发生变化，可以确认纳税人处置的非流动资产是固定资产。但是从房屋、建筑物、器具、工具、家具、运输工具、电子设备的账载金额变化，无法判断具体处置的是何种固定资产，需在核查环节进行确认。需要注意的是，依照增值税政策规定，处置固定资产需要缴纳增值税。

依据“处置固定资产、无形资产和其他长期资产所收回的现金净额”项目填报数据可知，该纳税人处置固定资产取得收入 2013—2015 年分别为 48 359.87 元、824.5 元、2 564.10 元。但是从增值税纳税申报表“按简易征收办法计税销售额”填报为 0 来看，企业没有进行增值税简易征税的申报，是否按照一般计税项目进行纳税申报需要通过核查进行确认。如果纳税人没有按照一般计税项目进行纳税申报，则该纳税人存在少缴增值税行为。

（十三）政府补助案头分析

抽取 A 公司 2013 年、2014 年和 2015 年的企业所得税纳税申报表中与政府补助相关的项目及数据，汇总生成表 9－32。

表 9－32　与政府补助相关的项目及数据汇总表　单位：元

	2013 年	2014 年	2015 年
政府补助利得（表 A101010）	950 000.00	422 019.16	34 821.52
不征税收入（表 A105000）	0	0	0
政府补助递延收入（表 A105020）	0	0	0
（一）与收益相关的政府补助	0	0	0
（二）与资产相关的政府补助	0	0	0

表9-32数据显示，A公司2013年、2014年和2015年分别收到政府补助950 000.00元、422 019.16元、34 821.52元。首先，从政府补助的金额来看，三年逐渐递减并且2014年和2015年的政府补助金额不是整数。鉴于该纳税人是零售公司并且自设立起连续亏损，政府部门给予其政府补助可能性不大且补助的金额不是整数，不符合常理。因此，需要在核查中进一步确认纳税人所填报政府补助的真实性，是否存在将营业收入申报为政府补助利得的行为。其次，纳税人将收到的政府补助没有作为不征税收入申报，不用审核与不征税收入相关的风险。同时，申报数据显示，政府补助利得作为应税收入全部纳入应纳税所得额，不存在税会差异。也就是说企业收到的政府补助是用于补偿已发生的费用或损失的补助。对此，需要在核查环节进一步确认政府给予补助的原因、金额等以审核其纳税申报是否准确。

（十四）利用结构分析审核进项税额或成本费用

抽取A公司2013年、2014年和2015年各年12月的增值税纳税申报表、各年企业所得税纳税申报表中与进项税额、成本费用结构相关数据，汇总生成表9-33。

表9-33　与进项税额、成本费用结构相关数据汇总表　单位：元

	2013年	2014年	2015年
（一）认证相符的防伪税控增值税专用发票的进项税额	3 189 892.89（12月）	1 819 940.45（12月）	3 484 481（12月）
其中：本期认证相符且本期申报抵扣的进项税额	3 189 892.89（12月）	1 819 940.45（12月）	3 484 481（12月）
（二）其他抵扣凭证的的进项税额	399 768.26（12月）	0	179 825.3（12月）
其中：海关进口增值税专用缴款书	399 768.26（12月）	0	179 825.3（12月）
销售商品成本	211 233 184.96	218 889 305.49	207 001 603.95
其中：非货币性资产交换成本		0.00	0.00
提供劳务成本	24 020 424.73	27 416 248.32	27 507 601.63
其他业务成本——其他	49 398.02	349 473.94	123 077.08
一、职工薪酬	—	30 813 115.06	31 724 911.8
二、劳务费	—	10 075 265.2	9 282 186.68
三、咨询顾问费	—	19 093 797.89	22 021 356.16
四、业务招待费	1 057	37 663.07	19 169.04
五、广告费和业务宣传费	15 647 808.79	19 211 354.50	11 761 805.60
六、佣金和手续费	—	995 080.44	976 743.24
七、资产折旧摊销费	—	17 805 450.93	18 339 172.13
八、财产损耗、盘亏及毁损损失	—	0	0
九、办公费	—	8 073 919.82	9 783 115.1

续表

	2013 年	2014 年	2015 年
十、董事会费	—	0	0
十一、租赁费	—	-209.13	15 852.87
十二、诉讼费	—	0	0
十三、差旅费	—	950 853.17	856 370.3
十四、保险费	—	645 207.65	726 308.01
十五、运输、仓储费	—	1 471 216.17	379 463.20
十六、修理费	—	0	3 919 371.42
十七、包装费	—	0	0
十八、技术转让费	—	11 925 957.03	11 829 443.18
十九、研究费用	—	0	0
二十、各项税费	—	4 468 587.96	4 286 442.24
二十一、利息收支	—	20 431 059.75	21 929 127.33
二十二、汇兑差额	—	-585 651.30	-1 291 109.41

表 9-33 数据显示，A 公司 2013 年、2014 年和 2015 年 12 月的进项税额主要来自增值税专用发票和海关进口增值税专用缴款书，未取得具有高虚开风险的农产品收购发票和农产品销售发票。因此，从发票口径来看，该纳税人取得虚开的增值税扣税凭证、虚增进项税额的风险较小。

从成本构成来看，A 公司的成本由销售商品的成本、提供劳务的成本和其他业务成本三项构成。其中，销售商品的成本占比很高，三年成本有增减波动，但幅度较小；提供劳务的成本逐年增加，但增幅不大，需与收入进行配比分析；其他业务成本占比最小，但金额波动较大，并且不属于常规的销售材料成本、出租固定资产成本、出租无形资产成本、包装物出租成本等之一。因此，应将“其他业务成本——其他”列为疑点，进行核查。

从费用构成来看，A 公司某些费用项目与该公司生产经营特点不符，如咨询顾问费、佣金手续费、技术转让费，需作为疑点进行核查；某些项目金额变动较大，如运输仓储费、修理费，也需作为疑点进行核查。

需要说明的是，评估期间 A 公司尚未全部进行营改增，因此除广告费，租赁费，运输、仓储费、修理费，技术转让费能够获取增值税专用发票外，其他费用支出取得的仍为营业税发票，无法在案头分析时进行比对。受数据采集限制，本例未取得纳税人的发票信息，因此本例无法对广告费，租赁费，运输、仓储费、修理费，技术转让费的发票金额与企业所得税的费用金额进行比对。

（十五）进项税额或成本费用变动分析

抽取 A 公司 2013 年、2014 年和 2015 年企业所得税年度纳税申报表中成本、费用相关数据，进行变动率计算并生成表 9-34。

表 9－34　　成本、费用变动率汇总表　　单位：元

项目	2013 年	2014 年	2015 年	
营业成本	235 303 007.71	246 655 027.75	234 632 282.7	
营业成本变动率		4.82%	－4.87%（与 2014 年比）	－0.29%（与 2013 年比）
销售费用	57 309 412.09	61 308 016.04	52 383 053.44	
销售费用变动率		6.98%	－14.56%（与 2014 年比）	－8.6%（与 2013 年比）
管理费用	69 385 677.17	68 506 372.69	72 561 914.29	
管理费用变动率		－1.27%	5.92%（与 2014 年比）	4.58%（与 2013 年比）
财务费用	20 992 570.47	20 840 488.89	21 614 761.16	
财务费用变动率		－0.72%	3.72%（与 2014 年比）	2.96%（与 2013 年比）

表 9－34 数据显示，营业成本和销售费用在 2013—2015 年先升后降，有较大的增减变动。其中 2014 年营业成本比 2013 年营业成本增加 4.82%；2014 年销售费用比 2013 年销售费用增加 6.98%。管理费用和财务费用先降后升，也有较大增减变动。其中，2015 年销售费用比 2014 年销售费用增加 5.92%，与 2013 年销售费用比较也增加 4.58%；2015 年财务费用比 2014 年财务费用增加 3.72%，与 2013 年财务费用比较也增加 2.96%。

A 公司营业成本、销售费用、管理费用和财务费用在三年内变动较多，变动趋势不一致，存在虚列、多列扣除项目金额的疑点。

（十六）成本费用配比分析

抽取 A 公司 2013 年、2014 年和 2015 年的企业所得税年度纳税申报表中相关成本、费用、收入数据并进行指标计算，汇总生成表 9－35。

表 9－35　　成本、费用配比分析汇总表　　单位：元

项目	2013 年	2014 年	2015 年
营业收入	336 391 873.24	355 851 126.91	352 676 456.5
营业成本	235 303 007.71	246 655 027.75	234 632 282.7
销售费用	57 309 412.09	61 308 016.04	52 383 053.44
管理费用	69 385 677.17	68 506 372.69	72 561 914.29
财务费用	20 992 570.47	20 840 488.89	21 614 761.16
成本占收入比	69.95%	69.31%	66.53%
三项费用率	43.91%	42.34%	41.55%
成本费用率	62.76%	61.08%	62.46%
销售费用率	17.04%	17.23%	14.85%
管理费用率	20.63%	19.25%	20.57%
财务费用率	6.24%	5.86%	6.13%

表9－35数据显示，2013—2015年A公司的营业成本占营业收入的比例分别为69.95%、69.31%、66.53%，占比较高且变动不大，认为成本占收入比这一指标运算结果未明确指向该纳税人存在虚列成本的疑点。

A公司的三项费用率2013—2015年分别为43.91%、42.34%、41.55%，受数据采集限制，本书选取亚振家居、大连友谊两家上市公司2013—2015年的三项费用率作为参照，主要考虑的是亚振家居与A公司同为销售家具但前者为生产销售不是零售，大连友谊与A公司同为商业零售企业但经营商品不同，因此，两家上市公司的三项费用率仅能参照，不能作为评析的标准值。经查询两家公司2013—2015年年报，亚振家居和大连友谊的三项费用率明显低于A公司，详见表9－36。

成本费用率2013—2015年分别为62.76%、61.08%、62.46%，经查询两家公司2013—2015年报，大连友谊的成本费用率明显低于A公司，详见表9－36。

综合上述信息，分析认为A公司三项费用存在虚列疑点，需进一步分析。

销售费用率2013—2015年分别为17.04%、17.23%、14.85%。作为零售企业，销售费用率较高，符合行业特点。但是，2013年和2014年的销售费用率均高于2015年的销售费用率，指向该纳税人销售费用存在虚列疑点，需进一步审核分析。

管理费用率2013—2015年分别为20.63%、19.25%、20.57%，指向该纳税人管理费用存在虚列疑点，需进一步审核分析。

财务费用率2013—2015年分别为6.24%、5.86%、6.13%。作为零售企业，财务费用率非常高，不符合行业特点，指向该纳税人财务费用存在虚列疑点，需进一步审核分析。

表9－36　　部分上市公司成本费用指标一览表

	2013年	2014年	2015年
亚振家居的三项费用比重（%）	33.74%	38.92%	41.07%
大连友谊的三项费用比重（%）	22.22%	18.45%	16.96%
亚振家居的成本费用率	74.23%	91.91%	98.58%
大连友谊的成本费用率	24.77%	26.77%	28.85%

（十七）利用资金流对进项税额或成本费用进行分析

抽取A公司2013年、2014年和2015年的资产负债表中与资金流出相关的科目及数据，汇总生成表9－37。

表 9－37　　与进项税额、成本费用相关资金流汇总表　　单位：元

	2013 年	2014 年	2015 年
应付账款	26 568 957.07 （年初数 17 883 187.72）	19 155 958.34	20 137 755.63
预付账款	2 896 163.57	2 592 555.04	1 181 049.79
其他应付款	17 001 707.44	17 905 143.92	15 478 448.18
营业成本	235 303 007.71	246 655 027.75	234 632 282.7
应付账款周转率 （营业成本÷平均应付账款）	10.58	10.78	11.94

表9－37数据显示，A公司2013—2015年“预付账款”项目年末余额分别为2 896 163.57元、2 592 555.04元、1 181 049.79元。实践中商业零售行业在购进货物时，一般不会预付对方账款。因此，对于A公司的预付账款应结合明细账进一步审核，分析是否存在虚假购进挂往来账的行为。

该公司2013—2015年“应付账款”项目年末余额分别为26 568 957.07元、19 155 958.34元、20 137 755.63元。应付账款周转率分别为10.58、10.78、11.94，与同期的上市公司大连友谊应付账款周转率（分别为2.01、5.78、3.39）、亚振家居应付账款周转率（分别为4.32、4.09、5.57）相比较，高出很多，表明A公司的应付账款规模不大，因此，虚开发票，资金挂“应付账款”的风险较小。

该公司2013—2015年“其他应付款”项目年末余额分别为17 001 707.44元、17 905 143.92元、15 478 448.18元。因“其他应付款”通常核算企业与个人之间的往来款，一般余额不大。但是A公司的“其他应付款”项目年末余额很大，不符合该科目特点。因此，需要结合“其他应付款”明细账，审核是否存在向个人的借款，是否采取虚假购进、虚开发票，实付资金后由销售方将资金转入指定个人账户，再以向个人借款方式回流账上的做法，偷（逃）税款。

（十八）利用货物流对进项税额或成本进行分析

抽取A公司2013年、2014年和2015年的资产负债表、企业所得税年度纳税申报表中与存货相关的科目及数据，汇总生成表9－38。

表 9－38　　与进项税额、成本费用相关的货物流数据汇总表　　单位：元

	2013 年	2014 年	2015 年
存货	47 175 475.25	46 387 905.96	37 934 053.42
商品成本	211 233 184.96	218 889 305.49	207 001 603.95
商品收入	293 558 292.30	308 003 378.46	305 309 715.68
成本占收入比	71.96%	71.07%	67.80%

表9－38数据显示，A公司2013年、2014年和2015年的“存货”年末余额分别为47 175 475.25元、46 387 905.96元、37 934 053.42元，呈递减状态，不符合虚假购货“存货”期末余额增加这一典型特征。如果纳税人虚假购进后虚转入营业成本，表中“成本占收入比”也未明显体现出异常高这一典型特征。因此，从货物流来看，A公司不存在明显的虚假购货、虚增进项税额、虚列成本的风险。

将本章前文分析所采用指标及结论，整理、汇总为指标分析汇总表（二），如表9－39所示。

表9－39　　指标分析汇总表（二）

成本费用分析指标体系	案例分析结论
利用结构分析审核进项税额或成本费用	从发票口径来看，取得虚开增值税扣税凭证、虚增进项税额的风险较小； 从成本构成来看，“其他业务成本——其他”存在疑点，进行核查； 从费用构成来看，A公司某些费用项目与该公司生产经营特点不符，如咨询顾问费、佣金手续费、技术转让费，需作为疑点进行核查；某些项目金额变动较大，如运输仓储费、修理费，也需作为疑点进行核查
进项税额或成本费用变动分析	A公司营业成本、销售费用、管理费用和财务费用在三年内变动较多，变动趋势不一，存在虚列疑点
成本费用配比分析	未明确指向该纳税人存在虚列成本的疑点，三项费用存在虚列疑点，需进行进一步分析
利用资金流对进项税额或成本费用进行分析	“预付账款”和“其他应付款”年末余额异常，存在虚增进项税额、虚列成本费用疑点，需结合明细账核查
利用货物流对进项税额或成本进行分析	不存在明显的虚购、虚增进项税额、虚列成本的风险

从表9－39可见，指标体系中利用结构分析审核进项税额或成本费用、进项税额或成本费用变动分析、成本费用配比分析、利用资金流对进项税额或成本费用进行分析、利用货物流对进项税额或成本进行分析五项指标综合指向该纳税人虚列成本的风险较小，但虚列费用的风险很大。因此，可以确认该纳税人存在虚列费用的疑点。

（十九）工资薪金案头分析

抽取A公司2013年、2014年和2015年的资产负债表、企业所得税年度纳税申报表、现金流量表中与工资薪金相关的科目及数据，汇总生成表9－40。

表9－40　　与工资薪金相关的数据汇总表　　单位：元

	2013年	2014年	2015年
职工薪酬	66 199 543.85	28 006 392.00	31 370 801.45
支付给职工以及为职工支付的现金	23 488 986.02	27 857 573.51	30 518 003.37

续表

	2013 年	2014 年	2015 年
测算应付职工薪酬（应付工资期末余额×12）	2 045 582. 19	3 990 640. 83	4 843 438. 91
用于市场推广或销售视同销售收入		150 304. 64	209 671. 03

	销售费用中职工薪酬（1）	管理费用中职工薪酬（2）	总职工薪酬（账载金额）（3）	调增金额（4）	调减金额（5）	余额（3）-（1）-（2）
2013 年			66 199 543. 85	1 656 327. 76		
2014 年	6 675 732. 02	24 137 383. 04	28 006 392. 00	153 986. 99	0. 00	-2 806 723. 06
2015 年	6 839 162. 76	24 885 749. 04	31 370 801. 45	0. 00	110 438. 44	-354 110. 35

工资薪金支出	账载金额	扣除率	以前年度累计结转扣除额	税收金额	纳税调整金额
2013 年	49 891 983. 26			48 235 655. 5	1 656 327. 76
2014 年	19 568 163. 18	0	0	19 445 515. 79	122 647. 39
2015 年	20 990 322. 47	0	0	21 888 856. 69	-898 534. 22

表 9-40 数据显示，纳税调整项目明细表的“职工薪酬”、现金流量表的“支付给职工以及为职工支付的现金”以及利用资产负债表“应付职工薪酬”期末余额测算的全年数据，三者差异非常大。鉴于测算的“应付职工薪酬”具有不准确性，只采用纳税调整项目明细表的“职工薪酬”与现金流量表的“支付给职工以及为职工支付的现金”进行比对。表中 2013—2015 年“职工薪酬”数据均大于“支付给职工以及为职工支付的现金”，其中 2013 年尤为异常，尽管自行调增了 1 656 327. 76 元，但是疑点仍然很大，应进一步核查；2014 年、2015 年“职工薪酬”数据大于“支付给职工以及为职工支付的现金”数据，分别是 148 818. 49 元、852 798. 08 元，存在风险：一是计提但未发放需要进行调增，表中 2014 年确实调增 153 986. 99 元，需核实是否属于已计提未发放从而调增的情况；2015 年不但未调增还调减 110 438. 44 元，因此 852 798. 08 元的差额不能用此种情况进行解释。二是以商品抵顶工资薪金发给职工，但 2015 年企业申报的视同销售金额只有 209 671. 03 元，并且是用于市场推广或销售，不是发给职工。因此，2015 年 852 798. 08 元的差额也不能用此种情况进行解释。三是虚列职工薪酬，显然 2015 年 852 798. 08 元的差额存在此种风险。

2014 年和 2015 年销售费用、管理费用两项费用中列支的职工薪酬之和大于纳税人申报的纳税调整项目明细表“职工薪酬”项的账载金额，存在明显的数据逻辑错误。

2013—2014 年工资薪金分别调增 1 656 327. 76 元、122 647. 39 元；2015 年工资薪金则调减 898 534. 22 元，无论调增还是调减，都需要进一步核实调整原因以及金额准确性，尤其是调减金额。

（二十）职工福利费案头分析

抽取A公司2013年、2014年和2015年的企业所得税年度纳税申报表中与职工福利费相关的数据，汇总计算生成表9－41。

表9－41　与职工福利费相关的数据汇总表　单位：元

项目	账载金额	税收金额	纳税调整金额	福利费占比	福利费变动率
	1	2	3（1－2）	4	5
工资薪金支出					
2013年	49 891 983.26	48 235 655.5	1 656 327.76		
2014年	19 568 163.18	19 445 515.79	122 647.39		
2015年	20 990 322.47	21 888 856.69	－898 534.22		
职工福利费支出					
2013年	841 350.73	6 752 991.77		1.69%	
2014年	1 973 583.31	1 973 583.31	0	10.09%	134.57%
2015年	2 751 179.9	2 751 179.9	0	13.11%	39.40%

表9－41数据显示，A公司2013年、2014年和2015年的职工福利费占工资薪金支出金额的比例分别为1.69%、10.09%、13.11%，其中2013年占比最低为1.69%，鉴于“10. 如何对工资薪金进行案头分析?”的结论显示2013年工资薪金支出有虚增虚列的疑点，因此，不可将2013年的占比作为衡量后两年的标准使用。但是，2013年职工福利费支出841 350.73元，金额小，风险也小，可将其作为后两年变动分析的基数用于比较。2014年的占比为10.09%，风险虽不明显但考虑到金额较上一年增加134.57%这一情况，应进一步核查2014年的职工福利费明细账及凭证。2015年的占比最高为13.11%非常接近14%，且金额较上一年增加39.40%，存在较为明显的人为调控职工福利费金额的风险，需结合明细账、支出凭证进行核实。

（二十一）职工教育经费支出案头分析

抽取A公司2013年、2014年和2015年的企业所得税年度纳税申报表中与职工教育经费相关的数据，汇总计算生成表9－42。

表9－42　与职工教育经费相关的数据汇总表　单位：元

项目	账载金额	税收金额	纳税调整金额	职工教育经费占比	职工教育经费变动率
	1	2	3（1－2）	4	5
工资薪金支出					
2013年	49 891 983.26	48 235 655.5	1 656 327.76		
2014年	19 568 163.18	19 445 515.79	122 647.39		

续表

项目	账载金额	税收金额	纳税调整金额	职工教育经费占比	职工教育经费变动率
	1	2	3（1－2）	4	5
2015 年	20 990 322.47	21 888 856.69	－898 534.22		
职工教育经费支出					
2013 年	2 768.2	2 768.2		0.01%	
2014 年	48 268.17	48 268.17	0	0.25%	1 643.67%
2015 年	57 015.19	57 015.19	0	0.27%	18.12%

表 9－42 数据显示，A 公司 2013 年、2014 年和 2015 年的职工教育经费占工资薪金支出金额的比例分别为 0.01%、0.25%、0.27%，变动率虽然很大，但每年支出的金额很小，因此该纳税人职工教育经费支出风险也小，不存在虚列疑点。

（二十二）佣金和手续费的案头分析

抽取 A 公司 2013 年、2014 年和 2015 年的企业所得税年度纳税申报表中与佣金和手续费相关的数据，汇总计算生成表 9－43。

表 9－43　与佣金和手续费相关的数据汇总表　单位：元

	销售费用	其中：境外支付	管理费用	其中：境外支付	财务费用	其中：境外支付
	1	2	3	4	5	6
佣金和手续费（2014 年）	0	0	0	0	995 080.44	0
佣金和手续费（2015 年）	0	0	0	0	976 743.24	0
利息收支（2014 年）					20 431 059.75	9 784 208.04
利息收支（2015 年）					21 929 127.33	9 747 531.83

表 9－43 数据显示，A 公司 2014 年和 2015 年发生佣金和手续费支出分别为 995 080.44 元、976 743.24 元，主要发生在财务费用中，是与资金结算相关的手续费。同时，表中数据显示该公司 2014 年和 2015 年发生利息支出分别为 20 431 059.75 元、21 929 127.33 元。可见，佣金和手续费与该公司的借款直接相关。一般情况下，金融机构办理结算业务收取的手续费不会超过 5%，因此，该纳税人佣金和手续费支出风险较小，不存在虚列费用的疑点。

（二十三）利息支出的案头分析

抽取 A 公司 2013 年、2014 年和 2015 年的资产负债表、企业所得税年度纳税申报表、现金流量表中与利息相关的数据，汇总计算生成表 9－44。

表9-44　　与利息相关的数据汇总表　　单位：元

	2013年	2014年	2015年
1. 利息支出	—	20 452 250.86	21 951 680.16
2. 利息收支	—	20 431 059.75 （其中：境外支付9 784 208.04）	21 929 127.33 （其中：境外支付9 747 531.83）
3. 短期借款	269 994 850.29	305 675 198.4	238 557 777.23
4. 长期借款	260 000 000.00	260 000 000.00	260 000 000.00
5. 长短期借款合计	529 994 850.3	565 675 198.4	498 557 777.2
6. 测算利率1（1÷5）		3.62%	4.40%
7. 分配股利、利润或偿付利息所支付的现金	15 905 898.22	22 337 233.83	20 959 342.06
8. 测算利率2（7÷5）	3.00%	3.95%	4.20%
9. 存货	47 175 475.25	46 387 905.96	37 934 053.42
10. 固定资产原值	347 970 113	359 326 568.43	362 532 221.75
11. 无形资产	92 528 628.61	89 748 014.17	87 007 616.79

表9-44数据显示，A公司2014年和2015年的利息支出数分别为20 452 250.86元、21 951 680.16元，均大于当年的利息收支数20 431 059.75元、21 929 127.33元，表明该公司的借款为向非金融机构的借款，而且将近50%是向境外的借款。

因该公司处于亏损状态，未分配股利和利润，所以“分配股利、利润或偿付利息所支付的现金”实际是偿付利息所支付的现金。偿付利息所支付的现金2014年为22 337 233.83元大于2014年的利息支出数20 452 250.86元，2015年为20 959 342.06元小于2015年的利息支出数21 951 680.16元。显然，两年的数据逻辑关系都存在疑点，需进一步核实，尤其是2015年的利息支出数是否存在虚列问题。

利用利息支出与长短期借款合计数测算的利率，2014年、2015年分别为3.62%和4.40%；利用分配股利、利润或偿付利息所支付的现金与长短期借款合计数测算的利率，2013—2015年分别为3.00%、3.95%、4.20%。两种方法测算得出的利率均低于一年期银行贷款利率，表明该公司的长、短期借款中存在着不付利息的部分，有悖常理，需进一步核实借款的真实性以及利息支出的真实性。

从纳税人资产情况来看，存货和无形资产期末余额逐年减少；固定资产原值虽有所增加，但增加的金额与借款的规模不相匹配。这表明该公司巨额借款没有合理的用途。

综上分析，该公司存在巨额借款，每年向境内、外支付大额利息支出，非常可疑，需结合借款合同、利息支付凭据等进行核查。

（二十四）业务宣传费的案头分析

抽取A公司2013年、2014年和2015年的企业所得税年度纳税申报表中与业务招待费相关的数据，汇总计算生成表 9－45。

表 9－45　与业务招待费相关的数据汇总表　单位：元

业务招待费支出	账载金额	税收金额	调增金额	调减金额
	1	2	3	4
2013 年	1 057	634.2	422.8	
2014 年	37 663.07	22 597.84	15 065.23	0.00
2015 年	19 169.04	11 501.42	7 667.62	0.00
广告费和业务宣传费				
2014 年	19 211 354.50	19 211 354.50	0	0
2015 年	11 761 805.60	11 761 805.60	0	0
营业（销售）收入		业务招待费占比	业务招待费变动率	
2013 年	336 474 501.24	0.0003%		
2014 年	356 001 431.55	0.0106%	3 463.20%	
2015 年	352 886 127.57	0.0054%	-49.10%	

表 9－45 数据显示，A 公司 2013 年、2014 年和 2015 年业务招待费的规模很小，分别占收入的 0.0003%、0.0106%、0.0054%；同时变动率有增有减，2014 年比 2013 年大幅增加，但是 2015 年比 2014 年大幅减少；同年的广告费和业务宣传费支出金额非常大。综合上述分析，该纳税人的业务招待费支出金额异常，存在将费用隐匿在业务宣传费中的风险，需进一步核查业务宣传费的凭证，重点关注只取得商业发票的业务宣传费。

（二十五）折旧额、摊销额的案头分析

抽取 A 公司 2013 年、2014 年和 2015 年的企业所得税年度纳税申报表中与折旧、摊销相关的数据，汇总计算生成表 9－46。

表 9－46　与折旧、摊销相关的数据汇总表　单位：元

项目	年度	账载金额	本年折旧、摊销额	测算折旧、摊销率
房屋、建筑物	2013	347 970 113.00	18 393 207.56	5.29%
	2014	317 956 422.15	12 649 915.27	3.98%
	2015	318 881 746.15	12 873 969.74	4.04%
与生产经营活动有关的器具、工具、家具等	2013	29 393 019.24	5 073 337.27	17.26%
	2014	33 497 807.57	1 760 908.37	5.26%
	2015	34 623 352.08	1 697 023.59	4.90%

续表

项目	年度	账载金额	本年折旧、摊销额	测算折旧、摊销率
飞机、火车、轮船以外的运输工具	2013	3 666 979.94	84 828.78	2.31%
	2014	3 869 312.00	484 968.33	12.53%
	2015	3 936 662.42	498 268.79	12.66%
电子设备	2013	4 003 026.71	129 044.52	3.22%
	2014	3 395 745.31	84 828.78	2.50%
	2015	5 090 461.10	529 512.63	10.40%
土地使用权	2014	105 962 032.00	2 740 397.38	2.59%
	2015	105 962 032.00	2 740 397.38	2.59%
特许权使用费	2014	2 413 023.53	40 217.06	1.67%
	2015	2 413 023.53	0	0.00%

资产折旧、摊销（填写 A105080）	本年折旧、摊销额	按税收一般规定计算的本年折旧、摊销额	纳税调整
开办费（2013 年）		12 272 094.32	-12 272 094.32
开办费（2014 年）		2 045 349.05	-2 045 349.05
房屋建筑物（2015 年）	12 873 969.74（账载金额）	12 875 947.66（计税基础）	-1 977.92

表 9-46 数据显示，除 2013 年的与生产经营活动有关的器具、工具、家具折旧率 17.26% 高于税法设定的最高折旧率 10% 以外，其他项目的折旧、摊销率均未超过最高折旧率。因此，应核查 2013 年与生产经营活动有关的器具、工具、家具计提折旧额情况。

在长期待摊费用中列支的开办费，2013 年摊销 12 272 094.32 元、2014 年摊销 2 045 349.05 元并摊销完毕，每年摊销额不同有悖企业所得税法规定，应进一步核查。同时，应将累计调减金额与开业年度调增金额进行核对，审核是否存在调减数额大于调增数额。

2015 年房屋建筑物的账载金额小于计税基础，并将差额 1 977.92 元申报调减，在 2013 年、2014 年未有调增事项的情况下进行调减申报，也与房屋、建筑物的特征不符，应进一步核查。

（二十六）劳务费的案头分析

抽取 A 公司 2013 年、2014 年和 2015 年的企业所得税年度纳税申报表中与劳务费相关的数据，汇总计算生成表 9-47。

表 9-47　　与劳务费相关的数据汇总表　　单位：元

年份	销售费用中劳务费	管理费用中劳务费	劳务费合计	工资薪金支出	劳务费占工薪比
2014	8 676 632.30	1 398 632.86	10 075 265.2	19 568 163.18	51.49%
2015	7 502 177.98	1 780 008.70	9 282 186.68	20 990 322.47	44.22%

表9－47数据显示，A公司2014年和2015年的劳务费分别为10 075 265.2元、9 282 186.68元，占工资薪金的比例分别为51.49%、44.22%，表明该公司劳务费金额大、占比高。该公司2014年和2015年职工人数分别为337人、265人，按照劳务费金额推算，该公司另有160～200人的劳务人员在为企业提供服务，需结合考勤记录、凭证进一步核实劳务费用。

（二十七）其他各项费用的案头分析

抽取A公司2013年、2014年和2015年的企业所得税年度纳税申报表中其他费用的数据，汇总生成表9－48。

表9－48　　其他费用的数据汇总表　　单位：元

项目	销售费用	其中：境外支付	管理费用	其中：境外支付
咨询顾问费（2014年）			19 093 797.89	5 963 511.79
咨询顾问费（2015年）	360 107.91	49 874.34	21 661 248.25	7 637 922.85
办公费（2014年）	7 195 403.19	0.00	878 516.63	0.00
办公费（2015年）	8 722 274.21	0.00	1 060 840.89	0.00
办公费2014年合计	8 073 919.82	办公费2015合计	9 783 115.1	
租赁费（2014年）	－209.13	0.00	0.00	0.00
租赁费（2015年）	15 852.87	0.00	0.00	0.00
差旅费（2014年）	715 539.44	0.00	235 313.73	0.00
差旅费（2015年）	675 640.30	0.00	180 730.00	0.00
保险费（2014年）	156 518.00	0.00	488 689.65	0.00
保险费（2015年）	358 584.97	0.00	367 723.04	0.00
运输、仓储费（2014年）	1 471 216.17	0.00	0.00	0.00
运输、仓储费（2015年）	379 463.20	0.00	0.00	0.00
修理费（2014年）	0.00	0.00	0.00	0.00
修理费（2015年）	3 919 371.42	1 997.34	0.00	0.00
其他（2014年）	5 242 209.45	0.00	0.00	0.00
其他（2015年）	0.00	0.00	0.00	0.00

表9－48数据显示，A公司2014年、2015年管理费用中支付咨询顾问费分别为19 093 797.89元、21 661 248.25元，2015年销售费用中支付咨询顾问费360 107.91元，2015年共计支出22 021 356.16元。对商业零售企业而言，很少发生咨询顾问费，该公司发生大额咨询顾问费并且其中一部分向境外支付，非常可疑，需要对该项费用支出进行核查。

A公司2014年、2015年办公费支出分别为8 073 919.82元、9 783 115.1元，增加

1 709 195.28 元，增幅较大，尤其是在收入较上年减少情况下，存在虚列的风险，需要对该项费用支出进行核查。

A 公司 2014 年租赁费为 -209.13 元，金额很小但是租赁费出现负数，表明该纳税人可能存在将租金收入冲减租赁费用的行为；2015 年租赁费为 15 852.87 元，金额很小，但是鉴于对 2014 年租赁费的分析结果，需要结合该项费用支出 2 年的明细账进行核查，审核是否存在租金收入记入该科目，租金收入是否缴纳增值税。

A 公司 2014 年、2015 年保险费支出金额较大且呈增加状态，因此，需将该项费用支出作为疑点进行核查。

A 公司 2014 年、2015 年的运输、仓储费支出金额变动很大。需核实该纳税人采购的途径、仓储情况是否发生重大改变，分析运输、仓储费用减少是否合理。

该公司 2014 年没有发生修理费，而 2015 年发生 3 919 371.42 元修理费支出，金额大于车辆等运输工具的原值，存在虚增进项税额、虚列费用的疑点，需要对该项费用支出进行核查。

该公司 2014 年列支其他费用支出 5 242 209.45 元，需要对该项费用支出进行核查。

（二十八）资产损失的案头分析

抽取 A 公司 2013 年、2014 年和 2015 年的企业所得税年度纳税申报表中与资产损失相关的数据，汇总生成表 9-49。

表 9-49　　与资产损失相关的数据汇总表　　单位：元

资产损失（A105000）	账载金额	税收金额	调增金额	调减金额
2013 年	5 649 575.73	5 644 542.67	5 033.06	
2014 年	0.00	0.00	0.00	0.00
2015 年	148 344.04	0.00	148 344.04	0.00
项目（A105090 表）2015 年		账载金额	税收金额	纳税调整金额
一、清单申报资产损失		148 344.04	0.00	148 344.04
（一）正常经营管理活动中，按照公允价格销售、转让、变卖非货币资产的损失		148 344.04	0.00	148 344.04
按简易征收办法计税销售额		0.00	0.00	0.00

表 9-49 数据显示，A 公司 2013 年发生非正常损失为 5 649 575.73 元，企业所得税前调增 5 033.06 元，需结合纳税人提交的专项申报的资料，进行核查，确认损失金额是否准确、是否涉及进项税额转出以及是否足额转出。2015 年发生非正常损失为 148 344.04 元，是正常经营管理活动中，按照公允价格销售、转让、变卖非货币资产的损失，纳税人进行了调增申报。从企业所得税申报来看，该纳税人这项非货币资产损失如果业务真实、证据齐全，允许税前扣除，不需要调增应纳税所得额，因此，需核实该损失的具体情况，审核

纳税人是否错误调增申报；从增值税申报来看，该公司按照公允价格销售、转让、变卖非货币资产未填报“按简易征收办法计税销售额”，因此，需进一步核实纳税人是否将其按照适用税率进行增值税申报，否则该纳税存在少缴增值税问题。

（二十九）境外费用支出的案头分析

抽取A公司2013年、2014年和2015年的企业所得税年度纳税申报表中与境外支付相关的数据，汇总生成表9－50。

表9－50　　与境外支付相关的数据汇总表　　单位：元

项目	销售费用	其中：境外支付	管理费用	其中：境外支付	财务费用	其中：境外支付
	1	2	3	4	5	6
咨询顾问费（2014年）	0.00	0.00	19 093 797.89	5 963 511.79	0.00	0.00
咨询顾问费（2015年）	360 107.91	49 874.34	21 661 248.25	7 637 922.85	0.00	0.00
技术转让费（2014年）	11 925 957.03	11 925 957.03	0.00	0.00	0.00	0.00
技术转让费（2015年）	11 829 443.18	11 829 443.18	0.00	0.00	0.00	0.00
利息收支（2014年）	0.00	0.00	0.00	0.00	20 431 059.75	9 784 208.04
利息收支（2015年）	0.00	0.00	0.00	0.00	21 929 127.33	9 747 531.83
汇兑差额（2014年）	0.00	0.00	0.00	0.00	－585 651.30	－558 969.86
汇兑差额（2015年）	0.00	0.00	0.00	0.00	－1 291 109.41	－1 239 612.86
2014年境外支付累计金额		27 673 676.86	2015年境外支付累计金额		29 264 772.2	

表9－50数据显示，A公司2014年和2015年均发生境外支付咨询顾问费、技术转让费、利息收支，2014年境外支付累计27 673 676.86元，2015年境外支付累计29 264 772.2元。其中，咨询顾问费、技术转让费有悖商业零售行业的经营特征；利息收支，表明该公司向境外借款。A公司的《A000000企业基础信息表》显示，该公司存在境外关联交易。综合上述信息，分析认为该公司的三项境外费用支付对象可能为境外关联企业。同时，该公司自2006年设立之日，一直亏损经营，截至2015年累计亏损435 581 779.23元。据此，该公司存在通过关联交易转移利润的风险。一是结合合同、协议审核交易的合理性，是否设有避税安排。二是审核纳税人技术转让费、利息收支两项境外费用是否依法扣缴企业所得税。三是鉴于2014年、2015年尚未完全实施营改增，审核咨询顾问费、技术转让费是否扣缴增值税；利息收支是否扣缴营业税。

（三十）进项税额转出额的案头分析

抽取A公司2013年、2014年和2015年的增值税纳税申报表中与进项税额转出相关的数据，汇总生成表9－51。

表 9－51 **与进项税额转出的数据汇总表** 单位：元

进项税额转出	2013 年 12 月本月数	2013 年本年累计	2014 年本年累计	2015 年本年累计
	6 986.37	435 455.05	389 551.33	872 121.60
进项税额转出：非应税项目用、集体福利、个人消费		2013 年 12 月本月数	2014 年 12 月本月数	2015 年 12 月本月数
		6 986.37	28 547.39	47 704.09

表 9－51 数据显示，A 公司 2013 年、2014 年和 2015 年进项税额转出分别为 435 455.05 元、389 551.33 元、872 121.60 元。利用测算进项税额转出额比对分析，受采集数据限制无法取得无法划分的进项税额，且该纳税人增值税业务与营业税业务共同耗用的生产投入物较少，主要是水、电、办公用品等。因此，不能采用测算进项税额转出额比对的方法进行案头分析。但是从进项税额转出额的数据变动趋势看，与销售额变动趋势明显不同。因此，应进一步采集发票信息，利用发票数据进行测算不得抵扣的进项税额并与申报数据比对，确认是否存在少缴增值税的风险。

（三十一）扣缴劳务报酬个人所得税的案头分析

抽取 A 公司 2013 年、2014 年和 2015 年的企业所得税年度纳税申报表中与扣缴劳务报酬个人所得税相关的数据，汇总生成表 9－52。

表 9－52 **与扣缴劳务报酬个人所得税相关的数据汇总表** 单位：元

项目	销售费用	其中：境外支付	管理费用	其中：境外支付	财务费用
	1	2	3	4	5
劳务费（2014 年）	8 676 632.30	0.00	1 398 632.86	0.00	0.00
劳务费（2015 年）	7 502 177.98	0.00	1 780 008.70	0.00	0.00
咨询顾问费（2014 年）	0.00	0.00	19 093 797.89	5 963 511.79	0.00
咨询顾问费（2015 年）	360 107.91	49 874.34	21 661 248.25	7 637 922.85	0.00

表 9－52 数据显示，该家居公司劳务费 2014 年、2015 年两年发生额分别为 10 075 265.2 元、9 282 186.68 元，金额很大。应进一步获取扣缴个人所得税报告表相关数据，将报告表中劳务报酬项目的合计金额与上述数据比对，分析所支付的劳务费是支付给个人还是支付给劳务派遣公司，对于支付给个人的劳务费，结合所签订的劳务合同审核是否依法扣缴个人所得税。咨询顾问费 2014 年、2015 年两年发生额分别为 19 093 797.89 元，22 021 356.16 元。其中境外支付分别为 5 963 511.79 元、7 687 797.19 元。境内支付、境外支付金额均很大，一般来说，咨询顾问费通常付给咨询公司，很少付给个人，而且支付给境外的咨询顾问费无论是扣缴个人所得税还是企业所得税，均要求咨询劳务发生地在境内，否则不属于境内所得，不缴所得税。因此，在案头分析时针对咨询顾问费，在税务约谈、核查环节进一步确认支付对象是否为个人，审核是否存在扣缴个人所得税的义务。

案例2　B民爆器材有限公司案头分析

B民爆器材有限公司于2003年10月由原国有企业股份制改造而成立，实收资本131万元，现有自然人股东31人，在岗职工35人，经营业务范围专一，专营民用爆炸物品的销售。属增值税一般纳税人，企业所得税由地税机关征收管理，征收方式为查账征收。

2016年8月，风控部门调取了该纳税人2015年度财务报表数据、税款申报缴纳数据、2015年度企业所得税申报表数据，相关涉税数据归集见表9－53至表9－59。

表9－53　　资产负债表　　单位：元

	年初数	年末数		年初数	年末数
货币资金	8 607 751.10	3 042 683.40	短期借款	0.00	0.00
应收票据			应付票据		
应收股利			应付账款	157 516.86	－26 417.78
应收利息			预收账款	27 280.16	11 730.37
应收账款	225 087.40	225 087.40	应付职工薪酬	159 400.40	0.00
减：坏账准备	12 394.84	25 900.12	……		
应收账款净额	212 692.56	199 187.28	应付股利	0	0
其他应收款	－2 629 028.30	－1 936 553.00	……		
预付账款	0.00	0.00	应交税费	351 006.52	102 655.67
应收补贴款			其他应交款		
存货	231 085.67	－214 166.16	其他应付款	722 124.38	－1 327 855.2
待处理流动资产净损失	666 626.29	666 626.29	……		
一年内到期的长期债券投资	0	0	预计负债	2 336 652.4	319 482.37
其他流动资产			……		
流动资产合计	7 089 127.40	1 757 777.80	其他流动负债	0.00	0.00
长期投资：	1 000 000	600 000	……		
长期股权投资	1 000 000	600 000	流动负债合计	3 753 980.7	－848 404.53
长期债权投资			长期负债：	0.00	0.00
长期投资合计			长期借款	0	0
固定资产：			递延所得税负债		
固定资产原价	182 650.15	182 650.15			
减：累计折旧	93 105.52	102 238.00			
固定资产净值	89 544.63	80 412.15			

续表

	年初数	年末数		年初数	年末数
待处理固定资产净损失	0	0			
固定资产净额	89 544.63	80 412.15			
工程物资					
在建工程			负债合计	3 753 980.7	-848 404.53
固定资产清理					
固定资产合计	89 544.63	80 412.15	所有者权益（或股东权益）：		
无形资产及其他资产：			实收资本（或股本）：		
无形资产	664 248.85	553 393.49	减：已归还投资		
长期待摊费用	0	0	实收资本（或股本）净额	1 310 000.00	1 310 000.00
其他长期资产	0	0	资本公积	832 838.8	932 838.8
无形资产及递延资产合计			盈余公积	983 882.7	983 882.7
非流动资产合计			其中：法定公益金	440 841.71	440 841.71
递延税项：			未分配利润	1 962 218.7	613 266.43
递延税款借项			所有者权益（或股东权益）合计	5 088 940.20	3 839 987.90
资产总计	8 842 920.90	2 991 583.40	负债及所有者权益（或股东权益）总计	8 842 920.90	2 991 583.40

表 9-54 **利润表** 单位：元

	本月数	本年累计数
一、营业收入	1 489 178.40	14 986 176.22
减：营业成本	895 430.77	9 515 319.99
主营业务税金及附加	3 387.43	54 099.09
减：营业费用	81 622.00	510 650.00
管理费用	347 554.65	3 283 357.96
财务费用	89 640.90	1 095 906.67
加：投资收益	0	0
二、营业利润	71 542.6	526 842.51
加：营业外收入		400 000.00

续表

	本月数	本年累计数
减：营业外支出		226 487.66
三、利润总额	71 542.60	700 354.85
减：所得税费用	0	175 088.71
四：净利润（27－28）	71 542.60	525 266.14

表 9－55　　2015 年度纳税申报数据汇总表　　单位：元

税种	税目	税款所属期	计税依据	税率	已纳税款	备注
营业税	金融业	2014.1—2014.12	1 042 840	5%	52 142	2015 年 8 月日常检查
企业所得税	应纳税所得额	2015.1—2015.12	700 354.8	25%	175 088.7	
企业所得税	应纳税所得额	2015.1—2015.12	759 565	25%	14 802.53	2016 年 5 月汇算清缴
房产税	房产余值	2015.1—2015.12	55 027.01	1.20%	660.32	
土地使用税	县三等	2015.1—2015.12	79	3	235.02	
印花税	购销合同	2015.1—2015.12	8 135 033	0.05%	2 440.51	
印花税	营业账簿	2015.1—2015.12	5	5	25	
印花税	购销合同	2014.1—2014.12			1 500.05	2015 年 8 月日常检查
印花税	借款合同	2014.1—2014.12	7 000 000	0.05%	350	2015 年 8 月日常检查
个人所得税	工资薪金所得	2015.1—2015.12	5 486 847	3%	164 505.4	
个人所得税	利息、股息、红利所得	2015.1—2015.12	4 039 550	20%	807 910	
个人所得税	利息、股息、红利所得	2014.1—2014.12	773 445	20%	154 689	2015 年 8 月日常检查
税款滞纳金	滞纳金	2014.1—2014.12			26 487.66	日常检查

表 9－56　　房产登记信息

自用产权书号	房屋坐落	房产原值	其中应税原值	税率	年应纳税额
8240034	××小区	78 609.32	78 609.32	0.012	660.32

表 9－57　　土地登记信息

自用土地证号	坐落地	土地面积	应税面积	免税面积	每平方米税额	年应纳税额
65582	××民爆器材有限公司	100	100	0	2.5	250

表 9－58　　A100000 中华人民共和国企业所得税年度纳税申报表（A 类）　　单位：元

类别	项目	金额
利润总额计算	一、营业收入（填写 A101010＼101020＼103000）	14 986 176.22
	减：营业成本（填写 A102010＼102020＼103000）	9 515 319.99
	营业税金及附加	54 099.09
	销售费用（填写 A104000）	510 650.00
	管理费用（填写 A104000）	3 283 357.96
	财务费用（填写 A104000）	1 095 906.67
	资产减值损失	
	加：公允价值变动收益	
	投资收益	
	二、营业利润（1－2－3－4－5－6－7＋8＋9）	526 842.51
	加：营业外收入（填写 A101010＼101020＼103000）	400 000.00
	减：营业外支出（填写 A102010＼102020＼103000）	226 487.66
	三、利润总额（10＋11－12）	700 354.85
应纳税所得额计算	减：境外所得（填写 A108000、A108010）	
	加：纳税调整增加额（填写 A105000）	59 210.12
	减：纳税调整减少额（填写 A105000）	
	减：免税、减计收入及加计扣除（填写 A107010）	
	加：境外应税所得抵减境内亏损（填写 A108000）	
	四、纳税调整后所得（13－14＋15－16－17＋18）	759 564.97
	减：所得减免（填写 A107020）	
	减：抵扣应纳税所得额（填写 A107030）	
	减：弥补以前年度亏损（填写 A106000）	
	五、应纳税所得额（19－20－21－22）	759 564.97
应纳税额计算	税率（25%）	25%
	六、应纳所得税额（23×24）	189 891.24
	减：减免所得税额（填写 A107040）	0.00
	减：抵免所得税额（填写 A107050）	0.00
	七、应纳税额（25－26－27）	189 891.24
	加：境外所得应纳所得税额（填写 A108000）	0.00
	减：境外所得抵免所得税额（填写 A108000）	0.00
	八、实际应纳所得税额（28＋29－30）	189 891.24
	减：本年累计实际已预缴的所得税额	175 088.71
	九、本年应补（退）所得税额（31－32）	14 802.53

表 9-59　　A102010 一般企业成本支出明细表　　单位：元

行次	项目	金额
1	一、营业成本（2+9）	9 515 319.99
2	（一）主营业务成本（3+5+6+7+8）	9 515 320.99
3	1. 销售商品成本	9 515 321.99
16	二、营业外支出（17+18+19+20+21+22+23+24+25+26）	226 487.66
23	（七）罚没支出	226 487.66

表 9-60　　A105000 纳税调整项目明细表　　单位：元

行次	项目	账载金额	税收金额	调增金额	调减金额
		1	2	3	4
1	一、收入类调整项目				
	……				
12	二、扣除类调整项目（13+14+15+16+17+18+19+20+21+22+23+24+26+27+28+29）	0.00	0.00	59 210.12	
13	（一）视同销售成本				
14	（二）职工薪酬				
15	（三）业务招待费支出	134 141	74 930.88	59 210.12	0.00
43	合计	0.00	0.00	59 210.12	

【案头分析】

（一）盈利情况分析

1. 所处行业分析

在互联网上查询与该企业相关的行业协会，获取“中国爆破器材行业协会”网址，登录后可查询该行业相关信息。

查看“政策法规”界面，了解国家对该行业已出台的政策法规内容，从中选取与纳税人申报有关的内容，用于案头分析。如《民用爆炸物品安全管理条例》规定，国家对民用爆炸物品的生产、销售、购买、运输和爆破作业实行许可证制度。据此，可以得出这一结论：民用爆炸器材的销售企业，受许可经营保护，一般不受市场经济的影响，有稳定的进销差价，普遍盈利；同业竞争不激励，相比商业化程度高的行业有更高的利润。

该企业 2015 年度利润总额为 700 354.85 元，符合行业特征。是否存在纳税风险，需结合资本收益率等其他指标进行分析。

2. 资本收益率分析

该企业 2003 年设立，2015 年资本收益率 = 525 266.14 ÷ 1 310 000 × 100% = 40.09%，

高于最高的三年定期存款利率2.75%，不属于微利状态。

与同行业资本收益率比较，因为受样本采集以及数据权限影响，本例暂选上市公司数据作为参考依据。

雅化集团，经营范围为工业炸药、民用爆破器材、表面活性剂、纸箱生产及销售；危险货物运输（1—5类、9类）、炸药现场混装服务，工程爆破技术服务，咨询服务；氢氧化锂、碳酸锂等锂系列产品、其他化工产品（危险品除外）、机电产品销售；机电设备安装；新材料、新能源材料、新能源等高新技术产业项目投资及经营；进出口业务（依法须经批准的项目，经相关部门批准后方可开展经营活动）。其2015年、2016年资本收益率详见表9－61。

表9－61　雅化集团资本收益率计算表

雅化集团	2016年	2015年
净利润（万元）	14 772	12 780
实收资本（万元）	96 000	96 000
资本收益率	15.38%	13.31%

因雅化集团是民用爆破器材生产企业并且兼营其他业务，与本例企业存在较大差异性，虽具可比性，但可比性较差。为提高分析准确性，再选取一家从事商贸业务的上市公司，作为参考使用。

中央商场，经营范围为日用百货、食品、卷烟、雪茄烟零售；保健食品、针纺织品、服装鞋帽、文体用品、体育用品、体育器材、一类医疗器械、机械设备、五金交电、电子产品、家用电器、家具、装饰材料、矿产品、建材、化工产品（不含危化品）销售；房地产开发、经营；电子商务；设计、制作、代理发布国内各类广告；停车场服务；高新技术产品的开发、生产、销售；场地租赁；自营和代理各类商品及技术的进出口业务（国家限定企业经营或禁止进出口的商品和技术除外）；物业管理。其2015年、2016年资本收益率详见表9－62。

表9－62　中央商场资本收益率计算表

中央商场	2016年	2015年
净利润（万元）	12 045	11 500
实收资本（万元）	114 833	114 833
资本收益率	10.49%	10.01%

从雅化集团、中央商场两家上市公司的资本收益率计算表可见，本例中纳税人的资本收益率均低于两家上市公司资本收益率的50%，尽管上市公司在纳税上的风险与非上市公

司有差异，两家上市公司的经营范围也与本企业存在较大的差别，但是并不能认定B民爆器材有限公司申报纳税不存在风险，需要进一步分析。

（二）会计、税收政策风险分析

B民爆器材有限公司属于商品流通企业，会计核算按照会计准则结合商品流通行业的会计科目和经营模式进行核算，一般会计处理不在这里赘述；该纳税人的税收政策适用一般规定，也不在这里赘述。仅对民爆器材这一经销商品在会计核算、税款缴纳中的特殊业务进行分析，也就是安全生产费用的会计核算、企业所得税政策、土地使用税政策的风险分析。

1. 安全生产费用的会计核算

《财政部关于印发企业会计准则解释第3号的通知》（财会〔2009〕8号）第三条规定，高危行业企业按照国家规定提取的安全生产费，应当计入相关产品的成本或当期损益，同时计入“4301专项储备”科目，即借记“生产成本”等科目，贷记“专项储备”科目。

企业使用提取的安全生产费时，属于费用性支出的，直接冲减专项储备，即借记“专项储备”科目，贷记“银行存款”科目。

企业使用提取的安全生产费形成固定资产的，应先通过“在建工程”科目归集所发生的支出，待安全项目完工达到预定可使用状态时确认为固定资产；同时按照形成固定资产的成本冲减专项储备，并确认相同金额的累计折旧，即借记“专项储备”科目，贷记“累计折旧”科目，该固定资产在以后期间不再计提折旧。

“专项储备”科目期末余额在资产负债表所有者权益项下“减：库存股”和“盈余公积”之间增设“专项储备”项目反映。

2. 安全生产费用的企业所得税政策

《国家税务总局关于煤矿企业维简费和高危行业企业安全生产费用企业所得税税前扣除问题的公告》（国家税务总局公告2011年第26号）规定，高危行业企业实际发生的安全生产费用支出，属于收益性支出的，可直接作为当期费用在税前扣除；属于资本性支出的，应计入有关资产成本，并按企业所得税法规定计提折旧或摊销费用在税前扣除。企业按照有关规定预提的安全生产费用，不得在税前扣除。

3. 安全生产的土地使用税政策

《国家税务总局关于印发〈关于土地使用税若干具体问题的补充规定〉的通知》（国税地字〔1989〕140号）规定，对于各类危险品仓库、厂房所需的防火、防爆、防毒等安全防范用地，可由各省、自治区、直辖市税务局确定，暂免征收土地使用税；对仓库库区、厂房本身用地，应照章征收土地使用税。

比对分析安全生产费用的会计核算、安全生产费用的企业所得税政策，对于安全生产费用税会差异明显：一是会计上按照计提金额计入成本费用，企业所得税法则按照实际支出金额允许税前扣除。因此，在案头分析时要重点审核纳税人已计提未支出的安全生产费用在计算应纳税所得额时是否进行纳税调增，调增金额是否正确，是否存在重复扣除问题。二是安全生产费用资本化支出，会计上不再计提折旧，税法方面允许扣除按直线法计算的折旧额。因此，在案头分析时要重点审核纳税人调减的折旧额是否准确。三是安全生产费用费用化支出，发生费用化支出时，会计方面不再作成本、费用扣除，企业所得税允许税前扣除。因此，在案头分析时要重点审核计算应纳税所得额时调减的成本费用是否准确。

案头审核城镇土地使用税时，需要注意纳税人适用国税地字〔1989〕140号是否正确；是否将仓库库区、厂房本身用地，也违规免征土地使用税。

（三）扣缴工资薪金个人所得税案头分析

抽取B民爆器材有限公司2015年度纳税申报数据汇总表中扣缴个人所得税数据，详见表9-63。

表9-63　　扣缴个人所得税一览表　　单位：元

税种	税目	税款所属期	计税依据	税率	已纳税款
个人所得税	工资薪金所得	2015.1—2015.12	5 486 847	3%	164 505.4

表9-63数据显示，该公司2015年工资薪金所得为5 486 847元，税率为3%，扣缴个人所得税164 505.4元。首先依据表中数据重新计算如下：5 486 847×3%=164 605.1（元），可见扣缴义务人是按照全部工资薪金所得计算扣缴个人所得税，而不是按照每个员工各月个人工资薪金所得计算扣缴的个人所得税。其次，按照35名员工测算每人平均月工资薪金所得：5 486 847÷35÷12=13 063.92（元），比照表9-64，税率应为20%或25%。显然该公司扣缴个人所得税时适用税率、计算方法均为错误，存在少扣缴个人所得税问题。

表9-64　　工资薪金个人所得税税率表

级数	全月应纳税所得额（含税级距）	全月应纳税所得额（不含税级距）	税率（%）	速算扣除数
1	不超过1 500元	不超过1 455元的	3	0
2	超过1 500元至4 500元的部分	超过1 455元至4 155元的部分	10	105
3	超过4 500元至9 000元的部分	超过4 155元至7 755元的部分	20	555
4	超过9 000元至35 000元的部分	超过7 755元至27 255元的部分	25	1 005
5	超过35 000元至55 000元的部分	超过27 255元至41 255元的部分	30	2 755
6	超过55 000元至80 000元的部分	超过41 255元至57 505元的部分	35	5 505
7	超过80 000元的部分	超过57 505元的部分	45	13 505

（四）扣缴利息个人所得税案头分析

抽取B民爆器材有限公司2015年度纳税申报数据汇总表、资产负债表、利润表中与利息个人所得税相关的数据，汇总生成表9－65。

表9－65　与利息个人所得税相关数据汇总表　单位：元

其他应收款	年初数：－2 629 028.30	年末数：－1 936 553.00
其他应付款	年初数：722 124.38	年末数：－1 327 855.2
短期借款	年初数：0	年末数：0
长期借款	年初数：0	年末数：0
未分配利润	年初数：1 962 218.7	年末数：613 266.43
财务费用		本年数：1 095 906.67
四：净利润	年初数：71 542.60	年末数：525 266.14
个人所得税——利息、股息、红利所得	计税依据：4 039 550	已纳税额：807 910

表9－65数据显示，“其他应收款”“其他应付款”期末余额均为负数，不属于正常情况。但可将“其他应收款”负数的期末余额视为“其他应付款”项目的期末余额，即“其他应付款”的期末余额为1 936 553.00元，表明B民爆器材有限公司存在向自然人或企业单位借款的可能。“短期借款”“长期借款”期初、期末余额为零，“财务费用”本年发生额为1 095 906.67元，表明该公司没有向银行借款，但有向非金融企业的借款。本年净利润为525 266.14元，未分配利润年末数比年初数小，表明B民爆器材有限公司2015年进行利润分配，共计分配2 426 218.41元（1 962 218.7＋525 266.14－613 266.43）。因该公司股东为31名自然人，因此均需扣缴个人所得税。利息、股息、红利所得计征个人所得税的计税依据为4 039 550元，扣除分配的股息2 426 218.41元，可推算出支付个人的利息为1 613 331.59元（4 039 550－2 426 218.41）。至此，可确认该公司确实存在向自然人借款并支付利息、扣缴个人所得税的事实，需核实的是借款本金及资金来源是否合理、是否为账外隐匿的收入以借款方式回流企业；需核对利息支出金额与计算扣缴个人所得税的金额是否一致、是否多列利息费用或少扣缴个人所得税。

（五）房产税、城镇土地使用税的案头分析

抽取民用爆破器材企业2015年度纳税申报数据汇总表、房产登记信息、土地登记信息中与房产税、城镇土地使用税相关的申报数据，汇总生成表9－66。

表9－66　与房产税、城镇土地使用税相关数据汇总表　单位：元

税种	税目	税款所属期	计税依据	税率	已纳税款	备注
房产税	房产余值	2015.1—2015.12	55 027.01	1.20%	660.32	纳税申报数据
土地使用税	县三等	2015.1—2015.12	79	3	235.02	

续表

税种	税目	税款所属期	计税依据	税率	已纳税款	备注
自用产权书号 8240034	房屋坐落	房产原值	其中应税原值	税率	年应纳税额	房产登记信息
	××小区	78 609.32	78 609.32	0.012	660.32	
自用土地证号 65582	坐落地	土地面积	应税面积	免税面积	每平方米税额	年应纳税额
	××民爆器材有限公司	100	100	0	2.5	250

表9－66数据显示，房产税计税依据为55 027.01元，按照30%的扣除率测算房产原值为78 610.01元（55 027.01÷70%），与房产登记的78 609.32元基本相同且已纳税额均为660.32元。可见，该企业缴纳的房产税就是自用产权书号为8 240 034的房产。但是申报的土地使用税相关信息与土地登记信息不同，前者面积为79平方米、税额为每平方米3元，申报缴纳税额为235.02元，后者面积为100平方米、税额为每平方米2.5元，申报缴纳税额为250元。可见，申报土地使用税的土地与土地登记信息中的土地不是一块地。同时，房产坐落地为××小区，该企业为危险品经销企业，按照《民用爆炸物品安全管理条例》规定，应设置专门库房。该库房不允许设在居民小区。因此，可以判定该纳税人申报房产税的房产应属于办公用房。结合城镇土地使用税分析结果，也就是该企业只就一房一地申报纳税，但其实际有两块地，其中一块土地未申报城镇土地使用税并且其中一块地没有进行房产税申报，即没有对专门库房申报缴纳房产税。因此，该纳税人存在一房一地未申报缴纳房产税、土地使用税的风险。

（六）印花税的案头分析

抽取民用爆破器材企业2015年度纳税申报数据汇总表、企业所得税年度纳税申报表、资产负债表中与印花税申报相关数据，汇总生成表9－67。

表9－67　　与印花税相关数据汇总表　　单位：元

税种	税目	税款所属期	计税依据	税率	已纳税款	备注
印花税	购销合同	2015.1—2015.12	8 135 033	0.05%	2 440.51	
印花税	营业账簿	2015.1—2015.12	5	5	25	
印花税	购销合同	2014.1—2014.12			1 500.05	2015年8月日常检查
印花税	借款合同	2014.1—2014.12	7 000 000	0.05%	350	2015年8月日常检查
营业收入		14 986 176.22		营业成本		9 515 319.99
资本公积		832 838.8（年初数）		932 838.8（年末数）		

该企业2015年8月的日常检查中购销合同查补印花税1 500.05元，表明企业过往有未依法缴纳印花税的行为。2016年购销合同印花税申报缴纳是否存在同样的风险，需结合纳税人申报数据进行分析。表9－67数据显示，该纳税人2015年1月至2015年12月购销

合同印花税的计税依据是 8 135 033 元，既小于营业收入金额 14 986 176.22 元也小于营业成本金额 9 515 319.99 元。依据前面行业特点分析，该行业属于许可经营行业，购销业务管理严格，一般应签订合同。因此，若假设购销业务全部签订合同，缴纳印花税，则计税依据为营业收入与营业成本之和为 24 501 496.21 元，远大于 8 135 033 元，明显存在少缴印花税的风险；若对该纳税人核定征收印花税，则核定系数也不应小于 1，该户按照 8 135 033 元缴纳印花税，也明显存在少缴印花税的风险。同时，依据印花税政策规定，购销合同的印花税税率为 0.3‰，本例填报税率错误，但金额计算正确。因此，该纳税人购销合同应缴纳印花税存在疑点，需进一步核实。

营业账簿的印花税在 2015 年申报数额为 25 元，应该是按照其他账簿资料申报的税额。但是依据印花税政策规定，记载资金的账簿按固定资产原值和自有流动资金总额贴花，以后年度资金总额比已贴花资金总额增加的，增加部分应按规定贴花。1993 年财政部发布《企业财务通则》和《企业会计准则》后，生产经营单位执行“两则”，其“记载资金的账簿”的印花税计税依据改为“实收资本”与“资本公积”两项的合计金额。因此，应按照“实收资本”与“资本公积”两个报表项目期末余额较期初余额增加的金额缴纳印花税。本例中纳税人资产负债表填报数据显示，“资本公积”项目本年增加 100 000 元，应缴纳印花税，但从纳税申报数据来看，未缴纳该部分印花税。

该纳税人在 2015 年 8 月日常检查中对 2014 年 1—12 月期间，7 000 000 元的借款合同补缴印花税 350 元。依据印花税政策规定，借款合同印花税税率为 0.05‰，本例填报税率错误，但金额计算正确。但是，该纳税人 2015 年申报印花税未见借款合同的印花税，需核实纳税人是否存在向银行等金融机构的借款，是否存在应申报而未申报的借款合同的印花税。

（七）企业所得税的案头分析

1. 营业收入的案头分析

受采集数据限制，分析收入的一些指标不能使用，现选取以下指标对收入进行分析。

（1）利用收入与成本配比对收入或销售额进行分析

抽取 B 民爆器材有限公司 2015 年企业所得税年度纳税申报表中相关成本、收入数据并进行计算，汇总生成表 9－68。

表 9－68　　收入与成本配比分析汇总表　　单位：元

项目	金额
营业收入（填写 A101010 \ 101020 \ 103000）	14 986 176.22
营业成本（填写 A102010 \ 102020 \ 103000）	9 515 319.99
营业成本占营业收入的比例	63.49%
毛利率	36.51%

表9－68数据显示，商品的营业成本占营业收入的比例为63.49%，对应的毛利率为36.51%，是否处于正常区间，需与同行业收入成本配比、毛利率进行比对分析。受采集数据限制，不能从金税三期系统获取行业数据，退而求其次选取雷鸣科化、雅化集团两家上市公司2015年的毛利率作为参照，鉴于雷鸣科化、雅化集团两家公司是生产销售不是零售，其毛利率仅能参照，不能作为评析的标准值。经查询两家公司2015年报，雷鸣科化2015年6月末和12月末的毛利率分别为43.80%、40.07%，雅化集团2015年12月末、2016年6月末的毛利率分别为53.33%、51.54%，具体详见表9－69。

表9－69　　两家同行业上市公司毛利率统计表

民爆器材产品销售	收入（万元）	成本（万元）	利润（万元）	毛利率	利润占比
雷鸣科化（2015－12－31）	61 760	34 709	27 051	43.80%	70.56%
雷鸣科化（2015－6－30）	34 741	20 819	13 921	40.07%	85.19%
雅化集团（2016－6－30）	30 498	14 780	15 718	51.54%	59.80%
雅化集团（2015－12－31）	90 261	42 123	48 138	53.33%	88.09%

同时，《民用爆炸物品安全管理条例》规定，民用爆炸物品销售企业和爆破作业单位应当建立民用爆炸物品登记制度，如实将本单位生产、销售、购买、运输、储存、使用民用爆炸物品的品种、数量和流向信息输入计算机系统。民用爆炸物品使用单位申请购买民用爆炸物品的，应当向所在地县级人民政府公安机关提出购买申请，并提交下列有关材料：①工商营业执照或者事业单位法人证书；②《爆破作业单位许可证》或者其他合法使用的证明；③购买单位的名称、地址、银行账户；④购买的品种、数量和用途说明。受理申请的公安机关应当自受理申请之日起5日内对提交的有关材料进行审查，对符合条件的，核发《民用爆炸物品购买许可证》。销售、购买民用爆炸物品，应当通过银行账户进行交易，不得使用现金或者实物进行交易。销售民用爆炸物品的企业，应当将购买单位的许可证、银行账户转账凭证、经办人的身份证明复印件保存2年备查。销售民用爆炸物品的企业，应当自民用爆炸物品买卖成交之日起3日内，将销售的品种、数量和购买单位向所在地省、自治区、直辖市人民政府国防科技工业主管部门和所在地县级人民政府公安机关备案。购买民用爆炸物品的单位，应当自民用爆炸物品买卖成交之日起3日内，将购买的品种、数量向所在地县级人民政府公安机关备案。

综合上述信息，分析认为尽管B民爆器材有限公司毛利率低于两家上市公司的毛利率，但是两家上市公司是生产销售不同于B民爆器材有限公司的商业销售，且上市公司存在虚增利润的风险也不同于非上市公司少计利润的风险，因此，不可得出B民爆器材有限公司存在少计收入、多列成本的风险。同时，依据《民用爆炸物品安全管理条例》的规定，该纳税人销售、购进数据均可从其自身台账、公安机关、银行收支获取。政府部门监管、经营情况有据可查这一情况会提高纳税人的遵从度，偷（逃）税款的风险较小。因此，综合上述两方面分析，可以得出该纳税人毛利率基本正常，少计收入、多列成本的风险很小的结论。

（2）利用固定资产对收入或销售额进行分析

抽取B民爆器材有限公司2015年的企业所得税年度纳税申报表、资产负债表中收入、固定资产相关数据并进行计算，汇总生成表9－70。

表9－70　　收入与固定资产配比分析汇总表　　单位：元

项目	2015年
营业收入	14 986 176.22
房屋、建筑物	
与生产经营活动有关的器具、工具、家具等	
飞机、火车、轮船以外的运输工具	
电子设备	
固定资产原价合计	182 650.15（年初＝年末）
收入与固定资产倍数	82.04

表9－70数据显示，因未获取该公司《A105080资产折旧、摊销及纳税调整明细表》及相关房屋、建筑物等固定资产账载金额的明细数据，退而求其次采用资产负债表中固定资产原价与收入做配比分析，计算得出该公司收入是固定资产原价的82.04倍。这一配比关系是否异常，应参照同行业相关纳税人的数据进行比对。受采集数据限制，不能从金税三期系统获取行业数据，退而求其次选取雷鸣科化、雅化集团两家上市公司2012—2016年的收入与固定资产倍数作为参照，详见表9－71。从表9－71数据可知，B民爆器材有限公司收入与固定资产倍数大大高于两家上市公司的收入与固定资产倍数。鉴于B民爆器材有限公司无出口业务，排除虚增收入骗取出口退税的风险后，综上分析，B民爆器材有限公司不存在少计收入的风险。

表9－71　　两家上市公司收入与固定资产配比分析表

雷鸣科化	2016－12－31	2015－12－31	2014－12－31	2013－12－31	2012－12－31
营业总收入（万元）	83 585	90 415	98 777	93 992	66 740
固定资产原值（万元）	69 429	68 783	61 655	54 478	50 227
收入与固定资产倍数	1.20	1.31	1.60	1.73	1.33
雅化集团	2016－12－31	2015－12－31	2014－12－31	2013－12－31	2012－12－31
营业总收入（万元）	157 943	134 335	145 487	128 432	109 941
固定资产原值（万元）	94 967	90 055	92 594	75 074	56 051
收入与固定资产倍数	1.66	1.49	1.57	1.71	1.96

（3）利用工资对收入或销售额进行分析

抽取B民爆器材有限公司2015年的企业所得税年度纳税申报表、2015年度纳税申报数据汇总表、纳税调整项目明细表、2015年纳税资产负债表和利润表中与收入、工资相关的数据并进行计算、汇总生成表9－72。

表9－72　收入与职工薪酬配比分析汇总表　单位：元

1. 营业收入	14 986 176. 22（全年收入）	
2. 个人所得税申报	工资薪金所得	5 486 847（2015. 1—2015. 12）
3. 资产负债表	应付职工薪酬（以资产负债表年末余额×12测算）	1 912 804. 8（159 400. 40×12）
4. 单位工资收益测算1（1÷2）	2. 73	
5. 单位工资收益测算2（1÷3）	7. 83	
6. 管理费用、财务费用、营业费用合计	4 889 914. 3（3 283 357. 96＋1 095 906. 67＋510 650. 00）	

因纳税调整项目明细表的“职工薪酬”未填报数据，将2015年度纳税申报数据汇总表中个人所得税申报的“工资薪金所得”项填报数据与利用资产负债表“应付职工薪酬”期末余额测算的全年数据进行比对，二者差异非常大。鉴于个人所得税申报的“工资薪金所得”项填报数据5 486 847元大于管理费用、财务费用、营业费用三项合计数据4 889 914. 3元，存在明显填报错误，并且按照资产负债表“应付职工薪酬”年初数据测算的人均月工资4 554. 30元（159 400. 40÷35）比较合理，因此选择利用测算的“应付职工薪酬”作为分析收入的数据进行配比分析。

计算结果显示，该公司2015年单位工资收益为7. 83元，小于同作为商业企业的A公司2013年、2014年和2015年的14. 32元、12. 77元和11. 55元（具体数据详见案例1），需进一步核实“应付职工薪酬”实际支出金额并结合以往年度的单位工资收益及变动，分析确认B民爆器材有限公司是否存在不计、少计收入的风险。

（4）利用资金流对收入或销售额进行分析

抽取B民爆器材有限公司2015年的资产负债表、利润表中与资金流入相关的科目及数据并进行计算，汇总生成表9－73。

表9－73　与收入相关资金流汇总表　单位：元

	年初余额	年末余额
短期借款	0. 00	0. 00
长期借款	0. 00	0. 00
预收账款	27 280. 16	11 730. 37
应收账款	225 087. 40	225 087. 40
其他应付款	722 124. 38	－1 327 855. 2

续表

	年初余额	年末余额
其他应收款	-2 629 028.30	-1 936 553.00
实收资本（或股本）净额	1 310 000.00	1 310 000.00
资本公积	832 838.8	932 838.8
货币资金	8 607 751.10	3 042 683.40
存货	231 085.67	-214 166.16
长期投资：	1 000 000	600 000
固定资产原价	182 650.15	182 650.15
无形资产	664 248.85	553 393.49
财务费用	1 095 906.67（2015 年度）	
按照5%利率测算本金	21 918 133.4（1 095 906.67 ÷5%）	

表9－73数据显示，2015年“短期借款”“长期借款”期初、期末余额为零，表明该纳税人未发生向银行等金融机构的长、短期借款。“预收账款”项目年末余额为11 730.37元，表明向客户的“借款”也不多。核算向其他单位和个人的借款的“其他应付款”期末余额出现异常为－1 327 855.2元，同时“其他应收款”期末余额也出现异常为－1 936 553.00元，可将两者期末余额互换，即“其他应付款”期末余额为1 936 553.00元，表明B民爆器材有限公司存在向自然人或其他企业单位借款的可能；互换后“其他应收款”的期末余额为1 327 855.2元，表明B民爆器材有限公司存在将资金借予自然人或企业单位的可能；两者年末余额接近，结合财务费用1 095 906.67元的支出（按照5%利率测算的本金为21 918 133.4元）以及存货、长期投资、固定资产原价、无形资产等报表项目年初、年末余额的变化，表明该纳税人存在向其他单位和个人借款同时又将该借款对外借出的可能性。

“应收账款”“预收账款”是与销售直接相关的科目。本例中纳税人为商业企业，销售对象为使用民爆用品的矿山等单位，存在赊销业务属于正常现象。该企业“应收账款”项目年初、年末余额均为225 087.40元，虽然金额不大但一个年度未收回账款，比较异常，需结合明细账核实具体业务，核实该应收款业务是否已经缴纳增值税、是否已经确认企业所得税收入。“预收账款”项目余额较小且该行业可能存在预收款业务，因此，纳税风险较小。

“实收资本”核算股东投入公司的资本金。表9－73的数据显示，2015年纳税人实收资本未有增加，股东没有追加投资。但是“资本公积”年末较年初余额增加10万元。一般来说，“资本公积”是投资者或者他人投入到企业投入金额超过法定资本部分的资本。本例中，股东没有追加投资但资本公积却增加，不符合会计核算规则。因此存在将收入记入“资本公积”，少缴增值税和企业所得税的风险。

综上所述，除“应收账款”“资本公积”项目年末余额异常，需进一步核实是否存在少计收入等风险外，从资金流分析未见明显隐匿收入的风险。

（5）利用货物流对收入或销售额进行分析

抽取B民爆器材有限公司2015年的资产负债表、利润表、企业所得税年度纳税申报表中与存货相关的科目及数据，汇总生成表9－74。

表9－74　与收入相关货物流汇总表　单位：元

存货	231 085.67（年初余额）	－214 166.16（年末余额）
营业收入	14 986 176.22（全年收入）	

表9－74数据显示，B民爆器材有限公司的存货年末余额为－214 166.16元。一般来说，若存在销售货物不计收入行为，会造成“存货”项目年末余额：一是增加；二是余额没有大的增减但毛利率降低。这两种典型现象在本例中未出现。因此，无法利用货物流分析收入是否存在异常。但仍需对存货账面出现红字进行风险分析。

存货账面出现红字有以下三种情况：一是数量为零或正数，金额红字。原因是存货发出计价不规范或中途变更计价方法，发出价高于账面成本价，存在多转成本，减少利润，少缴企业所得税的风险。二是数量为红字，金额为正数。原因是未入库就发出，且发出计价长期低于账面成本价，存在少转成本，虚增利润的风险。三是数量和金额都为红字。造成这一结果的原因在单价正常的情况下，存货发票未到，存货已入库未做估价入账，就领用发出；在单价不正常的情况下，也有可能是存货发出计价不规范，高于账面成本价。本例中，需结合相关存货的明细账、库存保管资料等，确认存货出现负数的原因以及对成本、应纳税所得额的影响。

综合前文利用收入与成本配比对收入或销售额进行分析、利用固定资产对收入或销售额进行分析、利用工资对收入或销售额进行分析、利用资金流对收入或销售额进行分析、利用货物流对收入或销售额进行分析五个方面分析结论，B民爆器材有限公司未见明显的不计、少计收入的风险，但仍需对个别会计科目核算内容进行核查。

2. 投资业务的案头分析

抽取B民爆器材有限公司2015年的资产负债表、利润表、一般企业收入明细表、一般企业成本支出明细表中与投资相关的科目及数据，汇总生成表9－75。

表9－75　与投资相关数据汇总表　单位：元

长期股权投资	1 000 000（年初余额）	600 000（年末余额）
应收股利	0（年初余额）	0（年末余额）
投资收益	0（全年数）	
营业外收入	400 000.00（全年数）	
营业外支出	226 487.66（全年数）	
其中，罚没支出	226 487.66（全年数）	

表9－75数据显示，B民爆器材有限公司2015年长期期权投资年初1 000 000元，应收股利和投资收益均为0，表明该纳税人对外长期股权投资，没有为企业带来收益，被投资方经营状况不好。据此，该纳税人年末长期股权投资减少400 000.00元，也合乎情理。按照企业所得税法规定，处置长期股权投资应确认投资损失或者投资收益。表9－75填报数据显示，该纳税人取得营业外收入400 000.00元，若为股权处置所得，则该股权处置收入应为800 000.00元，未免太过巧合；发生营业外支出226 487.66元，填报数据显示是罚没支出，不是股权处置损失。综上分析，该纳税人存在股权处置所得或处置损失未如实填报的风险，应结合相关合同、协议进行核查。

3. 营业成本、费用总体的案头分析

受采集数据限制，分析成本、费用的一些指标不能使用，现选取以下指标对成本、费用进行分析。

（1）成本、费用配比分析

抽取B民爆器材有限公司2015年的企业所得税年度纳税申报表、利润表中相关成本、费用、收入数据并进行指标计算，汇总生成表9－76。

表9－76　成本、费用配比分析汇总表　单位：元

项目	本年累计数
营业收入	14 986 176.22
营业成本	9 515 319.99
营业成本占营业收入的比例	63.49%
营业费用	510 650.00
营业费用占营业收入的比例	3.41%
管理费用	3 283 357.96
管理费用占营业收入的比例	21.91%
财务费用	1 095 906.67
财务费用占营业收入的比例	7.31%
管理费用、财务费用、营业费用合计数	4 889 914.3
管理费用、财务费用、营业费用合计数占营业收入的比例	32.63%
管理费用、财务费用、营业费用合计数占营业成本的比例	51.39%

表9－76数据显示，B民爆器材有限公司2015年的营业成本占营业收入的比例为63.49%，前述对收入成本的配比分析显示，成本虚列的风险较小。

B民爆器材有限公司2015年的三项费用率为32.63%，成本费用率为51.39%，经查询雷鸣科化、雅化集团两家公司2015年年报，雷鸣科化的三项费用率和成本费用率分别为24.97%、29.40%，雅化集团的三项费用率和成本费用率分别为29.28%、31.43%。剔

除不可比因素影响，同样显示，在收入、成本相对比较真实的情况下，B 民爆器材有限公司存在虚列费用的风险。

2015 年营业费用、营业费用率分别为 510 650.00 元、3.41%。虽然营业费用金额、营业费用率不是很高，但对于一个许可经营的行业来讲，金额偏高，需进一步审核分析。

2015 年管理费用、管理费用率分别为 3 283 357.96 元、21.91%，是纳税人的主要费用支出，需进一步审核分析。

2015 年财务费用、财务费用率分别为 1 095 906.67 元、7.31%。作为销售企业，财务费用率非常高，不符合行业特点，指向该纳税人财务费用存在虚列疑点，需进一步审核分析。

（2）利用资金流对成本费用进行分析

抽取 B 民爆器材有限公司 2015 年的资产负债表中与资金流出相关的科目及数据，汇总生成表 9 – 77。

表 9 – 77　　与成本费用相关资金流汇总表　　单位：元

报表项目	年初余额	年末余额
应付账款	157 516.86	–26 417.78
预付账款	0.00	0.00
其他应付款	722 124.38	–1 327 855.2
其他应收款	–2 629 028.30	–1 936 553.00

表 9 – 77 数据显示，B 民爆器材有限公司 2015 年没有发生“预付账款”；“应付账款”项目年末余额为 –26 417.78 元，余额很小，不存在明显的纳税风险；“其他应付款”项目年末余额 –1 327 855.2 元，在前述对收入的资金流分析中，结合“其他应收款”项目期末余额，分析结论是该纳税人存在向其他企业或个人借款又借给其他企业或个人的业务。因此，从资金流分析成本费用未见典型的虚列成本、费用的特征，但需结合“其他应付款”明细账、“其他应收款”明细账进一步核查、确认具体业务。

（3）利用货物流对成本进行分析

抽取 B 民爆器材有限公司 2015 年的资产负债表、企业所得税年度纳税申报表中与存货相关的科目及数据，汇总生成表 9 – 78。

表 9 – 78　　与成本费用相关的货物流数据汇总表　　单位：元

	年初余额	年末余额
存货	231 085.67	–214 166.16
营业成本	9 515 319.99（全年数据）	
成本占收入比	63.49%	

表9－78数据显示，B民爆器材有限公司2015年的“存货”年末余额为－214 166.16元，不符合虚假购货“存货”期末余额增加这一典型特征。如果纳税人虚假购进后虚转入营业成本，表中“成本占收入比”也未明显体现出异常高这一典型特征。因此，从货物流来看，B民爆器材有限公司不存在明显的虚假购货、虚增进项税额、虚列成本的风险。

综合前文成本费用配比分析、利用资金流对成本费用进行分析、利用货物流对成本进行分析三个方面分析结论，B民爆器材有限公司成本未见明显的虚列、多列风险，但销售费用、管理费用、财务费用存在虚列、多列风险，需结合具体费用项目支出数据进行分析。

4. 财务费用的案头分析

B民爆器材有限公司向股东借款，发生的利息应高于按照金融企业同期同类贷款利率计算的部分，但是在纳税调整项目明细表中未进行调增申报（详见表9－81与罚没支出相关数据汇总表），存在多列利息费用的风险。同时，应核查该纳税人将所借款项借予其他单位或个人，是否收取利息、是否将利息计入应纳税所得额申报纳税。

5. 职工薪酬的案头分析

职工薪酬的案头分析数据、过程及结论，可见本案例“（七）企业所得税的案头分析，1. 营业收入的案头分析，（3）利用工资对收入或销售额进行分析”。

6. 固定资产折旧的案头分析

本例未采集《A105080资产折旧、摊销及纳税调整明细表》及相关数据，对固定资产折旧额的案头分析只能依据资产负债表相关数据进行。

抽取B民爆器材有限公司2015年资产负债表中与固定资产折旧额相关的科目及数据，汇总生成表9－79。

表9－79　　与折旧额相关的数据汇总表　　单位：元

	年初余额	年末余额
固定资产原价	182 650.15	182 650.15
减：累计折旧	93 105.52	102 238.00
测算折旧率	5%＝(102 238.00－93 105.52)÷182 650.15×100%	

表9－79数据显示，该纳税人固定资产原价2015年未发生变化，因此可用“累计折旧”科目的年末余额与年初余额的差额作为当年计提的折旧金额，并用这一折旧金额与固定资产原价计算折旧率。对于测算的折旧率5%，按照企业所得税法规定，房屋、建筑物的最低折旧年限为20年，则房屋、建筑物最高折旧率为5%，也就是说该纳税人资产负债表中固定资产应为房屋、建筑物。但是作为从事生产经营的企业不可能没有其他类别的固定资产，那么是否存在其他类别固定资产也按照20年计提折旧这种可能，一般来说，如果企业处于亏损经营阶段，为了避免折旧额当年以及未来5年内不能在企业所得税前扣除，

会延长固定资产的折旧年限。但是对于盈利的企业通常不会采用这种折旧方式。B 民爆器材有限公司处于盈利状态，将其他类别的固定资产按照 20 年计提折旧的可能性很小。因此，该企业存在将购置其他类别固定资产发生的支出一次性扣除的风险，需进一步核查。

7. 安全生产费用的案头分析

依据行业特点以及会计核算，该纳税人可以计提安全生产费用，并在资产负债表中以"专项储备"科目列示。但是，该纳税人申报的资产负债表中未见"专项储备"科目填报，却发现纳税人填报了"预计负债"科目，期初余额为 2 336 652.4 元、期末余额为 319 482.37 元，需核实该科目核算的是否为计提的安全生产费用。

依据税收政策，实际发生的费用化的安全生产费用可以在企业所得税前扣除，资本化的安全生产费用以折旧额方式在企业所得税前扣除。因此，若该科目核算的内容确为计提的安全生产费用，则进一步核实是否依法进行纳税调增、调减申报。

8. 坏账准备金的案头分析

抽取 B 民爆器材有限公司 2015 年的资产负债表、纳税调整项目明细表中与坏账准备金相关的科目及数据，汇总生成表 9－80。

表 9－80　　与坏账准备金相关的数据汇总表　　单位：元

应收账款	225 087.40（年初余额）		225 087.40（年末余额）
其他应收款	－2 629 028.30（年初余额）		－1 936 553.00（年初余额）
减：坏账准备	12 394.84（年初余额）		25 900.12（年末余额）
纳税调整增加额	59 210.12		
业务招待费支出	134 141（账载金额）	74 930.88（税收金额）	59 210.12（调增金额）

表 9－80 数据显示，纳税人应收账款 2015 年余额未发生变化；其他应收款 2015 年余额为负数。但"坏账准备"科目年末余额增加 13 505.28 元并且未作调增申报。纳税人存在未依法将计提的坏账准备金调整应纳税所得额的风险。

9. 罚没支出的案头分析

抽取 B 民爆器材有限公司 2015 年企业所得税年度纳税申报表中与罚没支出相关数据，汇总为表 9－81。

表 9－81　　与罚没支出相关数据汇总表　　单位：元

罚没支出（表 A102010）	226 487.66		
纳税调整增加额（A100000）	59 210.12		
业务招待费支出（表 A105000）	134 141（账载金额）	74 930.88（税收金额）	59 210.12（调增金额）
罚金、罚款和被没收财物的损失（表 A105000）	0（账载金额）	0（税收金额）	0（调增金额）
税收滞纳金、加收利息（表 A105000）	0（账载金额）	0（税收金额）	0（调增金额）

表 9 - 81 数据显示，B 民爆器材有限公司 2015 年发生罚没支出 226 487. 66 元，但是纳税调整增加额只有 59 210. 12 元，而且是业务招待费支出的调增金额，罚没支出没有进行纳税调增。因此，该公司存在未依法调增罚没支出、少缴企业所得税问题。

10. 税务检查调账的案头分析

纳税人 2015 年度纳税申报数据显示，2015 年 8 月对 2014 年进行日常检查，查补了税款。但是 2015 年利润表中未见对“以前年度损益调整”的填报，也就是说补缴税款后，纳税人未依法进行账务调整。其结果是将查补税款在 2015 年所得税汇算中直接扣减。因此，应确认并补缴这一违法行为造成的少缴的企业所得税。

案例 3　C 物流发展有限公司增值税案头分析

C 物流发展有限公司，纳税人识别号：××××，统一社会信用代码：×××××，注册资本：6 000 万元，法定代表人：吴某某，成立日期：2005 年 6 月 1 日，住所：××市开发区南园工业区东路 275 号。

该公司经营范围：普通货运、普通货物装卸、物流服务、信息配载、仓储服务、货物包装、停车场经营；大型餐馆、住宿；运输代理业；会议服务；企业策划、广告设计及发布；建筑材料、日用百货、汽车零部件及摩托车零部件、电线电缆、润滑油、耐火材料、五金交电、燃料油、工艺品的批发零售；房屋及装卸机械租赁、机电设备租赁；物业服务。

该企业执行企业会计制度。2013 年 10 月 9 日认定为增值税一般纳税人。2015 年自查补交 2014 年度企业所得税 327 455. 77 元。

前期调查发现，在××市开发区南园工业区东路 275 号院内共有 5 个公司（W 旅行社、内陆港有限公司、W 建筑工程公司、DH 商贸物流发展有限公司、XT 房地产有限公司），实际控制人均为吴某某。

C 物流发展有限公司部分会计资料记载如下：

1. 2015 年 4 月，6#凭证

借：其他应付款——W 旅行社　　3 000 000

　　贷：长期股权投资　　2 400 000

　　　　其他应收款——集团内往来　　600 000

2. 2015 年 7 月，91#凭证

借：银行存款　　30 290 000

　　贷：长期股权投资　　30 000 000

　　　　其他应收款——集团内往来　　290 000

3. “其他业务收入”明细账显示：全年收取电费收入 359 602 元、宽带收入 117 100

元、暖气费174 316元。账务处理如下：

借：银行存款　　651 018

　贷：其他业务收入——电费　　359 602

　　——宽带收入　　117 100

　　——暖气费　　174 316

相关涉税数据见表9－82至表9－87。

表9－82　　**2015年资产负债表**　　单位：元

资产	年初数	期末数	负债和所有者权益（或股东权益）	年初数	期末数
流动资产：			流动负债：		
货币资金	128 127 981.97	156 758 588.77	短期借款	253 000 000.00	228 000 000.00
短期投资			应付票据	150 000 000.00	190 000 000.00
应收票据			应付账款	2 256 571.40	2 347 026.87
应收股利			预收账款	93 909.80	365 289.80
应收利息			应付工资	17 534.60	12 895.48
应收账款	413 460.50	1 800 674.50	应付福利费		
其他应收款	67 851 808.27	142 354 464.93	应付股利		
预付账款	807 669.99	51 493 437.39	应交税费	113 469.19	172 786.35
应收补贴款			其他应交款		
存货	1 480 875.10	1 223 033.05	其他应付款	25 069 872.44	60 060 012.31
待摊费用			预提费用		
一年内到期的长期债权投资			预计负债		
其他流动资产			一年内到期的长期负债		
流动资产合计	198 681 795.83	353 630 198.64	其他流动负债		
长期投资：					
长期股权投资	63 400 000.00	31 000 000.00	流动负债合计	430 551 357.43	480 958 010.81
长期债权投资			长期负债：		
长期投资合计	63 400 000.00	31 000 000.00	长期借款		30 000 000.00
固定资产：			应付债券		
固定资产原价	141 764 843.11	140 816 053.40	长期应付款		
减：累计折价	31 913 462.15	41 647 081.38	专项应付款	3 450 000.00	
固定资产净值	109 851 380.96	99 168 972.02	其他长期负债		
减：固定资产减值准备			长期负债合计	3 450 000.00	30 000 000.00

续表

资产	年初数	期末数	负债和所有者权益（或股东权益）	年初数	期末数
固定资产净额	109 851 380.96	99 168 972.02	递延税项：		
在建工程	34 061 361.46	35 660 906.62	负债合计	434 001 357.43	510 958 010.81
固定资产合计	143 912 742.42	134 829 878.64	所有者权益：		
无形资产及其他资产：			实收资本	60 000 000.00	130 000 000.00
无形资产	234 646 732.80	234 637 132.80	减：已归还投资		
长期待摊费用	309 209.11	17 254.64	实收资本净额	60 000 000.00	130 000 000.00
其他长期资产			资本公积	172 149 779.26	172 149 779.26
无形资产及其他资产合计	234 955 941.91	234 654 387.44	盈余公积		
递延税项：			未分配利润	-25 200 656.53	-58 993 325.35
递延税款借项			所有者权益合计	206 949 122.73	243 156 453.91
资产总计	640 950 480.16	754 114 464.72	负债和所有者权益总计	640 950 480.16	754 114 464.72

注：表中未列示项目填报数据均为0。

表9-83　　2015年利润表　　单位：元

项目	本月数	本年累计数
一、主营业务收入	2 577 991.00	19 398 770.62
减：主营业务成本	1 744 634.40	19 783 128.86
主营业务税金及附加	127 521.08	708 415.82
二、主营业务利润（亏损以“-”号填列）	705 835.52	-1 092 774.06
加：其他业务利润（亏损以“-”号填列）	-48 659.03	98 211.33
减：销售费用		
管理费用	1 465 049.63	11 345 083.85
财务费用	1 404 946.95	26 024 741.47
三、营业利润（亏损以“-”号填列）	-2 212 820.09	-38 364 388.05
加：投资收益（损失以“-”号填列）		-12 318.37
补贴收入	3 450 000.00	5 050 000.00
营业外收入	880.14	8 861.19
减：营业外支出		103 034.49
以前年度损益调整		
四、利润总额（亏损总额以“-”号填列）	1 238 060.05	-33 420 879.72
减：所得税		327 455.77
五、净利润（净亏损以“-”号填列）	1 238 060.05	-33 748 335.49

表 9－84　　**12 月增值税纳税申报表（一般纳税人适用）**　　单位：元

项目		一般货物、劳务和应税服务	
		本月数	本年累计
销售额	（一）按适用税率计税销售额	1 647 575.58	8 114 233.65
	其中：应税货物销售额	0.00	0.00
	应税劳务销售额	0.00	0.00
	纳税检查调整的销售额	0.00	0.00
	（二）按简易办法计税销售额	0.00	0.00
	其中：纳税检查调整的销售额	0.00	0.00
	（三）免、抵、退办法出口销售额	0.00	0.00
	（四）免税及劳务销售额	0.00	0.00
	其中：免税货物销售额	0.00	0.00
	免税劳务销售额	0.00	0.00
税款计算	销项税额	98 854.58	486 854.12
	进项税额	38 444.01	489 883.74
	上期留抵税额	55 255.57	0.00
	进项税额转出	0.00	16 393.34
	免、抵、退应退税额	0.00	0.00
	按适用税率计算的纳税检查应补缴税额	0.00	0.00
	应抵扣税额合计	93 699.58	—
	实际抵扣税额	93 699.58	0.00
	应纳税额	5 155.00	13 363.72
	期末留抵税额	0.00	0.00
	简易计税办法计算的应纳税额	0.00	0.00
	按简易计税办法计算的纳税检查应补缴税额	0.00	0.00
	应纳税额减征额	0.00	400.00
	应纳税额合计	5 155.00	12 963.72
税款缴纳	期初未缴税额（多缴为负数）	0.00	4 145.03
	实收出口开具专用缴款书退税额	0.00	0.00
	本期已缴税额	0.00	11 953.75
	①分次预缴税额	0.00	—
	②出口开具专用缴款书预缴税额	0.00	—
	③本期缴纳上期应纳税额	0.00	11 953.75
	④本期缴纳欠缴税额	0.00	0.00
	期末未缴税额（多缴为负数）	5 155.00	5 155.00
	其中：欠缴税额（≥0）	0.00	—
	本期应补（退）税额	5 155.00	—
	即征即退实际退税额	—	—
	期初未缴查补税额	0.00	0.00
	本期入库查补税额	0.00	0.00
	期末未缴查补税额	0.00	0.00

注：表中未列示项目填报数据均为 0。

表 9-85　**2015 年进项、销项发票明细汇总表**　单位：元

进项发票汇总表				销项发票汇总表			
	金额	税率	税额		金额	税率	税额
（详见销货清单）	5 421.99	17%	921.73	仓储费	4 992 366.55	6%	299 542
电	987 325.12	17%	167 845.26	代理服务费	1 524 379.2	6%	91 462.8
天然气	987 066.84	13%	128 318.66	停车费	22 358.49	6%	1 341.51
广告费	276 057.88		13 942.12	装卸费	36 159.12	6%	2 169.54
技术咨询费	235 849.05	6%	14 150.95	合计	6 575 263.36		394 515.9
设计服务费	145 631.07	3%	4 368.93				
车用油	128 205.13	17%	21 794.86				
维修费	110 540	17%	18 791.8				
录制费	37 735.85	6%	2 264.15				
电信业——基础电信服务	34 462.06	11%	3 790.83				
设计费	25 254.72	6%	1 515.28				
技术服务费	20 000	6%	1 200				
代理费	19 417.48	3%	582.52				
修车工料费	19 151.27	17%	3 255.72				
制作费	11 320.75	6%	679.25				
播映费	9 433.96	6%	566.04				
计量箱	7 692.31	17%	1 307.69				
审图费	5 660.38	6%	339.62				
电信业——增值电信服务	2 681.12	6%	160.87				
汽车配件	2 317.09	17%	393.91				
工时费	2 016.67	17%	342.83				
信息发布	1 867.92	6%	112.08				
机油	1 723.7	17%	293.03				
电缆	1 341.45	17%	228.05				
电容器	854.7	17%	145.3				
柴油滤芯	600.86	17%	102.14				
会计账簿	512.82	17%	87.18				
记服凭证	512.82	17%	87.18				
网线及水晶头	376.07	17%	63.93				
超五类网线	324.79	17%	55.21				
节能灯	299.15	17%	50.85				
轮胎费	282.05	17%	47.95				

续表

进项发票汇总表				销项发票汇总表			
	金额	税率	税额		金额	税率	税额
漏电	264.96	17%	45.04				
插座	224.58	17%	38.18				
机油滤芯	208.48	17%	35.45				
接触器	191.92	17%	32.63				
电话线芯子	128.21	17%	21.79				
空开	124.23	17%	21.12				
护套线	112.82	17%	19.18				
泛光灯触发器	111.11	17%	18.89				
空气滤芯	85.47	17%	14.53				
LED 探照灯	55.56	17%	9.44				
泛光灯镇流器	41.03	17%	6.97				
金属卤化物泡	27.35	17%	4.65				
睢修费	25.64	17%	4.36				
扳手	23.93	17%	4.07				
灯泡	17.09	17%	2.91				

表 9-86　　A100000 中华人民共和国企业所得税年度纳税申报表（A 类）　　单位：元

类别	项目	金额
利润总额计算	一、营业收入（填写 A101010 \ 101020 \ 103000）	20 187 038.62
	减：营业成本（填写 A102010 \ 102020 \ 103000）	10 116 965.02
	营业税金及附加	708 415.82
	销售费用（填写 A104000）	10 356 220.51
	管理费用（填写 A104000）	11 345 083.85
	财务费用（填写 A104000）	26 024 741.47
	资产减值损失	0.00
	加：公允价值变动收益	0.00
	投资收益	-12 318.37
	二、营业利润（1-2-3-4-5-6-7+8+9）	-38 376 706.42
	加：营业外收入（填写 A101010 \ 101020 \ 103000）	5 058 861.19
	减：营业外支出（填写 A102010 \ 102020 \ 103000）	103 034.49
	三、利润总额（10+11-12）	-33 420 879.72

续表

类别	项目	金额
应纳税所得额计算	减：境外所得（填写 A108010）	0.00
	加：纳税调整增加额（填写 A105000）	14 064 768.73
	减：纳税调整减少额（填写 A105000）	0.00
	减：免税、减计收入及加计扣除（填写 A107010）	0.00
	加：境外应税所得抵减境内亏损（填写 A108000）	0.00
	四、纳税调整后所得（13 - 14 + 15 - 16 - 17 + 18）	- 19 356 110.99
	减：所得减免（填写 A107020）	0.00
	减：抵扣应纳税所得额（填写 A107030）	0.00
	减：弥补以前年度亏损（填写 A106000）	0.00
	五、应纳税所得额（19 - 20 - 21 - 22）	0.00
应纳税额计算	税率（25%）	25.00%
	六、应纳所得税额（23 × 24）	0.00
	减：减免所得税额（填写 A107040）	0.00
	减：抵免所得税额（填写 A107050）	0.00
	七、应纳税额（25 - 26 - 27）	0.00
	加：境外所得应纳所得税额（填写 A108000）	0.00
	减：境外所得抵免所得税额（填写 A108000）	0.00
	八、实际应纳所得税额（28 + 29 - 30）	0.00
	减：本年累计实际已预缴的所得税额	0.00
	九、本年应补（退）所得税额（31 - 32）	0.00
	其中：总机构分摊本年应补（退）所得税额（填写 A109000）	0.00
	财政集中分配本年应补（退）所得税额（填写 A109000）	0.00
	总机构主体生产经营部门分摊本年应补（退）所得税额（填写 A109000）	0.00
附列资料	以前年度多缴的所得税额在本年抵减额	0.00
	以前年度应缴未缴在本年入库所得税额	0.00

表 9 - 87　　A105000 纳税调整明细表　　单位：元

项目	账载金额	税收金额	调增金额	调减金额
	1	2	3	4
一、收入类调整项目	*	*	224 469.37	0.00
（一）视同销售收入（填写 A105010）	*	0.00	0.00	*
（二）未按权责发生制原则确认的收入（填写 A105020）	0.00	0.00	0.00	0.00

续表

项目	账载金额	税收金额	调增金额	调减金额
	1	2	3	4
（三）投资收益（填写 A105030）	（12 318.37）	0.00	12 318.37	0.00
（四）按权益法核算长期股权投资对初始投资成本调整确认收益	*	*	*	0.00
（五）交易性金融资产初始投资调整	*	*	0.00	*
（六）公允价值变动净损益	0.00	*	0.00	0.00
（七）不征税收入	*	*	0.00	0.00
其中：专项用途财政性资金（填写 A105040）	*	*	0.00	0.00
（八）销售折扣、折让和退回	0.00	0.00	0.00	0.00
（九）其他	0.00	212 151.00	212 151.00	0.00
二、扣除类调整项目	*	*	13 826 799.36	0.00
（一）视同销售成本（填写 A105010）	*	0.00	*	0.00
（二）职工薪酬（填写 A105050）	7 989 441.71	7 989 441.71	0.00	0.00
（三）业务招待费支出	1 154 606.77	100 935.19	1 053 671.58	*
（四）广告费和业务宣传费支出（填写 A105060）	*	*	0.00	0.00
（五）捐赠支出（填写 A105070）	0.00	0.00	0.00	*
（六）利息支出	10 753 785.04	0.00	10 753 785.04	0.00
（七）罚金、罚款和被没收财物的损失	0.00	*	0.00	*
（八）税收滞纳金、加收利息	41 306.18	*	41 306.18	*
（九）赞助支出	57 735.85	*	57 735.85	*
（十）与未实现融资收益相关在当期确认的财务费用	0.00	0.00	0.00	0.00
（十一）佣金和手续费支出	0.00	0.00	0.00	*
（十二）不征税收入用于支出所形成的费用	*	*	0.00	*
其中：专项用途财政性资金用于支出所形成的费用（填写 A105040）	*	*	0.00	*
（十三）跨期扣除项目	0.00	0.00	0.00	0.00
（十四）与取得收入无关的支出	190 956.04	*	190 956.04	*
（十五）境外所得分摊的共同支出	*	*	0.00	*
（十六）其他	1 729 344.67	0.00	1 729 344.67	0.00
三、资产类调整项目（31 +32 +33 +34）	*	*	13 500.00	0.00
（一）资产折旧、摊销（填写 A105080）	9 783 119.23	9 769 619.23	13 500.00	0.00

续表

项目	账载金额	税收金额	调增金额	调减金额
	1	2	3	4
（二）资产减值准备金	0.00	*	0.00	0.00
（三）资产损失（填写 A105090）	0.00	0.00	0.00	0.00
（四）其他	0.00	0.00	0.00	0.00
合计（1＋12＋30＋35＋41＋42）	*	*	14 064 768.73	0.00

注：表中未列示项目填报数据均为0。

【案头分析】

（一）基础信息分析

C 物流发展有限公司2005 年设立：截至2015 年已经11 年，是处于成熟期的企业，若出现亏损经营，属于不正常的现象，存在偷（逃）税风险。

注册资本为6 000 万元：表明该公司规模较大，在市场竞争中应具有一定优势。查询2015 年末资产负债表“实收资本”年末余额为 130 000 000.00 元，表明股东追加投资，推测该公司经营状况应该良好，股东有信心扩大生产，如果出现亏损经营，属于不正常的现象，存在人为造成虚假亏损、偷（逃）税的风险。分析核实追加注册资本的资金是否有合理来源，是否依法缴纳印花税。

法定代表人为吴某某：可在金税三期系统中查询“同法人代表”，确认该公司是否存在关联企业；可在网上查询吴某某个人资料，了解其经历、经营理念，分析其对风险的喜好；查询吴某某的个人信用积分、是否被列入黑名单、是否为外地人以及年龄等信息，分析其纳税遵从度。

住所为××市开发区南园工业区东路275 号。可在金税三期系统中查询该地址，确认是否存在“一址多户”的情况，如本例中提到“在××市开发区南园工业区东路275 号院内共有5 个公司（W 旅行社、内陆港有限公司、W 建筑工程公司、DH 商贸物流发展有限公司、XT 房地产有限公司）”是典型的“一址多户”，进而分析、确认各个公司是否为关联企业。本例通过调查发现，上述5 家公司实际控制人均为吴某某，因此C 物流发展有限公司与上述5 家公司为关联企业。另外，注册地址还与城镇土地使用税的税额、企业的经济实力有关。

公司经营范围：可分析纳税人的客户群体，分析是否存在兼营业务、是否存在不同税率的兼营业务、是否存在混合销售业务等，从而分析该公司可能存在的纳税风险。如C 物流发展有限公司2015 年的经营范围中存在增值税与营业税的兼营行为，既有增值税的货物销售（建筑材料、日用百货、汽车零部件及摩托车零部件、电线电缆、润滑油、耐火材料、五金交电、燃料油、工艺品的批发零售），营改增的服务（普通货运、普通货物装卸、物流服务、信息配载、仓储服务、货物包装、停车场经营、装卸机械租赁、机电设备租赁、运输代理业、会议服务、企业策划、广告设计及发布、物业服务），也有营业税的劳务（房屋租赁、大型餐馆、住宿）。因此，存在将增值税收入申报为营业税收入或将营业税收入申报为增值税收入的纳税风险；存在将用于营业税项目的购进货物的进项税额抵扣的风险。C物流发展有限公司2015年的经营范围中还存在不同税率的混业经营行为（2016年5月1日后，称为兼营行为），如税率为17%的货物销售（建筑材料、日用百货、汽车零部件及摩托车零部件、电线电缆、润滑油、耐火材料、五金交电、燃料油、工艺品的批发零售）和装卸机械、机电设备租赁服务；税率为11%的普通货运服务；税率为6%的普通货物装卸、物流服务、信息配载、仓储服务、货物包装、停车场经营、运输代理业、会议服务、企业策划、广告设计及发布、物业服务。因此，存在将高税率征税品目申报为低税率征税品目的风险。C物流发展有限公司2015年的经营范围中还存在两种计税方法的项目，如货物批发零售、普通货运服务、广告设计及发布等适用一般计税方法计税的项目，普通货物装卸、仓存服务适用简易计税方法计税的服务。因此，存在将用于简易计税项目的购进货物的进项税额抵扣的风险。

2013年10月9日认定为增值税一般纳税人：该纳税人2005年开始经营，尽管注册范围包括货物批发、零售，但是2013年10月9日之前一直不是增值税一般纳税人，表明该企业并未实际从事货物批发、零售，只是注册范围包括该事项而已。2013年8月1日营改增试点，试点前连续12个月累计销售额（营业额÷1.03）大于500万元，将被认定为一般纳税人。该纳税人在试点开始日，不是一般纳税人，表明试点前连续12个月累计销售额未达500万元，但是在试点后2个月即超过500万元，并且2015年销售额已达8 114 233.65元，销售额增长很快，原因可能包括，一是营改增后索取发票的服务接收方增多，该纳税人不开票不申报纳税的做法难以实现；二是该纳税人利用增值税专用发票为他人虚开。无论是何原因，均存在纳税风险，需在案头分析、核查时进行分析、确认。

2015年自查补交2014年度企业所得税327 455.77元：按照企业所得税额推算涉及的应纳税所得额为1 309 823.08元，需核实具体事项，分析是否涉及增值税查补税款。

（二）增值税税负率分析

抽取C物流发展有限公司2015年增值税纳税申报表、利润表中与增值税税负率相关的数据，汇总计算生成表9－88。

表9－88　与增值税税负率相关数据汇总表　　单位：元

主营业务收入	19 398 770.62
按适用税率计税销售额	8 114 233.65
应纳税额	13 363.72
税负率（应纳税额÷按适用税率计税销售额）	0.16%

表9－88数据显示，主营业务收入与按适用税率计税销售额，两者数据相差很大。考虑纳税人注册的经营范围中有房屋租赁、大型餐馆、住宿等营业税业务，两者申报数据显示该纳税人确实从事了营业税业务活动。为增加增值税税负率的有效性和准确性。在计算税负率时，采用应纳税额÷按适用税率计税销售额，测算结果增值税税负率为0.16%，即使将可能影响增值税税负率的因素也加以考虑，该纳税人的增值税税负率仍低于国家税务总局公布的仓储业增值税税负率1.30%这一标准值。因此，存在少申报销项税额、虚增进项税额的风险。

（三）销售额、销项税额的案头分析

1. 销售额报表间的比对分析

抽取C物流发展有限公司2015年增值税纳税申报表、利润表、企业所得税年度纳税申报表、增值税发票电子底账管理系统中与销售额相关的数据，汇总计算生成表9－89。

表9－89　　与销售额相关数据汇总表　　单位：元

1. 营业收入	20 187 038.62
2. 主营业务收入	19 398 770.62
3. 按适用税率计税销售额	8 114 233.65
4. 增值税发票销售额汇总数据	6 575 263.36

表9－89数据显示，营业收入大于主营业务收入，表明该纳税人存在其他业务收入788 268元（20 187 038.62－19 398 770.62），需核查具体收入项目，分析是否应缴纳增值税（从案例提供资料可见，经核查该纳税人其他业务收入核算内容之一是电费、暖气费、宽带收入，应涉及增值税缴纳）。

主营业务收入大于按适用税率计税销售额，表明该纳税人存在营业税收入11 284 536.97元（19 398 770.62－8 114 233.65）。因此，需进一步分析该纳税人营业税业务涉及的进项税额是否依法转出，补缴增值税。

按适用税率计税销售额大于增值税发票销售额汇总数据，表明该纳税人存在不开发票业务，2015年不开发票业务申报销售额为1 538 970.29元（8 114 233.65－6 575 263.36）。需进一步分析该纳税人是否足额申报了不开票业务的销售额、是否少申报销项税额。需要注意的是，纳税人未开具发票业务的申报数据也可从增值税纳税申报表附列资料（一）中获取。

2. 销售额构成及票流分析

抽取C物流发展有限公司12月份增值税纳税申报表（一般纳税人适用）中销售额部分申报数据，详见表9－90。

表 9 -90　增值税纳税申报表中销售额申报数据　单位：元

项目		一般货物、劳务和应税服务	
		本月数	本年累计
销售额	（一）按适用税率计税销售额	1 647 575.58	8 114 233.65
	其中：应税货物销售额	0.00	0.00
	应税劳务销售额	0.00	0.00
	纳税检查调整的销售额	0.00	0.00
	（二）按简易办法计税销售额	0.00	0.00
	其中：纳税检查调整的销售额	0.00	0.00
	（三）免、抵、退办法出口销售额	0.00	0.00
	（四）免税及劳务销售额	0.00	0.00
	其中：免税货物销售额	0.00	0.00
	免税劳务销售额	0.00	0.00

表 9 -90 数据显示，该纳税人增值税销售额只有按适用税率计税销售额一种，没有其他形式的销售额。依据增值税政策规定，仓储服务和货物装卸服务均可选择适用简易计税方法计税，C 物流发展有限公司没有选择该计税方法，可能出于业务发展的需要，但也指向该企业可能存在大量不开票、不申报的收入或者进项税额金额大，即使按照一般计税方法计税，也不会增加税收负担。

查询 C 物流发展有限公司 2015 年的增值税发票电子底账管理系统中发票信息，其开具的发票和取得的发票情况汇总生成表 9 -91。

表 9 -91　进、销项发票数据汇总表　单位：元

进项发票汇总	金额	税率	税额	销项发票汇总	金额	税率	税额
（详见销货清单）	5 421.99	17%	921.73	仓储费	4 992 366.55	6%	299 542.04
电	987 325.12	17%	167 845.26	代理服务费	1 524 379.2	6%	91 462.8
天然气	987 066.84	13%	128 318.66	停车费	22 358.49	6%	1 341.51
广告费	276 057.88	6%	13 942.12	装卸费	36 159.12	6%	2 169.54
技术咨询费	235 849.05	6%	14 150.95				
设计服务费	145 631.07	3%	4 368.93				
车用油	128 205.13	17%	21 794.86				
维修费	110 540	17%	18 791.8				
录制费	37 735.85	6%	2 264.15				
电信业——基础电信服务	34 462.06	11%	3 790.83				
设计费	25 254.72	6%	1 515.28				

续表

进项发票汇总	金额	税率	税额	销项发票汇总	金额	税率	税额
技术服务费	20 000	6%	1 200				
代理费	19 417.48	3%	582.52				
修车工料费	19 151.27	17%	3 255.72				
制作费	11 320.75	6%	679.25				
播映费	9 433.96	6%	566.04				
计量箱	7 692.31	17%	1 307.69				
审图费	5 660.38	6%	339.62				
电信业——增值电信服务	2 681.12	6%	160.87				
汽车配件	2 317.09	17%	393.91				
工时费	2 016.67	17%	342.83				
信息发布	1 867.92	6%	112.08				
机油	1 723.7	17%	293.03				
电缆	1 341.45	17%	228.05				
电容器	854.7	17%	145.3				
柴油滤芯	600.86	17%	102.14				
会计账簿	512.82	17%	87.18				
记账凭证	512.82	17%	87.18				
网线及水晶头	376.07	17%	63.93				
超五类网线	324.79	17%	55.21				
节能灯	299.15	17%	50.85				
轮胎费	282.05	17%	47.95				
漏电	264.96	17%	45.04				

表9－91销项发票数据显示，C物流发展有限公司提供服务主要是仓储服务，同时还提供代理服务费、装卸服务和停车服务。

进项发票数据显示，一是该公司购进大量燃气，购进金额为987 066.84元，该公司四项经营收入没有与燃气直接相关的收入，鉴于企业注册的经营范围中有“大型餐馆”，可以确认该公司确实从事了餐饮服务，只因2015年餐饮服务尚未营改增，不能开具增值税发票，所以在销项发票汇总数据中未见餐饮收入。二是该纳税人购进广告费、设计服务费、录制费、设计费、制作费、播映费等共计505 434.23元，这些支出与已申报纳税的四项收入没有关系，但与广告的制作发行有关，也符合企业注册的经营范围中“广告设计及发布”，2015年广告服务服务已经营改增，显然该纳税人存在未对这部分收入开票并申报纳税的疑点。三是该纳税人发生了车用油、维修费、修车工料费、汽车配件、机油、柴油滤芯、轮胎费等与车辆相关的费用支出，金额为262 820.1元。但是在销项发票未见直接与车辆相关的收入。

如果销项发票汇总中的“代理服务费”是企业注册的经营范围中“运输代理业”，那么提供运输代理不需要发生与车辆相关的支出，所以车用油等车辆费用支出与运输代理收入无关。如果车用油等车辆费用支出发生在提供装卸服务中，但装卸服务收入全年开票的部分只有36 159. 12 元，远小于车辆支出额。因此，该公司存在未申报货运销售额或少申报装卸销售额的风险，需结合企业自用车辆情况、未开具发票收入申报情况做进一步分析。

3. 利用电耗对销售额进行分析

抽取该纳税人2015 年1—11 月销售额、购进电取得的增值税专用发票数据，汇总计算生成表9 -92。

表9 -92　　销售额及电耗金额汇总表　　单位：元

	1月	2月	3月	4月	5月	6月
销售额	324 071. 71	705 966. 03	537 477. 4	304 860. 95	27 339. 62	367 914. 8
进项金额（电）	123 819. 86	112 279. 38	107 029. 85	85 901. 54	70 910. 28	90 076. 41
单位电的收益	2. 62	6. 29	5. 029	3. 55	0. 39	4. 089
	7月	8月	9月	10月	11月	
销售额	376 966. 51	641 131. 35	688 826. 87	599 002. 82	295 763. 22	
进项金额（电）	124 046. 65	143 934. 96	109 144. 62	29 657. 93	81 340. 32	
单位电的收益	3. 04	4. 45	6. 31	20. 20	3. 644	

表9 -92 数据显示，该企业2015 年各月生产耗电比较均衡，其中10 月份耗电较异常，为全年最低；但是10 月份销售额并没有随之大幅减少，详见图9 -1。因此，应核实10 月份耗电量减少原因、分析申报的销售额是否准确。

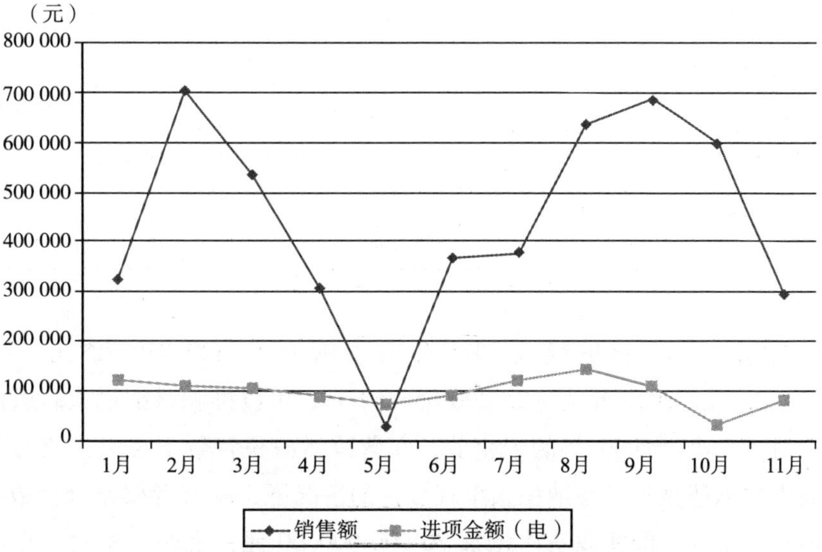

图9 -1　销售额与耗电金额趋势图

该企业2015年各月单位电的收益不均衡，波动很大，最低的是5月份0.39元，最高的是10月份20.2元，平均为5.42元。利用电耗分析收入的结果显示该企业收入明显存在异常，有不计、少计收入的疑点，需进一步进行核查，了解企业经营中用电情况，分析电耗与收入的关联程度，进而判断上述分析结论的科学性和准确性。

4. 利用资金流对销售额进行分析

抽取C物流发展有限公司2015年资产负债表、利润表、纳税调整项目明细表中与资金流入相关的数据，汇总计算生成表9-93。

表9-93　与资金流入相关数据汇总表　单位：元

	期初数	期末数
利润总额	-33 420 879.72（全年数）	
未分配利润	-25 200 656.53	-58 993 325.35
所有者权益合计	206 949 122.73	243 156 453.91
实收公积	60 000 000.00	130 000 000.00
预收账款	93 909.80	365 289.80
应收账款	413 460.50	1 800 674.50
其他应付款	25 069 872.44	60 060 012.31
其他应收款	67 851 808.27	142 354 464.93
短期借款	253 000 000.00	228 000 000.00
长期借款	0	30 000 000.00
固定资产原价	141 764 843.11	140 816 053.40
在建工程	34 061 361.46	35 660 906.62
无形资产	234 646 732.80	234 646 732.80
存货	1 480 875.10	1 223 033.05
长期股权投资	63 400 000.00	31 000 000.00
利息支出	10 753 785.04（全年数）	
测算利率	3.98%	
货币资金	128 127 981.97	156 758 588.77

表9-93数据显示，该纳税人2015年亏损额为33 420 879.72元，未分配利润为-58 993 325.35元、2014年为-25 200 656.53元，可以推测该纳税人自营改增后才发生亏损现象，对于一个经营11年的老企业，在营改增减税背景下突然出现亏损，非常异常。同时，表中数据还显示，在纳税人出现亏损的情况下，所有者权益合计数出现了年末较年初增加的异常情况，即实收资本增加70 000 000.00元，表明股东对亏损的企业越发有信心追加投资，显然是矛盾的。因此，分析认为，该纳税人的亏损是人为造成的，存在

少申报销售额，虚列多列成本、费用的风险；对增值税缴纳而言，存在少申报销项税额，虚列多列进项税额的风险。

表中数据显示，该纳税短期借款、长期借款年末余额分别为 228 000 000.00 元、30 000 000.00 元。尤其短期借款核算的是一年内归还的借款，该纳税人却有 2 亿多元短期借款，存在假借款真货款的风险。借款是否真实，可以从两个方面进行分析：一是借款的利息支出。表中“利息支出”取自纳税调整项目明细表，以此为基础测算的利率为 3.98%，低于银行一年期贷款利率。表明纳税人的长、短期借款中有不用支付利息的本金。不符合常规的借款，预示着名为借款实为营业收入，账外收入以借款名义回流企业账上，存在不计、少计收入，少缴增值税和企业所得税的风险。二是借款用途。2015 年纳税人的固定资产原值、存货、长期股权投资年末较年初余额均减少，没有增加；无形资产没有变化；在建工程虽有增加但与借款总额比较，相差很远。也就是说，纳税人的巨额借款，没有用于扩大生产、大量以流动资金形式放在企业，没有合理用途却对外支付利息，纳税人存在假借款真收入，偷逃增值税和企业所得税的风险。

“预收账款”“应收账款”是与销售直接相关的科目。本例中该纳税人为物流企业，使用“预收账款”“应收账款”科目属于合理情况。“预收账款”科目年末余额为 365 289.80 元、“应收账款”科目年末余额为 1 800 674.50 元，金额不大、纳税风险较小；“其他应收款”和“其他应付款”两个科目核算纳税人与个人之间的往来业务，一般情况下，科目金额不应很大，但是该企业“其他应付款”“其他应收款”科目余额分别为 60 060 012.31 元、142 354 464.93 元，余额均很大，比较异常。需要结合其明细账，一是确认是否存在向个人的借款，尤其是向股东、财务等人员的借款，并进一步分析是否存在将账外收入以向个人借款的名义回流到账上的风险。二是是否存在将货款不记收入挂在“其他应收款”，少缴增值税、企业所得税的风险。

综上所述，该企业的“长期借款”“短期借款”“其他应付款”“其他应收款”“实收资本”等与资金流入有关的科目余额的变化，表明该企业存在账外隐匿收入，少缴纳增值税、企业所得税的风险。

5. 其他业务收入的案头分析

依据前文分析，该纳税人存在其他业务收入项目。核查“其他业务收入”明细账显示：全年收取电费收入 359 602 元、宽带收入 117 100 元、暖气费 174 316 元。账务处理如下：

借：银行存款	651 018	
贷：其他业务收入——电费		359 602
——宽带收入		117 100
——暖气费		174 316

上述会计处理，表明该纳税人存在房屋等不动产租赁业务，同时向承租方收取的电费、宽带收入、暖气费收入未申报缴纳增值税。另外，未见向承租方收取水费的会计处

理，因此，需核查是否收取水费，若未单独收取水费，则是否依法将进项税额转出。

6. 投资收益的案头分析

抽取C物流发展有限公司2015年资产负债表、利润表、企业所得税纳税申报表中长期股权投资相关数据，汇总为表9－94。

表9－94　　长期股权投资相关数据汇总表　　单位：元

长期股权投资（资产负债表）	63 400 000.00（年初数）	31 000 000.00（年末数）	
投资收益（利润表）	0（本月数）	－12 318.37（本年累计数）	
投资收益（A105000表）	－12 318.37（账载金额）	0（税收金额）	12 318.37（调增金额）

核查该企业相关明细账和会计凭证，会计资料记载如下：

（1）2015年4月，6#凭证

借：其他应付款——W旅行社　　3 000 000

　贷：长期股权投资　　2 400 000

　　　其他应收款——集团内往来　　600 000

（2）2015年7月，91#凭证

借：银行存款　　30 290 000

　贷：长期股权投资　　30 000 000

　　　其他应收款——集团内往来　　290 000

表9－94数据以及会计资料显示，C物流发展有限公司2015年长期股权投资减少32 400 000元，会计资料显示该公司将2 400 000元股权抵债给关联企业——W旅行社，将30 000 000万元股权也销售给了集团内的关联企业。

股权转让无须缴纳增值税，但涉及企业所得税的缴纳。两笔股权转让是按照投资成本确认的收入，未产生处置所得。应对该关联交易重新核定交易收入，确定转让所得。同时该纳税人投资收益为－12 318.37元，尽管在企业所得税申报时又将其调增缴纳了应纳税所得额，也应进一步了解情况，分析是否符合企业所得税的相关规定。

从交易双方关系分析，C物流发展有限公司将其持有的长期股权通过抵债和销售转让给集团内的关联企业，尽管对投资损失进行了税前调增，缴纳了企业所得税，但是，其投资损失金额本身受关联交易影响是否准确还需进一步核实。

（四）进项税额的案头分析

1. 利用异常发票信息分析进项税额

抽取C物流发展有限公司2015年的增值税发票电子底账管理系统中进项发票信息，将其中存在异常情况的发票汇总生成表9－95。

表 9－95　　部分异常进销项发票数据汇总表　　单位：元

商品名称	明细数量	明细单价	明细金额	明细税额	发票日期	认证日期	销方纳税人名称
天然气	10 000.00	3.34	33 362.83	4 337.17	2015－08－19	2015－12－30	××燃气公司
天然气	5 000.00	3.34	16 681.42	2 168.58	2015－07－23	2015－11－27	××燃气公司
天然气	5 000.00	3.34	16 681.42	2 168.58	2015－06－18	2015－10－28	××燃气公司
天然气	10 000.00	3.34	33 362.83	4 337.17	2015－05－25	2015－09－25	××燃气公司
天然气	10 000.00	3.34	33 362.83	4 337.17	2015－04－23	2015－08－28	××燃气公司
天然气	3 000.00	3.34	10 008.85	1 301.15	2015－03－19	2015－07－30	××燃气公司
天然气	24 000.00	3.34	80 070.80	10 409.20	2015－02－11	2015－05－29	××燃气公司
天然气	24 000.00	3.34	80 070.80	10 409.20	2015－02－11	2015－05－29	××燃气公司
天然气	27 500.00	3.34	91 747.79	11 927.21	2015－01－19	2015－04－30	××燃气公司
天然气	27 500.00	3.34	91 747.79	11 927.21	2015－01－19	2015－04－30	××燃气公司
天然气	27 500.00	3.34	91 747.79	11 927.21	2015－01－19	2015－04－30	××燃气公司
天然气	0.00	0.00	91 747.79	11 927.21	2015－01－19	2015－06－17	××燃气公司

表 9－95 数据显示了 2015 年 1—8 月 C 物流发展有限公司购买××燃气公司销售的天然气取得增值税专用发票的情况。2015 年 1 月和 2 月 C 物流发展有限公司购进的天然气数量、金额、税额明显高于其他月份。其中，1 月购进的数量最多，所取得的 4 张发票为顶额开具的连号发票，同一时间开具却分别在 4 月和 6 月申请认证。上述特征表明，对于××燃气公司 1 月开具的发票应作为疑点发票，结合资金流、收入等进行核查，审核是否为虚开发票、虚增进项税额、虚列成本费用等行为。

2. 进项税额转出分析

抽取 C 物流发展有限公司增值税纳税申报表，资产负债表，2015 年进项、销项发票明细汇总表中与进项税额相关的数据信息，汇总生成表 9－96。

表 9－96　　与进项税额相关数据汇总表　　单位：元

<table>
<tr><td colspan="2">销项税额</td><td>486 854.12（全年数据）</td></tr>
<tr><td colspan="2">进项税额</td><td>489 883.74（全年数据）</td></tr>
<tr><td colspan="2">上期留抵税额</td><td>0.00</td></tr>
<tr><td colspan="2">进项税额转出</td><td>16 393.34（全年数据）</td></tr>
<tr><td>在建工程</td><td>34 061 361.46（年初数据）</td><td>35 660 906.62（年末数据）</td></tr>
<tr><td>天然气</td><td>987 066.84（取得发票的金额）</td><td>128 318.66（取得发票的税额）</td></tr>
<tr><td>计量箱</td><td>7 692.31（取得发票的金额）</td><td>1 307.69（取得发票的税额）</td></tr>
<tr><td>审图费</td><td>5 660.38（取得发票的金额）</td><td>339.62（取得发票的税额）</td></tr>
<tr><td>电缆</td><td>1 341.45（取得发票的金额）</td><td>228.05（取得发票的税额）</td></tr>
<tr><td>电容器</td><td>854.7（取得发票的金额）</td><td>145.3（取得发票的税额）</td></tr>
<tr><td>网线及水晶头</td><td>376.07（取得发票的金额）</td><td>63.93（取得发票的税额）</td></tr>
<tr><td>超五类网线</td><td>324.79（取得发票的金额）</td><td>55.21（取得发票的税额）</td></tr>
</table>

表9－96数据显示，C物流发展有限公司全年进项税额转出只有16 393.34元，但是取得天然气增值税专用发票的税额就有128 318.66元，按照税法规定用于非应税项目的进项税额不得抵扣，所以应转出128 318.66元。另外，C物流发展有限经营餐饮服务中耗用的电，也需转出进项税额；纳税人的“在建工程”科目本年新增1 599 545.16元，取得增值税专用发票中存在用于在建工程的物资如计量箱、审图费、电缆、电容器、网线及水晶头、超五类网线等，这部分物资的进项税额依法也不得抵扣。因此，应核查纳税人进项税额转出涉及的项目，确认少缴的增值税额。

案例4 N钢制品有限公司的案头分析

N钢制品有限公司2006年设立，增值税一般纳税人；有限责任公司，2名自然人股东；经营范围为钢结构制造、铆焊加工；执行小企业会计准则。税收风险识别显示，该企业2013—2015年连续3年亏损仍继续经营，为长亏不倒企业。对此，进行风险点人工甄别，调取该企业2013—2015年财务报表数据，详见表9－97、表9－98。

表9－97 利润表汇总表（节选） 单位：元

		2013年	2014年	2015年
一、营业收入	1	3 554 814.25	12 335 580.02	14 756 870.31
减：营业成本	2	5 029 189.14	11 151 356.70	15 240 739.10
营业税金及附加	3	71 402.84	259 394.95	305 069.39
销售费用	11		0	74 325.58
管理费用	14	1 158 543.24	1 437 180.78	732 073.84
财务费用	18	－250.77	－1 279.46	－1 487.34
其中：利息费用（收入以“－”号填列）	19		0	0
二、营业利润（亏损以“－”号填列）	21	－2 704 070.20	－511 072.95	－1 593 850.26
加：营业外收入	22	3 465.71	10 948.41	0
减：营业外支出	24	18 708.90	0	14 911.00
三、利润总额（亏损总额以“－”号填列）	30	－2 719 313.39	－500 124.54	－1 608 761.26

注：表中未列出的报表项目填报数据均为0。

表9－98 资产负债表汇总表（节选） 单位：元

		2013年末数	2014年末数	2015年末数
货币资金	1	657 234.62	2 849 943.09	1 229 943.65
应收账款	4		－121 295.66	－1 478.00

续表

		2013 年末数	2014 年末数	2015 年末数
预付账款	5		0	0
其他应收款	8	1 231 981. 58	1 199 985. 27	3 161 088. 32
存货	9	25 204. 03	26 522. 83	26 622. 83
固定资产原价	18	1 528 128. 80	1 443 925. 69	1 685 857. 31
减：累计折旧	19	1 132 074. 53	1 215 890. 11	1 350 863. 02
固定资产账面价值	20	396 054. 27	228 035. 58	334 994. 29
资产总计	30	2 310 474. 50	4 183 191. 11	4 751 171. 09
应付账款	33	35 000. 00	32 000. 00	0
预收账款	34		0	0
应交税费	36	89 892. 93	308 144. 32	200 333. 34
其他应付款	39	4 333 564. 06	6 626 814. 06	8 874 714. 06
其他流动负债	40	4 193. 25	0	0
实收资本（或股本）	48	600 000. 00	600 000. 00	600 000. 00
盈余公积	50	45 427. 24	45 427. 24	45 427. 24
未分配利润	51	-2 797 602. 98	-3 429 194. 51	-4 969 303. 55
所有者权益（或股东权益）合计	52	-2 152 175. 74	-2 783 767. 27	-4 323 876. 31
负债和所有者权益（或股东权益）总计	53	2 310 474. 50	4 183 191. 11	4 751 171. 09

注：表中未列出的报表项目填报数据均为0。

【案头分析】

（一）亏损经营的合理性分析

1. 从设立时间分析

一般来说，企业设立初期因企业知名度不高、客户有限等因素出现亏损，属于合理的现象。但该企业设立于2006年，截至2015年已经运营9年，仍然处于亏损经营状态，不符合常理。

2. 从登记注册类型分析

本例中纳税人是由2名自然人股东构成的有限责任公司，私营企业，截至2015年已运营9年，累计亏损4 969 303. 55元（2015年资产负债表“未分配利润”项目年末余额数），远超出其投入资本金600 000元（2015年资产负债表“实收资本”项目年末余额数），显然，亏损经营属于不合理情况。

3. 从亏损经营的典型特征分析

制造业企业发生亏损，一般表现为产品积压、资金短缺、欠账较多。分析该企业资产负债表的“存货”，2013年至2015年年末余额分别为25 204. 03元、26 522. 83元、26 622. 83元，数额变动不大且较小，表明该企业存货不多，没有产品积压，这也符合

“订单”生产模式特征（经营钢结构制造、铆焊加工通常采取“订单”生产模式）。2013年至2015年，“货币资金”分别为657 234.62元、2 849 943.09元、1 229 943.65元，而“应付账款”年末余额2013年为35 000.00元、2014年为32 000.00元、2015年为0，表明该企业资金比较充裕，没有拖欠销货方的货款。

通过对“存货”“货币资金”“应付账款”的分析，该企业的亏损显然与一般制造业企业亏损的典型特征不符。

4. 从报表间的逻辑关系分析

当企业亏损时，如果“负债和所有者权益（或股东权益）总计”数额不减反增，无论是股东追加投资还是大额借款，均有悖常理，存在将收入不入账、不申报纳税的疑点。

此外，将亏损额中折旧、摊销额等“沉没成本”剔除后，纳税人仍然亏损，则有悖经营常规。

本例中N钢制品有限公司连续3年亏损，但是“负债和所有者权益（或股东权益）总计”期末余额不减反增，表明该企业的亏损经营不合理。同时，从亏损额中剔除各年计提的折旧额企业后仍然亏损，详见表9－99。表明该企业的销售收入无法补偿变动成本。因此，从这一角度分析该企业的亏损存在人为制造的嫌疑，意在少缴税款。

表9－99　　利润总额调整表　　单位：元

	2013年	2014年	2015年
利润总额（亏损总额以“－”号填列）	－2 719 313.39	－500 124.54	－1 608 761.26
资产折旧、摊销的账载金额（A105000纳税调整项目明细表）	225 101.03	166 799.55	124 972.91
剔除折旧摊销额后利润额	－2 494 212.36	－333 324.99	－1 483 788.35

综上四方面的分析，该企业亏损经营属于不合理现象，存在偷漏税风险。

（二）人为造成亏损的违法手段分析

利润总额是收入扣除成本、费用、损失和税金后的余额。因此，在分析不合理的亏损时，也应按照上述要素分析可能发生的违反税收规定的行为。

1. 隐瞒收入或延迟确认收入分析

纳税人是否存在少计、不计收入或延迟确认收入行为，可以从收入变动、收入与成本配比、收入与固定资产配比、收入与工资配比、收入与能耗变动、收入的货物流、收入的资金流和发票开具情况等方面进行分析。本例结合现有数据，从收入变动、收入与成本配比、与收入有关的资金流三方面进行分析。

该企业的营业收入三年持续增长，分别为3 554 814.25元、12 335 580.02元、14 756 870.31元，说明企业发展势态很好。但是从收入与成本配比来看，2013年的营业成本5 029 189.14元和2015年的营业成本15 240 739.10元均大于营业收入。也就是说，在不考虑费用支出的情况下，该企业已经是亏损经营了，而此刻该企业还在不断扩大生产规模，不符合常规。由此推断该企业存在少计、不计收入或延迟确认收入的风险。

与收入相关的资金流涉及的科目包括“应收账款”“预收账款”“其他应收款”“短期借款”“长期借款”和“实收资本”等。结合本案例重点分析如下科目：一是“应收账款”科目年末余额三年分别为0、－121 295.66元、－1 478.00元，“预收账款”科目年末余额三年均为0。表明企业利用“应收账款”和“预收账款”科目挂账不及时确认收入的风险较小，但需核实该企业“应收账款”科目年末余额为负数的原因，是否利用了“应收账款”科目核算预收款。若推测属实，需进一步核查预收款是否在货物发出时确认了收入。二是“其他应收款”科目余额2013—2015年分别为1 231 981.58元、1 199 885.27元、3 161 088.32元，分别占到该年资产总额的53.32%、28.68%、66.53%，一般来说“其他应收款”科目主要核算收取的各种赔款、罚款，存出的保证金、押金和应向职工收取的各种垫付的款项。通常情况下该科目余额不会很大，但是本例中该科目余额很大，存在将应记入“应收账款”科目的业务错记入“其他应收款”科目的疑点或者特定岗位的人从企业借钱用于账外经营，隐瞒收入偷逃税款的风险。因此，需核查“其他应收款”明细账，确认所发生业务，分析其存在的风险。三是“其他应付款”科目余额2013—2015年分别为4 333 564.06元、6 626 814.06元、8 874 714.06元，占到该年负债和所有者权益合计的187.56%、158.42%、186.79%，表明该企业维持运营的货币资金来自向其他个人或单位的借款。但利润表中“利息费用”填报数据为0，表明企业并未支付利息，有悖融资原则，存在假借款真收入的风险。因此，需核查“其他应付款”明细账，确认所发生业务，判断是否将收入隐匿账外再通过向个人借款回流到企业。

通过上述分析，该企业存在账外经营隐匿收入，不缴、少缴税款的疑点。

2. 虚列成本或多转成本分析

纳税人是否存在虚列成本多列成本的疑点，可以从成本变动，成本与收入配比，与成本支出有关的货物流、资金流，取得发票的情况以及开具内容等方面进行分析。本例结合现有数据，可以从成本变动、成本与收入配比、与成本支出有关的货物流和资金流四方面进行分析。

如前所述，该企业2013年和2015年的营业成本大于营业收入，也存在另一种可能性，即该企业存在多列成本或提前列支成本问题，需结合对与成本支出有关的资金流、货物流分析进一步确认。

通常虚假购进、虚开发票进行多列成本，会计核算时一种做法是将虚开发票对应的应支付而未支付的货币资金长期挂在“应付账款”等科目，造成其期末余额异常大；另一种做法是将虚开发票对应的应支付的货币资金支付给开票方，再由开票方转入受票方指定的个人账户，最后受票方再以向个人借款的名义收回货币资金，造成“其他应付款”期末余额异常增大。从该企业的资金流来看，“应付账款”年末余额很小，2013—2015年分别为35 000.00元、32 000.00元和0；“其他应付款”年末余额很大且变动率也大，2013—2015年分别为4 333 564.06元、6 626 814.06元、8 874 714.06元。上述报表数据表明该企业可能采取的是第二种做法进行虚开发票、虚列成本。应核查“其他应付款”明细账，重点关注长期挂账的个人往来业务，结合出借人身份、资金用途和金额等判定借款的真实性。

从货物流来看，若企业存在虚假购货行为，即便随后虚领货物，也会造成存货期末余额异常增加；如已从存货中虚转入营业成本中，则成本占收入比例会出现异常升高。该企业2013—2015年“存货”年末余额分别为25 204.03元、26 622.83元、26 622.83元，金额小且未出现异常增加；若已将虚购部分虚领、虚转，连续三年年末企业恰好都将虚开发票的金额摊入成本中的可能性不大。因此，该企业取得虚开发票、虚列成本的可能性较小。

综上所述，从资金流分析，该企业有虚开发票虚列成本的疑点，但考虑存货的期末余额以及企业存在利用“其他应付款”隐匿收入的嫌疑。因此，该企业虚列成本的可能性较小，但仍需结合取得发票进一步分析确认。

3. 虚列费用分析

纳税人是否存在虚列费用问题，可以从费用变动率、费用与收入配比等方面进行分析。本例从企业利润表的填报数据来看，销售费用只在2015年发生了74 325.58元，占收入的0.5%，金额较小。但是从无到有、变动率较大，需核实“销售费用”明细账确认业务的真实性。

管理费用在2013—2015年分别为1 158 543.24元、1 437 180.78元、732 073.84元，分别占收入的32.59%、11.65%和4.96%。随着收入的增加，管理费用支出金额先增后降，降幅达到49.06%。若以2015年管理费用占收入4.96%为标准值，显然2013年、2014年管理费用存在虚列的可能性非常大。

财务费用在2013—2015年分别为-250.77元、-1 279.46元、-1 487.34元，同时，利润表中利息费用支出三年均填报0。表明该企业不但没有借款，存放在银行的货币资金还给该企业带来了利息收入。一般来说，不存在涉税风险。

4. 多提折旧分析

纳税人是否存在多提折旧、多列成本问题，可以从综合折旧率、分类固定资产折旧率以及折旧率变动情况等方面进行分析。

本例中，2013—2015年固定资产的综合折旧率变动较大，分别为14.73%、11.55%、7.41%。需结合《A105080资产折旧、摊销情况及纳税调整明细表》中的固定资产填报数据，确认是否存在多提折旧疑点。

5. 少计营业外收入分析

纳税人是否存在少计营业外收入问题，可以从纳税人经营范围、生产工艺等方面进行分析。

本例中该企业三年营业外收入金额不大但变动较大，2013年为3 465.71元，2014年为10 948.41元，2015年没有营业外收入。考虑该行业经营特点，在钢结构制作中应有边角余料，这部分收入金额不容小觑。因此，应结合投出产出比和合同协议内容，核实边角余料收入是否如实申报纳税、营业外收入是否真实。